Guinea española

GUSTAVO ADOLFO ORDOÑO

Guinea española

Historia de Guinea Ecuatorial cuando aparecía en los libros de texto

ALMUZARA

Primera edición: marzo de 2024

Editorial Almuzara • Colección Historia
Director editorial: Antonio Cuesta
Editora: Rosa García Perea
Maquetación: Miguel Andréu

www.editorialalmuzara.com
pedidos@almuzaralibros.com - info@almuzaralibros.com

Editorial Almuzara
Parque Logístico de Córdoba. Ctra. Palma del Río, km 4
C/8, Nave L2, n.° 3. 14005 - Córdoba

Imprime: Romanyà Valls
ISBN: 978-84-10520-42-4
Depósito legal: CO-9-2024
Hecho e impreso en España - *Made and printed in Spain*

AGRADECIMIENTOS

En primer lugar, debo agradecer la ayuda amable y desinteresada de la que llamo mi Conexión Canaria, con Pablo Vázquez Ramírez a la cabeza y Juan José Sánchez Ortiz. A través de ellos he conseguido los principales testimonios de las personas que me dejaron sus impresiones sobre Guinea Ecuatorial. Asimismo, agradezco el asesoramiento en temas de patrimonio cultural al antropólogo y conservador (Museos), Luis Pérez. Por último, agradecer también a mis editores, Manuel Pimentel y Rosa García Perea, su interés y confianza en este proyecto de investigación histórica que partía de un viejo recuerdo escolar. Y gracias a todos los lectores interesados, dando sentido al trabajo realizado.

Índice

INTRODUCCIÓN 11

CAPÍTULO 1. 27
Siglo XVIII. «El Uruguay toma posesión de la Guinea Ecuatorial» 27
Siglo XIX. «Guinea española, pero no tan española» 46
Rafael Mª de Labra, un abolicionista con sueños y pesadillas del África 80
«Misiones y colonias de muñecas», el enfado de Joaquín Costa por no imitar a los ingleses en la actividad colonial africana 98
Ser geógrafo antes que gobernador militar: las expediciones que pusieron el apellido «española» a Guinea 115
Las Islas Canarias y su poca citada relación estrecha con la Guinea española 136
La religión católica, ¿la hispanidad entró en el África negra con la Biblia? 146

CAPÍTULO 2
Siglo XX, consolidación del territorio (Tratado de París) y la «gente para todo» 175
La Guinea española interviene en la Primera Guerra Mundial con la Guardia Colonial guineana 189
Los «felices años 20», ¿también en Guinea? 206
Segunda República y la Guerra Civil española en Guinea, mucho por saber 224
La Segunda Guerra Mundial y el curioso ataque británico al Puerto de Santa Isabel («Misión Duchessa») 280
Posguerra en Guinea; ¿mucho más llevadera que en España? (1940-1952) 295

CAPÍTULO 3. LOS LIBROS DE TEXTOS Y LA *GUINEA ESPAÑOLA*, ENTRE LA AUSENCIA Y EL DISCURSO DE LA ESPAÑA CIVILIZADORA 313
La independencia guineana en el día de la hispanidad, el 12 de octubre de 1968: impresiones de lo que queda «hispano» en Guinea Ecuatorial 342

Siglo XXI. El guineano y su despreocupación por el pasado 356
Guinea Ecuatorial, ¿Estado fallido o nación fallida? 366
Memorias y desmemorias históricas; ¿volverán a mandar trabajos sobre Guinea Ecuatorial en las escuelas? 379

EPÍLOGO 385

BIBLIOGRAFÍA 391
Bibliografía Citada 393
Archivos y fuentes digitales 405
Enlaces *webs* consultados y algunos citados 407

INTRODUCCIÓN

Como ha ocurrido muchas veces al abordar cualquier escritura, estas páginas surgen de una inquietud que desea transformarse en libro. Una idea que ronda la cabeza, un interés por investigar unos hechos de la historia o realidades históricas que atraen más de la cuenta la curiosidad que, se supone, viene de serie en un historiador. En el epílogo[1] al final del libro encuentran el origen de mi inquietud, pero les adelanto una pista. A un alumno de la antigua EGB se le encomendó hacer un trabajo sobre un país del que nunca había oído hablar y que resultaba estar celebrando el décimo aniversario de su independencia de España. La motivación, en mi caso, ha sido un recuerdo personal y estaría relacionada, en parte, con la memoria histórica guineana. Afrontar la tarea de escribir un ensayo histórico sobre la antigua Guinea española, la actual Guinea Ecuatorial, no era un reto mayor o menor que haber escrito de cualquier otro tema de nuestra historia; más que nada suponía una temeridad. La historia de Guinea Ecuatorial como realidad socioeconómica surgida en España entre los siglos XIX y XX, es una de esas brumas en el conocimiento histórico que tanto se han dado

1 Si son lectores o lectoras que prefieren afrontar una lectura sabiendo todo lo posible sobre las intenciones del autor o autora, mi consejo es que abandonen la introducción y vayan al epílogo. A su regreso serán más comprensivos con el resto del libro.

en nuestro país cuando el protagonismo lo ha ejercido el régimen franquista.

Aunque este relato comience en el siglo XVIII, con una expedición naval partiendo del puerto de Montevideo para hacerse principalmente con el dominio de la isla Fernando Poo, sería ya avanzado el siglo XX que Guinea Ecuatorial se convirtiera primero en una productiva colonia y luego en una «provincia»[2] más del Estado español. Es decir, un contexto temporal que abarca desde la segunda mitad de la década de 1920 hasta 1968 que tiene lugar la independencia guineana. Unos cuarenta años que en su mayoría de tiempo coinciden con el periodo de consolidación del régimen de Franco y los inicios de su decadencia, que harán del país guineano un «producto» de marcado carácter franquista.

Uno de los argumentos que se desarrollan en este libro, consiste en desmitificar la visión de la Guinea española como la última joya al uso de las migajas del Imperio español. Al igual que ocurrió con las posesiones españolas del norte de África, Guinea sirvió para defender la idea de que esas colonizaciones son un resarcimiento —moral y material— por la pérdida paulatina del «imperio legítimo» (en América y Asia) desde las primeras décadas del siglo XIX al hito que conocemos como el *Desastre* de finales de esa centuria. Idea que se adquiere por estar el origen de estas adquisiciones españolas en África todavía dentro del asunto imperial americano. Algo que simplifica mucho esa cuestión colonial, al considerar que se «conquistaron» esos territorios en una especie de rabieta provocada por no querer dejar de ser un imperio. Como si la monarquía hispánica y el final de sus virreinatos americanos (de los que dependían las posesiones de África y Asia) debieran explicarse con una apreciación basada en un criterio más contemporáneo, el llamado anti-

2 El uso de las comillas no conlleva necesariamente ir a una referencia. Se trata de una cuestión de estilo, para advertir que existe cierta singularidad en lo que se expresa, por lo que el uso –o abuso- es responsabilidad única del autor.

imperialismo que surgió el siglo pasado como reacción a los viejos imperios europeos y a la predominancia geopolítica de Estados Unidos. Y, más bien, la historia del origen de lo que hoy es Guinea Ecuatorial, cuando se cruza con la historia española, encaja a la perfección en el discurso decimonónico que «explica» las colonias europeas y la creación de sus imperios contemporáneos.

Guinea española, con sus muchos matices y limitaciones, es la misma narración del contexto histórico que originó el concepto de colonialismo contemporáneo europeo. Casi todo el XIX es una historia de exploraciones europeas al África negra, teñidas unas veces de ingenuo romanticismo y otras de supuesto carácter científico con un verdadero interés económico; tipo de «relato» del que no es ajena la España de la época. De misiones evangelizadoras que, vagamente, en el caso de Guinea Ecuatorial recuerdan a las grandes gestas misioneras de los franciscanos y jesuitas en América. Pero que tenían de base la misma y llana motivación religiosa de las misiones evangelizadoras de los franceses en sus colonias africanas o de los reverendos protestantes en las posesiones anglosajonas. No existía en Guinea una «misión nacional» de evangelización católica, elemento considerado existente —y fundamental— en la colonización española de América y Asia. Así fue, incluso cuando el franquismo volvió a la retórica civilizadora a través de la religión para argumentar su acción colonizadora en el África negra. Pues realmente la evangelización «altruista» no se incluyó en la política colonial del franquismo; aunque se apoyase en ella para la culturización de los guineanos, siguió siendo iniciativa propia —los claretianos se presentaron voluntarios— de las órdenes religiosas que habían llegado al golfo guineano mucho antes que el régimen de Franco.

En el inicio del siglo XX la narración guineana se torna bélica, como ocurrió en el resto de futuros países del África ecuatorial, con la Primera Guerra Mundial vivida de forma más intensa de lo que se creía en las colonias vecinas a la nuestra. Conflicto que influyó tanto en el devenir histórico como geográfico del golfo de Guinea y que no suele estar muy considerado en la historiografía. Trasiego bélico que coincide con la creación de las primeras factorías importantes de cacao, el «oro guineano». Del periodo de la Segunda República y de la guerra civil española en su versión guineana se tienen pocos datos certeros, más allá de la documentación contrastada. Siendo ya en época franquista que la «colonia-provincia» tomaría una definitiva forma administrativa y jurídica, poniendo las bases del futuro Estado guineano. Es por este protagonismo del franquismo en la historia guineana que se han destacado, incluyendo a todo su periodo colonial, las interpretaciones que recogen los tópicos positivos y también los prejuicios sobre el imperialismo hispano.

Partiendo de la interesada dialéctica sobre que existen diferentes tipos —tópicos— de imperialismo: «el francés institucional y diplomático», «el flemático y pragmático inglés» y el «civilizador y humanístico español»; se ha etiquetado la experiencia colonial española siempre como mejor, «legítima y más humanizada»[3]. Sin matizar que esta es también una argumentación propia de la ideología franquista, que recuperó una perspectiva imperial de la época de los Austrias para la historia española. Esa apropiación franquista del «relato colonial» desde la perspectiva imperialista, hizo olvidar otras facetas históricas que se dieron fuera de esa visión para que surgiera esa nueva «realidad guineana» en la historia de España. Como por ejemplo la importancia que en ella tuvo, y que no se suele dar tanto, la política exterior naval enfocada a la fachada atlántica, de José Moñino y Redondo, conde de Floridablanca, dentro de su proyecto reformador de la Marina española y de los territorios de ultramar. Por lo que también podríamos decir que Guinea fue, en origen, un «producto» de la Ilustración española. Esa faceta se ha desarrollado poco en la mayoría de la bibliografía general sobre

---

3 ROCA BAREA, Elvira: *Imperiofobia y Leyenda Negra. Roma, Rusia, Estados Unidos y el Imperio español*. Siruela. Madrid 2016.

la historia de Guinea. Quizás porque la debacle de la expedición de 1778 del conde de Argelejo se asoció al supuesto fracaso de esas políticas atlánticas, cuando el dominio británico de ese océano comenzaba a ser evidente. Olvidándose de que, en realidad, fueron exitosas al permitir otras dos décadas de predominio marítimo español hasta la llegada de las guerras napoleónicas.

Ha sido muy escaso el interés por la historia española en el África Subsahariana. El desconocimiento y la mala información que se tenía de las «empresas» españolas en esa parte del mundo son las principales causas. La distancia geográfica entre la península ibérica y el ecuador africano es grande, pero menor o igual que la existente con otros lugares donde España hizo historia. Es llamativo como incluso en el origen de esa relación histórica entre la futura Guinea Ecuatorial y su metrópoli, España, los personajes que inician esta historia partan de Montevideo, en la América virreinal española. Las apenas tres mil millas náuticas que distan entre las Islas Canarias, punto español más próximo, fueron sustituidas por las casi cinco mil en una travesía, además, a «contraviento» entre el puerto de Montevideo y la isla de Fernando Poo, futura Bioko. Esa expedición, teniendo en cuenta la importancia de su objetivo, no ha pasado a las glorias de la historia naval española. Y no ha sido por fracasar en su misión, pues en esencia —hacer sobre el terreno una toma de posesión— se consiguieron realizar los mandatos apuntados en el Acuerdo de San Ildefonso (1777) y confirmados en el Tratado de El Pardo (1778) donde la corona portuguesa cedía a la española las islas de Fernando Poo y Annobón, territorios situados en el golfo guineano. Unos enclaves estratégicos en plena ruta del tráfico de esclavos dominado por Portugal, pero escasamente explorados. Esa expedición, mezcla militar y diplomática, no quedaría registrada en los anales dorados de nuestra historia naval más bien por culpa de su carácter de «efecto colateral». Lo que se dirimía con esas tierras africanas fue en realidad el resultado de unas campañas militares que tuvieron lugar al otro lado del Atlántico. Justo en la región del puerto, Montevideo, del que partió esa expedición que debía hacerse con la cesión territorial portuguesa en el golfo de Guinea.

Hablamos de las acciones diplomáticas y militares españolas emprendidas para solucionar de una vez la cuestión de la colonia de Sacramento, fundada por los portugueses en el siglo XVII durante sus incursiones al Río de la Plata desde Brasil. En el momento de firmarse la paz, la posición de España era más favorable por sus victorias en el campo de batalla. Portugal igualaría la balanza del desenlace bélico con la diplomacia y la cesión de esas posesiones africanas, para no perder demasiado en sus «conquistas» o avances en la llamada Banda Oriental del río Uruguay. Es decir, la historia española-guineana entra a escena cuando la obra principal del «Imperio hispano y sus colonias americanas» estaba en su último acto[4]. Eso hace pensar en esas posesiones del golfo guineano como un actor secundario en una política exterior española que, en 1778, cuando partió la expedición naval para su «ocupación», seguía exclusivamente pendiente de mantener sus posesiones americanas. La cesión y toma de los territorios de la futura Guinea española parecían parte transversal de una política del conde de Floridablanca, ministro del rey Carlos III, empeñada en mantener el control marítimo español en la fachada atlántica del hemisferio sur. Control que en la orilla americana empezaba a perderse a favor de los ingleses, como en la orilla africana ya ocurría también con el dominio de los portugueses. Sin embargo, en el fondo existía una consideración importante del valor estratégico de esas nuevas posesiones en África dentro de política exterior del secretario Floridablanca. Una política ibérica conjunta, ahora que las relaciones eran mejores con la nueva reina portuguesa, como reacción a la cada vez más evidente pérdida de poder marítimo de los ibéricos frente a franceses y británicos en todo el océano Atlántico.

4 LYNCH, John: *La España del Siglo XVIII.* Crítica. Barcelona 2004.

Un enfoque geopolítico en el que no se suele profundizar tanto al estudiar y escribir acerca del origen de la posesión española de esos territorios del África central. Aunque en el mismo Tratado de El Pardo (1778) aparece que el fin último es conceder a España unas islas, «*deseando Sus Majestades Católica y Fidelísima promover las ventajas del comercio de sus respectivos súbditos, las cuales pueden verificarse en el que recíprocamente hicieren de compra y venta de negros, sin ligarse a contratas y asientos perjudiciales, como los que en otro tiempo se hicieron con las compañías portuguesa, francesa e inglesa, las cuales fue preciso cortar o anular, se ha convenido...*; existía un espíritu de acción política global, internacional, en esos acuerdos entre las coronas ibéricas, ...*Además de los auxilios que recíprocamente se habrán de dar las dos naciones española y portuguesa en dichas islas de Annobón y Fernando del Po y en las de Santo Tomé y del Príncipe, se han convenido Sus Majestades Católica y Fidelísima*»[5]. Es un punto de vista que trataremos en el libro, el de las relaciones internacionales del siglo XVIII, porque entendemos que estas relaciones enmarcan mejor el inicio del «relato histórico» del territorio que se llegó a llamar Guinea española.

Como veremos, la planeada colonización de esas islas en el golfo guineano no se llevaría a cabo en el siglo XVIII y su aprovechamiento no sería de facto, aunque lo fuese de derecho, hasta bien entrado el XIX. De esta manera, la historia española de Guinea entra en un capítulo de la historia colonial hispana mucho menos estudiado y analizado en conjunto. Incluso cuando en el siglo XX este capítulo ya está relacionado con la historia del A.O.E (África Occidental Española), con enclaves territoriales españoles como Ifni[6], en el centro del actual Marruecos, las investigaciones son escasas y muy específicas, sin un aborde general. Territorios

5 AHN, *Estado*, 3373, exp. 5; a través de ORTEGA DEL CERRO, Pablo, «Retos de la monarquía española en contexto global: la expedición a Guinea (1777-1779)», *Revista de Historia Moderna. Anales de la Universidad de Alicante*, n.º 38 (2020), pp. 360-396.

6 CHAVES NOGALES, Manuel: *Ifni, la última aventura colonial española*. Almuzara. Córdoba 2012.

africanos alejados también miles de kilómetros, como lo está la península ibérica del golfo guineano, pero con estrechas coincidencias históricas. Con Ifni coincide en suponer una cesión territorial del vencido al vencedor tras el final de una guerra y las condiciones de su tratado de paz. También coinciden en el desarrollo de su conformación territorial; en la combinación de exploraciones geográficas y acuerdos con líderes locales que confirmarían los límites fronterizos, instalando asentamientos militares. Siempre con la acción paralela de los tratados diplomáticos, que en el siglo XIX eran los árbitros de los enfrentamientos coloniales entre las potencias europeas.

España en África debió siempre estar, con todos los prejuicios históricos que eso conllevaba, a expensas de las negociaciones de los tratados con Francia, la potencia europea más influyente en las zonas de interés español. Y de rebote, valga la expresión coloquial, sus propósitos coloniales eran fiscalizados por la potencia tradicionalmente rival de la pareja hispano-francesa, el Reino Unido. Esa vigilancia estrecha que los británicos hacían sobre las aspiraciones españolas en África llegó a dar casos curiosos de acercamientos diplomáticos —algunos secretos— entre ambos países, en detrimento de los intereses franceses. Incluso se llegó a pensar en «vender» a Londres esas posesiones carentes de atractivos económicos para muchos en Madrid. También esa «auditoría» británica del espacio colonial africano de España, supondría que durante las dos grandes guerras mundiales se dieran los únicos hechos históricos de implicación del territorio español en esos conflictos. El hecho ocurrido durante la Segunda Guerra Mundial en la bahía española de Santa Isabel, la capital guineana hoy Malabo, está escasamente documentado, pero demostrado, suponiendo un rocambolesco incidente bélico protagonizado por los comandos de las fuerzas especiales británicas, las SAS (Servicio Especial Aéreo), en las aguas españolas de Fernando Poo.

En este libro que comienza a leer se recoge ese llamativo episodio bélico, aunque tenga apariencia anecdótica —y así es en el fondo— puede servir para ilustrar la estructura narrativa que seguirá. Se ha optado por armar la historia española de la actual Guinea Ecuatorial con piezas pequeñas, datos destacados, dentro de armazones significativos de la historia general. Aunque siguen un orden cronológico, en el desarrollo del libro los capítulos de la historia española-guineana se han organizado mediante esta idea de partir del detalle, de lo particular para ir a lo general y se ha preferido utilizar «piezas particulares» porque son menos conocidas, como las actividades abolicionistas que también se dieron en esa historia hispana relacionada con África.

Intentaremos de esta manera buscar en la actividad del político abolicionista español, poco referenciado en las bibliografías generales, Rafael Mª de Labra (1840-1918)[7], un «detalle» sobre el que contextualizar la historia guineana de la segunda mitad del siglo XIX. Un periodo con el protagonismo de la esclavitud negrera y su abolición sobre la mesa del debate político, pero no apareciendo las posesiones de Guinea de manera explícita como un «valor económico» de canteras de esclavos. Una contradicción que quizás se vea mejor al recordar el principal propósito que se tenía en 1778 al tomar posesión de esos territorios: tener un enclave en el golfo de Guinea para participar de manera directa en el tráfico de esclavos. Más bien, el golfo guineano aparecerá en las décadas del último tercio del siglo XIX como uno de los proyectos regeneradores de la economía española; desde el deseo de imitar a las potencias coloniales europeas cuyo potencial desarrollo económico pasaba por el reparto de África.

Por tanto, seguiremos en el libro una línea de trabajo digamos que ensayística. Sirve mejor al propósito del libro el formato de ensayo; pero sin desmerecer al principal propósito de dar a conocer a nivel divulgativo una parte de la historia de España, bastante ignorada y compleja. Creemos

---

7 LABRA, Rafael María de: *Nuestras colonias de África. Discurso en el Congreso de los Diputados*. Tipografía de Alfredo Alonso. Madrid 1898.

que una divulgación más general es posible también a través del ensayo. Un estilo que resulta útil para abordar esta historia de España en África demasiado hermética en las experiencias particulares (testimonios de ecuatoguineanos y de excolonos). Se hará planteando una serie de cuestiones a las que se intentará dar respuestas, aportando tanto teorías ajenas como hipótesis propias. Unas veces haciendo «estado de la cuestión» sobre lo ya publicado, la bibliografía seleccionada; otras usando también la investigación histórica tanto en archivos como en el uso de las bases de datos digitales facilitadas en Internet. Al advertir que el libro no abundará en la temática crítica contra el colonialismo y que tratará las supuestas particularidades hispanas encontradas en su sistema colonial, pudiera parecer que promueve la vieja idea sobre el diferente y mejor talante del colonialismo —y del imperialismo— español respecto al hacer colonial del resto de las potencias europeas. O, peor todavía, que entra con su contenido en cierto revisionismo del franquismo, que con equidistancia valore sus acciones sobre la excolonia. No exactamente y, por favor, de ninguna manera.

El libro quiere incidir, como decíamos, en facetas más particulares de la colonización española en Guinea, para reajustarlas después en un contexto más homogéneo de la historia colonial europea. Demostrar que estereotipos como el excesivo peso que se da al papel de la Iglesia en todas las colonizaciones españolas, incluida la guineana, desmerecen el papel histórico de la anónima sociedad civil. También de personajes dentro de la ciudadanía tan notorios como Joaquín Costa (1846-1911), el mejor representante del movimiento conocido como regeneracionismo. Este polifacético intelectual español nunca pisó África, pero se preocupó —y bastante— de la colonización de esos territorios del golfo guineano que ahora constituyen el Estado de Guinea Ecuatorial. Es decir, lo mismo que ocurría con las élites intelectuales o políticas de las sociedades civiles francesa y británica de finales del siglo XIX preocupadas por sus asuntos coloniales. De hecho, en Francia se creó una Escuela Colonial en 1889, la École Coloniale[8], para formar a los cuadros de funcionarios y administradores económicos de sus territorios coloniales. Escuela a la que acudirían bastantes más funcionarios españoles de los que se cree; llevados muchos por un interés personal en hacer carrera en este tipo de administraciones, pero también por iniciativa de algunos gestores políticos en diferentes gobiernos de Madrid. Un dato poco conocido que demuestra la tendencia a menospreciar la labor de los anónimos gestores civiles y a centrar el protagonismo de la historia colonial española en misioneros y gobernadores militares.

La idea motriz del libro es poner el foco en observaciones concretas y menos tratadas en la bibliografía existente del periodo colonial. Como por ejemplo el epígrafe dedicado a los libros de texto y la Guinea española. Un enfoque inspirado por mi anécdota personal y tratado como escritor, pero luego investigado como historiador con el propósito de averiguar si existía y cómo era la «presencia escolar» de Guinea Ecuatorial en los manuales y las aulas de esas décadas. No obstante, en el fondo, esta perspectiva seguirá para los expertos en la cuestión guineana una línea llamada «historiografía colonial». Según un reciente estado de la cuestión de Gustau Nerín[9], esta ha sido la corriente historiográfica mayoritaria en los estudios históricos acerca de Guinea Ecuatorial; hasta la llegada de la tendencia actual de primar el enfoque africano en esta compleja historia del golfo guineano. Un enfoque este último que, en verdad, según Nerín no tiene más remedio que partir también de la historiografía colonial existente. No voy a malgastar mucha energía en contradecir esta apreciación, pues soy de los que considera

8 CONSIL, Jean-Michel: «La formation économique des administrateurs de la France d'Outre-mer à L'ENFOM (École nationale de la France d'Outre-Mer)», p. 57-68. EL MECHAT, Samia: *Les Administrations Coloniales, XIX-XX siècles.* Presses universitaires de Rennes. Rennes 2009.

9 NERÍN ABAD, Gustau: "La larga sombra del franquismo tropical. Historiografía colonial, nacionalismo, etnicidad y construcción de la historia propia en Guinea Ecuatorial". *Historia Social,* n.º 105, 2023, pp. 45-63.

erróneo etiquetar de antemano una investigación histórica sin dar el margen de confianza a sus conclusiones. Si centrarme en aspectos relacionados con las instituciones españolas y los españoles en Guinea convertirá al libro en uno más de la historiografía colonial, sin añadir nada sustancial a la bibliografía existente, poco entonces me queda por rebatir. Quizás, únicamente, pueda recordar esa motivación para escribir el libro de la que hablaba al principio. Esta historia de Guinea Ecuatorial que estoy introduciendo, tiene mucho de ser la propuesta creativa de un escritor. A pesar de tener acreditada mi formación histórica con titulaciones predoctorales, piensen que no me avala universidad o institución académica alguna; ni mucho menos alguna entidad cultural, política o financiera. Por tanto, en la posible pero poco probable consideración historiográfica que se hará del libro, espero se tenga en cuenta esa particularidad creativa.

Eso sí, basta decir también que no ha sido por menosprecio o por falta de fuentes el no dedicar un capítulo específico a las culturas africanas que habitaban y habitan ahora en el Estado guineano. Más bien es una cuestión de coherencia. Su inclusión no hubiera aportado, objetivamente, ningún valor a los temas investigados para escribir el libro. Pensar que este libro es una historia de Guinea Ecuatorial sin los guineanos es una maledicencia. Precisar que, en puridad, es una historia española y no ecuatoguineana me va a complicar más las cosas respecto a esos mal pensantes. Haber llevado algunas de mis conclusiones por el camino de observar y poner el foco en el carácter propio bubi o fang, habría entrado en otras consideraciones —antropológicas— que se alejaban de los propósitos esenciales del libro. No obstante, eso no quita reconocer y asegurar que las valoraciones del libro se hicieron sabiendo la posición subordinada que tuvieron los guineanos africanos. He querido aprovechar mi otra faceta de periodista para trabajar esta historia indagando testimonios, analizando las «impresiones» sobre Guinea que han aparecido en España —y en menor medida en la propia Guinea— a lo largo de este último lustro. Porque este es un viejo proyecto que, como veremos en la expedición del conde de Argelejo, ha sufrido la demora de años al encontrar imprevistos insospechados y dificultades inesperadas.

Entre esas tribulaciones estuvo, como ya habrán supuesto, la pandemia sufrida entre 2020 y 2021. Inconveniente con mayúsculas para tareas básicas en la investigación histórica como es la visita a archivos y centros documentales. Pero también lo fue para ciertos propósitos iniciales del libro, como el deseo de haber viajado a las islas Canarias y recabar mejores datos —de primera mano— sobre una observación expuesta en este ensayo. Esa apreciación es el minusvalorado papel de Canarias en el devenir histórico del golfo guineano, sobre todo cuando se trata de hacer una historia de la Guinea española. Resulta decepcionante lo poco que aparece el «dato canario», más allá de la habitual consideración de escala obligada en los viajes, cuando muchas veces ha sido fundamental para conocer mejor la realidad histórica en que se convirtió Guinea. Así, otro análisis del libro ha sido intentar explicar esta ausencia de protagonismo de las islas Canarias; y aunque finalmente no se viajó hasta allá, se ha tenido el apoyo de amistades canarias para recabar impresiones.

Por otro lado, que el proyecto del libro se demorase más de lo previsto sirvió para constatar que ni el 50° Aniversario de la independencia guineana, ocurrido el 12 de octubre de 2018, generó una gran atención sobre este país con pasado histórico español. Ni significativas acciones culturales y sociales, más allá de unas cuantas monografías y proyectos de investigación auspiciados por otras tantas universidades, las que consiguieron financiación de la administración española.

Finalmente, el libro tendrá unos últimos epígrafes a modo de «conclusiones» que rebasarán las fechas establecidas como contexto temporal estudiado. Serán una «observación» de la actual Guinea partiendo de la descolonización, la independencia y las dos singulares dictaduras que resumen los otros cincuenta años de existencia de la ex Guinea española como realidad histórica. Preferimos el término «realidad histórica», en lugar de entidad o país, porque la argumentación principal de ese postrero capítulo será la que otorga a Guinea Ecuatorial cierta «irrealidad histórica». La paradoja se explica analizando varias impresiones existentes entre los ecuatoguineanos y españoles que han reflexionado acerca de la historia guineana. Historiadores, sociólogos, antropólogos y periodistas que lo han dejado por escrito; pero también las personas que en el uso de sus redes sociales han expresado cierta perplejidad al determinar qué fue y qué es hoy Guinea Ecuatorial. Constituye la parte más periodística del libro, pues a la investigación histórica se la suma la indagación con fuentes actuales para rastrear en ellas posibles «huellas del pasado».

Parece que predominan ideas y sensaciones imprecisas, ambiguas, sobre lo que supone ser ecuatoguineano o hispano-guineano; de manera especial acerca del sentido histórico y patrimonial de esas identidades. Impresión muy encontrada en las generaciones de guineanos y de españoles que tuvieron relación con Guinea, correspondientes al entorno temporal de los estudiantes de la EGB; una de ellas sería la generación del autor de estas líneas. Lo más curioso es que los españoles de esas generaciones deberíamos tener mayores precisiones sobre la realidad histórica que se supone es Guinea Ecuatorial. Empezando por la historia contenida en los libros de texto hasta los inicios de la década 1970 y por ser los nacionales del país que colonizó esas tierras africanas. Sin embargo, ni los que recibimos una clase excepcional sobre Guinea en el curso 1978-1979 gracias a un maestro excolono podemos decir que tenemos una idea clara de lo que significó ese devenir histórico de la Guinea española. Quizás porque siempre, en todas las épocas, se pensó ocultar esa historia en las aulas. Como en otros episodios históricos no había alumnos a los que dar a conocerlos, sino ciudadanos que debían olvidar algo que ni siquiera supieron que existía.

Ilustración del libro *Plazas y provincias africanas españolas: Ifni, Sáhara, Fernando Poo y Río Muni* de Adela Gil; publicado por la Editorial ANAYA en 1962. Foto propia: Fondo MANES (UNED).

CAPÍTULO I

Siglo XVIII «El Uruguay toma posesión de la Guinea Ecuatorial»

Sobre el papel, la historia española en este país subsahariano se debe empezar a escribir desde Montevideo, en el actual Uruguay. Allí el conde de Argelejo preparó una flota con la misión de tomar el control de unas posesiones que Portugal tenía en el golfo de Guinea. Los acuerdos entre las coronas lusa y española en el tratado de El Pardo del 11 de marzo de 1778, que ratificaban los términos apuntados en el controvertido pacto de San Ildefonso del 1º de octubre de 1777, otorgaban a España por cláusula secreta unos territorios en la ruta esclavista del golfo guineano. Fueron las concesiones territoriales a las que se veía obligada María I de Portugal, sobrina del monarca español, Carlos III, para que cesaran las campañas militares victoriosas de la expedición española en Brasil y en el Plata, mandada a reconquistar la colonia de Sacramento y dirigida por el que luego sería Capitán General de los Reales Ejércitos y primer virrey del Río de la Plata, don Pedro de Ceballos.

La expedición partió el 17 de abril de 1778 del Apostadero Naval de Montevideo; compuesta por oficiales mandados desde España, pero con soldados voluntarios y pertrechos de la comandancia rioplatense. Como curiosidad, el elegido como segundo comandante de la expedición fue el tío bisabuelo del que sería militar dictador durante el reinado de Alfonso XIII, en la segunda década del siglo XX, Miguel Primo de Rivera. El nombrado virrey de la Plata, Pedro de Ceballos, eligió como segundo de abordo al teniente coronel de artillería don Joaquín Primo de Rivera, personaje que como veremos más adelante obtendría un protagonismo mayor en la expedición que originó el primer «asentamiento colonial» español en Guinea Ecuatorial. Pero recordemos que el comandante de la expedición fue el séptimo conde de Argelejo. Sería el jefe de la misión que debía tomar posesión de la isla Fernando de Poo y las otras islas africanas más pequeñas de, hasta entonces, «titularidad portuguesa» en el golfo de Guinea. Este noble segundón acababa de ser ascendido a brigadier por su ejemplar comportamiento durante la campaña de Sacramento. El brigadier Felipe José de los Santos Toro Villalón, conde de Argelejo, era un hombre de sólida formación castrense, nacido en Tarragona el 2 de junio de 1721. Con tan solo doce años ingresó como cadete en el Regimiento de Infantería de Cantabria núm. 13, agrupación conocida con el sobrenombre de *Regimiento El Heroico.* Su vida estaría marcada tempranamente por la heroicidad, puesto que se cree estuvo también en el sitio, reconquista y defensa de Orán (1732-1734).

Cuando el brigadier conde de Argelejo observaba impaciente el horizonte desde la cubierta de su fragata en esa expedición colonial de 1778, lo hacía esperando volver avistar tierras de África. Lugar de tantas hazañas militares en su juventud, pero una tierra que ya no era la del *moro* que bien conocía. Ahora debía encontrarse con unas posesiones para la corona de su majestad en el África negra, un territorio tradicionalmente dominado por el rival portugués desde —ni más ni menos— la bula papal de Alejandro VI, que llevó al Tratado de Tordesillas. Siendo por ello, además, un territorio en gran medida desconocido para los barcos españoles. Afrontaba esa curiosa misión casi sexagenario y bastante escéptico sobre el éxito de sus propósitos. Durante los tres meses que la expedición debió permanecer en la Isla del Príncipe, sede de la gobernación portuguesa del Golfo de Guinea, esperando al comisario portugués que debía ratificar la cesión de soberanía de una Corona a otra, el conde de Argelejo había estado planificando la toma de posesión de esas islas recogiendo toda la información que podía. Para informar a Carlos III de la demora portuguesa en el traspaso de poderes, mandó al paquebote Santiago, que daba apoyo a su fragata, a la península. Meticuloso, como buen estratega, tras su estudio de la zona llegó a la conclusión de que esas tierras en verdad nunca habían sido enteramente dominadas por los portugueses y que el coste de mantener bases allí iba a ser mayor que los posibles beneficios de la explotación de las nuevas posesiones.

La clarividencia y buen juicio del brigadier conde de Argelejo no llegarían a la consideración del gobierno de Madrid. El noble fallecía a bordo de la fragata Santa Catalina el 14 de noviembre de 1778 cuando acababa de tomar posesión de la isla Fernando de Poo y navegaba rumbo a Annobon, la otra isla que cedían los portugueses. La malaria acabó con el conde militar a las órdenes de Carlos III sin poder terminar la misión encomendada. La expedición tendría un nuevo comandante, el teniente coronel de artillería don Joaquín Primo de Rivera y Pérez de Acal, a la sazón el segundo mandatario a cargo del grupo expedicionario. Tan histórico apellido en la historia de España aparece a finales del siglo XVIII también «implicado» en la historia de asuntos militares y de la Corona, como lo estaría un sobrino nieto de este teniente coronel en las primeras décadas del siglo XX. Nos referimos al militar y dictador Miguel Primo de Rivera, que gobernó España entre 1923 y 1930 con el visto bueno de Alfonso XIII. Unos años cruciales para la formación de lo que hoy es Guinea Ecuatorial, como se verá más adelante.

Los problemas para Primo de Rivera llegaron enseguida, los nativos de la isla de Annobon se mostraron muy hostiles, imposibilitando la toma oficial de la «otorgada colonia». Las autoridades portuguesas que quedaban en la zona se limitaron a dar cobijo a la expedición rioplatense en la isla de Santo Tomé. El nuevo comandante necesitaba directrices. Ancladas en la bahía de la isla lusa las dos fragatas españolas que componían la expedición que partió hace meses de Montevideo, la Santa Catalina y la Soledad, intentaban recuperarse de los estragos del viaje. El teniente coronel Joaquín Primo de Rivera se decidió por la misma solución que ya había tomado el fallecido conde de Argelejo. A pesar de que el envío del buque de apoyo y transporte, Santiago, no había servido para mejorar la ayuda o renovar directrices de Madrid, Primo de Rivera mandó a la Santa Catalina a España para recibir órdenes que aclarasen la situación. Las directrices españolas llegaron casi un año después. La orden fue tajante, seguir con la tarea de convertir esas nuevas posesiones en territorio administrado por el nuevo Virreinato de la Plata y conseguir la aceptación de los habitantes de la isla Annobon y del litoral adyacente. Para recomenzar con la misión, Primo de Rivera decidirá asentarse en la zona más habitable y segura de la isla Fernando de Poo, la llamada Bahía de la Concepción. Sin embargo, la moral y la salud de los expedicionarios que aún quedaban estaban bajo mínimos. Cuando el teniente coronel se quedó sin oficiales, un motín de un suboficial triunfó y fue hecho prisionero junto con los pocos fieles que le quedaban.

El propósito del motín era acabar con las penurias de los escasos treinta miembros que quedaban de la expedición original; y de otros tantos «aventureros» que se habían sumado como refuerzos casi un año después, provenientes de las islas Canarias. Desde las *Afortunadas*, tras la insistencia de Madrid en seguir con la misión, se procuró un mínimo apoyo con suministros y nuevos efectivos a los expedicionarios. El sargento amotinado llevó a todos hasta Santo Tomé; cometiendo un error, pues el teniente coronel Primo de Rivera fue repuesto en su autoridad gracias al apoyo de los militares portugueses. Primo de Rivera, tras otro año de hospitalidad obligada de Portugal, decide entonces regresar a América, a su comandancia del apostadero de Montevideo, para dar por terminada la misión. En el hecho de retornar al punto de partida y no dirigirse a las Canarias para alcanzar después la península, tuvo mucho que ver las hostilidades abiertas con Gran Bretaña por apoyar España a los rebeldes en la guerra de independencia americana. Regresaron a Montevideo solamente veinticinco hombres de los que zarparon a las órdenes del conde de Argelejo, de los más de ciento cincuenta iniciales; y otros veinte hombres con seis mujeres y siete niños, más una veintena de siervos, la mayoría hombres negros, que provenían todos de los apoyos recibidos desde Canarias. Los barcos en los que regresaron también eran de esas ayudas, pues ya no estaban las fragatas y el paquebote iniciales.

Tras una escala en Bahía (Brasil), que se prolongó más de lo esperado por tener que arreglar los barcos, por fin a mediados de febrero de 1783 arribaba la que fue expedición del virreinato de la Plata para cumplir con los acuerdos de la cláusula secreta del Tratado de San Idelfonso. En realidad, llegaban sus restos; y los «testimonios»[10] fundamentales de los oficiales supervivientes de esa expedición oficial que duró casi cinco años. Todos lo hacían al punto de partida, el puerto de Montevideo, lo que hizo más complicado realizar con prontitud un buen informe al gobierno de Madrid. El balance no era positivo y las autoridades españolas del apostadero no quisieron continuar con el proyecto, las islas quedaron abandonadas a la suerte de piratas y traficantes de esclavos. Suerte a la que, en verdad, llevaban décadas expuestas desde las primeras visitas de europeos en el siglo XV. El proyecto de la monarquía española de llevar una presen-

10 En verdad las cartas y documentos generados entre los expedicionarios y las autoridades españolas se recogen en casi su totalidad en el Archivo General de la Nación (AGN, Argentina). Por ejemplo, uno de los principales: AGN IX -10 -10 -1. *División Colonia. Sección Gobierno. Islas Fernando Poo y otras. Marina.* 1773 – 1788. A través de FURLAN, Luis Fernando: "Notas sobre la expedición del Conde de Argelejo y la presencia española en el Golfo de Guinea (1778-1783)". VI Simposio de Historia marítima y naval de Iberoamérica. Ponencia, Lima (Perú), 19-23 de noviembre de 2001.

cia y sobre todo una autoridad efectiva a la región del golfo guineano quedó en el aire. Sin embargo, para la Corona y para la administración del nuevo virreinato creado en el eje Buenos Aires-Montevideo se había cumplido el objetivo esencial: hacer acto oficial del traspaso de la soberanía portuguesa a la española de esas posesiones de ultramar en el Golfo de Guinea. Así, lo que podía haber pasado a la historia de España como una singular expedición colonial, generando documentos históricos que llegasen a los archivos de Madrid, se quedó en una triste «crónica de aventuras». El vacío de fuentes a las que acudir desde finales del siglo XVIII para elaborar una historia guineana sería de un largo medio siglo. Sin duda, habría que visitar los archivos ingleses y portugueses para rebuscar más y mejor documentación de esos años sobre el golfo de Guinea. Siendo generosos con las fechas, llegaríamos a marzo de 1843 para volver a ver verdadero interés de la Corona española, ya con Isabel II, en el regreso español a esas islas y costas del África Central.

Como pueden apreciar en los párrafos anteriores, muy esquemáticos haciendo una adaptación del trabajo ya clásico de Cencillo de Pineda[11] sobre la expedición, el inicio de la historia hispano-guineana considerado desde la partida de esa misión naval en 1778 resulta algo decepcionante. Podemos ahondar más en su significación analizando en profundidad la política exterior de Madrid en el siglo XVIII, pero aún así nos parecerá escasa su trascendencia en la historia española de esas últimas décadas de la centuria. Pronto se abandona la idea de mandar nuevas expediciones al golfo guineano, volviéndose a centrar la Corona española en los problemas europeos y americanos graves a los que se enfrentaba en esas fechas. Esa decepción y abandono español del «proyecto guineano» a las primeras de cambio, que convirtió esa expedición colonial en un episodio menor de nuestra historia, contrasta con el curioso interés argentino —y uru-

11 CENCILLO DE PINEDA, M: *El brigadier conde de Argelejo y su expedición militar a Fernando Poo en 1778*. Madrid 1948.

guayo— por incluir a Guinea Ecuatorial en la efímera historia rioplatense como «potencia colonialista»[12]. Recordemos que esos nuevos territorios africanos debían pasar a la administración del virreinato del Río de la Plata. En ciertos foros académicos panamericanistas se juega con la idea de que el imperio español sería en esas fechas más un «imperio latinoamericano». Así, el hecho de que las posesiones españolas del golfo guineano fuesen a formar parte de la administración rioplatense, se hace dato destacado para desarrollar una de las teorías que planteamos en el libro. Además de explicar el título entrecomillado del epígrafe, «El Uruguay toma posesión de la Guinea Ecuatorial», que resultaba un anacronismo pues Uruguay no existía en esas fechas.

Decía, entonces, que es un dato para desarrollar la idea de incluir los orígenes históricos de Guinea Ecuatorial en un contexto más puramente geopolítico durante los reinados de Carlos III y Carlos IV. Detrás del reconocido propósito de tener un enclave propio cerca del mercado negrero, sin depender de intermediarios, estuvo también un plan de reordenamiento del poder marítimo y militar del Atlántico sur. Esa tarea se iba a delegar en los virreyes rioplatenses, algo que historiadores actuales del Cono Sur valoran como dato más trascendental o importante, dentro de su historiografía, de lo que nos puede parecer a los estudiosos del tema en este lado del Atlántico. Es un dato chocante porque estábamos a pocas décadas del inicio de las emancipaciones americanas, que romperían el lazo político con España. Pero no lo es tanto cuando analizamos esas décadas finales del siglo XVIII y primeras del siglo XIX, dentro de un marco global que interrelaciona varios aspectos históricos de ese periodo de transición. Los usos mercantiles entre regiones de todo el mundo se van a distanciar de las maneras casi medievales —derechos de gentes— que todavía se daban en Europa. El siglo XVIII, sobre todo desde su segunda mitad, fue el

12 FURLAN, Luis Fernando: "Notas sobre la expedición del Conde de Argelejo y la presencia española... *Op.cit*"

siglo donde se multiplicaron los actores internacionales en los escenarios americanos, africanos y asiáticos, hasta entonces copados por los reinos ibéricos y las acciones corsarias de ingleses y holandeses. Por ejemplo, a la partida intercontinental se sumaron ese siglo daneses y rusos que exigieron sus naipes para entrar en el juego de intereses económicos y territoriales.

Teniendo en cuenta que, en la década de 1790, todavía unos veinte millones de kilómetros cuadrados estaban bajo soberanía de la Corona española, repartidos por todos los continentes, mares y océanos, era obvio que España acabara siempre envuelta en bastantes conflictos, de una manera directa o indirecta. El tener que afrontar tantos frentes sería la explicación más fácil a la contradicción de abandonar el proyecto de conseguir una presencia en el estratégico golfo guineano. Sin embargo, no podemos dejar de inquirir acerca de cuál fue el motivo último y más determinante para desechar esa oportunidad guineana. ¿Cuestión de recursos materiales y humanos?, ¿problemas presupuestarios para la hacienda real? A los despachos de los ilustrados españoles siguieron llegando proyectos enfocados a esa pretendida reforma y modernización del país. Entre las reformas destacaban las navales, para mantener el poder marítimo español. Planes que a simple vista resultaban más costosos e irrealizables que el haber mantenido un asentamiento español en la actual isla de Bioko (Fernando Poo). Nos referimos al «*Memorial dirigido al Conde de Floridablanca por D. Ramón Carlos Rodríguez, representante de D. Joaquín Antonio Escartín, relativo a la apertura de un canal de comunicación entre el mar del Norte y el del Sur en América, proyectado por éste*».[13] Se trataba de un utópico proyecto ideado desde tiempos de Carlos V de construir un canal que uniera las costas del Pacífico y del Atlántico, a través del mejor paso natural que se pudiera encontrar en lo que hoy es Panamá. Esa utopía se hizo rea-

13 AHN. ESTADO,2923,Exp.472

lidad cuatro siglos después, cuando existían los medios tecnológicos para ello y España ya no controlaba la zona. Sin embargo, es curiosa la persistencia española en ese proyecto como mejor baza para controlar el tráfico marítimo.

Poseer una ruta más rápida, directa para pasar de un gran océano al otro, incrementaba entre otras cosas la riqueza de la Corona. Felipe II solamente lo desecharía por ciertos reparos religiosos, al ofender al Todopoderoso realizando magnas obras dignas de un dios y por un informe alarmista del jesuita José de Acosta (1540-1600). Este misionero y entre otras cosas naturalista, teólogo y cronista indiano, venía a decir que al estar un océano a distinto nivel que otro, la consecuencia nefasta sería una inmensa inundación. Aunque los reparos del padre desaparecieron con el hijo, pues Felipe III ordenó al gobernador Diego Fernández Velasco la exploración detallada en el golfo de San Miguel y que se hallase así el mejor lugar para construir el canal. Se llegaría a encargar un estudio a varios ingenieros holandeses, que entregaron en la real audiencia de Panamá y al mismo rey. En esta ocasión el reparo lo puso el Consejo de Indias. Temieron que el futuro canal pudiera ser conquistado por otra potencia naval, mermando el poder marítimo español en lugar de asegurarlo. También los últimos Habsburgo, Felipe IV y Carlos II, trataron en sus consejos ese viejo proyecto; pero no sería hasta el empuje reformista del ya monarca de la dinastía Borbón, Carlos III, que se retomaría con sus ministros ilustrados. Este «*Memorial dirigido al Conde de Floridablanca*» es prueba de ello, donde en sus conclusiones se asegura que el proyecto es factible. Pero para dar más detalles, el ingeniero Escarpín ruega sea recibido en audiencia por el ministro, pues «*Al fin, como este és un negocio, en que és de menester usar de mucha prudencia para resolverlo; reservo para mejor ocasión lo demás que pudiera decir sobre él, y especialmente para la que en tubiere el honor de explicarme boca á boca con V.E., que és lo unico, que por lo presente me atrebo á suplicarle.*»[14].

Sin duda que existieron intenciones lucrativas privadas en un proyecto que de hacerse sería una «magna obra pública» de España, por eso el deseo de reserva y discreción de los ponentes del proyecto. Era una época donde todavía la nueva mentalidad mercantilista para hacer negocios debía dejar espacio al tradicional «derecho de gentes», la potestad para realizar algo en nombre del monarca —del señor— en la que se basaban, por ejemplo, las encomiendas o adelantos de América. Podría ser esta argumentación otra respuesta a ese abandono de las posesiones recién adquiridas en el África negra. Que ningún adelantado a partir de 1783 se decidió a proponer un proyecto —aventura— para colonizar esas islas. En esa época todavía la iniciativa, como en el siglo anterior, partía muchas veces de los mismos ponentes; como hemos visto en el «*Memorial dirigido al Conde de Floridablanca por D. Ramón Carlos Rodríguez, representante de D. Joaquín Antonio Escarpín*»... En el gobierno de Madrid, el sistema de postular proyectos de su interés a concurso público todavía estaba en ciernes.

Es evidente que construir ese canal interoceánico no hubiera sido tan sencillo para la Corona española como lo describe ese memorial fechado en 1788. Hacía un lustro de la toma de posesión formal de las nuevas posesiones en el golfo guineano, pero nada se había hecho por materializar una de las ventajas que traerían los territorios conseguidos en los tratados acordados con Portugal. Tener un punto de apoyo para las navegaciones a las lejanas y mal aprovechadas islas Filipinas[15]. De manera significativa esta es una de las principales bazas expuestas para defender la construcción del canal en el memorial dirigido al conde de Floridablanca: «*Las Yslas Filipinas, que ahora con tal trabaxo se conservan por*

14 *Ibídem.*

15 GARCÍA CANTÚS, Mª Dolores: *Fernando Poo, una aventura colonial española en el África Occidental (1778-1790)*. Ceiba Ediciones. Madrid 2006.

lo que pueden valer en adelante, tendrian mas pronto los socorros que hubieran menester, con lo cual mas aseguradas, comenzarian á dar valor á tantos tesoros de industria, y de agricultura, como encierran».[16] Así, vemos que ese problema de los viajes a Filipinas seguía siendo uno de los principales dentro de las políticas reformadoras que pretendían mantener el poderío naval español. Por eso cuesta más averiguar por qué teniendo la mejor solución y más a mano, del posible asentamiento en el golfo de Guinea como apostadero para las Filipinas, no se aprovechase. Quizás una respuesta la encontremos en el mismo devenir de ese memorial sobre la posible construcción de un canal en Centroamérica. No conocemos si hubo audiencia de Floridablanca o respuesta a esa propuesta, pero lo seguro es que el canal no se realizó. Al igual que una segunda y oficial expedición para colonizar las tierras guineanas. El abandono de esos proyectos puede, en el fondo, no ser tal. Se trataría de contar con ellos como potenciales soluciones, que están «presentes» dentro de una política exterior enérgica y modernizadora de ministros como José Moñino y Redondo, Conde de Floridablanca.

De todas maneras, los hechos son los hechos y las circunstancias mandan. Es probable que la preferencia de Carlos IV a volver a la figura del valido (Godoy), consejero real ministro plenipotenciario, en lugar de seguir utilizando a secretarios de Estado y de Despacho, como tenía Carlos III, hizo regresar políticas más personalistas en detrimento de las más estatales que se estaban realizando desde 1760. Circunstancias como las guerras napoleónicas pusieron a la escasamente reformada flota española al servicio de los intereses espurios de Francia (Trafalgar, 1805). Fácil entender que no hubiese oportunidad para ir de nuevo al golfo guineano, aunque «ganas» habría porque seguía considerándose solución para algunos de los viejos retos a los que se enfrentaba la monarquía española en el contexto internacional. Una considera-

16 Ya referenciado: AHN. ESTADO, 2923...

ción e importancia de esas posesiones, la futura Guinea, que en la América hispana tenían con mayor seguridad que en Madrid. Se puede apreciar este interés americano por las nuevas posesiones españolas, en las informaciones que llegaron muy pronto a la isla de Cuba contando los pormenores de la expedición del conde de Argelejo al África ecuatorial. Esos grandes interesados eran tratantes de comercio y negreros; es decir, particulares claramente interesados por el bien de sus negocios en que la misión oficial tuviera éxito.

Desde el Caribe al Cono Sur, fueron muchos los interesados de verdad en que se materializase el asentamiento español en esa región africana. Tal y como estamos exponiendo, el origen histórico de Guinea Ecuatorial se puede enmarcar en políticas internacionales más amplias de la monarquía hispánica. No solo en las americanas, por resultar «moneda de cambio» en los acuerdos de paz tras una guerra en ese continente, también dentro de un marco mucho más global. Además de ser así por mera cuestión geográfica, al incluir Asia en esas «políticas americanas», lo sería porque las nuevas posesiones en el golfo de Guinea se proyectaron pensando en factores económicos. El problema del mercado de esclavos no suponía un asunto menor para economías que dependían tanto de esa mano de obra, como era la cubana o puertorriqueña. Las islas africanas recién tomadas en derecho de posesión debían acabar con la excesiva dependencia de terceros que tenía España para el comercio esclavista. De hecho, esta problemática de índole económica había llevado a la monarquía hispana a liberalizar ese mercado, justo en esas fechas que se negociaron los tratados con Portugal que las otorgaban.

Para más inri, era un problema que había generado hasta una gran guerra; precisamente en el eje norte-sur atlántico que ahora se deseaba reforzar con esa presencia en el golfo de Guinea. Fue la llamada *Guerra del Asiento* o más llamativamente la *Guerra de la oreja de Jenkins* (1739-1748)[17]. Aunque las causas fueron diversas y se puede considerar este conflicto consecuencia de la Guerra de Sucesión española (1701-1713), el principal detonante estuvo en la intensa rivalidad entre británicos y españoles por dominar el comercio marítimo americano. En el Tratado de Utrecht (1713-1714), España cedió territorios (Gibraltar, Menorca) y también derechos. En este caso derechos comerciales, pues permitía por primera vez el comercio inglés con la América española. Fue el conocido como «navío de permiso», al que se autorizó el comercio directo con los virreinatos españoles de América. Al principio por un volumen de mercancías en barco de quinientas toneladas de capacidad; y poco después, en 1716, se permitió la considerable capacidad en navío de las mil toneladas. Insuficiente debió parecer a los comerciantes legales británicos, porque el contrabando inglés —y holandés— no hizo, sino que aumentar.

Uno de los pocos goles que consiguió meter España para intentar remontar el mal partido del Tratado de Utrecht fue el Tratado de Sevilla (1729). En este acuerdo que era de paz también, tras la guerra anglo-española entre 1727 y 1729, se consiguió el compromiso firme británico de no comerciar con la América española salvo el navío de permiso mencionado. Madrid desconfiaba y pidió el llamado «derecho de visita» a los barcos ingleses que considerase sospechosos de contrabando. Londres, en un gesto de distensión, aceptó ese requisito fiscalizador del tráfico comercial marítimo. A poco que se esfuercen imaginarán lo fácil que resultó estallase el conflicto. Lo obvio de la situación casi roza el sarcasmo britá-

17 Se llamó así porque el contrabandista británico, Robert Jenkins, compareció en la Cámara de los Comunes con su oreja amputada en un tarro. Era la forma de reforzar su reclamación por la que consideraba abusiva inspección de la carga de su barco. Un guardacostas español capitaneado por Juan León Fandiño abordó el barco de Jenkins y confiscó su carga. Según la versión de Jenkins también le apresó y cortó una oreja pronunciando la proclama: «*Ve y dile a tu rey que lo mismo le haré si a lo mismo se atreve*». Para los parlamentarios británicos fue suficiente *casus belli*.

nico, quizás por eso bautizaron a la guerra con ese peculiar apodo de «la oreja de Jenkins». Si únicamente se permitía comerciar al navío de travesía legal, el resto de embarcaciones inglesas que se dirigían a América tenían que ser a la fuerza contrabandistas. Lógico, el aumento en la América española de la demanda de productos de todo tipo alentó al contrabando británico —y neerlandés—.

Que la pura piratería también aumentase era algo previsible ante tanto barco a la vista. Los comerciantes hispanos o los pocos extranjeros autorizados por la Corona española no daban abasto para satisfacer la demanda americana. Un continente que comenzaba a ser una de las regiones más populosas del mundo. Ese pudín era muy grande y suculento para evitar coger solamente un pedazo de mil toneladas. Pero existían unas prerrogativas que cumplir, pues no se había estado la gente matando por ellas para luego incumplirlas y faltar a su honor y memoria. Obligados a verificar el cumplimiento del tratado, los barcos hispanos poseían el derecho de interceptar a los navíos británicos en aguas españolas y comprobar su carga. Con la flota real no fue suficiente, por lo que se concedió asiento o concesión de la Corona a navíos españoles en manos privadas. Esos barcos se convirtieron en «guardacostas». Aunque Londres pronto les acusaría de ser barcos piratas; basándose en incidentes provocados por supuestos abusos de estos navíos particulares en el abordaje y confiscación de la carga de barcos ingleses. Véase el citado caso Jenkins.

En esas incontables inspecciones de los marinos españoles a navíos ingleses es seguro que se abordase a más de un barco negrero. Sin embargo, a esos barcos se les dejaría seguir a su destino americano sin problemas. Uno de los derechos comerciales exclusivos otorgados en el Tratado de Utrecht a los británicos fue el comercio de esclavos. El asiento real de comercio de esclavos era exclusividad británica desde 1713; en concreto fue otorgado a la influyente *Compañía del Mar del Sur.* Algo que tampoco gustaba en la monarquía española, con una dinastía de origen francés que obligaba a los

«Pactos de Familia» con Francia. De hecho, el «asiento de negros»[18] anterior había sido de titularidad francesa. A finales del verano de 1739 la tensión anglo-española estaba en su punto álgido; el embajador británico exigió en Madrid que se retirase el derecho de visita y en el parlamento londinense había triunfado la campaña de los partidarios de ir a la guerra. La oreja del bueno de Jenkins vendría a rematar la faena. Felipe V no se achantó, todo lo contrario. Decidió retirar el derecho del «navío de permiso», ahora ni uno de los barcos ingleses iba a navegar por la América española, y anuló la concesión del asiento británico para el comercio exclusivo de esclavos africanos en tierras españolas. Esta última era la gran gallina de huevos de oro para los armadores que no tenían el «permiso de comercio», contar con el monopolio de la entrada de esclavos en la extensa América. A los ingleses se les suspendía ese privilegio. ¡Guerra!, fue el grito escuchado en las dos capitales.

Esperando que hasta aquí la narración se les haya hecho amena, no les habrá importado tanto que se alargara algo para volver a relacionarla con el «asunto» tratado. La futura Guinea Ecuatorial era en esos años una vaguedad geográfica, un lugar impreciso que desde antiguo se conocía como tierras del golfo de Guinea donde se podía capturar «mercancía humana»: esclavos. Por más que se quiera, ni los portugueses, que llevaban siglos de ventaja navegando por allá, conocían bien esas tierras y sus poblaciones. Era «territorio comanche» de negreros y piratas. La isla de Bioko se llamó Fernando Poo por el navegante portugués que la exploró en 1472 y Annobon es el acrónimo de *Anno Novo*, en portugués *Año Nuevo*, que es el día de 1473 que Lopes Gonçalves y el mismo Poo exploraron esa isla.

Y durante siglos eso fue todo lo dejado por Portugal, unos nombres que, a los tratantes de esclavos, aunque la mayoría fueran portugueses, poco les preocupaban para hacer su

18 FERNÁNDEZ DURÁN, Reyes: *La corona española y el tráfico de negros: del monopolio al libre comercio.* Ecobook. Madrid 2011.

crudo negocio. A partir de 1580 que las dos coronas ibéricas se unieron dinásticamente en la figura de Felipe II, los nombres portugueses de ese lugar del mundo aparecieron más en la diplomática hispana. «*Assiento que se ha ajustado con el Capitan Don Gaspar de Andrada, tesorero y administrador general de la Compañia Real de Guinea, sita en Lisboa, Corte del Reyno de Portugal: sobre encargarse de la introducion de negros en la America D. Manuel Ferreyra de Carvallo, como socio y en virtud de poder de la dicha Real Compañia, por tiempo de seis años yocho meses, que empezaron en siete de julio de 1696...*»[19]

Como vemos, incluso más allá del fin de la unión ibérica, el nombre de Guinea identifica a las compañías reales con el asiento de trata de esclavos por tratarse del lugar tradicional para conseguir «apresar negros». Un monopolio que en el siglo XVII fue copado por asientos portugueses y que al comienzo del siglo XVIII pasaría a ser de una empresa francesa, la *Real Compañía de Guinea.* Dato que confirma al nombre de Guinea asociado, más que a ninguna otra razón, al tráfico de esclavos negros a la América española. Sin embargo, anecdóticamente, la isla de Fernando Poo (Bioko) que acabaría constituyendo la espina dorsal del futuro estado que ostentaría el nombre de Guinea Ecuatorial, no estuvo implicada en el grueso del comercio trasatlántico. De manera muy tangencial, sufrió el tráfico de esclavos. Pero no lo haría como proveedora de esclavos, sus habitantes, los bubis, consiguieron tener un papel secundario «proveyendo de ñame y otros alimentos a los barcos que fondeaban en sus costas a cambio de barras de hierro e instrumentos de

19 BNE: *Assiento que se ha ajustado con el Capitan Don Gaspar de Andrada...* Biblioteca Nacional de España. Publicación: [Madrid?] : [s.n.], [1699?] Descripción física: [2], 37, [1] p.; Fol. Se puede consultar en formato digital en: https://www.dipublico.org/118003/asiento-para-la-introduccion-de-negros-en-las-indias-espanolas-hecho-entre-el-consejo-real-de-indias-y-un-socio-de-la-compania-real-de-guinea-en-madrid-el-12-de-junio-de-1696/

metal»[20]. Esa ausencia de una conexión habitual y constante con el eje atlántico, siendo en verdad territorio ignoto para los europeos, es lo que se encontró el brigadier conde de Argelejo y sus hombres treinta años después de la «Guerra de la oreja de Jenkins». Como en las instrucciones reservadas que recibieron se daba a entender que iban a tomar posesión de unos asentamientos portugueses en vigor, la decepción fue tremenda. Pronto en sus cartas, oficiales como el mismo marino comandante de la flota, Varela Ulloa, mostrarían su chasco ante unos territorios cedidos pero abandonados a la mano de Dios. Es más, en su *Informe* a la Corona de 1780 no se corta nada cuando dice que «los tratantes de negros recalaban allí por casualidad»[21]. Es decir, hablando claro, que la urgencia de Floridablanca en tomar esos territorios por considerarlos solución viable al problema de España de no controlar una de las patas de la economía mundial de los siglos XVII y XVIII, el comercio de esclavos, solamente lo llevó a enterarse antes que recibía un «todo por hacer».

De esta guisa, respecto al golfo de Guinea en la historia de España, llegamos a las dos últimas décadas del siglo XVIII con esa sensación extraña de creer tener buenas cartas y perder esa baza. Algunos autores[22] defienden que las posesiones de la futura Guinea Ecuatorial no importaban tanto como el fin último de los tratados conseguidores de ellas. Lo que la Corona española deseaba era la conclusión, rápida y de la mejor manera posible, de los conflictos del Río de la Plata y de la Banda Oriental del Río Uruguay. Puede que haya mucho de verdad en ello, aunque resulta una explicación fácil y algo contradictoria. La «urgencia» mostrada por Floridablanca ordenando levantar un asentamiento español

20 CAMPOS SERRANO, Alicia: «La isla de Bioko en el mundo atlántico: dinámicas de enclave y órdenes transfronterizos». En *Vegueta. Anuario de la Facultad de Geografía e Historia*, 18; 2018, pp. 303-325.

21 A.G.S. Estado 7411-27, fol. 3. *Descripción de la Isla de Annobón*, hecha por el Capitán de la Marina Real Española, Don José Varela, 1780.

22 CARRASCO, Antonio M.: *Guinea Ecuatorial. Historia de la colonización española*. Almuzara. Córdoba 2022.

en esas islas no es otra cosa que demostración de gran interés, no en vano la financiación de toda la expedición corría a cargo del gobierno de Madrid.

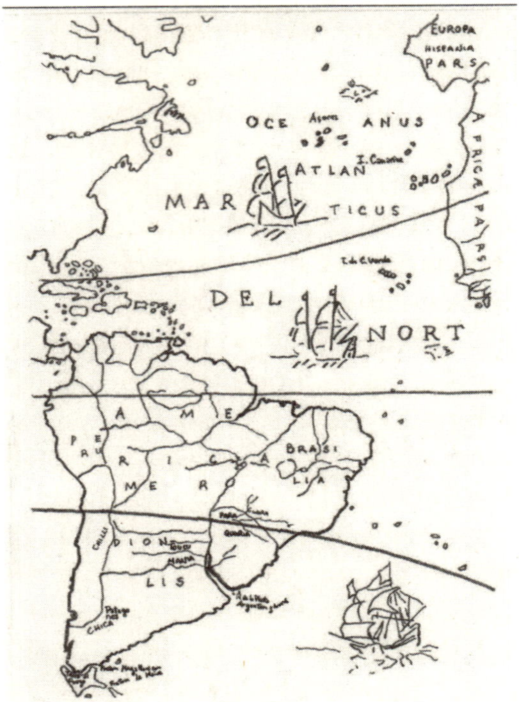

Contorno del mapa de América del Sur que aparece en el *Atlas Maior* (1662-1665), señalando los ejes norte-sur del Atlántico, del cartógrafo neerlandés Joan Blaeu[23]. Atlas en vigor durante más de un siglo

Tal vez, como ya hemos apuntado, el abandono fue sin duda «material» y la energía puesta en ello, después de la expedición de 1778, casi nula. No obstante, viendo el interés que seguía suscitando en la América virreinal y en el

23 BLAEU, Joan, *Atlas Maior* de 1665. *Hispania, Portugallia, Africa & America*, (2006), Köln, Editorial Taschen. Facsímile de la copia conservada en la Biblioteca Nacional de Austria. Imágenes adaptadas, cortesía de la profesora e historiadora uruguaya, Mónica Nicoliello.

Caribe sobre todo por el comercio esclavista; constatado en los documentos de la época ilustrada que debió ser un apostadero solución al viaje hacia las Filipinas; observado que siguió en mente de muchos en la corte de Madrid, quizás el abandono no lo fue tanto de «espíritu». Puede que, haciendo una cervantina, las islas del golfo de Guinea eran unas prometidas «ínsulas de Barataria» en espera de merecido y buen gobernador. Ahí se sabían que estaban, entre lo imaginado y lo real, pasando España por muchos capítulos en los que el personaje guineano no era real pero siempre mencionado. Hasta que a Sancho Panza —España—, como veremos, le hicieron creer que estaba en su tan soñada «ínsula de Guinea» y debía ser tan justo juez como gobernante honesto.

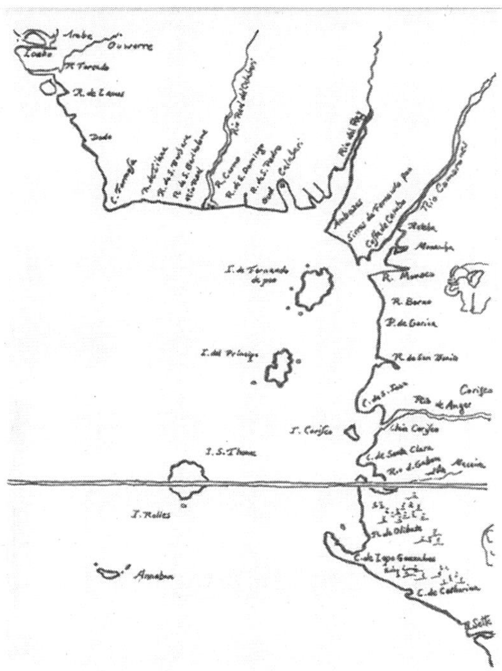

Contorno del fragmento mapa del Golfo de Guinea que aparece en el *Atlas Maior* (1662-1665), con sus islas principales incluidas las que pasarían a constituir la Guinea española, del cartógrafo neerlandés Joan Blaeu. Elaborado en base a la información de la lámina 38, pág. 166 de la edición facsimilar de la Editorial Taschen (2006)

Siglo XIX
«Guinea española, pero no tan española»

Cuando se escribe sobre la historia de un país se suele tender a buscar unos inicios interesados, que por motivos de prestigio nacional procuran ser lo más remotos posibles y sugestionados con la épica. El problema está cuando ese país es el resultado de una colonización de otro. Hasta hoy día, la historia de los países sigue obligada a considerar el «proceso de construcción de la identidad nacional»[24] como pauta fundamental para expresarse. De esta manera, cuando esos países tienen un pasado colonial muchas veces buscan su identidad en imaginarios de realidades anteriores a ese periodo. Algo bastante «irreal» o impreciso cuando se trata de acercarse a la verdadera y actual realidad identitaria como país o nación. Así, «imaginar» la historia guineana con la supuesta existencia de una Guinea Ecuatorial pre-colonial no sirve para establecer los inicios históricos —historicistas— del país.

Aunque hemos podido comprobar que ha sido una tentación lógica para el nacionalismo guineano y un primer capítulo válido para los estudiosos de la historia del país, aquellos que han privilegiado al enfoque nativo africano. Podemos referenciar a este respecto los trabajos de estudiosos guineanos[25], que aportan una historiografía nacionalista —historicismo— desde el etnicismo. Son, por ejemplo, las tesis *hamitas ndowé* que realizan una comparación etnográfica entre los *ndowés* y los antiguos egipcios. Los *ndowés* eran clanes que ocupaban la costa guineana en los siglos XVIII, XIX, y buena parte del XX. A los que se les fueron sumando paulatinamente en esa zona los fang, que provenían del inte-

24 ÁLVAREZ JUNCO, José: *Mater Dolorosa*. Taurus. Madrid 2001.
25 IYANGA PENDI, Augusto: *Historia de Guinea Ecuatorial*. Nau Llibres. Valencia 2021.

rior de la cuenca del río Muni. Estas teorías consideran a ambas etnias como poblaciones migrantes, cuyo foco origen de su migración estaría nada menos que en el Egipto Antiguo. Una manera de elevar el «pedigrí civilizador» de las culturas de esos pueblos del África subsahariana. Algo, como hemos dicho, muy habitual en el proceso estructurador de una identidad nacional, sea la de una metrópoli o una colonia, cuando se construye utilizando mimbres históricos.

Así, inquiriendo en lo que pensamos comenzó a convertir a Guinea Ecuatorial en una realidad histórica, debemos rebuscar en los datos que argumentan nombrarla como «española», como Guinea española. Y esos datos, documentos, publicaciones, discursos y hasta boletines oficiales que la nombran como *española* comienzan a darse a finales del siglo XIX. Concretamente en la década de 1880, en pleno apogeo del debate intelectual español acerca del nacionalismo de Estado. Antes la idea de España y de lo que era español, se asociaba con la monarquía y sus posesiones; y no había mucho más que debatir. Por eso es significativo que la historia de Guinea, con el apellido de española, se deba perfilar cuando España comenzaba a intentar verse a ella misma como una nación-estado. Su trabajo la estaba costando; venía de una revolución liberal que había destronado a Isabel II, una corta monarquía parlamentaria con el saboyano Amadeo I y de la efímera primera República. El régimen de la Restauración, con la alternancia de los partidos liderados por Canovas y Sagasta, se caracterizó, precisamente, por un quiero y no puedo en esa tarea de construir una España estatal. Digamos, para apuntar al centro de la diana del planteamiento expuesto, que la cuestión de posesiones de ultramar dejaba de ser exclusiva de la Corona y con el apelativo *española* significaba que comenzaba a ser una «cuestión de Estado».

Con este método de buscar una «genealogía» que le da apellido de española a la Guinea Ecuatorial, queremos ir desarrollando la argumentación de este epígrafe con el significativo título de «Guinea española, pero no tan española». Los años finales del siglo XVIII y las siguientes décadas primeras del siglo XIX son un páramo documental español respecto a la supuesta Guinea española. En realidad, los mismos tratados de cesión de esos territorios a España por parte de Portugal mencionan únicamente los nombres de las islas cedidas, Fernando Poo y Annobon. Ni para señalar a las costas continentales próximas a estas islas, donde se podrá comerciar y hacer enclaves para ello, se habla de «Guinea». Tampoco en el caso de las islas de Corisco y Elobey Grande y Chico, que finalmente forman parte del mapa territorial[26] del Estado ecuatoguineano. Aparece más a menudo el gentilicio de Guinea en los *Asientos Reales* de esclavos de Francia y Portugal, que en las denominaciones de compañías españolas y en los nombres de posesiones de España en la región. Esto, obviamente, responde más que nada al abandono casi absoluto que hizo España de esas nuevas posesiones territoriales en el golfo guineano. Aunque también recuerda que, en los reinos de la península, desde el siglo XV de las exploraciones ibéricas, el término de Guinea era empleado para referirse —ambiguamente— a una región ignota en forma de golfo al sur de Cabo Verde. Tras la expedición de Argelejo, si aparecían esas tierras nombradas o mencionadas eran como las «posesiones de Fernando Poo y Annobon», encerrando todavía la idea de su pasado nominal portugués.

Debió existir la sensación de que esas islas seguían sin dueño o que solamente eran de un supuesto propietario «legal». Y como España y Portugal habían actuado casi en total secreto en sus acuerdos, la discreción también llevaría a la duda sobre quién ostentaba la titularidad de esas islas del golfo guineano. El asunto es que fueron barcos ingleses los que comenzaron a visitarlas con la idea de crear asentamientos, sobre todo en la isla grande de Fernando Poo, viendo

26 Mapa actual digitalizado de la República de Guinea Ecuatorial; biblioteca digital de la AECID (Agencia Española de Cooperación Internacional para el Desarrollo): https://bibliotecadigital.aecid.es/bibliodig/pub_aecid/es/consulta/registro.do?id=12482

que allí los ibéricos no hacían acto de presencia. Pero la idea británica de asentamiento iba a ser la opuesta a la, en principio, idea española de establecer un apostadero naval y un enclave esclavista. Pensaron en crear una estación de vigilancia contra la trata negrera, pues desde el 25 de marzo de 1807 el Parlamento de Londres había emitido el «Acta para la Abolición del Comercio de Esclavos»[27]. Pronto se arrogaron la función de «policía internacional» contra esa trata esclavista, a pesar de que el acta se ceñía a sus territorios. También es verdad que buscaron a los pocos años de promulgada su abolición, firmar acuerdos de actas similares con el resto de las potencias más implicadas en este comercio. Así lo hicieron con España, que aceptó firmar desde 1817 (acabadas las guerras napoleónicas) una serie de tratados buscando la cooperación anglo-hispana en la vigilancia del ahora ilegal comercio de esclavos. Hacer una apreciación, lo que pasaba a ser ilegal era el comercio, llamado «*La trata*», pues la esclavitud como condición social y laboral a la que una persona se podía ver obligada continuaba siendo «legal». Véase la compraventa de esclavos que se seguía haciendo legalmente en territorios británicos, Jamaica donde más, hasta la supresión total de la esclavitud que fue paulatina, con la *Acta de Abolición* del Parlamento de Londres en 1833.

Cuando se habla de la abolición de la esclavitud, parece que en cierta bibliografía acerca del tema se entra en una competición moral por ver qué país colonizador lo hizo antes. Como la iniciativa fue británica y encima crearon tribunales que la vigilaron, enseguida astutos moralistas destacan ese dato para hacer olvidar el descarado monopolio inglés de la esclavitud durante casi siglo y medio (1713-1834). Además de evitar matices tan evidentes como la persistencia del tráfico esclavista, a pesar de llevar ahora la etiqueta de ilegal, protagonizado por tratantes de todas las nacionalidades (incluyan a los árabes) y con los británicos aún en pape-

---

27 LABRA, Rafael Mª de: *La abolición de la esclavitud en el orden económico*; Imprenta de J. Noguera a cargo de M. Martínez, Madrid 1873.

les principales. Si, además, eres de los países como España que se mostró ambigua y poco determinante en la abolición completa de la esclavitud, hasta la tardía fecha en Cuba de 1880 (o en 1886 para los autores más rigurosos); pues en esa competición moralista quedas en muy mal lugar.

Asimismo, estas recurrentes «competiciones morales» sirven de abono en el cansino combate entre hispanofobia e hispanofilia; batallas que en el terreno de la esclavitud siempre ganará la fobia. Apartándonos del verdadero y profundo debate moral sobre el esclavismo, algo que curiosamente no ocurría en esa época contemporánea donde las controversias en asociaciones (Ateneo de Madrid) y parlamentos no fueron tan maniqueas. En el relato antiesclavista se ha dado un injusto protagonismo al cambio —extrañamente repentino— de actitud del gobierno de Londres respecto al tráfico de esclavos africanos. Financiaron la revolución industrial, la primera a nivel mundial, gracias a su poderoso comercio marítimo donde destacaba el lucrativo negocio de esclavos. Mercado que tuvieron en monopolio todo el siglo XVIII y el control en el XIX, como el de las materias primas conseguidas con mano de obra barata. Aún así, el Reino Unido decide a comienzos del siglo XIX abolir la esclavitud.

Intentando explicar esa paradoja algunos autores, como el padre Amador Martín referenciado unas líneas más abajo, acuden precisamente al cuestionamiento moral. Una cuestión de remordimiento que pasaría una actitud de un extremo a otro, de ser los principales esclavistas a ser los abolicionistas más recalcitrantes. La bondad en el argumento del padre Amador se puede entender aún sabiendo que no es suficiente explicación. Otras teorías ya clásicas de la historiografía marxista, de autores que han profundizado en la historia económica de esa época[28], nos sugieren que resultó más una hábil maniobra para seguir controlando a una gran mano de obra barata. Si a nivel cultural y, sobre todo, socioe-

---

28 GENOVESE, Eugene: *Esclavitud y capitalismo*; Ariel. Barcelona 1971.

conómico se imponía el abolicionismo, que suponía liberar a esas personas y pagarles un salario, lo mejor era controlar directamente todo ese proceso.

En fin, puestos a hacer juicios morales, si la abolición de la esclavitud fue excesivamente tardía en España, el debate abolicionista sería muy temprano, de los más tempranos de la historia. Y el lector avezado no vaya a dar un respingo pensando que me refiero a Bartolomé de las Casas y su defensa de los indios del siglo XVI; qué va. Me refiero a la postura abolicionista que a la par del activismo británico surgió en España[29]; actitud demostrada también temprana en el envío de dos funcionarios españoles, un juez y un árbitro, al Tribunal Mixto anglo-español contra la trata de Freetown en 1819, el año de su apertura[30]. Son datos muy anteriores a la mejor época del abolicionismo español, liderado por el que debería ser nuestro abolicionista más famoso, don Rafael Mª de Labra. Digo *debería* porque la fama al abolicionista Labra le duró en la historia española en comparación con otros personajes relacionados con la polémica cuestión esclavista, lo mismo que duraría en la prensa de la época el impacto de la noticia del intento de asesinarlo. Los partidarios de mantener la esclavitud en el Caribe, con grandes intereses económicos en torno a ella, pusieron precio a su cabeza. Pero es una historia que veremos más adelante, la apreciación hecha sobre la esclavitud está haciéndose larga y debemos volver al «asunto principal», a *Guinea española.*

De esta forma, como apuntamos más arriba, poseer una nueva «comisaría portuaria» en la región para ayudar a la de Freetown en el control del considerado tráfico ilegal

---

29 JAIME LORÉN, José Mª de: *La disertación de Isidoro de Antillón sobre «El origen de la esclavitud de los negros», uno de los más grandes y más tempranos alegatos de la humanidad contra la trata de esclavos.* Centro de Estudios del Jiloca. Teruel 2006. Nota: es un análisis del discurso pronunciado en 1802 por este letrado y profesor de geografía en la Academia Matritense de Derecho Español.

30 ARNALTE, Arturo: «Cónsules, comerciantes y negreros (españoles en Sierra Leona en el siglo XIX)» en *Estudios Africanos*, vol. X, nº 18-19, 1996, pp. 65-79.

de esclavos, constituyó el motivo principal de la fundación por los ingleses de la ciudad de *Clarence* en Fernando Poo (Bioko). Fundación que a la larga sería la ciudad española de Santa Isabel y la actual Malabo. Es decir, la segunda «genealogía», después de la primera lusa, fue la inglesa en lo que luego sería la Guinea española. Un diverso y rico «fondo histórico», mucho más variado que, por ejemplo, la formación histórica de Cabo Verde; resumida en unas islas deshabitadas, exploradas y colonizadas por los portugueses poblándolas con esclavos africanos. Este detalle apuntado del «devenir genealógico» guineano hacia términos ingleses, será más desarrollado cuando se exponga en el libro una idea debatida en el epígrafe: «El guineano y su despreocupación por el pasado». Hace referencia a las contradicciones vistas en Guinea Ecuatorial a todos los niveles, del académico pasando por el político y el de la «gente corriente», cuando existe la queja de sentir su historia como minusvalorada y con un papel secundario, muy recortado a las vicisitudes de la época colonial del franquismo. Al advertir esa contradicción lo que suele aparecer detrás es, en realidad, una ausencia de preocupación por el patrimonio histórico ecuatoguineano. Pero no adelantemos reflexiones, volviendo a Bioko en la década de 1820 vemos el intento de instalación en la costa norte de esta isla llamada todavía Fernando Poo de un tribunal para la represión de la trata. Sus creadores son los británicos y aprovechando esa «buena intención» construyeron una pequeña villa que llamaron *Clarence.* No debía de haber huella de la toma de posesión española de la isla, ni los dueños verdaderos de la misma —los bubis— les advirtieron de ello, pues los ingleses no encontraron ningún freno a sus intenciones.

Así las primeras huellas europeas importantes en la futura Guinea Ecuatorial tendrían impronta anglosajona, gracias a esa misión fiscalizadora de la trata negrera. También gracias al comercio. Fueron varios los mercaderes ingleses, amparados en la *Compañía del África Occidental,* que levantaron allí almacenes para proveer a los barcos de su bandera que iban o volvían de hacer negocios en el sur de África y en Asia. De esos años de ausencia hispana y protagonismo británico son las misiones anabaptistas, que lograrían permanecer hasta la llegada de las misiones católicas. Asimismo, durante los años que tuvo sede en la futura Santa Isabel (Malabo) el *Tribunal de Represión de la Trata* desembarcaron allí esclavos que pasaban a ser libertos. Eran las personas esclavizadas encontradas en los barcos negreros apresados durante la inspección de los navíos británicos; como eran víctimas de un ilegal tráfico, al liberarlas volvían a constituirse en personas libres. Resultó ser para la isla que se llamaría Bioko toda una nueva comunidad africana, que respecto de la oriunda bubi se convertirá en una «clase burguesa» bautizada por los españoles como «los fernandinos». La procedencia de esas gentes fue muy diversa, aunque principalmente de los países de las costas del África Occidental y Central; como de los actuales Sierra Leona o Liberia.

Para el antropólogo jesuita Amador Martín, «*Clarence* no fue propiamente una colonia europea, sino más bien una colonia africana, formada por negros liberados...»[31]. Destacando así el papel de los fernandinos, africanos de orígenes diversos, en el desarrollo de esa propuesta que estamos haciendo de «genealogía historicista» de la futura Guinea Ecuatorial. Aunque el liderazgo era inglés, el componente africano a través de esa comunidad fernandina tuvo el suficiente protagonismo como para considerarlo de importancia en la fundación y desarrollo de la futura capital ecuatoguineana. Y no solamente en *Clarence*, su impronta africana —aunque de cariz anglosajón— se quedaría también en la colonización y explotación de las líneas de costa al este y oeste de la capital. Es decir, son fernandinos (africanos) los que colonizarían con las primeras factorías de cacao —aunque básicas— zonas como la bahía de San Carlos, que al ser su idioma cotidiano el inglés pasó a ser *George's Bay* (actual

31 MARTÍN DEL MOLINO, Amador: *La ciudad de Clarence*. ICD/AECI. Madrid-Malabo 1994.

Lubá). Esa posición económica les convertirá en una de las más tempranas clases aburguesadas, de población negra, en el África colonial.

Ese dato en Guinea de tener en su población a una clase burguesa negra que comenzó a «hacer historia» no está valorado, a mi entender, en su justa medida. Fueron los burgueses quienes protagonizaron las creaciones de las naciones-estados en el siglo XIX y los fernandinos lo eran. Claro está que sus circunstancias eran diferentes, que no formaban parte de la sociedad de una nación. Hacían sociedad en un lugar que ni siquiera se consideraba —oficialmente— una colonia. Sin embargo, el dato fernandino es contemporáneo de una «genealogía histórica» como la que existe detrás de Freetown, donde esos libertos negros aburguesados fueron clave para crear una futura nación-estado. La capital de Sierra Leona se llama «Ciudad libre» porque fue fundada por esclavos negros británicos liberados y por libertos estadounidenses, muchos libres gracias a esa lucha contra el tráfico negrero en toda el África Central. Igual ocurre con otro explícito nombre geográfico de la zona, Liberia. La historia de este país tiene su origen en los esclavos negros de Estados Unidos que pasaban a ser hombres libres. Una utópica idea de «repatriar» a estas personas a su origen, África, se convirtió en una realidad gracias a sociedades económicas americanas, como la *Sociedad Estadounidense de Colonización*. Los esclavos americanos liberados y llevados a unas tierras compradas precisamente a los burgueses negros de Freetown, proclamarían la República de Liberia el 26 de julio de 1847. País independiente desde entonces y que se libraría treinta años después de los repartos coloniales de África.

Sin duda, a la vista de los hechos, los fernandinos de Fernando Poo, la mayoría provenientes de esos países de libertos llevados a *Clarence* (Santa Isabel) por los ingleses, a la larga no conseguirían tamaño protagonismo político en la historia nacional ecuatoguineana como el conseguido por los emancipados de su contexto histórico. Muchas veces han obtenido únicamente la etiqueta injusta de «negros asimilados al colonialismo blanco». Pero como decía el jesuita Amador Martín, los estudios que se escriban sobre Guinea Ecuatorial serán una contribución, la historia ecuatoguineana habrá de realizarse principalmente por los mismos guineanos. Así que mis reflexiones, que dejaré para más adelante, son una mera contribución.

Sigamos ahora con el año 1827 y la fundación de *Clarence* en la isla de Fernando Poo por un inglés, un tal capitán Owen. Consumado cartógrafo marino, William Fitzwilliam Owen, había participado en Canadá en la exploración de los Grandes Lagos, realizada al acabar la guerra contra Napoleón. Unas guerras napoleónicas en las que combatió como marino, perdió una batalla naval y fue llevado prisionero por los franceses a la isla Mauricio. Liberado al acabar el conflicto, en 1815 parte al Canadá con el propósito de restar territorios a los derrotados galos. Después de su experiencia americana como explorador británico, se centrará en ser el cartógrafo de Su Majestad para toda el África. Acabó especializándose en la exploración de la región central de ese continente, apreciando al elevar carta de Fernando Poo que era una isla perfecta para un asentamiento. Con sus informes y los de sus oficiales, se presentó en febrero de 1827 en Inglaterra solicitando permiso para establecer un enclave en esa isla del golfo guineano, más en concreto adentrada en un golfo menor conocido como *Golfo de Biafra.*

A pesar de que en Londres debían conocer la propiedad española de la isla, consiguió permiso rápido. Pues en julio de ese mismo año contaba con todo lo necesario para zarpar rumbo a Fernando Poo y construir un asentamiento.[32] El padre Amador Martín recoge a través del historiador inglés Burrows una observación bastante chocante. Al expedicionario Owen van a despedirle al puerto de Plymouth una comitiva de nobles y de la alta burguesía como si fuera a zar-

32 BURROWS, E. H.: *Captain Owen of the African Survey,* Rotterdam, 1979; a través de MARTÍN DEL MOLINO, Amador: *La ciudad de Clarence.* ICD/AECI. Madrid-Malabo 1994.

par para descubrir un nuevo continente. Nada menos que «el Duque de Clarence, futuro rey Guillermo IV, la Duquesa, los altos cargos del almirantazgo, con 300 capitanes y otros oficiales, los esperaban en el puerto... Saludos, parada militar, almuerzo y brindis significaron la importancia de la empresa».[33] Mucho boato parece que hubo, tratándose de una misión naval para levantar un asentamiento en tierras que por el nivel de los invitados debían conocer eran de otra potencia. Hasta vemos el nombre del aristócrata (*Duque de Clarence*) que nombraría a la ciudad, despidiendo al capitán Owen. No obstante, lo que procedía era la discreción porque era seguro que Londres sabía que España era la propietaria en derecho de esa isla. En algunas lecturas sobre este periodo inglés de Bioko me he encontrado que existió un «permiso» de Madrid, en el contexto de ese deseo expresado en compartir un tribunal de control de la «*Trata*».

Sin embargo, el padre Martín nada de eso indica —todo lo contrario— y es con todo merecimiento el investigador, por la detallada documentación que aporta en su libro, que mejor conoció ese periodo donde la ciudad española de Santa Isabel se llamó primero Clarance. Por tanto, extraña tanta solemnidad al despedir una expedición que iba a acometer, cuando menos, un ultraje territorial a un país que en esas fechas no era ni enemigo. Además, Owen una vez zarpado se lo tomó con calma —flema británica— porque siguió preparando su misión sobre la marcha. Atracó primero en *Freetown* y durante un largo mes observó el sistema de colonos usando a la población liberta, reclutando artesanos libertos. Tomando nota para la futura defensa de Clarence, vio como los escasos europeos se unían en la defensa de la ciudad de Freetown con estos exesclavos, la población más numerosa, contra los ataques de los nativos del interior de la zona. Por eso fue haciendo escalas en diferentes puertos y cabos del golfo guineano, como en Cabo Costa (actual Ghana), reclu-

33 *Ibidem*, p. 15

tando libertos y recabando información sobre posibles movimientos de otros europeos. Cuando llegó finalmente a la actual isla de Bioko, tras casi cuatro meses de haber zarpado de Inglaterra, lo único que estaba claro en las intenciones del capitán Owen era haber estudiado bien todos los pormenores para construir allí una colonia británica.

La primera gran casa parece que se levantó con material prefabricado, en medio de una pequeña península elevada llamada Punta Fernanda y situada en el centro de la que se iba a llamar bahía de Santa Isabel. No fue para el capitán y ya gobernador Owen, como pudiera parecer. Este siguió en sus camarotes de la fragata *Eden*, principal navío de la expedición fondeada en la bahía. Se otorgó al maestro de obras, un tal Mr. Glover, pues acomodando bien al arquitecto constructor el resto de edificios importantes, como el palacio del gobernador, irían con mayor diligencia. De hecho, las crónicas inglesas hablan de las primeras y elementales casas edificadas el 4 de diciembre de 1827 y la primigenia ciudad, con varias edificaciones grandes, se inauguró el día de Navidad, el 25 de diciembre de ese mismo año. Owen quiso organizar un desfile y un solemne acto inaugural frente a los bubis.

Al comprarles esas tierras donde estaban levantando la ciudad, les aseguró que haría una proclamación de solemnidad en nombre de su soberano el rey Jorge IV. «*Ha sido grato a SU Majestad Jorge IV, Rey de Inglaterra e Irlanda, ordenar la fundación de una colonia en la isla de Fernando Poo por los súbditos de Su Majestad. Su Alteza Real, el Gran Almirante, me escogió a mí para llevar a cabo este servicio con el título y denominación de Superintendente...*»[34] Vemos que la pretendida solemnidad también quería ser una especie de toma de posesión colonial. Nadie se moja mucho al considerar si el «superintendente Owen» era consciente o no de estar haciendo una tropelía contra el «derecho internacional». Voy a opinar que sí, que

34 *HOLMAN, J.: Travels in Madeira, Sierra Leone ... Fernando Po, Londres, 1840*; a través de MARTÍN DEL MOLINO, Amador: *La ciudad de Clarence...* p. 36.

era muy sabedor de sus actos. Y voy a tirar de tópicos también. Demostró pragmatismo y fidelidad a las ordenes recibidas, rasgos atribuidos al carácter británico. «*Por lo cual, en el nombre de Dios, por cuya gracia hemos podido realizar esto felizmente para sola utilidad y beneficio de Su Muy Graciosa Majestad, Jorge IV, tomo posesión, por este acto público, de todo el territorio comprado por mí, según lo arriba dicho, con el nombre, para el futuro, de Clarence, cuyos límites son: al Norte, el mar; al Este y Sur, el arroyo Hay, y al Oeste, por una línea que corre desde el mar hacia el Sur hasta encontrarse con dicho arroyo Hay, que incluye Punta Williams y el espacio hasta el árbol marcado por los nativos...*»[35]

Tras esta proclamación solemne dio otra más funcional, dirigida a sus colonos y militares acerca de los límites del terreno a urbanizar y las relaciones con los bubis. Ambas proclamas fueron seguidas de los procedentes y sonoros gritos del público coreando el *God save the King*. Inciso. Aprecien la cantidad de palabras en inglés, lejos sigue estando la «genealogía de Guinea española» para la futura Guinea Ecuatorial. Proseguimos. Para el devenir histórico de esta primera ciudad europea en suelo de Fernando Poo, es importante intentar explicar porqué los ingleses parecía que iban muy en serio y poco después reconocerían la ilegalidad de sus actos. ¿Pensarían que abandonando Clarence sería más fácil que los españoles accedieran a su venta? Reconocida la ilegalidad de esa toma de posesión hecha por Owen en nombre de S.M. Jorge IV, las cosas volvían a su cauce legal y por eso sería factible la compra de la isla de Fernando Poo a su dueño legítimo.

Hasta aquí la lógica se encuentra. Pero también hubo un detalle importante que marcaría ese periodo histórico británico en la futura capital de Guinea Ecuatorial. No se logró consolidar el *Tribunal de Represión de la Trata* proyectado, que se quedó establecido —donde ya estaba— como sede principal y permanente en Freetown. Los hechos que se han

35 *Ibidem*, p. 37

podido documentar son que Clarence acabó descuidada por los propios ingleses, tras ver complicado convertirla en uno de los ideados tribunales mixtos contra *la Trata* que hubieran justificado mantener su presencia en Fernando Poo. La otra causa principal de esa corta etapa británica estaría, según el referenciado Amador Martín, en las enfermedades que asolaron a la escasa población inglesa de origen europeo. Esta idea de ser tierra insalubre para los europeos aparece mucho, en documentación de variadas fuentes, sirviendo de excusa mejor para todos los partidarios de no malgastar esfuerzos en colonizarla. Ha llegado a resultar, también, excusa de mal pagador porque se menciona siempre alrededor de las expediciones fracasadas. Por un motivo u otro, hacia 1835 se daría un «abandono oficial» británico de Fernando Poo. Aunque el interés de los ingleses por la isla que ahora se llama Bioko seguiría muy presente. En gran parte, por el asunto comercial que el atractivo negocio del aceite de palma suponía en la región. Interés que en las exploraciones previas a fundar Clarence se veía ya asociado a Fernando Poo, como isla apostadero para ese lucrativo comercio.

De esta manera, con un «vacío de poder» en la isla al marcharse oficialmente los ingleses, nos encaminamos al intento británico serio —hubo tanteos desde 1839— [36] de comprar la isla en 1841. Es un dato más importante de lo que parece, cuando se observa por encima de su aparente carácter de anécdota. Sabemos que el motivo principal de que no se vendiera Fernando Poo a Londres fue la inesperada reacción contraria de la opinión pública española. Una campaña en la prensa de la época, que aparentó espontaneidad, pero que no fue tan espontánea como ese nacionalismo que salvó la «dignidad del país» en el último momento, evitando la venta de suelo «patrio». Ante tan «romántica» gesta, resulta fácil pensar en un gobierno patriótico que hace caso al país

36 CARRASCO GONZALEZ, Antonio: «El proyecto de venta de Fernando Poo y Annobón a Gran Bretaña en 1841» en *Estudios Africanos*, vol. X, nº 18-19, 1996, pp. 47-63.

y no vende. Sin embargo, hace más complicado conocer los motivos reales por los que no se consumó una venta que estaba prácticamente hecha, porque a nivel gubernamental muchos eran los partidarios de hacerla. ¿Qué la cantidad ofrecida fue roñosa por parte de los ingleses? La verdad es que lo fue, las sesenta mil libras no cubrían ni los intereses de la deuda pública contraída en el préstamo británico concedido a España en un Acuerdo de 1828. Pero se vendían, al fin y al cabo, unas islas (Fernando Poo y Annobon) que en la publicación de la Gaceta de Madrid explicando la venta, autorizada por decreto, se las describía como insalubres y lugar «inhabitable a todo el que no sea nativo».[37]

Todo parecía dirigido a producirse una cesión comprada, pero algunos senadores protestaron y la prensa de la oposición a la regencia de Espartero, verdadero promotor de esa operación de saldo de un territorio español, comenzaría una campaña intensa en contra de esa decisión. Si bien los partidarios de la venta tenían razones precisas, como que el propósito inicial de tener esas islas ya no era posible tras la abolición del tráfico de esclavos, también ocultaban intenciones más interesadas que servían para pagar favores. En las guerras carlistas, Espartero y su camarilla de generales recibirían el apoyo financiero de los ingleses. Una ayuda que se podía devolver, como apunta Mª Dolores García Cantús[38], favoreciendo al interés británico de adquirir Fernando Poo y Annobon. En el lado contrario, los que no deseaban la venta, los argumentos llegaron a ser sólidos al aportar datos de una interesada depreciación de las islas y demostrando toda su «potencial riqueza». Aunque otros muchos se basaron en algo muy utilizado siempre que está por medio el sentimiento nacionalista: apelar al más visceral de los patriotismos.

Sin duda, los artículos que contenían valoraciones patriotas «desbocadas» o que se remitían a viejas y recientes afren-

---

37 *Gaceta de Madrid.* Nº 2464. 26 de julio de 1841

38 GARCÍA CANTÚS, Mª Dolores: *Fernando Poo, una aventura colonial española...op.cit.*

tas británicas, fueron los que de manera más eficaz activaron a la opinión pública española de la época contra esa tramitada venta de las posesiones del golfo de Guinea. Desde luego, como ha quedado constancia en la hemeroteca de prensa histórica[39], ese arrebato patriótico frustró la operación de saldar esas posesiones y obligó al gobierno de Madrid a ser resolutivo con la cuestión. Es decir, si ya no se vendían, volver a abandonarlas a su suerte no era de recibo ante el clamor popular exigiendo seguir siendo españolas. Puede que en ese cambio de opinión del gobierno español pesase mucho la mera cuestión partidista política, como afirma García Cantus. Espartero y su camarilla no deseaban perder el gobierno y claudicaron ante la oposición que lideró la protesta de los españoles de a pie. Todavía no aparece la genealogía *española* para estas posesiones, pero es evidente que este clamor popular es el primer paso importante en revertir tanta nomenclatura no hispana. Los españoles ahora conscientes, a pesar de que fuese durante un «pronto», querían que esas tierras fueran españolas... Guinea española.

Ante estas nuevas circunstancias había que montar otra misión oficial de «retoma de posesión». Flaca memoria hacía a la obra del conde de Argelejo, pero más que menos la expedición del marino Juan José Lerena (1796-1866) supuso una segunda toma de posesión. Sobre todo de la isla de Fernando Poo, donde tuvo que rebautizar con nombres españoles las calles de Clarence y llamarla Santa Isabel, por la reina Isabel II, a la que sería capital de la futura Guinea española. Existirá en esos cambios de nombre uno para Clarance que pudo ser Puerto Regente, en honor precisamente del recién nombrado regente Espartero, patrocinador gubernamental de esta nueva misión que llegó a Fernando Poo el 23 de febrero de 1843. Es un dato defendido por Mariano de Castro y Mª

39 Consulta en *Hemeroteca Digital de la BNE*: *El Correo Nacional* del 19 de julio de 1841. Madrid; https://hemerotecadigital.bne.es/hd/es/viewer?id=9fc70631-95b3-47d5-8fa0-3dce6f96c23b&page=2

Luisa de la Calle[40], que coincidiendo con ese hecho del nombramiento de Espartero como regente tiene sentido, pero es recogido a través de un «tercero», el navegante francés D'Avezac, y unos cinco años después de estos hechos, en 1848. La cuestión es que Lerena, entre otras cosas, comenzó a dar genealogía española a las posesiones del África central que seguían para España portando los escasos nombres portugueses sabidos y encima, ahora, con palabras inglesas dominando su geografía.

Se recuperarían nombres que ya se pusieron en la expedición del conde de Argelejo, como la bahía de San Carlos o Concepción para algún asentamiento futuro. Lerena, capitán de navío, fue quizás uno de los marinos más experimentados que se cruzarían en esta «Historia y tragedia de Guinea Ecuatorial»[41]. Su vida tendría algo de tragicomedia, pues lo tuvo todo para ser un héroe de batallas navales en la Marina española, tal y como se comprueba en su expediente de servicios[42], pero al final lo más destacado sería protagonizar una «tragedia nacional» al acompañar en la derrota al virrey del Perú, Joaquín de la Pezuela, regresando ambos en el último barco español que dejaba en 1821 el Callao. Al formar parte de la defensa constitucional de Cádiz, en 1823 durante el *Trienio Liberal*, contra los *Cien mil hijos de San Luis* que venían de Francia para restaurar el absolutismo de Fernando VII, con el resultado conocido, el marino Lerena tuvo que exiliarse a Nueva York. En esa ciudad aparece el Lerena periodista, inventor e ingeniero de comunicaciones que tampoco pasará al olimpo de la historia española. Y méritos no le faltaron. Editó en 1825 el primer manual

40 DE CASTRO, Mariano y DE LA CALLE, Mª Luisa: Origen de la colonización española en Guinea Ecuatorial (1777-1860) Secretariado de Publicaciones, Universidad de Valladolid. Valladolid 1992.

41 Es el título del considerado «clásico» entre los libros de historia sobre Guinea Ecuatorial; el primero escrito por un ecuatoguineano, en 1977: NDONGO, Donato: *Historia y tragedia de Guinea Ecuatorial. Nueva edición ampliada.* Ediciones Bellaterra. Barcelona 2019.

42 AGMAB (Archivo General de la Marina Álvaro de Bazán): Cuerpo General 620/618.

con un método para aprender español en Estados Unidos. Fundó en 1826 *El Redactor*, uno de los primeros periódicos en español de la ciudad de Nueva York. A su vuelta a España en 1830, fue recuperado para el servicio a su país. Es el artífice de la primera línea de telégrafos desde el Real Sitio de Aranjuez hasta Madrid.

En 1842 cuando se le propone como jefe de la expedición al golfo de Guinea no estaba en activo, aunque gracias a la *Ordenanza de Matrículas* pudo reincorporarse a la Real Marina al tratarse de un caso extraordinario. Podríamos considerar a Juan José Lerena como el primer «funcionario público» de la futura Guinea Ecuatorial. Allí llegó como comisario regio con todo el poder militar, pero también con plenas prerrogativas administrativas. Su diligencia funcionarial quedaría demostrada al «sacar petróleo» de donde parecía no haber; quiero decir que aprovechando los escasos medios y recursos que siempre pone la administración española a sus funcionarios, Lerena obtuvo mucha rentabilidad en sus acciones por el golfo guineano. De lejos, lo más rentable sin duda sería asegurar la soberanía española de todas las islas y la base continental de lo que hoy, en conjunto, ha pasado a conformar el estado ecuatoguineano. Lo hizo todo a base de «golpe administrativo» y de diplomacia, como las cartas de naturaleza–nacionalidad que otorgó a los reyes de Corisco. Estarán conmigo que es detalle importante, pues sin él los abnegados estudiosos de esta historia tendríamos menos trabajo o ninguno. No se crean, todavía en Madrid hubo nuevas tentaciones a abandonar esos territorios que llegaron hasta la primera década del siguiente siglo XX.

Es verdad que el «buen funcionario» Lerena encaminó las cosas en las posesiones africanas subsaharianas, pero tras su prometedor informe que suscitó organizar una segunda expedición también a su mando para rematar la faena, las circunstancias políticas se tornaron muy inestables en la península. Los barcos previstos para el segundo viaje proyectado como completación del buen hacer de Lerena, serían usados en el bloqueo de la revuelta cantonal de Cartagena. Una acción diligente para colocar al primer gobernador español en el golfo de Guinea tendría que esperar más de una década. El capitán Lerena se vio obligado a hacer gobernador al europeo que seguía en Fernando Poo tras la marcha británica, un comerciante inglés llamado John Beecroft que también consiguió ser líder de esa comunidad de negros libertos (fernandinos), de algunos comerciantes ingleses como él y de los misioneros protestantes. La «ínsula de Guinea» volvía a ser esquiva a Sancho Panza... a un gobernador español.

> Digo, pues, que con todo su acompañamiento llegó Sancho a un lugar de hasta mil vecinos, que era de los mejores que el duque tenía. Diéronle a entender que se llamaba «la ínsula Barataria», o ya porque el lugar se llamaba «Baratario» o ya por el barato con que se le había dado el gobierno. Al llegar a las puertas de la villa, que era cercada, salió el regimiento del pueblo a recebirle, tocaron las campanas y todos los vecinos dieron muestras de general alegría y con mucha pompa le llevaron a la iglesia mayor a dar gracias a Dios, y luego con algunas ridículas ceremonias le entregaron las llaves del pueblo y le admitieron por perpetuo gobernador de la ínsula Barataria.[43]

Por fin, sería en la tardía fecha de 1858 cuando España se comprometió de manera seria, o al menos así se aparentaba, con esas posesiones de ultramar y organizó una expedición únicamente para establecer a un «*Sancho Panza gobernador*». Si la analogía quijotesca que hago les parece chocante o frívola, me explicaré. A pesar de creer que explicar analogías puede disminuir la pedantería sobrante del ensayo, también pienso le quita bastante complicidad que todo escritor desea con sus lectores. Pero bueno, por respeto a don Miguel de

---

43 Fragmento del Capítulo XLV. "De cómo el gran Sancho Panza tomó la posesión de su ínsula y del modo que comenzó a gobernar". *El ingenioso hidalgo don Quijote de la Mancha,* de Miguel de Cervantes. Fuente: https://cvc.cervantes.es/literatura/clasicos/quijote/edicion/parte2/cap45/default.htm

Cervantes y al uso que hago de su personaje universal me explicaré mejor. El establecer —por fin— un gobernador español, un funcionario mandado por Madrid, era importante según el derecho de soberanía que se estaba imponiendo en el reparto colonial africano. Y como ocurre en la obra cervantina, no se discute si Sancho estaba capacitado para ser gobernador y merecía el puesto. Era una ínsula prometida a su gobierno y eso fue lo único requerido en el derecho de posesión.

Sin embargo, una vez en el cargo se reafirmaba la soberanía sobre la ínsula, pero se comprobaba, además, si ese gobernador quería, como Sancho, solamente su lucro personal o el porvenir general de la isla. En el caso de Fernando Poo, desde esa fecha de 1858, habrá ya un gobernador «elegido» español hasta pasado más de un siglo, hasta la independencia de 1968, y muchos utilizarán el cargo solo para el provecho propio de ascender en la carrera militar o ministerial. No obstante, como ocurrió también con Sancho Panza que al final recapacitó sobre ser un buen gobernador y conseguir el bien común, algunos tuvieron la honestidad suficiente al hacer su trabajo y cumplieron como funcionarios al servicio del país que administraba esas tierras. Incluso fueron bastantes los que mandaron informes comprometidos en mejorar el desarrollo de la colonia. En cambio, otros fueron muy honestos al reconocer, igual que hizo Sancho, que el buen gobierno de esa ínsula no era para ellos o para la misma España, sugiriendo desistir de esa gobernanza y proponiendo de nuevo la venta o cesión de esos territorios africanos. Los hubo al principio gobernadores provenientes de la Armada, brigadieres como lo sería el primer «gobernador elegido» a lo Panza, el conde de Argelejo; y aunque pocos fueron civiles, los hubo también. Aclarada la analogía cervantina, volvamos al asunto que nos trae desde donde lo dejamos; precisamente en el origen del comenzar a tener gobernadores de manera definitiva en Barataria-Guinea española.

Después de la «rentable» expedición de Lerena, hubo otras expediciones como las del comisario regio Guillemard de Aragón y su capitán de fragata Nicolás de Manterola entre 1845 y 1846, que reafirmarían frente a los franceses y británicos lo bien hecho en cuanto a soberanía por el brigadier Lerena. Poco más, porque Fernando Poo continuó sin gobernador español y lo único a reseñar sería que se quedó el primer misionero español en Santa Isabel. Un capellán llamado Jerónimo Usera que dejó para la historia más sus discrepancias de cómo emprender la colonización y su mala relación personal[44] con los «funcionarios» Guillemard de Aragón y el marino Manterola, que una primigenia labor misional en la futura Guinea Ecuatorial. Aunque no en profundidad, volveremos a hablar de este personaje y de esas expediciones algo inútiles en un próximo epígrafe. Ahora nos interesa retomar el hilo principal, que es la cuestión de colocar a Guinea el pertinente apellido de española y cuándo comenzó a usarse en la familia hispana.

Carlos Chacón Michelena (1816-1863) era un gaditano que hizo toda su carrera militar en la Real Marina, incluso pasaría a la Infantería de Marina en 1836 participando en las guerras carlistas. Volvería al mando en alta mar en la década de 1840 y alcanzaría el grado de capitán de fragata. Con ese puesto estará al frente de una expedición de cuatro navíos, cargada de los primeros colonos-ciudadanos y misioneros jesuitas para las posesiones del golfo guineano; llegando con éxito a Santa Isabel en mayo de 1858. Él ostentaría el cargo de gobernador y a juicio de la mucha bibliografía que ha tratado este periodo colonial, lo haría con acierto y estableciendo las primeras sólidas estructuras administrativas y jurídicas españolas en esos territorios africanos. Su expedición está «considerada históricamente como la verda-

44 USERA Y ALARCON, J.: *Observaciones al llamado Opúsculo sobre la Colonización de Fernando Poo publicado por D. Adolfo Guillemar de Aragón*. Imprenta y Librería de Don Eusebio Aguado, Madrid 1852.

dera toma de soberanía española de las posesiones guineanas y, por lo tanto, el inicio de su colonización»[45].

Sin embargo, la impresión es que todavía estaba muy lejos de ser un gobernador «tirano y corrupto» descrito en la bibliografía crítica del colonialismo cuando alcanzó su máximo esplendor. No constan «invasiones», «ultrajes» y «conquistas crueles» —términos leídos más de lo esperado, chocantes por poco rigurosos, para referirse a la colonización española de Guinea— en su toma de posesión como gobernador de las islas guineanas. Las relaciones con los bubis, verdaderos dueños de la isla, quedan recogidas en la crónica detallada que redactó un destacado miembro de la expedición, el ingeniero y teniente de navío Joaquín Navarro. Son vistas del mismo modo que hasta ahora habían tenido las relaciones de los bubis con los británicos y fernandinos. Un provechoso intercambio comercial y una «compra de tierras» lo más formal posible cara a los jefes nativos.

También comienza a verse en estos informes de los primeros administradores españoles en la isla, un prejuicio que etiquetará a los bubis como «indolentes y malos trabajadores»[46]. Tanto es así que la mayor preocupación de los funcionarios llegados de España, como el teniente Navarro que ejercía de secretario del gobernador Chacón, fue la de organizar la fuerza de trabajo. Se valoró desde los primeros contactos con los bubis que no iban a ser una funcional mano de obra. Se debían emprender tareas oficiales de contratación de mano de obra externa, haciendo a Madrid las oportunas consultas burocráticas al respecto. Por tanto, a nuestro entender, el protagonismo del «funcionario o administrador civil» español en estos orígenes históricos de lo que será Guinea Ecuatorial está ya a la vista, aunque no se quiera

45 GARCÍA CANTÚS, Mª Dolores: *Fernando Poo, una aventura colonial española...op.cit.*

46 NAVARRO, Joaquín J.: *Apuntes sobre el estado de la costa occidental de África y principalmente de las posesiones españolas en el Golfo de Guinea.* Imprenta Nacional. Madrid 1859.

ver y se protagonice a militares (gobernadores) y a misioneros. Y mi argumento puede reforzarse con una observación acerca de las primeras acciones coloniales que se realizaron en Fernando Poo. Acción colonial efectiva, digo. No hablo de tomas de posesión o proclamas rituales de soberanía y gobierno ante las gentes de un lugar, que Cervantes nos describe como nadie sabe hacer para quitar solemnidad a esa investidura de poder tan utilizada por los europeos coloniales frente a los africanos: «*...y luego con algunas ridículas ceremonias le entregaron las llaves del pueblo y le admitieron por perpetuo gobernador de la ínsula Barataria*». Esa acción colonial primera española sería «fiscalizar» lo fundado en Clarence por el inglés Owen. Observando que además de tener la motivación expuesta de convertirse en un tribunal contra la trata, la colonia Clarence se fomentó para y por el provecho de una compañía mercantil británica, la Compañía del África Occidental.

Es decir, el estilo colonial mercantilista de los ingleses estaba en fase piloto en todos los océanos y en especial en las aguas del golfo de Guinea. Un modelo colonial que, a lo tonto, de forma indirecta y sin llevar muchos colonos y funcionarios, te monta un gran imperio como ocurrirá en ese siglo XIX. Para «sustituir» a ese tipo de acción colonial e «hispanizar» la isla —con apellido española—, Madrid respondió mandando marinos —funcionarios—, colonos de poblamiento y dejando campo libre a los misioneros más predispuestos. Aunque mi argumento parezca caer en el manido debate sobre los tipos de colonialismo-imperialismo, no es así considerando que en España también había detrás intereses mercantilistas en el fomento de la acción colonial. Una colonización española que debía empezar de una vez, llevando un espíritu mercantilista como el promovido ya en esa misma expedición de Chacón por la Sociedad Económica de Barcelona. Tampoco deberíamos pensar que la acción colonial española consistió, en esos años, en la sistemática eliminación de la realizada por los británicos. No fue así en el terreno de lo mercantil, respetándose propiedades, almacenes y negocios de los principales británicos.

La supresión de lo británico en Santa Isabel sí que resultó un serio propósito, aunque de cariz cultural —idioma— y religioso. Un objetivo claro a «eliminar» fueron los misioneros protestantes, sus templos y colegios. Los cristianos pueden ser tolerantes en muchas cosas, pero no en compartir feligreses. Son bastantes las quejas recogidas en informes y cartas por los misioneros católicos[47] que iban llegando a la isla de Fernando Poo acerca de lo arraigada que estaba la creencia protestante; olvidándose de que, por ejemplo, los anabaptistas llevaban la friolera de veinte años evangelizando a todo el que habitaba o pisaba esa isla. Para entender estas quejas se pueden observar elementos que parecen estereotipos religiosos, pero que suelen basarse en datos recurrentes y contrastados. Las misiones de los protestantes podían ser iniciativas casi personales, muy libres, de pastores que afrontaban esa misión sin tener detrás el peso de una institución como la Iglesia católica. Incluso muchas veces la labor pastoral era ejercida por un matrimonio, algo que ayudaba a crear mayor confianza en los nativos. La financiación de estas misiones era más eficaz, sin burocracias, en el sentido de provenir de los mismos feligreses comerciantes protestantes de la región. Todo ello explica la apreciación de éxito que tuvieron estas evangelizaciones protestantes en el golfo de Guinea a lo largo de los siglos, incluso como se apreciaba ya en la buena aceptación y opinión de los mismos coetáneos.

Pero estas reflexiones serán más detalladas en un próximo epígrafe. Ahora nos quedamos con el dato de que el mayor esfuerzo para profundizar en la «genealogía *española*» lo tuvieron que hacer los religiosos españoles. Tarea que se prolongó bastante, fracasada en cierta manera por los jesuitas y conseguida más por los claretianos casi en el siglo XX. De todas formas, comienza a notarse en los despachos de

47 IRISARRI, P. José: *Misión de Fernando Poo, 1859*, ed., intr. y notas de J. Creus y Mª A. Brunat. Ceiba. Vic 1998.

Madrid desde la expedición de 1858 mayor implicación para conseguir «*el importante pensamiento de colonizar las islas del golfo de Guinea y de consolidar en ellas el dominio español...*»[48] Las mismas palabras *importante pensamiento* nos dan idea de que todo seguía en proyecto y que, como todo lo proyectado, no es definitivo hasta que se concluye satisfactoriamente. Aunque esta última referencia es una temprana «disposición definitiva» del 3 de enero de 1859 y fue nada menos que para configurar cómo debía ser la primera compañía de infantería enviada a Fernando Poo, con un establecimiento permanente.

Ciento cincuenta soldados de infantería entre tropa y oficialidad. Estipulando sus pagas y haberes, los uniformes de gala y de diario; este último vestuario sería para la tropa «*blusa de hilo, listada de azul y blanco, de forma igual á la que usa el ejército de la isla de Cuba; pantalón ancho de la misma tela; polaina de lona, con travilla de cuero; zapatos...*»[49] Un uniforme que aparecerá protagonizando las estampas y fotografías de las guerras en Cuba y Filipinas. Territorios de ultramar relacionados históricamente siempre de alguna manera con las posesiones guineanas. El detalle mostrado en la uniformidad se dará también a la hora de exponer las ventajas que tenía alistarse en esta compañía. Porque fue un alistamiento voluntario entre la soldadesca activa y existente en la península. Algunos artículos de esta disposición son directamente una publicidad de las grandes oportunidades que ofrece el ser soldados y artífices de la colonización en Fernando Poo:

«*Art. 31. El tiempo servido en esta compañía será de doble abono en todas las clases desde el dia del embarque, para retiros, licénciamientos, premios de constancia y demas ventajas análogas...*» Y uno de los más explícitos en la tarea especial de estos militares: «*Art. 33. El servicio y ocupaciones de la compañía en la isla de su destino no serán puramente militares, como de su objeto coloni-*

48 *Gaceta de Madrid*. N° 3., lunes 3 de enero de 1859. Archivo digital *Gazeta colección histórica*: Referencia BOE-A-1859-61.

49 *Ibidem*.

zador y de su misma composición se deduce. Llamada á iniciar en aquel atrasado país todos los adelantos posibles de la civilización, tiene naturalmente que dar el ejemplo con su género de vida: y tanto por esta razón como por la conveniencia de proporcionarse ventajas en su bienestar, habrá de ser á veces empleada en ciertas obras de utilidad común...»

Rematado con el atractivo artículo 37: «*A los sargentos, cabos y soldados que deseen continuar en la Colonia después de cumplido el tiempo de su empeño en el servicio, se les darán tierras en propiedad para el establecimiento suyo y de sus familias si las tuvieren, bajo las reglas que se marcarán.*» Se supone que estos soldados serían el contingente que llegó el verano de 1859 para asegurar la buena marcha de la expedición de Chacón y de su inmediato sucesor, el siguiente gobernador español José de la Gándara[50]. Pero no queda tan claro contrastando las lecturas y los documentos consultados. Todavía se lee en los informes, cartas y notas (*Gaceta de Madrid*) entre 1859 y 1865 que la tropa española se guardaba en las embarcaciones o que «salía» de los navíos. ¿No se construyó entonces un acuartelamiento para esa compañía de infantería dispuesta según orden del 3 de enero de 1859? Su entrenamiento debía comenzar en Aranjuez en menos de un mes tras publicada la disposición. Tiempo, aunque muy justo, tuvieron para su preparación. Hasta finales del verano no llegarían los refuerzos a Fernando Poo mencionados por el secretario Navarro; pero no queda claro si era esa compañía especial o tropas improvisadas. Quizás no hubo plazo suficiente para esa compañía de infantería tal cual fue prevista y las tropas referidas seguían siendo lo que ya se había llevado al golfo de Guinea, una improvisación usando infantes de marina y la dotación de marinería.

50 ÁLVAREZ CHILLIDA, Gonzalo: *Los gobernadores de Fernando Póo (1858-1930)* En: *L'État dans ses colonies: Les administrateurs de l'Empire espagnol au XIX e* siècle. Madrid: Casa de Velázquez, 2015. Disponible en Internet: http://books.openedition.org/cvz/1197

Camisa o blusa para tropas españolas en zonas tropicales. Foto propia: Museo del Ejército (Alcázar de Toledo; *blusa de hilo, listada de azul y blanco, de forma igual á la que usa el ejército de la isla de Cuba*)

Esa duda sobre la llegada o no a Santa Isabel, antigua Clarence, de los «entrenados» como soldados-colonos es un ejemplo de la sensación de estar todo por hacer en cuanto a dar el apellido española a esas tierras africanas del golfo de Guinea. Haciendo una breve relación de números de la *Gaceta de Madrid*, comprendidos en unos veinte años (1845-1868), conseguida tras una búsqueda en el archivo digital histórico del BOE, podemos ver cierta ambigüedad en el proyecto colonial, una sensación persistente durante casi todo el siglo XIX.

En los mismos títulos de las notas y disposiciones se puede apreciar ese *todo por hacer* que no terminaba de fijar apellido española a Guinea:

Real órden disponiendo que el comandante de la corbeta de guerra Venus recoja la correspondencia para Sierra Leona ó las islas del Golfo de Guinea

Gaceta de Madrid: núm. 3940, de 28/06/1845, página 1.

Departamento: Ministerio de Marina, Comercio y Gobernación.

Ha salido para Cádiz el Sr. D. Adolfo Guillemand de Aragón con la misión de explorar á Fernando Pó y las demás islas que poseemos en el golfo de Guinea

Gaceta de Madrid: núm. 3948, de 06/07/1845, página 2.

La corbeta de guerra Venus, que en Julio de 1845 salió de Cádiz con destino á las islas españolas del golfo de Guinea, ha regresado al mismo puerto el 4 del actual

Gaceta de Madrid: núm. 4258, de 12/05/1846, página 1.

Departamento: Ministerio de Marina, Comercio y Gobernación.

Interior.- Valencia 24 de Febrero.- Anteayer se embarcó en nuestro puerto la misión de las islas españolas del golfo de Guinea

Gaceta de Madrid: núm. 1150, de 27/02/1856, página 4.

Real órden disponiendo de lo expuesto con el pensamiento de colonizar las islas del golfo de Guinea y consolidar en ellas el dominio español

Gaceta de Madrid: núm. 3, de 03/01/1859, página 1.

Departamento: Ministerio de Guerra.

Real decreto autorizando al Ministro de Marina para que disponga la adquisición en Inglaterra de 1.000 toneladas de carbón de piedra para las atenciones del servicio de la estación naval del golfo de Guinea

Gaceta de Madrid: núm. 114, de 24/04/1863, página 1.

Departamento: Ministerio de Marina.

Real órden disponiendo se lleve á efecto la impresión de noticias, datos estadísticos y documentos remitidos al Ministerio de Ultramar por los Gobernadores de las posesiones españolas del golfo de Guinea

Gaceta de Madrid: núm. 357, de 23/12/1865, página 1.

Departamento: Ministerio de Ultramar.

Real órden introduciendo economías en los presupuestos de Marina de los apostaderos de la Habana y Filipinas, de la provincia de Puerto-Rico y de la estación naval del golfo de Guinea

Gaceta de Madrid: núm. 159, de 07/06/1868, página 3.

Departamento: Ministerio de Marina.

Decreto dictando varias medidas para la colonización de las posesiones españolas del Golfo de Guinea

Gaceta de Madrid: núm. 318, de 13/11/1868, páginas 2 a 4.

Departamento: Ministerio de Ultramar.

De todas estas notas de la *Gaceta de Madrid*, destacamos la ya mencionada de 1859 sobre la disposición de crear la primera compañía de infantería para Fernando Poo, porque habla de forma tangencial de cómo debe ser la acción colonial española; y la última relacionada, el *Decreto dictando varias medidas para la colonización de las posesiones españolas del Golfo de Guinea*. En esta disposición, un decreto, ya se habla de forma explícita de las medidas a tomar para estas acciones coloniales. Las que deberían poner, por fin, el apelativo oficial de *española* a unas posesiones, el mismo término de «posesión» lo demuestra, que seguían teniendo una difusa consideración jurídica como territorios de hecho y de derecho españoles. De eso se lamenta el ministro de Ultramar, Adelardo López de Ayala, que firma lo dispuesto, de que tras diez años el estatuto jurídico que estableció el primer gobernador Chacón no había servido «*para apresurar la civilización de aquellos países y para hacer fructífera su tierra...*»[51] Se va a cambiar de estrategia en la colonización proyectada pero

51 *Gaceta de Madrid.* Nº 318; p. 3., viernes 13 de noviembre de 1868. Archivo digital *Gazeta colección histórica*: Referencia BOE-A-1868-9859.

siempre abandonada y lastrada por las circunstancias inestables de la política interior española. Nos parece importante que en este decreto orgánico de noviembre de 1868 aparezca ya la constancia de la necesidad de consolidar en Fernando Poo (Bioko) «*una estación naval, cuyo Comandante gobernará, en nombre de la Nación...*»[52]; porque ese cambio estratégico parece querer volver a la idea de crear un apostadero naval próspero, favoreciendo a la iniciativa privada y restando gastos del presupuesto estatal para la colonia. Idea que existía, aunque no lo pareciera, desde el inicio de la toma de posesión de esos territorios africanos. Apostadero tan próspero que no tuviese que depender totalmente de los presupuestos sobrantes de la isla de Cuba, como hasta ahora. Se especifican servicios básicos ofrecidos por funcionarios de la metrópoli, como la educación y la sanidad para la colonia, aunque serán breves apuntes de cómo deben organizarse.

De todas formas, este decreto sufrirá las circunstancias concretas de ser dispuesto por un gobierno provisional. Estamos en los inicios del llamado Sexenio democrático (1868-1874) y la política colonial en África experimentó desde la utópica proyección de novedosas acciones coloniales, pasando por la desatención de los gobiernos de Madrid, hasta el retorno de la idea de abandonar esas islas africanas. Y eso que, a nivel del funcionariado estatal, empezando por los mismos gobernadores, se muestra en la documentación de la *Gaceta de Madrid* de ese largo lustro una actividad colonial en apariencia dinámica y eficaz. Sensación que se refuerza haciendo notar otra de las gacetas relacionadas, esa que publica la *Real órden disponiendo se lleve á efecto la impresión de noticias, datos estadísticos y documentos remitidos al Ministerio de Ultramar por los Gobernadores de las posesiones españolas del golfo de Guinea.*[53] Orden de impresión de informes guineanos emitida el 23 de diciembre de 1865, demostrando

52 *Ibidem.*
53 *Gaceta de Madrid.* N° 357., sábado 23 de diciembre de 1865. Archivo digital *Gazeta colección histórica*: Referencia BOE-A-1865-11042.

que aunque los gobiernos de Madrid vivirán tiempos convulsos durante una década, que provocarían más de una vez la lógica despreocupación del tema, la colonización del golfo de Guinea siguió su curso. Podemos apuntar una nueva relación de números de la *Gaceta de Madrid* con la constancia de avisos y disposiciones sobre los territorios guineanos durante esos años.

Es una selección abreviada, pues los ejemplares de gacetas con referencias a esos territorios entre 1866 y 1874 se aproximan a los doscientos:

> *El Gobernador de Fernando Póo y sus dependencias participan que no hay novedad en estado sanitario*
>
> Gaceta de Madrid: núm. 23, de 23/01/1866, página 1.
>
> Departamento: Ministerio de Ultramar.
>
> *Gobierno de Fernando Póo y sus dependencias.- Jefatura de Sanidad de Fernando Póo.- Mes de Enero de 1866.- Parte de la existencia, movimiento y necrología de enfermos que durante el presente mes ha tenido lugar en el Hospital militar de esta colonia*
>
> Gaceta de Madrid: núm. 77, de 18/03/1866, página 2.
>
> Departamento: Ministerio de Ultramar.
>
> *Fallecimiento en Santa Isabel (Fernando Póo) el practicante del hospital D. Lorenzo Bronchal, no habiendo aparecido herederos, se procedió á su venta en subasta judicial*
>
> Gaceta de Madrid: núm. 158, de 07/06/1866, página 2.
>
> Departamento: Ministerio de Ultramar.
>
> *El Gobernador de Fernando Póo y sus dependencias participa con fecha 31 de Julio último que el órden público continúa sin alteración, y el estado sanitario es satisfactorio en el territorio de su mando*
>
> Gaceta de Madrid: núm. 250, de 07/09/1866, página 1.
>
> Departamento: Ministerio de Ultramar.
>
> *Estado del movimiento de buques de guerra y mercantes habido en el puerto de Santa Isabel de Fernando Póo. Comercio verificado en la colonia*

Gaceta de Madrid: núm. 54, de 23/02/1867, página 2.
Departamento: Ministerio de Ultramar.

Relación de la existencia, movimiento y necrología de enfermos que durante el mes de Abril último ha tenido lugar en el hospital militar de Fernando Póo

Gaceta de Madrid: núm. 195, de 14/07/1867, página 2.
Departamento: Ministerio de Ultramar.

Habiendo fallecido los individuos citados, en el presidio de Fernando Póo, los que se crean con derecho á sus herencias lo harán constar ante el Juzgado de la colonia

Gaceta de Madrid: núm. 74, de 14/03/1868, página 7
Departamento: Ministerio de Ultramar

Decreto nombrando Gobernador general de la isla de Fernando Póo y sus dependencias á D. Federico Aurich y Santa María, Capitán de navío, Jefe de la estación naval del golfo de Guinea

Gaceta de Madrid: núm. 288, de 15/10/1870, página 1.
Departamento: Ministerio de Ultramar.

Estado del movimiento de buques habido en el puerto de Santa Isabel de Fernando Póo durante el mes de la fecha

Gaceta de Madrid: núm. 203, de 22/07/1873, página 1133.
Departamento: Ministerio de Ultramar.

Decreto disponiendo que el importe de los gastos del servicio público en la colonia de Fernando Póo y sus dependencias, con arreglo á su presupuesto, se distribuya en el ejercicio de 1874 á 75, y en lo sucesivo á cargo de las provincias de Cuba, Filipinas y Puerto Rico, en la proporción de 50, 34 y 36 por 100

Gaceta de Madrid: núm. 230, de 18/08/1874, página 417.
Departamento: Ministerio de Ultramar.

Haciendo un repaso de la bibliografía general consultada y que se ocupa de este periodo inicial de la colonización española en el golfo de Guinea, vemos que existe cierto consenso en considerar esos años a partir de la segunda mitad del siglo XIX como poco fructíferos para el desarrollo colonial de la futura Guinea española. Teniendo nuevas recaídas en el más absoluto de los pesimismos, que sugerían el abandono definitivo o venta al mejor postor. No obstante, hemos apuntado la existencia de acciones ya con un marcado sentido colonialista. Quizás debamos hacer más caso a los historiadores y estudiosos que se consideraban africanistas, porque en las memorias de sus congresos[54] encontramos ponencias que defienden una actividad colonial, a pesar de los limitados recursos de España, más que notable en esas fechas. En resumidas cuentas, la segunda mitad del siglo XIX puede considerarse el inicio de la colonización española en el golfo de Guinea con sus muchos «peros». Quedando al criterio optimista o pesimista que se aplique, la consideración de ser suficiente o no para tratarse efectivamente de una historia de la Guinea española. Siendo estrictos, toda esta actividad colonial desde 1858 se limitó a las islas de Fernando Poo y de Annobon; y si nos volvemos rigoristas rayando en el fundamentalismo tan sólo a la primera y a su capital, Santa Isabel. Pero si tendemos al equilibrio, lo intentamos al menos, se puede pensar que toda la acción colonial factible que se hizo en esos años se hacía sobre el territorio que constituyó la columna vertebral de esa incipiente Guinea española; la isla de Fernando Poo, actual Bioko. Obvia decir que hoy día mantiene ese lugar la importancia que tuvo, tanto en la general historia de Guinea Ecuatorial como en su configuración administrativa y política.

Así, podremos contradecirnos diciendo que lejos estaba de ser una colonia española «al uso» porque el dominio comercial seguía todavía en 1868 en manos de los comerciantes ingleses y de los fernandinos —anglófilos en su mayoría— que colaboraban con ellos. Podemos señalar que las medidas

54 DÍEZ TORRE, Alejandro R. (ed): *Ciencia y Memoria de África. Actas de la III Jornadas sobre «Expediciones científicas y africanismo español»*; CASTRO ANTOLÍN, Mariano de: «Guinea y el africanismo español en torno a 1858»; pp.111-118. Ateneo Madrid-Universidad de Alcalá. Madrid 2002.

decretadas en noviembre de ese 1868, por un ministro del gobierno salido de la Revolución —la *Gloriosa*— de septiembre, para fomentar la colonización española en Fernando Poo fueron un fracaso[55] porque los noventa colonos que llegaron en 1869 de la península regresaron la mayoría enfermos un año después. Se puede reconocer la seriedad del informe que, pasado un lustro, en diciembre de 1873, firma el gobernador de la isla, el capitán de navío Ignacio García Tudela, donde detalla[56] el poco avance de la colonización española. Demostrado en que sigue siendo Inglaterra la única nación que se beneficia de esas tierras, planteando al Consejo de Estado someter a su dictamen si es conveniente el abandono definitivo de ese fallido proyecto colonial.

Ahora bien, asimismo podríamos reconocer que existió un trabajo colonial realizado por «funcionarios» —a los misioneros también se les consideraba funcionarios del Estado— que supuso, con mayor o menor eficacia, el intento de «españolizar» esa isla. Existiendo pruebas de que estas personas se amoldaron como bien pudieron a las circunstancias convulsas vividas esos años por las instituciones españolas. Sin ir más lejos, el gobernador García de Tudela representaba en Santa Isabel a la Primera República española, efímero régimen que duró casi lo mismo que una travesía Cádiz-Canarias-La Habana-Santa Isabel. ¿Qué todavía no aparece el apellido de española consolidado? Significando a esa ínsula de Barataria como todo el territorio otorgado a España tras las habituales ridículas y aparatosas ceremonias de posesión, es cierto. Pero con paso de elefante, tan lento como sólido, el proceso en la isla de Fernando Poo avanzó lo

55 CASTRO ANTOLÍN, Mariano de: «La Revolución de 1868 y la Guinea española» en *Cuadernos de Historia Contemporánea* 2003, Nº Extraordinario; pp. 191-204.

56 DÍEZ TORRE, Alejandro R. (ed): *Ciencia y Memoria de África. Actas de la III Jornadas sobre «Expediciones científicas y africanismo español»*; CARRASCO GONZÁLEZ, Antonio: «Guinea en el siglo XIX. Abandono o conservación»; pp. 119-130. Ateneo de Madrid-Universidad de Alcalá. Madrid 2002.

suficiente desde esa segunda mitad del siglo XIX para que al iniciarse el XX, las energías españolas se concentraran en la parte continental del territorio guineano. De esta manera, a la ínsula cedida a Sancho ya se la podría empezar a llamar Guinea española.

Rafael Mª de Labra, un abolicionista con sueños y pesadillas del África

Recapitulemos. Vamos avanzando por un siglo XIX donde factores como el comercio de esclavos parecen perder importancia en la relación de los europeos con África, pero que siguen explicando los datos que tenemos sobre esa época del golfo guineano. La trata de esclavos africanos, abolida y perseguida desde las primeras décadas del siglo dejó sin razón de ser a las posesiones del África ecuatorial otorgadas a España en los tratados con Portugal entre 1777 y 1778. Ese es el argumento principal traído por la lógica que intenta explicar el abandono y la dejadez posteriores a la novelesca expedición del conde de Argelejo. No obstante, hemos apuntado que otros motivos geopolíticos, no solamente el económico como era el comercio de esclavos, pudieron también motivar el emprender una colonización de esos territorios ganados.

En los despachos existían proyectos de política exterior, que como siempre, se basaban en acciones geoestratégicas. Durante siglos, desde el comienzo de la era moderna europea, el poder marítimo sirvió para llevar a buen puerto —nunca mejor dicho— esas acciones geoestratégicas; que como motivo de no emprender la colonización de Guinea se argumente la inutilidad de su localización geográfica para el apoyo de las rutas con América y Asia, contradice el plan estratégico de hacer un Eje Atlántico Sur que pasara por esas islas hasta las Filipinas. Además de hacer contradictorio el ordenamiento, tanto económico como político, que tuvieron esas posesiones del golfo de Guinea al ser incluidas en la jurisdicción de las Indias, de los nuevos virreinatos americanos concretamente. Resulta contradictorio también defender que España no deseaba colonizar —poblamiento— esa tierra, que todo era un mero interés mercantilista de poseer un enclave esclavista; y luego ver la sorpresa de los primeros expedicionarios españoles al llegar a esas islas sin presencia cristiana, «civilizada», como esperaban de los dueños portugueses. Ese dato nos sugiere otra cosa. Encontrarse una acción civilizadora (colonizadora) de Portugal como pensaban que existía, les habría facilitado realizar el mandato de su misión: en 1778 además de tomar posesión era levantar un asentamiento. Es decir, fundar una colonia y no un simple fuerte para albergar esclavos.

Por tanto, a pesar de parecer inútiles esas posesiones al iniciarse el siglo XIX y tranquilizar así la conciencia por no haber hecho nada en más de veinte años desde su adquisición, las islas del golfo de Guinea siguieron en «la mente» y en el devenir histórico de España. Aunque testimonial, en forma de cónsules y juristas en colonias europeas del golfo de Guinea y en manera de unos pocos comerciantes y negreros, la presencia española existió en esas décadas entre los siglos XVIII y XIX. Y aunque se sabía del fracaso español en asentarse en esas islas africanas, lo que alentó varios intentos de tomas inglesas, también se era consciente de los derechos adquiridos en ellas por España. Eso sirvió para asegurar, como hemos visto, que cuando se marcharon oficialmente los británicos de Clarance, los españoles pudieron empezar a colonizar Fernando Poo con todo el «derecho del mundo».

En el fondo, el asunto esclavista seguía siendo el factor principal que explicaba las acciones de españoles —y del resto de europeos— en esa zona del mundo cuando llegó la expedición de Juan José Lerena en 1843 y encaminó las cosas para que se iniciase la colonización española. De hecho, coincide este importante viaje con otro dato coetáneo y menos atendido por la bibliografía. Se trata de la llegada al *Tribunal Mixto anglo-español contra la Trata* en 1844 del cónsul y juez, Fabricio Potestad[57]. Tras haber inaugurado el tribunal en 1819 con el envío de dos funcionarios españoles a Freetown, un juez y un árbitro que estuvieron algo menos de tres años, España se olvidó también de ese cometido africano hasta que decidió enviar al cónsul Potestad veinte años después. Lo de cónsul es importante porque respondía al deseo de tener «observadores» informantes en la región; propósito siempre tenido que se demuestra en los nombramientos como vicecónsules a muchos extranjeros cuando no hubo funcionarios españoles por allí. Ahora se volvía a llevar personal al tribunal mixto de Sierra Leona, pero con la categoría superior de ser cónsules o vicecónsules además de jueces para el arbitrio en los casos contra los barcos negreros. Al juez y cónsul Fabricio Potestad se le pidió analizar qué habían hecho los británicos en esas dos décadas de ausencia española y sobre todo un «análisis de las posibilidades comerciales que ofrece la costa de África»[58]. A pesar de ser una observación desde la parcialidad española, el informe del cónsul Potestad desvela que fueron más de uno los casos de exceso de celo en los apresamientos de buques españoles sospechosos de ser negreros. El caso de la goleta Pepita es un claro ejemplo.

Ocurrió en el periodo que no hubo jueces españoles y Potestad lo conoció a través de los diarios de sesiones[59] del tribunal que estaba analizando. Fue injustamente apresada en junio de 1834 frente al río Camarones y llevada a juicio en Freetown. Allí su capitán demostró que se habían introducido en sus bodegas tres falsos esclavos, compinchados con el oficial británico que les había abordado. Fue el teniente del barco inglés el que confesó, arrepentido y abochornado ante los jueces británicos al ponerse su honor en entredicho. Al final, la Pepita sería absuelta y sus patrones indemnizados. Injusticias como ésta eran de sobra conocidas por las auto-

57 ARNALTE, Arturo: «Cónsules, comerciantes y negreros...»; p. 67
58 *Ibidem.*
59 *Ibidem*; p. 71

ridades de Madrid y por los potenciales mercaderes españoles que quisieran aventurarse al golfo de Guinea. Los riesgos de perder buques y cargas eran más que probables, pues los barcos ingleses se llevaban «comisión» por apresamiento que significase una confiscación, tanto del mismo barco como de los bienes de su dotación. Es decir, las «posibilidades comerciales», si eran muchas como parecía en esas costas africanas para incentivar la iniciativa mercantil española, se veían lastradas por el riesgo a ser apresado y acusado de barco negrero. Estaba claro que la Armada británica ayudaba con descaro al monopolio comercial inglés en la zona con esas indiscriminadas intercepciones a buques de otras banderas, que sobre todo fueron españoles porque también se comprobó ser los barcos con mayor porcentaje de tráfico negrero.

No es una justificación y menos desde el punto de vista moral, pues ya en la misma época había triunfado el sentir humanista del abolicionismo, pero las Antillas españolas seguían dependiendo demasiado de esa mano de obra esclava o en semiesclavitud que salía de ese tráfico negrero ilegal del golfo de Guinea. Es algo a tener en cuenta; si bien las posesiones africanas españolas en esa zona ya no servían para levantar un enclave esclavista, el tráfico de esclavos seguía siendo vital para la economía del Caribe español y ese comercio, aunque ilegal, procedía principalmente de ese lugar del mundo. Hay constancia en el mismo informe del cónsul Potestad y en los posteriores de los cónsules que le sucedieron hasta 1873 al cerrar el Tribunal Mixto de Freetown, de que la mayoría de los barcos apresados como posibles traficantes de esclavos eran españoles. También la mayor parte de los enjuiciados justamente como negreros tenían detrás, aunque no tuviesen pabellón español, intereses de mercaderes hispanos; concretamente hispano-cubanos.

No se pasaría por alto en Madrid esta circunstancia tan incómoda de tratar y vergonzosa de cara al exterior. Al menos en el Parlamento la cuestión esclavista fue abordada, con mayor o menor intensidad y con verdadero interés según las circunstancias políticas del ponente. Al respecto tenemos en España un caso peculiar sobre la actividad abolicionista, por lo que supuso el personaje para esa causa y su difusa trascendencia histórica reflejada en la bibliografía del africanismo español. Por supuesto, en relación con este último argumento, también se aprecian escasas las referencias y relación que se hace de este personaje en la historia de la Guinea española, actual Guinea Ecuatorial. Lo he encontrado más en tesis doctorales inéditas o impresas para universidades que en libros publicados. Y estas aseveraciones se hacen considerando que Cuba, lugar donde nacería el aludido personaje, Rafael Mª de Labra (1841-1918), que fue además objeto principal de su vida política, estuvo estrechamente ligada a ese tráfico ilegal de esclavos africanos del golfo guineano durante las décadas en las que ahora se encuentra el desarrollo de este libro que lee, 1868-1898.

Muchas veces obviado, creo ser una contribución imprescindible en el conocimiento de la historia ecuatoguineana. No debe quedarse en un mero dato más acerca de un político decimonónico hablando del colonialismo y de las virtudes de los españoles con «vocación de colonizadores»[60]. Ocurre, también, que la cuestión de los territorios del golfo de Guinea se trató muchas veces en la época de Labra a remolque de las problemáticas socioeconómicas cubanas; tan importantes en esos años que los eran además de la primera Guerra de Cuba (1868-1878). Es decir, si el consenso existe en atribuir esa estrecha relación entre el proyecto colonial del golfo de Guinea y los territorios americanos españoles, en ese momento sobre todo las Antillas españolas, ¿por qué no relacionar de manera más clara a Rafael Mª de Labra con la historia de la futura Guinea Ecuatorial? ¿Por qué no se incluye al mismo nivel en la historia ecuatoguineana que a la larga lista de gobernadores y de religiosos?

Vamos a responder a esas preguntas de la mejor manera posible, analizando la tarea abolicionista de Labra y su rela-

60 LABRA, Rafael Mª de: *Nuestras colonias de África: Fernando Poó, Corisco, Annobón, Elobey, la costa de Guinea...op.cit.*; p. 53.

ción con el potencial desarrollo colonial español de ese último tercio del siglo XIX en los territorios que se iban a llamar Guinea española. Antes que nada, puntualizar algunas cosas. Escoger y destacar la faceta de este político español como abolicionista no es una intención ingenua de «blanquear» la historia esclavista de responsabilidad española. Considero mejor ser una manera de aportar conocimiento sobre este movimiento de espíritu democrático muchas veces minusvalorado en su dimensión española. Labra tenía todas las hechuras de un intelectual demócrata a la europea; pero como su dedicación periodística principal pasaba por el hispanoamericanismo, acabó más con una etiqueta colocada de americanista —burgués antillano— que ensombreció otras facetas como su africanismo democrático o la condición de «proto-feminista», al ser convencido defensor del sufragio femenino.

Otra faceta que puede confundir y llevar al prejuicio es que su acción política se centró casi en exclusiva en el asunto colonialista, desde el enfoque ideológico y político de la época[61]. Como otros muchos en Europa, era un intelectual del colonialismo. Un demócrata colonial, concepto que ahora se leerá como una antítesis. Intenten acercarse a la mentalidad de la época y podrán tolerar mejor esa contrariedad de juicios. En realidad, defendió la autonomía política y económica de Cuba, la joya colonial que le quedaba a España, para que gradualmente esa colonia pasara a ser parte de la «nación española»[62], sin los matices que existían en el tratamiento institucional de los territorios de ultramar. Y otra puntualización, habrán leído en este libro llamar a Labra el «líder abolicionista» español. Existieron otros abolicionistas, intelectuales antiesclavistas de primer rango como Salustiano Olózaga y Emilio Castelar, que llegaría a ser el

---

61 LABRA, Rafael Mª de: *Nuestras colonias de África: Fernando Poó, Corisco, Annobón, Elobey, la costa de Guinea...op.cit.* También de LABRA: *La crisis colonial de España (1868 a 1898), estudios de política palpitante y discursos* parlamentarios. Tipografía de Alfredo Alonso, Madrid 1901.

62 ÁLVAREZ JUNCO, José: *Mater Dolorosa...*

último de los cuatro presidentes de la Primera República. Es una consideración que hago sin haberla visto mucho en otros sitios, pero creo que es justa por el volumen de artículos en numerosas publicaciones y de discursos que realizó acerca de la cuestión de abolir de manera plena la esclavitud en los territorios españoles. Además, esa defensa del abolicionismo la llevó sin tapujos más de una vez a las Cortes españolas y fue por ello amenazado seriamente de muerte.

Sus ideas democráticas empezaban por poseer una honestidad política tan rocosa como excepcional. La integridad de muchos sucumbía al canto de sirena de la corrupción usada para «mirar a otro lado», pues la próspera economía caribeña seguía dependiendo en demasía de los braceros africanos. Trabajadores para las haciendas azucareras cubanas que en régimen de semiesclavitud se transportaban desde la misma África o de una isla a otra del Caribe, donde incluso permanecía de manera ilícita el mercadeo de esclavos. Sobornos en los negocios y compras de voluntades políticas estaban al orden del día entre los procuradores americanos y los de la península. Un periódico cubano patrocinado por los partidarios de mantener la esclavitud y bloquear las ideas de autonomía para la isla, publicó un anuncio donde se ofrecían varias recompensas a los que lograsen «el exterminio de Labra»[63]. Entre los premios otorgados a los posibles matones destacaban el «por sacarle los ojos, 100 pesos; y por partirle el corazón de una puñalada, 500». Y no quedaba ahí la cosa, hasta la cantidad de 1.000 pesos se subiría la gratificación si además de asesinarlo se lo arrastraba como a un saco de patatas por la vía pública (*sic*). Tamañas barbaridades pueden hacerse entender, nunca comprender, como parte de las

---

63 FIGUEROA Y TORRES, Álvaro de (Conde de Romanones): *D. Rafael María de Labra y la política de España en América y Portugal. Discurso pronunciado por el Excmo. Sr. Conde de Romanones, presidente del Ateneo de Madrid, en la sesión inaugural del curso 1922-1923.* Gráfica Ambos Mundos. Madrid 1922. Nota: mencionado en este extenso discurso que servía también de homenaje del Ateneo al que había sido su presidente, Rafael Mª de Labra, fallecido cuatro años antes.

violentas campañas emprendidas por los que defendieron «a muerte» sus intereses económicos en las Antillas y, por ende, el aporte negrero de mano de obra que seguía llegando del golfo de Guinea.

Si bien el enrarecido ambiente político en España durante la década de 1870 podría hacernos entender esa animadversión hacia Labra de sectores radicalizados, también es verdad que sus ideas con mayor calado democrático tendrían lugar en el propicio contexto del llamado Sexenio Democrático. ¿Había predisposición en Madrid de abordar temas como la esclavitud y la acción colonial desde nuevas posturas democráticas? Pues el pulso de Labra contra sus adversarios políticos nos daría indicios para una respuesta. Por de pronto, su larga proclama abolicionista iniciada desde que en 1857 entró en el Ateneo de Madrid como jovencísimo destacado orador, tuvo éxito durante la efímera Primera República. Su incasable activismo antiesclavista alcanzaría a la recién constituida Asamblea Nacional republicana española. Fue en ese contexto donde Labra apoyó y promocionó como diputado libre asociado al partido reformista puertorriqueño, la Ley de abolición de la esclavitud. Normativa que tras apasionado y célebre debate se aprobó por aclamación en marzo de 1873. Era únicamente para la antilla pequeña, Puerto Rico, en Cuba se mantendría la permisividad a una esclavitud disimulada en servidumbre, con un patronato sobre los trabajadores negros recordando al que tendrán en unas décadas después los territorios guineanos.

Ya en la Restauración borbónica, el obstinado Labra seguirá batallando en todos los frentes. En parlamentos, ateneos y prensa, para conseguir la abolición definitiva de la esclavitud en la antilla grande. Algo conseguido sobre todo por su actividad al frente de la Sociedad Abolicionista, que logró primero derogar ese patronato de semiesclavitud en Cuba el año 1880 y la abolición total de la esclavitud en esa isla en 1886. De hecho, este definitivo logro hizo que en dos años (1888) se disolviera la Sociedad Abolicionista de la que había sido presidente. Pero considerando que, en la isla de

Fernando Poo, actual Bioko, no existía esclavitud que abolir ni en 1873 ni en 1886, se preguntarán: *¿qué pintó* exactamente Labra en nuestra historia guineana? Pues en principio, siendo ya bastante, supuso un político versado de verdad en las cuestiones económicas y jurídicas de los llamados territorios de ultramar o colonias.

Rafael Mª de Labra a finales del siglo XIX

Sus discursos en las Cortes pueden resultar densos y hasta exasperantes en su pulcritud de datos económicos y legalistas. Me pregunto si ese será el motivo de que aparezca más relacionado Labra en inéditas tesis doctorales, que en la bibliografía académica ya publicada acerca de la historia guineana. La contundencia de los datos queda para el papel inédito. En fin, la cuestión, a mi entender, es que en dos largos discursos[64] de Rafael Mª de Labra pronunciados en las Cortes en 1895 y 1898, convertidos luego en boletines o libros publicados por la *Tipografía de Alfredo Alonso*, tenemos la mejor radiografía de cómo estaba la situación —la historia— de los territorios del golfo de Guinea, la inminente Guinea española, a finales del siglo XIX y encaminados al XX. Creo que es motivo más que suficiente para que conozcamos mejor a este burgués liberal de origen antillano, antiesclavista, político demócrata y avezado jurisconsulto.

Rafael María de Labra Cadrana nació en La Habana un día de septiembre de 1841[65] por casualidad. Como cualquier hijo de funcionario o militar nacería donde sus padres estaban destinados; eso marca carácter. El no nacer donde la lógica dicta, el lugar de procedencia de tus padres, supone un aditamento en la vida. Su padre fue un militar liberal asturiano, exiliado durante una década en Londres desde la derrota de los liberales en 1823. En 1836, ya de regreso al servicio, es destinado a Cuba donde ejerce tareas de gobernador brigadier en Cienfuegos. La casualidad hará también que conozca allí a una paisana, la asturiana Rafaela G. Cadrana, hija del subintendente de la isla con la que se casa. Nacido Rafael, la familia permanecerá en Cuba hasta 1849. Su primera infancia trascurre en la isla caribeña, a la que no volverá como adulto, pero a la que representará como político en la península. Resulta notable la lealtad mostrada por Labra a su lugar de nacimiento, teniendo en cuenta que pronto su familia se afincó en Madrid y que no perderían su estrecha vinculación con los círculos sociales asturianos. Sin embargo, él demostraría esa ligazón con su prolífica activi-

64 LABRA, Rafael Mª de: *Las posesiones españolas del Golfo de Guinea*. Tipografía de Alfredo Alonso, Madrid 1896. Discurso pronunciado en el Congreso de los Diputados el 29 de mayo de 1895; y *Nuestras colonias de África...ob. cit.* Discurso pronunciado en el Congreso de los Diputados el 8 de junio de 1898.

65 Nota: en otra documentación aparece 1840 como fecha de nacimiento. Consulta en el Diccionario Biográfico digital de la Real Academia de la Historia: https://dbe.rah.es/biografias/11516/rafael-maria-de-labra-cadrana

dad de publicista a favor del abolicionismo y de la causa americanista en publicaciones como *Revista Hispanoamericana*, entre 1864 y 1867, y como director del boletín *El Abolicionista Español*. Desde estos foros de imprenta sería de los primeros en proponer la solución de la autonomía para Cuba; remedio que consideraba vital para no perder ese territorio de ultramar ante la evidente deriva independentista. Su labor de periodista también pasó por la divulgación educativa; una fe en la educación como motor de un país que le llevaría a ser uno de los miembros fundadores en 1876 de la Institución Libre de Enseñanza. Allí su faceta de krausista y demócrata pudo desarrollarse en plenitud, formando parte de la junta facultativa durante muchos años. Había cursado las carreras de Filosofía y Letras y de Derecho, obteniendo brillantes calificaciones, su tesis doctoral —como no podía ser de otra manera— versó sobre la abolición de la esclavitud y trató de forma erudita el derecho internacional de congresos, analizando al Congreso de Viena. Estuvo toda su vida vinculado a instituciones culturales y cívicas, ocupando sus cargos principales muchas veces, como en el Ateneo de Madrid, la Sociedad Económica Matritense, el Círculo de la Unión Mercantil, la Academia de Jurisprudencia, la Sociedad Geográfica, la Sociedad de Africanistas y Colonialistas... en muchas de ellas coincidiría con su amigo Joaquín Costa. Coincidiendo ambos, también, en sus análisis y pensamientos de cómo deberían abordarse desde los gobiernos y desde la sociedad cívica los asuntos de las colonias africanas.

Una de las cosas que más llaman la atención en los discursos de Labra acerca de los territorios del golfo de Guinea, es su convencimiento en que todo puede hacerse mejor y que lo realizado, aunque poco y chapucero, no está tan mal. Optimismo que contrasta con las críticas severas que hizo al monopolio y arbitrariedad del Ministerio de Ultramar, único órgano con potestad sobre esas colonias y que ni presentaba un mínimo informe de cuentas de esas posesiones ante las Cortes. Ese buen ánimo de Labra para abordar la compleja tarea colonizadora en Guinea estaría relacionado con su fe en el buen hacer de muchos de los funcionarios españoles que allá estaban. Resultan llamativos sus comentarios sobre el conocer a tal o cual administrador, funcionario en esos territorios o facultativo en las tareas coloniales. Incidiendo en que conoce datos y sabe de la situación *guineana gracias a ellos. Sirviendo, también, de reproche al* Ministerio de Ultramar y a su ministro porque debían ser ellos los que facilitasen esos datos a un diputado «curioso», como él mismo se denominaba. Aunque su curiosidad iba más allá del simple interés por conocer bien lo que criticaba. Su conocimiento de todo lo publicado y tratado del golfo de Guinea desde mediados de siglo, asombra porque parece realizado por un historiador, investigador metódico, preparando su tesis doctoral. En su discurso deja constancia de documentos que ahora alimentan las bibliografías dedicadas a la historia colonial del siglo XIX y al africanismo español.

> «...allá en el Archivo del Ministerio de Ultramar, estarán, empolvados é ignorados de propios y extraños, haciendo compañía al inédito Diccionario del idioma de los bubis, escrito por el Padre misionero Martínez Sanz, hacia el 1850, los 12 gruesos volúmenes que redactó el Sr. Pellón y Rodríguez hace 25 años sobre Fernando Póo, trabajo verdaderamente digno de estima.»[66]

Lógicamente, ese optimismo es mayor y más claro en el discurso de 1895; donde inició la queja a la inacción del Ministerio de Ultramar respecto a los territorios en el golfo guineano, pero aún daba el necesario margen de confianza a la reacción positiva de la administración española apoyada en las propuestas reformistas del partido liberal. No la hubo, ya que en el discurso de junio de 1898 se vuelve a protestar por no presentar el ministro ningún informe detallado de cuentas y presupuestos *«relativos á la Colonia de Fernando*

66 LABRA, Rafael Mª de: *Las posesiones españoles del Golfo de..ob.cit.*, p. 18.

Póo, y las demás que constituyen nuestro grupo colonial del golfo de Guinea», según las palabras de Labra. Estamos en una fecha hito en la historia española, a escasos meses de la derrota en la guerra de independencia cubana. Un hecho que para Labra debió de ser tan trastornante como para el resto de políticos e intelectuales de la época, aún más si cabe al suponer su tierra natal. Alentando al derrotismo nacional que propiciaba repudiar todo asunto colonial, que tantas desgracias y sacrificios trajo a los españoles. Sin embargo, una *década después,* veremos en un discurso pronunciado en el Senado el 17 de diciembre de 1910 que a diferencia de su amigo Costa, del que hablaremos en el próximo epígrafe, él se mantuvo en la misma línea de aportar una efectividad tecnócrata[67] al asunto colonial. El *Desastre del 98,* con la pérdida de los últimos territorios españoles de ultramar en América y Asia, provocó algo esperable: centrarse tanto nostálgicos imperialistas como colonialistas tecnócratas en los territorios coloniales africanos que quedaban.

Pero Labra no iba a tener a la Guinea española en su mente como un mero resarcimiento del orgullo imperial por las pérdidas antillanas y filipinas. Aunque tampoco volvería a propugnar el camino autonomista para los territorios guineanos, como hizo con Cuba. No veía a esos territorios «maduros» dentro del sentimiento nacionalista, pues no existía resquicio de ese interés patrio surgido en 1841 entre el pueblo español cuando la isla del golfo de Guinea quiso venderse a los británicos. Análisis que hace y menciona en ambos discursos, en 1895 y en el de 1898, reconociendo el escaso conocimiento e interés habidos tanto por el gobierno como por los españoles de esas tierras del África central. Lo que Rafael Mª de Labra quería hacer en realidad eran unas «colonias modernas», alejadas tanto de la antigua

---

67 LABRA, Rafael Mª de: *El Presupuesto de las Posesiones Españolas de Guinea para 1911.* Discurso pronunciado en el Senado el 17 de diciembre de 1910. Publicado por Establ. tipog. del «Sindicato de Publicidad», dentro del título: *Las colonias españolas de Guinea.* Madrid, 1911.

visión virreinal americana como de la realidad existente en Fernando Poo, dominada por los militares y los misioneros. Frente a estas dos últimas realidades coloniales monopolizadoras en el golfo de Guinea, las acciones cívicas e institucionales —empresas privadas y funcionarios estatales— debían revalorizarse y aumentarse en esos territorios.

Para ello era vital un desglose «transparente» del uso de la partida presupuestaria para el conjunto de colonias del golfo guineano. En su discurso de 1898, se anotan todas las contradicciones que aparecieron a esas alturas de la historia colonial española dentro de esa menospreciada «cuestión africana». Como la consideración de Guinea en cuanto a territorialidad estatal, nacional o patrimonial. Resulta apasionante, y a la vez enrevesada, la disquisición que hace sobre considerar o no a las Filipinas y Fernando Poo como posibles provincias —nacionales— de ultramar y no solo territorios con «leyes especiales». Pauta fundamental para que fuesen las Cortes las que aprobasen y organizaran los gastos de Fernando Poo y no el arbitrio del Ministerio de Ultramar, como estaba ocurriendo en ese momento.

«¿Por dónde ni de qué manera Filipinas, Fernando Póo y sus adyacentes, carecen del carácter de provincias, dado el sentido innovador de nuestras Cortes de Cádiz, donde quedó declarado que las colonias españolas no eran factorías?»[68] La verdad es que Labra parecía recoger en su pregunta algo del pasado legalista territorial de Las Indias, aunque como político demócrata estaba haciendo referencia más al constitucionalismo y en concreto al legado de la Constitución de 1812. En sus apreciaciones intentando darse respuesta, comenta algo interesante sobre la emigración. Le parecerá importante que desde las Cortes y el gobierno se publicite con boletines extractados la cuestión colonial, para darla a conocer bien entre la población española. Así, el español medio que estuviera pensando en emigrar podría contemplar hacerlo a esos territo-

68 LABRA, Rafael Mª de: *Nuestras colonias de África: Fernando Poó, ... ob.cit.* p. 487

rios. Un *método* de «hispanizar» unas tierras unidas, aunque fuese de una manera indefinida, a la soberanía nacional. Se detiene con detalle a describir geográficamente el conjunto colonial del golfo de Guinea, demostrando estar bien documentado, distinguiendo la importancia que, a cada isla y a los islotes, como llama a las Elobey, debe darse según sus características. No dejando de comentar los agravios franceses en la zona continental, con el descaro de ampliar desde Gabón su territorio colonial a expensas de la zona del continente que debería ser de titularidad española. Pero como Labra, no nos vamos a detener mucho en esa protesta y sí lo haremos mejor en sus consideraciones acerca de potenciar la acción cívica en el desarrollo colonial de la Guinea española. *«...hay que buscar un elemento más; hay que buscar la fuerza civil de nuestras colonias, y para esto es necesario (tratándose de Fernando Póo), sostener y ensanchar aquella junta de vecinos que se creó en 1880 sólo en la ciudad de Santa Isabel para la administración de la misma,...»*[69]. Incluso llega a hablar de otorgar cierto autonomismo:

> «Esta tiene que ser la base del desarrollo de aquella colonia, debiéndose estimar que para su prestigio y su eficacia hay que procurar cuatro cosas: la primera, el ensanche de las facultades del Consejo en sentido autonomista; la segunda, el ensanche del círculo de los consejeros, haciendo que en él entre la raza negra y en general toda clase de hombres; la tercera, la sustitución gradual dé los consejeros de nombramiento del Gobierno por consejeros electivos y de carácter popular, y la cuarta, la plena y sincera consagración de las libertades públicas, de los derechos naturales del hombre y de las franquicias constitucionales del ciudadano español en Fernando Póo y en todas nuestras colonias de Guinea.»[70]

69 *Ibidem*; p. 499.
70 *Ibidem...*

Sin embargo, se apresura a matizar en qué consiste ese autonomismo que pide para Fernando Poo; sabedor de su fama de autonomista radical respecto a Cuba que pudiera confundir a los parlamentarios. Se trata de un rasgo elemental en el nuevo «régimen colonial» que reclama debe establecerse en los territorios españoles del golfo de Guinea. Un elemental sistema de administración colonial más civil y con autonomía local, pero a los niveles de desarrollo de ese «país». Es evidente, viene a decir, no ser necesarios ahora en Fernando Poo *«aparatosos Consejos ó Asambleas coloniales»*; ni unos ministerios propios, aunque sí necesitaría, como en las colonias de los otros europeos, un buen cuerpo de funcionarios coloniales... «crear un cuerpo especial de empleados ultramarinos». De esta manera se facilitaría el buen progreso del desarrollo de estas colonias, hasta llegar a mayores niveles de autogobierno. Luego, relacionado con ese básico autonomismo, analiza la opción de tener representantes de esas «autonomías» en el Parlamento español. Aquí es donde aparece el lenguaje del puro colonialismo de la época. Pues, para llegar las colonias a poder enviar sus parlamentarios al Congreso de Diputados español, se debe atender a «la educación de las razas llamadas inferiores y del problema de la reducción de indígenas».

Es decir, Labra consideraba que culturalmente los africanos no habían alcanzado el nivel cívico suficiente para tener congresistas. Pensaba que esos «países a civilizar» estaban en un nivel muy básico de desarrollo político y social, aunque eso no les eliminaba de tener en un futuro más desarrollado representantes en los parlamentos españoles. Hace a continuación en su discurso una curiosa divagación comparativa de tres «sistemas de trato al indígena»: el holandés, el estadounidense y el español. Del primero vendrá a decir, hablando del caso de Java, que respeta las gobernanzas locales, pero siempre con una vigilante gestión de los organismos de la metrópoli en pos de la máxima rentabilidad en una colonia de explotación. Del segundo, siendo curiosa la mención al estar España en plena guerra de Cuba con

Estados Unidos, viene a decir que Washington ha sido muy criticado por «reducir» a los indígenas a reservas territoriales pero que siempre tuvo en consideración llevar a representantes indios al Congreso para ser escuchados. Y del tercero, de España, quiere vincular el antiguo C*ódigo de Indias hispano con los avances «modernistas» dados con el constitucionalismo, recordando a la Constitución de 1812* que «igualaba» a los españoles de un lado y otro del Atlántico; sin que hiciese falta llevar representantes a la metrópoli, pero sin impedirlo tampoco si esos «países» eran maduros para ello.

Finalmente, Labra comienza a rematar su discurso retomando la cuestión principal de su proclama parlamentaria: mayor atención de las Cortes al asunto colonial del África, antes de que se reproduzcan en él los problemas sufridos en las Antillas. Dificultades graves coloniales que a su entender surgieron por no ocuparse del contexto, y su implicación, internacional. Las colonias no eran, principalmente, un asunto interno; viene a decir el político Labra. Lamenta el error español en considerar a las posesiones o tierras españolas de ultramar como algo local, que alimenta el sentimiento hispano tan dado a la tragedia. Había que racionalizar el problema para darle una solución razonable, alejada de las emociones nacionalistas o patrioteras. Y aunque mantiene el tono crítico durante toda su intervención, como apuntamos páginas atrás, siempre añadía margen a la esperanza de incluir eficacia y buen criterio a las futuras acciones coloniales en el golfo de Guinea. Así será incluso pasados más de diez años, en el discurso dado al Senado en diciembre de 1910, cuando advertía que se estaba en peligro de repetir los errores cometidos en Cuba, Puerto Rico y Filipinas, con la Guinea española —ya era habitual ese nombre— que seguía sin interesar al gobierno de Madrid, pero interesando mucho a «nuestro entorno internacional»:

> «No volvamos, señores, á los errores coloniales del siglo XIX; errores acentuadísimos por el contraste de las libertades de la Península con el régimen dictatorial y burocrático de las Antillas y Filipinas,

precisamente en los períodos de mayor expansión interior de la Metrópoli. (...) Una Colonia no es una finca, ni un presidio, ni una plaza de armas, ni una misión religiosa ó un monasterio;' Todo eso ha sido muchas veces y por este error no solo se han perdido violenta y sangrientamente muchas colonias, sino que se dificultó por mucho tiempo la reorganización de la vida colonial y el progreso de aquellas comarcas emancipadas. (...)Una colonia es una sociedad civil, regulada por leyes normales, identificada en lo fundamental con la Metrópoli por la unidad del derecho y las libertades civiles y políticas, y cuyo progreso tiene que garantizarse por la expansión y la seguridad individual, la solicitud y competencia de la Administración, la consagración progresiva del principio autonomista en relación con la cultura y los medios de cada localidad y la atención exquisita de los Poderes Públicos de la Metrópoli á las necesidades de la Colonia, á las exigencias del medio en que ésta vive... »71

Aunque les cueste creer, haciendo la comparación odiosa con la política actual, Labra defendió esta misma línea de pensamiento político desde su primer discurso de 1871 en el Congreso hasta los últimos dados en el Senado en 1916. Un contexto de medio siglo que va de la Primera República a los albores de los profundos cambios políticos vividos en el siglo XX. No pasaría igual con su íntimo amigo Joaquín Costa, que en los últimos años de su vida repudió toda política africanista; ni basada en un africanismo liberal ni en colonias con factorías mercantiles, como mucho Costa habló de resignarse a una colonización cultural y pasiva.

Rafael María de Labra, fallecía en Madrid. Y lo hizo poco tiempo después de sus últimos discursos como político preocupado sinceramente por la Guinea española, en 1918.

---

71 LABRA, Rafael Mª de: *El Presupuesto de las Posesiones Españolas de Guinea para 1911...*; pp. 6-7.

Preocupación que lo hizo una *rara avis* de la política nacional. Hoy día es uno de esos personajes medio olvidados de la historia española, sin tan siquiera una calle en Madrid que es donde más desarrolló su actividad por la cuestión social —como él mismo aludía a su trabajo—. La tiene en Oviedo porque en Asturias veraneaba, al ser la tierra de su madre. También llevan su nombre calles en León y en Málaga, pero poco más en España que estas dos localidades como honrosas excepciones. En Cuba, en La Habana, hay otra por el motivo que más hubiese agradado a don Rafael Mª, el agradecimiento por su abnegada acción abolicionista de la esclavitud.

«Misiones y colonias de muñecas», el enfado de Joaquín Costa por no imitar a los ingleses en la actividad colonial africana

Persiste todavía un anómalo prejuicio ideológico sobre Joaquín Costa Martínez (1846-1911), cuya visión regeneracionista de la patria ha sido más de una vez utilizada como estandarte del más obtuso nacionalismo español[72]. Esa perspectiva hace que su verdadera y compleja aportación intelectual a la historia española sea mal entendida. O mal interpretada porque ya existieron en la misma época de Costa bastantes prejuicios y menosprecios a sus proyectos políticos, surgidos de su singular y ambivalente pensamiento. Una filosofía con la dualidad constante modernidad-tradicionalismo para explicar su idea de España, que Costa supo como nadie fundir y que por eso suscitó tanta incomprensión o incredulidad hacia lo que significaba en el fondo su ideología. El centenario de su muerte en 2011 supuso un pequeño oasis en ese desierto lleno de granos de arena confusos acerca de

72 VICENTE Y GUERRERO, Guillermo (ed.): *El renacimiento ideal, la pedagogía en acción de Joaquín Costa*; MAINER, José-Carlos: «Joaquín Costa y el nacionalismo español»; pp. 95-108. Institución Fernando el Católico (CSIC). Madrid, 2014.

la ingente obra de Joaquín Costa. Fue sobre todo desde las revistas y boletines de las históricas sociedades geográficas[73] españolas. Se quisieron apartar prejuicios o los usos interesados del pensamiento de Costa que lo habían enmarcado en todas las orientaciones posibles del siglo pasado. Por ejemplo, muy recientemente ha comenzado a valorarse esa ingeniosa capacidad reflexiva transversal al otorgar a Joaquín Costa la invención de una ciencia social multidisciplinar: *«Costa dio lo mejor de sí en aquel sugestivo campo de trabajo que se inventó y donde se juntaban la geografía humana, la historia del derecho, el folclore y el estudio de la literatura popular, la antropología y la sociología».*[74]

Así, con esa original metodología de trabajo, al ocuparse del asunto africano de manera completa, sin ceñirse al Marruecos protagonista de la Guerra de África (1860) como era habitual en la política de su tiempo, Joaquín Costa es la referencia principal buscando huellas reales de lo que pudo ser aportar «hispanidad» en Guinea desde la más «pura y dura» intelectualidad. Cuando decimos «huellas reales» estamos matizando que su relación con la Guinea española, futura Guinea Ecuatorial, intentó ser teórica al principio, pero constructiva después. El fracaso de su proyecto político y social para las posesiones españolas en el Golfo de Guinea, con la creación de la Compañía Española del Golfo de Guinea en el Congreso Español de Geografía Colonial y Mercantil de 1883, es ante todo y más que nada un ejemplo de ello. Tras ese intento de racionalizar el potencial económico y comercial del gofo de Guinea para España, existía también el propósito de alcanzar en ese lugar del mundo un hispanismo nuevo; como el proyectado y obligado a tener con las nuevas Repúblicas de la antigua América española. Otros más críticos con Costa se quedarían sólo en su lenguaje lleno de historicismos, propios del Romanticismo cultural del que

73 Consulta en Internet: https://realsociedadgeografica.com/

74 MAINER, José-Carlos: «Joaquín Costa y el nacionalismo español»...; *Ob. cit.* pp. 105.

era hijo por formación en su juventud. Términos empleados para defender la necesidad de «hacer España» en ese lugar del África ecuatorial, como ya se había realizado en otros siglos y en otros continentes.

Sin embargo, el colonialismo de Costa, si en verdad existió en su pensamiento como ideología, partía del mercantilismo de las compañías coloniales imperante en Europa, aunque debía desarrollarse aplicando la singularidad del «alma civilizadora»[75] del pueblo español. Algo que quedó más claro en sus discursos africanistas relacionados con Marruecos, donde llegó a decir que marroquíes y españoles eran obligados a la hermandad de razas al compartir una misma «sangre». Para cualquier lector con perspectiva «*presentista*», como se dice ahora resumiendo la manía de visionar la historia con los dos ojos en el presente, estas palabras como *hacer España, sangre* o *razas*, sonarán al más rancio discurso nacionalista español, pero deberían saber que les sonaría también en vasco, gallego y catalán, porque era el lenguaje común del nacionalismo surgido en el siglo XIX. Primero como regionalismos y luego como nacionalismos periféricos, compitieron con el también emergente nacionalismo español por dominar el discurso nacionalista. Retórica que, para más desgracia del español, fue luego usada —abusada— en pleno franquismo.

Volviendo a Costa, su «colonialismo nacionalista» no constituyó parte de una ideología profunda o radical. De hecho, don Joaquín llegó a renegar al final de su vida de todas esas proyecciones, como se desecha a tiempo un mal proyecto, porque las consideraba fracasadas en esencia; llegando a declararse partidario de abandonar todos esos proyectos africanistas, incluido el pretendido protectorado del norte de Marruecos. Creía que ni se planificaron bien ni hubo un desarrollo cabal para convertirlos en territorios provechosos, a la forma de las colonias coetáneas creadas por las poten-

75 FERNÁNDEZ CLEMENTE, Eloy: *Estudios sobre Joaquín Costa*. Prensas de la Universidad de Zaragoza, Ediciones. Zaragoza, 1989.

cias europeas. Sentía que España había perdido su oportunidad de ser una auténtica potencia colonial al uso —de la época— desde el mismo inicio de la carrera colonialista. Un objetivo que no relacionaba con cuestiones grandilocuentes de recuperar la «gloria imperial» pérdida. Para Costa, para Labra, para Rafael Altamira[76]... para otros muchos con el mismo sentido «regenerador» de España el asunto colonial era una manera contemporánea de procurar el desarrollo socioeconómico del país.

Esa oportunidad queda matada después de manera completa con el Tratado de París (1901), considerado por Costa la «liquidación de España en África». El derrotismo de Costa era ya profundo al iniciarse el siglo XX; algo propio de su carácter depresivo, reconocido en sus memorias al confesar pensar en el suicidio durante su veintena de edad. Su desazón y amargura personales parecían asimilarse a su sentimiento trágico sobre España. El «me duele España» de su amigo Unamuno estaba fielmente reflejado en la personalidad de Joaquín Costa. Pero antes de llegar a ese extremismo del fracaso, queremos incluir, igual que hacíamos con Labra, al enfermizo Costa —factor que inclinaba a la amargura— en la historia de Guinea Ecuatorial. Nos gustaría ver a este personaje histórico mejor relacionado con el devenir histórico de la Guinea española, que acabó siendo ese país poco estudiado en nuestras aulas y olvidado rápidamente del pasado colonial español.

Como incide su paisano y uno de sus mejores estudiosos, Eloy Fernández Clemente, «la política africanista de Costa ha sido extrañamente ignorada por casi todos los historiadores que se han ocupado de él, a pesar de su ingente actividad como iniciador y organizador de mítines...».[77] Y es una

76 CHEYNE, George J.G.: *El renacimiento ideal. Epistolario de Joaquín Costa y Rafael Altamira (1888-1911)*; Instituto de Cultura Juan Gil-Albert. Alicante, 1992.

77 FERNÁNDEZ CLEMENTE, Eloy: *Joaquín Costa y el africanismo español*; Publicaciones Pervivir Independiente. Zaragoza, 1977.

queja de hace más de cuarenta años que recojo, sin que la Fundación Joaquín Costa[78] me incentive a ello, como investigador autónomo sin amparo de universidad y que corroboro se podría continuar haciendo. Al menos en la cuestión de historiar sobre Guinea Ecuatorial. Lo visto durante mi búsqueda documental y bibliográfica pasa por una mención de Costa muy contextual y, a veces, hasta sacada de contexto. Quiero decir que para un intelectual que amplia las miras del africanismo español a la Guinea española y no se queda en el eterno asunto de Marruecos, se le desperdicia de una manera extraña, que uno no sabe si es por prejuicios ideológicos o por miedo a profundizar en un autor complejo, tan contradictorio en muchos aspectos. Tanto que se llegó a desdecir, como ya se ha apuntado, de la mayoría de sus planteamientos iniciales sobre África; porque apreció que todo allí se había hecho mal y se debía dejar de hacer, abandonar. *«Quien sepa que no he sido colonista platónico ni hojalatero (sic) con respecto al Sahara occidental ni con respecto al Golfo de Guinea, habrá de reconocerme el derecho a tener opinión y de no callársela a mi país, por mucho que lastime al Chauvin español. Con un escrúpulo de colonia no se es potencia colonial; y a las naciones que no son coloniales no les conviene poseer colonias».*[79]

A simple vista podríamos incluir a Joaquín Costa entre los muchos españoles que hicieron campaña para abandonar esas tierras africanas, tan poco atendidas y tan escasamente conocidas a esas alturas. Pero no es así, Costa se rebatía porque fue uno de los máximos defensores en colonizarlas bien y al comprobar la nula capacidad española en tan ardua tarea, cayó en el mayor de los desánimos. Es verdad que a su cambio de postura contribuiría su propio sentimiento de fracaso personal. Todos sus proyectos personales, académicos y políticos, quedaron a medias o sin un mínimo éxito. El que más le afectó fue la deriva del partido que quiso crear y encajar

78 Consulta en Internet: https://www.iea.es/fundacion-joaquin-costa

79 Fragmento del texto de un «artículo fantasma» del que más adelante volveremos a hablar y se aclara la fuente para hacer su cita.

en la política española. Un partido de Unión Nacional, que tenía la quimérica intención de recoger el centro político de un país eternamente estructurado en dos frentes opuestos y rivales: el conservadurismo y el progresismo.

No hubo terceras vías en España y don Joaquín será uno más de los pocos españoles que no se resignaban a tener que asimilar ese tirano axioma. Quizás por ello se contradecía tantas veces y su transversalidad confundía a propios y extraños. No obstante, a pesar de comenzar todo este proceso de contradecirse a sí mismo después del Desastre del 98, en Costa encontramos un apoyo a la teoría que aportamos en el libro sobre dudar que la colonización de Guinea sea fruto de las «ensoñaciones imperialistas». Eso de resarcirse por las colonias que salen por las que entran. Es decir, don Joaquín Costa sirve para incidir en la idea de que el africanismo español —en Guinea sobre todo— no fue, como tanto se ha escrito, una reacción «visceral imperial»[80] a posteriori del 98; empezando porque los orígenes del movimiento africanista estarían entre las décadas de 1870 y 1890.

Si nos atenemos a la lógica de la teoría imperialista, habría que dar el protagonismo esencial y único a las instituciones de poder, gobierno o Corona, en ese colonialismo del África central. Y como ya apuntaba el catedrático Fernández Clemente, en realidad no hubo desde Madrid una planificación militarista y expansionista, apoyándose en el africanismo español y sus expediciones científicas y económicas para culminar la «conquista» de la Guinea continental. Más bien resultó ser todo acciones voluntaristas (por ejemplo, de Iradier y Ossorio, alentados por Costa), dando vida a la escasa política práctica que salía de los proyectos colonizadores en las pocas comisiones parlamentarias dedicadas al asunto. África no importaba a nadie en España y más que

80 ARCHILÉS, Ferrán: "¿Una cultura imperial? Africanismo e identidad nacional española en el final del siglo XIX"; PASSETI, MATEO: *Imperialismi e retaggi postcoloniali in Italia, Portogallo, Spagna.* BraDypUS; Bologna, 2016; pp. 1-25.

servir para emular al «Imperio español en América», resultaría una caricatura de ese periodo imperial. A nivel popular el desinterés rozaba el aborrecimiento. Lejos quedó el arrebato patriótico de 1841 que evitó la venta a Inglaterra de la isla de Fernando Poo.

Estampa del ilustrador y grabador Gustave Lévy del año 1860 que muestra al general Prim arengando a las tropas en la Batalla de Castillejos, cerca de Ceuta. Colección del Museo Nacional del Romanticismo

Además, lejana era la guerra con gran apoyo del pueblo español contra el sultán marroquí de 1859-1860; conflicto que tantos héroes decimonónicos populares daría en el gobierno de O'Donnell, empezando por él mismo al ser titulado como grande de España y primer duque de Tetuán. Pero en 1909 numerosas familias españolas aborrecían todo lo africano al ver morir a tantos padres, hijos, hermanos y prometidos en el Barranco del Lobo. La Semana Trágica de Barcelona bastaría para conocer el verdadero estado de ánimo de los españoles sobre África y eso de encontrar en ella sus posibles «consuelos» imperiales. Se percibía que, en realidad, el interés era más vivo y sincero en las Cortes y en las sociedades geográficas. En los teóricos africanistas parlamentarios, como Labra, y en los africanistas geógrafos como pretendía ser Costa. Ellos no perdían la esperanza de hacer entender tanto a los gobiernos como a la opinión pública, esa necesidad de tener una política colonial eficaz en África. Precisamente los comentados en este libro, Rafael Mª de Labra y Joaquín Costa, serían con gran diferencia los que más se destacaron en hacer un hueco a los territorios del golfo guineano en la configuración de un incipiente africanismo español.

Esa insistencia a partir de la década de 1880 en reclamar al gobierno de Madrid una acción colonial para el continente africano, será una de las piezas que llevó a montar la opinión crítica contra Costa considerándolo promotor de un «nuevo» colonialismo imperialista español. Una paradoja filosófica si nos molestamos en reconocer que el complejo *pensamiento costiano* mostró siempre una actitud crítica al colonialismo por el colonialismo. Su mentalidad colonial era más parecida a la de un «colono agrícola»[81] y de poblamiento, en la línea de su obra magna sobre el colectivismo agrario. Es decir, Costa hubiese disfrutado siendo un Olavide del siglo XVIII planificador ilustrado de la colonización en la despoblada Andalucía, emulándola en las tierras del golfo de Guinea. Por eso, tan de repente como surgió en su pensamiento el afán colonialista —no esperado pues en esos años se había acercado al socialismo—, dejó de proyectar acciones coloniales «contundentes» de España en África. De todas maneras, parece que llegó tarde esa renuncia al colonialismo y se confundió también

81 COSTA, Joaquín: *Colectivismo agrario,* Imprenta de San Francisco de Sales. Madrid, 1898.

con otro pensamiento de Costa mal interpretado: la tutela de los pueblos. Resumido en sus propias palabras que, es verdad, tienen cierto eco populista: «*en España casi siempre vale más el pueblo que sus gobernantes*». Esa premisa apuntada en sus ideas de contar más con un prohombre que tutele los destinos de un pueblo, en lugar de fiarse de la voluntad e intereses de los partidos políticos, hizo que el profesor Tierno Galván, futuro insigne alcalde de Madrid, etiquetase a Joaquín Costa como «prefascista»[82].

Lógicamente, tal clasificación llevó por el camino del prejuicio sobre Costa a la historiografía marxista; línea que dominaba la bibliografía en los años finales del franquismo y de la Transición democrática española. Fue, desde luego, según lo que estamos argumentando acerca de esa «ambivalencia reflexiva *costiana*», una apreciación bastante injusta por parte del viejo profesor socialista. La idea política de Costa sobre la tutela del prohombre era, en verdad, una crítica aguda a un mal de su tiempo —y de la actualidad, aunque no tan grave— que llegó a extremos insostenibles. Una alternancia de partidos en el gobierno, basada en el clientelismo y en primar los intereses particulares de cada partido para alcanzar el poder, olvidándose de la mínima gestión eficaz del país. Esa desconfianza crítica hacia los partidos políticos se tomó por una defensa de gobiernos personalistas sin atender a la democracia de partidos. Una impresión errónea sobre Costa, que perjudica la capacidad de análisis cuando se entra a valorar otras aportaciones de este singular personaje, como su programa colonial para España; llamado «utopía»[83] con cierta razón por algunos autores.

Revisar sus escritos y discursos durante el llamado periodo de esplendor del africanismo español, entre 1880 y 1898, ayu-

82 TIERNO GALVÁN, Enrique: *Costa y el regeneracionismo*, Barcelona 1961; referenciado en FERNÁNDEZ CLEMENTE, Eloy: *Estudios sobre Joaquín Costa...ob. cit.*, pp. 262.

83 RIVERO CORREDERA, Juan: *La utopía colonial de Joaquín Costa*; Boletín de la Real Sociedad Geográfica, CXLVII. Madrid 2011; pp. 89-128.

dará a entender mejor su aportación al asunto de las colonias en el golfo guineano y, por tanto, a la historia de la Guinea española, hoy Guinea Ecuatorial. Se puede considerar el artículo titulado *El comercio español y la cuestión de África*, fruto de una conferencia en el Círculo de la Unión Mercantil, de 1882, como un primer esbozo de su programa colonial español. Aborda con un docto y documentado discurso la situación geopolítica del momento, protagonizada por el reparto europeo de África. Expone los cuatro problemas principales para España en una acción colonial-comercial dirigida de manera activa al continente africano. Advierte que existen otras potencias europeas con intereses en las zonas donde España debía ser protagonista y que los proyectos coloniales eran tan necesarios como urgentes. Primero está el tema de las posesiones portuguesas en el África austral, preocupado por la debilidad de Portugal para afrontar tamaño reto colonial y aboga por la colaboración ibérica; este «problema colonial» muestra otra faceta de Costa, el iberismo, que daría para otro capítulo y en otro libro. Segundo estaría el problema o la cuestión que nos interesa para este ensayo, las posesiones continentales en el litoral del golfo de Guinea que debían pertenecer a España. Tercero estuvo la costa del Sáhara y las cabilas beréberes, donde don Joaquín será también «director técnico» de la expedición que pondría las bases del posterior Sáhara Español. Y cuarto, pero no menos problemático, el imperio jerifiano —denominación histórica de Marruecos hasta 1956— y su conversión a protectorado español. La capacidad de Costa para analizar esos cuatro puntos demostró una erudición en aspectos tan diversos que no se sabía dónde empezaba el geógrafo, seguía el antropólogo y acababa el historiador, jurista y político. Cuando un año después, en 1883, llevase las líneas maestras de este «programa colonial» de España al Congreso de Geografía Colonial y Mercantil, todo el mundo daba por hecho que el director de las expediciones que salieran de esas ponencias debía ser Joaquín Costa Martínez.

Fotografía de Joaquín Costa, obra de Manuel Compañy, publicada en la revista española *Actualidades* (realizada antes de 1904)

Un aragonés nacido en el seno de una familia humilde de agricultores, en Monzón (Huesca) el 14 de septiembre de 1846. Aquejado desde adolescente de una enfermedad progresiva muscular, haría de su pundonor en sus estudios un doble mérito personal; al contar su familia con escasos recursos y él con una frágil salud. Cursó magisterio y el bachillerato mientras trabajaba de albañil. Cuando estudiaba en la Universidad de Madrid, donde se doctoró en Derecho en 1872 y en Letras el año 1875, comenzaron sus primeros contactos con las ciencias sociales; muchas nacientes o consolidando disciplinas en esos años, como la antropología. En 1877 obtuvo plaza de letrado del Estado en Cuenca y dos años después en Huesca. Al volver a Madrid en 1880 para trabajar en el despacho del abogado Gabriel Rodríguez[84], comenzará a tomar contacto con la geografía y comienza su etapa de promotor colonialista; que muchos autores se han preguntado cómo llegó a ella, pues su trayectoria intelectual no avisó más allá de ese «repentino» interés por la ciencia geográfica. Pero es una pregunta un tanto desubicada o despistada pues, como ya hemos apuntado, el colonialismo para Costa no fue un posicionamiento al que hubiese de llegar, ni ideológico ni tan siquiera filosófico. El programa colonial, no ya el personal de Costa sino el que se intentó proyectar en sociedades geográficas y mercantiles dos décadas antes del «Desastre» (1898), fue ante todo un programa de regeneración económica y política de España, centrado en la política exterior y no en la interior como bálsamo nacional.

A pesar de suponer el tema de África casi el 25% de toda la producción escrita de Joaquín Costa[85], en artículos, monografías, discursos, ponencias, tratados, ensayos... su presencia en la bibliografía acerca de la cuestión no es proporcional a esta importancia. En sus escritos se habla de la futura Guinea Ecuatorial en términos que son ahora históricos y los vemos muy poco mencionados en la historiografía guineana. Textos donde Costa detalla las penosas circunstancias para ocupar las islas del Golfo de Guinea, pero señalando la importancia mercantil de esos territorios que, extendiéndose a la costa continental, podrían fomentar el comercio internacional de la zona. Combinando la crítica constructiva y el aporte positivo que aliente una mayor eficacia en los proyectos coloniales futuros. Defendiendo con datos documentales la salubridad y la situación privilegiada de Fernando Poo, vista por Costa como «*centro y como llave del comercio de todos aquellos territorios*». Aunque advierte tam-

84 Consulta en el Diccionario Biográfico digital de la Real Academia de la Historia: https://dbe.rah.es/biografias/5207/joaquin-costa-martinez

85 RODRÍGUEZ ESTEBAN, José A.: "Geografía y colonialismo en Joaquín Costa"; Anales de la Fundación Joaquín Costa, N° 27; Zaragoza 2013 (Ejemplar dedicado a: El legado de Joaquín Costa. Segundas Jornadas); pp. 217-226.

bién preocupado, que «*ni en la bahía de San Juan ni en la ensenada de Biafra hemos adelantado un solo paso en treinta años*»[86]. Tendrá por ello quejas dirigidas a todos. Desde la queja al gobierno de Madrid ante la falta de previsión y de ideas, hasta la responsabilidad de los comerciantes españoles en la desesperante inactividad en la región; destacando que en ninguna de las desembocaduras de los ríos pertenecientes al supuesto territorio continental español se ha establecido factoría alguna. Así, «*no es maravilla que Iradier encontrase, entre las tribus de la costa sometidas a España, algún negro que chapurreara el inglés y no encontrara a ninguno, fuera de Boncoro, que entendiese el español*»[87].

Por tanto, sería el más preocupado en ver resultados exitosos en las siguientes iniciativas factibles, continuaciones de la primera realizada por el explorador Iradier (1875) a través de la «Asociación Euskara para la exploración y civilización del África Central». Deberían ser, según precisa Costa, viajes de estudio y de reconocimiento de los territorios inexplorados del interior, pero donde «*se propone fundar estaciones civilizadoras, centros de comercio, de enseñanza y de moralización a la vez, escalonándolas de 3 en 3 o de 6 en 6 leguas, y uniéndolas entre sí por una línea permanente de transportes*»[88]. Son argumentos defendidos y sancionados por la Sociedad de Geografía y luego por los congresos y sociedades mercantiles y coloniales de esos años previos a 1898. Lo que demuestra no existir un ánimo de revancha imperialista en esas proyecciones colonialistas, aún sabiendo de la inevitable deriva a perder las últimas posesiones americanas y las Filipinas por la mala acción internacional de España. Incluso cuando «estalla» el Desastre del 98, en Costa su derrotismo no va encaminado a esa reacción visceral en convertir los territorios africanos en una catarsis imperialista. Aunque es justo

86 FERNÁNDEZ CLEMENTE, Eloy: *Estudios sobre Joaquín Costa...ob. cit.*, pp. 232.

87 *Ibidem.*

88 *Ibidem.*

precisar que serían muchos intelectuales y políticos, incluidos lógicamente gran parte de los africanistas, tras 1898 y el pesimismo nacional por la pérdida de las últimas importantes colonias, los que vieron en los territorios africanos una oportunidad de recuperar la entidad de «nación imperial». También resulta cierto que otros tanto, donde destacaron el mencionado Labra y el mismo Costa, permanecieron en la inicial idea de utilizar el colonialismo para modernizar y «europeizar» España. Algo que está muy lejos de ser una reacción imperialista propia del régimen anterior.

Además, Joaquín Costa sufrirá tras el Desastre del 98 un giro radical en su posicionamiento acerca de la cuestión africana; también será postura pesimista, aunque tendrá mucho más que ver con su deriva personal como político, que con el seguir a una corriente u otra de opinión general. Atendiendo a lo que he resaltado de Costa, ser el africanista que junto a Rafael Mª de Labra se ocupó sinceramente de Guinea, tenemos un significativo artículo escrito por él en 1900 con el meridiano título de «Guinea española»[89]. Sin embargo, llegados a este punto debo reconocer comprender que don Joaquín esté tan poco y mal referenciado en relación con la historia de Guinea Ecuatorial. El catedrático Fernández Clemente al que se referencia como fuente para citar el artículo de Costa titulado *Guinea española*, o comete un error al indicar el periódico donde se publicó o es que desde un principio fue un texto para el boletín de la Sociedad Geográfica en su número de septiembre de 1900. Fernández Clemente sostiene que se publicó antes como artículo en *El Español*, especificando época, número y fecha exacta del artículo: *El Español* II, 576; 7-8-1900. Acudí a las hemerotecas digitales para encontrar el artículo y lo que descubrí fue que la cabecera[90] con ese nombre existió en un diario publicado

89 FERNÁNDEZ CLEMENTE, Eloy: *Estudios sobre Joaquín Costa...ob. cit.*, pp. 263.

90 Consulta en la Hemeroteca Digital de la BNE: https://hemerotecadigital.bne.es/hd/es/card?sid=3360177

en Sevilla hasta 1896 y otra en Madrid con publicación hasta 1848.

Imposible encontrar ese artículo con la referencia que daba Fernández Clemente; pues incluso él cita al principal biógrafo de Costa como fuente, el hispanista Cheyne[91], contando la confusión que éste tiene al datar como primero el texto publicado en el boletín de la Sociedad Geográfica de Madrid. Entonces, parece que Cheyne hablaba del escrito en el boletín geográfico publicado en agosto de 1900 y que luego pudo ser recogido por la prensa en septiembre. El catedrático Fernández indica que es al revés, que primero aparece el siete de agosto «un importante artículo» en el periódico *El Español* y será recogido después por el boletín de la Sociedad Geográfica. Sabiendo que no toda la producción objeto de hemeroteca está catalogada y menos digitalizada, se entiende que, como los dos estudiosos, Cheyne y Fernández Clemente, tendrían acceso en su momento a la fuente primaria de la documentación existente en el despacho de la casa de Costa, pudieron contar con ese dato del artículo en ese «periódico fantasma». Me dirán que podía haber acudido a los archivos y comprobarlo y les diré que precisamente fui testigo directo del traslado de ese fondo documental, el despacho de Costa en su casa, comprado en 2021 por el Ministerio de Cultura, desde el Archivo Histórico Nacional (AHN) al Archivo Histórico de Huesca, que es donde se conserva el grueso documental de don Joaquín Costa Martínez. Es decir, era un fondo en proceso de clasificación y descripción documental, dificultando su posible consulta.

En fin, para no dilatar más esta nueva divagación alrededor de —pero no sobre— nuestro tema principal, la historia de Guinea española, actual Guinea Ecuatorial, hay que comentar que el mismo Fernández Clemente reconoce haber usado el texto del Boletín de la Sociedad Geográfica en su número treinta de septiembre de 1900. Después de advertir acerca de

91 CHEYNE, George J.G.: *Joaquín Costa, el gran desconocido.* Ediciones Ariel; Barcelona 1972.

una cita confusa, acude a la seguridad del documento del boletín geográfico. Dato que comprobé en el archivo digital de la Real Sociedad Geográfica y sí constaté su existencia. Con el relato de esta anécdota, he querido reconocer las dificultades existentes cuando se quiere incluir como fuente en las investigaciones y estudios históricos a personajes tan complejos —y contemporáneos— como Costa. Pero era necesario también para remarcar la importancia que doy a este artículo titulado *Guinea española* y advertir así haya pasado tan desapercibido tras el análisis que hizo Fernández Clemente[92] en 1989. Imposible pasar por alto este dato de un artículo de Costa titulado «Guinea española»; este es un libro acerca de la «realidad histórica» de Guinea Ecuatorial, llegando a conocerla a través de historiar sobre la Guinea española.

Para ello proponemos introducir y dar más protagonismo a referentes históricos poco atendidos. Lo hicimos con Labra y ahora con Costa, sirviendo para ofrecer una perspectiva más contextual de esos años tan importantes para la configuración de esa realidad y que están a caballo entre el siglo XIX y el XX. En lugar de hacer una relación y análisis más o menos detallado de los gobernadores y de las expediciones al continente entre 1880 y 1910, se ha preferido analizar la vida y obra de estos personajes relacionada con los territorios del golfo de Guinea. De esta manera, el objetivo principal de estos epígrafes del libro de encajar a la antigua Guinea española en el contexto del naciente africanismo español del siglo XIX, se consigue más satisfactoriamente. Aunque recordando el giro de 180° de Joaquín Costa respecto al asunto africano y colonial en sus últimos años, desde sobre todo 1900, resultaría

92 *N.A.*: Eloy Fernández Clemente (1942-2022). Fue uno de los primeros y más profundos conocedores de la obra de Joaquín Costa. Fallecido recientemente, en diciembre del 2022, al igual que Costa tuvo una actividad política aragonesista, vinculado al movimiento de la *Chunta* a través de su amigo José Antonio Labordeta. Sería fundador y director de la revista *Andalán* (1972-1977 y 1982-1987), y también dirigió la Gran Enciclopedia Aragonesa (1978-1982). Catedrático de Historia Económica en la Facultad de Ciencias Económicas y Empresariales de la Universidad de Zaragoza, de la cual fue decano entre 1996-1999.

algo contradictorio tenerlo al mismo tiempo como principal encaje de Guinea Ecuatorial en el africanismo hispano.

No obstante, se puede entender este cambio tan radical en Costa si no perdemos de vista a la verdadera perspectiva de su «ideario colonial». Siempre fue un medio para alcanzar un fin: la modernización y europeización de España. Piensa que se perdió el tiempo, persistiendo en errores que llegaron sin corregirlos hasta el Desastre del 98... «*si no se hubiese gastado en frailes lo que reclamaban con mayor apremio las exploraciones y aun las obras públicas*». Expone esta queja en su texto-artículo de 1900 con título de *Guinea española*, haciéndola muestrario de toda su decepción ante lo poco o nada que se ha cumplido el programa colonial pensado —por él, sobre todo— para el golfo guineano desde «*aquel hermoso movimiento geográfico de 1883-1886*». No se creó una «*compañía poderosa*» mercantil al estilo británico de la afamada de la India, que sustituyese en muchas cosas al ineficaz Estado español. Está verdaderamente irritado con el tema africano, llegando a decir: «*Hablar a estas horas de colonización española en África, no puede ser sino para dar que reír a los extranjeros*». Tiene claro que los culpables son muchos —políticos, militares, religiosos, falsos geógrafos y exploradores—, casi todos en España y en Cuba; pues culpó a la esclavitud antillana, propiciada por los intereses económicos de los hacendados cubanos, de ser la causa de que no se hubiera podido desarrollar sin trabas el comercio normal y legítimo español en Guinea que modernizase la economía del país. Una queja que le unía a su amigo abolicionista Labra. Y sorprende, por haber loado a las islas del golfo guineano en el ya «mítico» Congreso de Geografía Colonial y Mercantil de 1883, el duro menosprecio con el que trata a esas tierras africanas. Lo último que dijo en su vida sobre las islas de Fernando Poo y las restantes más pequeñas fue: «*al tamaño de esas islas se han encogido nuestros corazones... fundándose colonias y misiones de muñecas*»[93].

93 Todas las citas del último párrafo están recogidas de FERNÁNDEZ CLEMENTE, Eloy: *Estudios sobre Joaquín Costa...ob. cit.*, pp. 264-265.

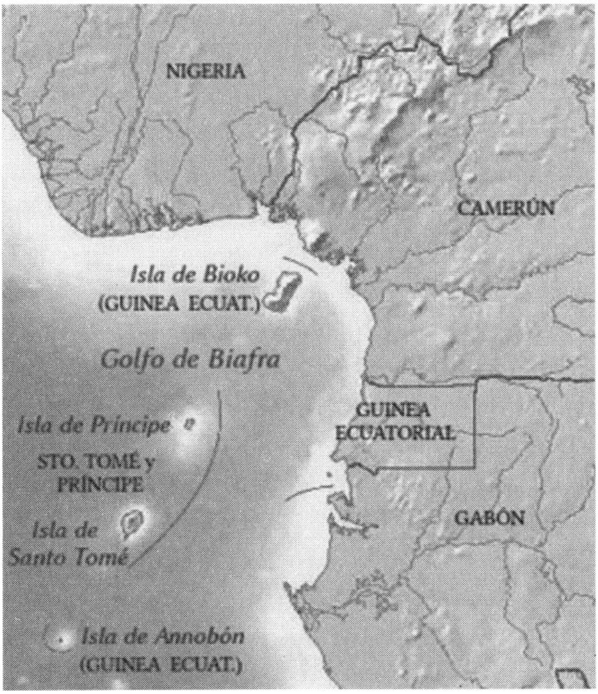

Mapa actual de Guinea Ecuatorial. Se puede apreciar la singular distribución territorial del Estado guineano, donde Bioko (Fernando Poo) y Annobon no están frente a la parte continental del país.

Ser geógrafo antes que gobernador militar: las expediciones que pusieron el apellido «española» a Guinea

Existe un dato tan ambiguo en la historia de los exploradores y geógrafos españoles del XIX que ha llegado a tener hasta cierto halo de misterio. Se dijo que Joaquín Costa podría haber conocido en 1870, cuando apenas tenía 24 años, a su tocayo el viajero Joaquín Gatell, lo que contribuyó con toda probabilidad a encender los deseos de aventuras coloniales y de viajes a lugares inexplorados que albergaba. Recordemos que Costa desde joven fue un hombre enfermizo y de condiciones físicas precarias y que buscaría en ese exótico viajero arabista-africanista, Gatell, al posible alter ego. Igual que si fuese un personaje literario ideado para superar su fragilidad convirtiéndola en fortaleza al realizar sobre el papel, la realidad imaginada, todas las hazañas y proezas requeridas en las empresas anheladas como geógrafo colonial moderno. Siguiendo este dato encontramos que pudo ser inspiración para recrear un «héroe» en una especie de *Episodios Nacionales* a lo Galdós, que don Joaquín proyectó escribir años después. Incluso, entre la inmensidad de manuscritos y cartas de Costa, Manuel Ciges, autor del libro *Joaquín Costa, el gran fracasado* (Madrid, 1930), destaca una carta mandada por el intelectual aragonés a Fernández Guerra, director de la recién creada Sociedad Geográfica de Madrid, con la recomendación de buscar a Gatell para liderar las previstas y próximas exploraciones al interior de África.

Sin embargo, como no está confirmado que llegasen a intimar o tan siquiera conocerse, la mayor influencia que llevó a Joaquín Costa hasta la apasionada vocación de geógrafo explorador tuvo que proceder de otro sitio. Incido en la «pasión» por la exploración geográfica de Costa en esas tres décadas finales del siglo XIX, para entender mejor cómo llegó a ser el director espiritual y técnico de las principales expediciones continentales a África que se hicieron en ese tiempo. También esta insistencia me servirá para analizar ese fenómeno de las exploraciones geográficas al África, pilar de la expansión colonial europea en esa época, pero que en el caso español encierra particularidades tan significativas como el haber formado parte del debate sobre la identidad de la nación. Si ya no se era un Imperio o Reino de reinos, si no se lograba ser una República, y nada más que quedaba ser una Monarquía parlamentaria sin peso mundial: ¿Habría que retomar el innegable «carácter civilizador» del país y sumarse a la nueva expansión colonial? ¿Existía verdadero interés tanto público como privado por África? ¿Se contaba con medios, recursos humanos y, lo más importante, con posibilidades territoriales de hacerlo?

Las preguntas pueden continuar en un hilo de debate eterno, pues en el fondo en cada momento histórico los países intentan entenderse como proyectos nacionales y, a veces, hasta sociales si son sociedades maduras. Al menos en esa época de Labra y Costa como puntales del abolicionismo y el africanismo respectivamente, dos facetas de la historia guineana que destacamos en este libro, nadie puede negar que existió un debate trascendental acerca del «sentido de España» como país a las puertas del siglo XX. Asimismo, pocos podían imaginar lo importante que en el fondo fue la geografía, la ciencia de moda en ese último cuarto de siglo XIX, en aquel trascendente «debate existencial». Pero no solamente para España, lo sería en otros países europeos como los de reciente creación, Italia y Alemania. Viejas naciones que se reunificaban en nuevos países. A italianos y germanos les vino muy bien las exploraciones geográficas y su efecto como expansión colonial europea por África, tanto para dar sentido a sus nóveles Estados que aspiraban al estatus de potencias como para salir de la crisis económica mundial que se vivía desde 1873. Fue la primera gran crisis financiera[94] del capitalismo industrial, llamada la Gran Depresión hasta que la ocurrida en 1930 le robó nombre y protagonismo en la historia contemporánea. Como resultó ser una crisis consecuencia del agotamiento de la locomotora industrial británica, economía que lideraba el librecambismo, la mayoría de los países reaccionaron con el férreo proteccionismo. Es decir, había que conseguir territorios, más asentamientos coloniales, para incrementar los recursos en materias primas y aumentar los mercados propios, sin depender de terceros. Esa sería la verdadera mecha que encendió el boom de la expansión colonial.

Así, en la mayoría de los países con potencial colonizador se crearon movimientos tanto sociales como intelectuales para fomentar las exploraciones geográficas. El continente por explorar que quedaba en el mundo era el africano, aunque todavía se pensó encontrar posibilidades coloniales en

94 MORILLA, José y REYES, José Miguel: *Los fundamentos de las grandes crisis económicas: 1873, 1929, 1973, 2008*; Editorial Síntesis. Madrid 2021.

lugares ignotos de la Oceanía y de la inmensidad del Pacífico. Nos vamos a centrar en el golfo de Guinea, pues este tema enciende la nostalgia del niño aficionado a las historias de exploradores y podría alargar el capítulo demasiado mencionando la fiebre que se produjo por explorar cada rincón del planeta; enumerando las expediciones míticas del doctor Livingstone, del aventurero que le encontró cuando éste se perdió en el interior de África, Henry Morton Stanley, también las famosas exploraciones hallando el nacimiento del Nilo de Richard Francis Burton y John Speke, o las increíbles aventuras por alcanzar el centro del Polo Sur del británico Robert Falcon Scott y el noruego Roald Amundsen. Lo dejamos estar y simplemente anotaremos la importancia que ha tenido esta época de las exploraciones del siglo XIX en el imaginario cultural occidental contemporáneo.

Ahora que el revisionismo histórico de la corrección ética-política-social nos obliga a reconocer sus facetas imperialistas y racistas, viendo hasta tesis doctorales[95] sobre el imperialismo racista del héroe de cómic Tintín o del racismo ingenuo de las películas de *Tarzán* protagonizadas por Johnny Weissmüller, reivindicar también la innegable impronta que dejó en muchos aspectos de nuestra vida como occidentales esa fascinación por explorar lo ignoto y encontrar otras culturas. Los lectores educados durante la EGB, que harían sus deberes escolares después de ver la película de *Tarzán* de «Sesión de Tarde», entenderán mejor por dónde voy. Somos lo suficientemente maduros para entender que son influencias culturales, literarias, que moldearon nuestros gustos lectores o de espectadores y no nuestra ideología. De esta manera, sin prejuicios, poder dar la importancia debida a la geografía física y sus exploraciones coloniales; para entender cómo trascendió convertida en una disciplina fundamental en la historia contemporánea: la geografía humana. Para la gente —toda, no

95 No cito referencia concreta porque son fáciles de encontrar en una búsqueda en Internet y porque considero que, en rigor, no son estudios históricos.

se lea limitándola a la europea— del siglo XIX esa «ciencia» explicaría como ninguna otra, aunque no fuesen conscientes de ello, la idiosincrasia del mundo en el que vivían.

Por norma general caracterizamos al siglo XIX como el siglo de las revoluciones industriales y sociales, olvidándonos de su faceta geográfica tan notable. Es la centuria que consagra a la geografía moderna y tiene lugar el auge de la creación de las sociedades geográficas[96]. España no iba a ser ajena a ese fenómeno, a pesar de partir en inferioridad de condiciones tras la pérdida de su «poder geopolítico». Pero quizás también por ese reciente pasado imperial contó con una imagen de capacidad ante los demás que en realidad no tenía. Se aprecia esta consideración en la actitud de alemanes e italianos, dos Estados nuevos que se acercarían a la diplomacia española durante el reparto colonial del África central y en las aspiraciones imperialistas que tuvieron en el Magreb, el Mar Rojo y en el océano Pacífico. Algunas veces para imitar pretensiones españolas y otras para aprovecharse de las dificultades de Madrid. Véase la llamada Crisis de las Carolinas, que enfrentó a España con Alemania por la soberanía de esas islas justo en 1885 cuando tenía lugar la Conferencia de Berlín. Este congreso repartió y planificó las colonias en el continente africano, pero dejaba sin control internacional la inmensidad del Pacífico y sus teóricas posesiones.

El caso de las islas Carolinas se asemejaba a lo ocurrido en Fernando Poo la primera mitad del siglo XIX. Aunque se sabía de los derechos de posesión de España, esta vez por haber sido los españoles los descubridores de las islas en 1526, ni existían asentamientos ni enclaves para repostar en esas islas. Vamos que, igual que en el golfo de Guinea, Madrid no había hecho una ocupación formal ni las había coloni-

96 DÍEZ TORRE, Alejandro R. (ed): *Ciencia y Memoria de África... ob.cit.;* RODRÍGUEZ ESTEBAN, José A.: "Las Sociedades Geográficas y el proceso colonial"; pp. 59-74. Ateneo de Madrid-Universidad de Alcalá. Madrid 2002.

zado. Eso dio pie a Londres y Berlín para que en el reparto entre los dos países de las zonas de influencia comercial y de posibles acciones coloniales en esa región del Pacífico, las Carolinas cayeran del lado alemán. El incidente sirvió a Joaquín Costa como revulsivo en sus discursos críticos contra el gobierno por su inacción en los proyectos de exploración geográfica y de «colonización moderna», acciones que evitarían llegar a la misma situación en otras partes —pensaba en la Guinea continental—. Como ocurrió con la posible venta a los británicos de la isla de Fernando Poo, el conflicto de las islas Carolinas encendió el patriotismo de la opinión pública y supuso serias presiones parlamentarias al gobierno español instado a reaccionar. Al final se lograría con mucha «suerte» salvar el derecho de soberanía española de las Carolinas. No obstante, la manera de hacerlo fue muy criticada por los regeneracionistas que recalaban en las sociedades geográficas.

Desde Manila, el puerto español más cercano, se mandaron dos viejos buques de guerra dedicados al transporte con el propósito de hacer una solemne —o ridícula para los «nativos»— toma de posesión de las islas Carolinas y comenzar un asentamiento español con gobernador. Esta medida les resultará familiar, ¿verdad? No era una expedición con la seriedad planificada que pedían los reformistas de las sociedades geográficas, para establecer enclaves y rutas comerciales dentro de un «mapa» bien explorado. Además, se enviaría a esos hombres con unas órdenes imprecisas y sin conocer la tensión diplomática que ya había estallado en Madrid al entregar el embajador alemán una nota de Bismarck confirmando el propósito firme de Alemania de ocupar ese archipiélago. Era 11 de agosto de 1885 y los barcos españoles habían partido pocos días antes, el aviso diplomático de Berlín fechado en ese día advertía que un cañonero germano se dirigía también a las Carolinas. El encontronazo estaba asegurado y así ocurrió el 25 de agosto.

Si no hubo un enfrentamiento bélico fue por el equilibrio de fuerzas. Por el lado alemán el cañonero hubiera hundido a los paquebotes españoles sin lugar a duda, pero uno de los oficiales al mando de la expedición española, el capitán de fragata Guillermo España, había sido buen previsor y ordenado embarcar a una compañía de infantes de marina. De esta manera, equilibrada la fuerza militar, la tensión quedó en el plano de las negociaciones diplomáticas. Siendo otra causa de no haber «llegado a las manos» el hecho de existir en esos años unas buenas relaciones y entendimiento en el concierto internacional por parte de los dos países. Así se demostró en la predisposición amistosa de Bismarck en resolver el conflicto, proponiendo al Papa León XIII como mediador. La resolución papal fue aceptada por ambas partes en octubre de 1885. España mantendría la soberanía en las islas Carolinas siempre y cuando se comprometiera a su ocupación efectiva; Alemania conseguía beneficios comerciales al poder establecer un apostadero naval e incluso fincas agrícolas en el archipiélago. Pero en este arreglo fueron muchos los que sacaron fundamentos para criticar a Madrid.

El caso de las Carolinas azuzó el malestar de los africanistas españoles en las sociedades geográficas por la pésima imagen que daba España como país explorador y civilizador —colonialista—; una decepción que venía de lejos y que quizás fuese el motivo principal del apasionamiento que sintió Costa por la geografía en esas décadas del 1870 y 1880. Una necesidad, para que los proyectos regeneracionistas salgan bien, de convertirse antes en geógrafos exploradores que en gobernadores coloniales tras una chapucera toma de posesión. Habíamos reseñado como causa de esa pasión la posible amistad con el explorador de moda, Joaquín Gatell, pero es un dato sin confirmar. Lo que sí está comprobado es la buena relación que mantuvo con los exploradores que apadrinó como director en las expediciones españolas a la parte continental de los territorios guineanos. Con Manuel Iradier y el doctor Osorio; con este último llegó a ser una relación de verdadera amistad. Queda ratificado por el catedrático Fernández Clemente al contar la anécdota de que, en el despacho de Costa, sobre la mesa, el único marco de fotos con una dedicatoria era un retrato de Iradier y Osorio durante uno de sus viajes. La importancia que daba el intelectual aragonés a la exploración geográfica estaba a la altura que se da al retrato familiar que todos colocamos en nuestro despacho; en su caso, esposa que no existió e hijos que no tuvo con ella fueron sustituidos por los exploradores que asentaron la presencia española en la parte continental de lo que hoy es Guinea Ecuatorial. Y aunque no lo llegó a ver completo en vida, intuyó como escaso en km^2 el mapa final de la Guinea española; un verdadero desastre y una decepción a sus ojos respecto a lo proyectado y planificado durante su etapa como director surgido del Congreso de Geografía Colonial y Mercantil de 1883.

Una gran decepción que pudo evitarse dando la debida importancia a la exploración geográfica para «marcar» el territorio considerado español en la parte continental del golfo de Guinea. No solamente Costa fue en ello beligerante, personalidades relacionadas directamente con la fundación en 1876 de la primera asociación geográfica de importancia, la Sociedad Geográfica de Madrid, como Francisco Coello, Eduardo Saavedra y Manuel Maldonado[97] fueron reclamando desde el ámbito privado que la política exterior española no se descolgase del tren colonizador llegado a África. De hecho, la primera asociación geográfica y colonial española fundada en 1877 fue en realidad una sección o delegación hispana en la Asociación Internacional para la exploración y civilización del África Central. Este asociacionismo internacional, con las iniciales potencias fundadoras de Francia, Alemania y Reino Unido, más Bélgica, el imperio austrohúngaro y Rusia, pretendía organizar y establecer las vías de penetración en el continente africano. Será esta carrera colonial la que explica esa pasión promotora de la exploración geográfica en Joaquín Costa, siendo el principal artífice en 1883 de la Sociedad Española de Africanistas

97 *Ibidem.*

y Colonistas (*sic*); cambiando al año siguiente el nombre por la Sociedad Española de Geografía Comercial, que se ajustaba mejor al ideario regeneracionista de lo que debía ser un proyecto colonial.

Dentro de estas corporaciones se impulsaba conseguir políticas coloniales efectivas, convenciendo a un gobierno de Madrid siempre cauto en la política exterior donde se veía cada año más debilitado y a la vez agobiado por los problemas internos. Las expediciones que se hicieron a finales del siglo XIX y principios del siglo XX al litoral del golfo guineano, fueron un logro de estas asociaciones económicas-geográficas. Es probable que sin esa iniciativa no se hubiera podido poner el nombre de Guinea española al conjunto territorial de continente e islas que es ahora Guinea Ecuatorial. Hablaríamos de la historia colonial de las posesiones españolas de Fernando Poo y Annobon, sin mención a la parte continental; y probablemente sólo de la historia contemporánea del Estado de Bioko, porque las islas de Annobon, Corisco y las Elobeyes habrían sido absorbidas por los países continentales próximos, Camerún, Gabón, como bien pudo pasar en más de una ocasión durante la larga delimitación territorial en esas décadas. Incluso, como se verá en el capítulo final, estas islas podrían ser Estados independientes al haber tenido siempre una identidad propia y autonomista, desligada durante siglos de la idea de nacionalidad guineana surgida desde Bioko o Bata.

Si observan el mapa actual de Guinea Ecuatorial podrán entender mejor la decepción tan grande de Costa y otros muchos africanistas. Para empezar, llama la atención que Bioko, la antigua isla de Fernando Poo, no esté frente a la parte continental de Guinea Ecuatorial. Se sitúa hacia el interior del golfo de Biafra y a escasas millas náuticas de la costa de otro país, Camerún, colonizado primero por alemanes y luego franceses. Desde años antes del inicio de esa carrera colonial decimonónica, el litoral continental camerunés frente a Santa Isabel (Malabo) era el «objetivo natural» de la posible expansión española y acabaría en lamento de todas las asociaciones geográficas, ante la ventaja tomada por otros países en esa zona. Annobon es una isla bastante alejada tanto de la parte continental guineana como del resto de las islas que fueron de soberanía española. Es algo sabido desde los tratados de cesión con Portugal que esa pequeña isla está por debajo del ecuador, casi fuera de la zona de influencia del golfo guineano. Al fijarnos en el mapa de la región, vemos que los portugueses se quedaron con los archipiélagos más céntricos y mejor colocados estratégicamente en el golfo, Santo Tomé y Príncipe, donde llevaban siglos de presencia. Desde 1778 se pensó en la alejada Annobon también como enclave esclavista, aunque sería además proyecto para un asentamiento que sirviese de punto de resguardo y descanso de las flotas españolas en una nueva ruta península-islas Filipinas.

Al final, esa isla llegó a idearse como presidio penitenciario e incluso como colonia agrícola en los tiempos en que Joaquín Costa estaba en la Institución Libre de Enseñanza. Ninguna de esas ideas para ella acabó realizándose. Siguiendo con la lectura del mapa, las diminutas islas Corisco y las Elobeyes sí que estarían próximas a la parte continental de Guinea Ecuatorial. Pero si hacen un *zoom* en el mapa podrán apreciar que no están tan cercanas al territorio de soberanía guineana como parece, a pesar de situarse de «manera natural» en el estuario del río Muni que debía ser plataforma de la expansión española por el interior del continente y que, finalmente, sirvió de frontera que delimitó el territorio colonial francés de Gabón del español de Guinea. Luego observamos ese minúsculo rectángulo, si lo comparamos con sus vecinos, de la parte continental del Estado guineano con fronteras trazadas también como el resto de África a base de escuadra y cartabón. Básicamente no alcanza ni una décima parte de lo que debería haber sido el territorio español continental de Guinea Ecuatorial, proyectado mucho antes del desastre imperial del 98 y siempre atendiendo a las razones de los derechos adquiridos —supuestos— de posesión territorial de los tratados del siglo XVIII. Por lo que difícilmente se pudo ver en España como un mero resarcimiento, edificando desde 1898 allí un «nuevo imperio», tal y como defienden algunos autores que han abordado la colonización —«conquista»[98] para ellos— del territorio llamado País del Muni. Hasta la década de 1940 no llegarían esas ensoñaciones imperiales[99] del régimen franquista, haciendo del mínimo territorio conseguido en la parte continental una afrenta más al orgullo patrio de una nación ungida por el destino en lo «universal-imperial». Una ensoñación más irreal que el anhelo del gobierno de una ínsula y que duró lo que tardaron en ser derrotados Hitler y el fascismo italiano.

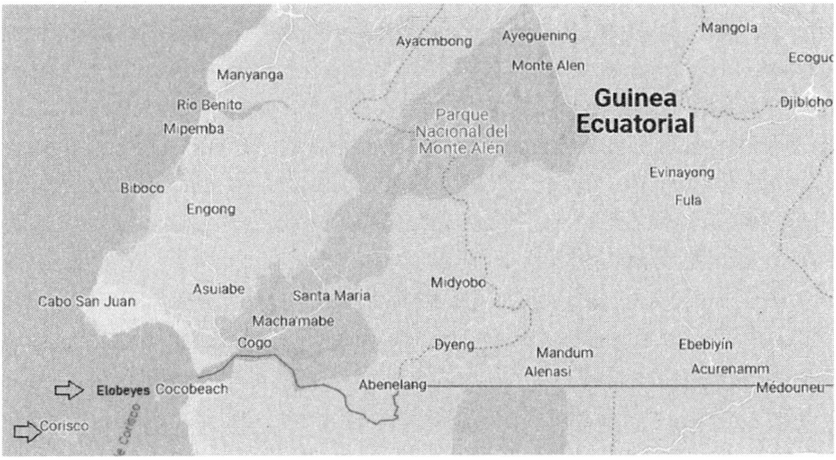

Captura de pantalla actual de *Google Maps*. Se han editado unas flechas para indicar la situación de las pequeñas islas de Corisco y las Elobeyes, situadas al final frente a Gabón

Ese lamento por no haber explorado y delimitado el interior del litoral continental del golfo de Guinea que se consideraba susceptible de soberanía española, fue heredado por

98 NERÍN, Gustau: *La última selva de España*; Ediciones La Catarata. Madrid 2010.

99 CASTIELLA, Fernando Mª y AREILZA, José Mª: *Reivindicaciones de España*; Instituto de Estudios Políticos. Madrid 1941.

el nacionalismo guineano después de la independencia en 1968. Y matizamos que esa queja heredada por los ecuatoguineanos lo sería de los imperialistas españoles. Es decir, sí que existió también una idea de necesario «renacimiento imperial» en España como defiende esa última bibliografía citada; pero ni fue la mayoritaria o la única tal y como así lo plantean y aseguran. Lo podemos apreciar en el contexto que hemos elegido de las sociedades geográficas y mercantiles. El presidente de la Sociedad Española de Africanistas y Colonistas, Francisco Coello, es tachado de poco patriota al plegarse a los banales intereses comerciales y científicos de las exploraciones cuando fue el asesor geográfico del representante español, el conde de Benomar, en la Conferencia de Berlín. Los patriotas desinteresados —los imperialistas— lamentarían que España no hiciese en ese congreso de la capital alemana, donde se estaba repartiendo África, mayor fuerza como patria «civilizadora» y reclamando evidentes —para ellos— derechos de dominio español. Coello al regresar a Madrid se limitó, ingenuamente, a declarar con entusiasmo que «*todas las naciones van ocupando territorios o acumulando sus misiones y factorías en los puntos más ventajosos para el desarrollo de su comercio, mirando al porvenir más que al presente, y es preciso que sigamos su ejemplo...*»[100]

Expresaba el mismo deseo de ese asociacionismo explorador geográfico que recorría el mundo[101], tener nuevos territorios que incluir en el «progreso civilizador» del hombre. No se pensaba con ello recuperar el orgullo nacional de potencia imperial. Entre otras cosas porque ni en la mayor parte de la opinión pública española de esos años ni en los gobiernos de Madrid, al menos hasta 1941, existían intereses

100 CARRASCO, Antonio M.: *Guinea Ecuatorial... ob.cit.*; p. 147; a su vez, de COELLO, Francisco: España y la exploración de África..., p. 325.

101 Son muy significativas de esta corriente mundial donde surgen numerosas sociedades geográficas sin «motivos imperiales», las que se dieron en México y Argentina para explorar los desiertos de California y la Patagonia, respectivamente. *Ob. cit.*; RODRÍGUEZ ESTEBAN: Las Sociedades Geográficas... p.62.

sólidos en esforzarse y sacrificarse por un imperio. Mucho menos por ese «mini imperio», condicionado por la *realpolitik*, del que hablan los que argumentan un cierto auge del imperialismo español tras el Desastre del 98 como motivación principal para colonizar «todo» lo que debía ser la Guinea española. Otra cosa es que se dieran las lógicas manifestaciones nacionalistas, del nacionalismo español, cuando el orgullo patrio se veía agraviado, como en el caso contado de las islas Carolinas. Pero la única opción de «ser un imperio», la Guinea española, continuaba teniendo muy entrado el siglo XX ese aire de irrealidad política creada por ser un cúmulo de proyectos inacabados y un lugar donde la mayor o menor indolencia estatal dependía de la personalidad del gobernador de turno o del carácter más o menos pacato del misionero llegado a esas tierras. Los escasos funcionarios civiles tenían bastante con cumplir el mínimo de sus servicios y cobrar sus estipendios. Y la iniciativa privada seguía reclamando un mayor apoyo gubernamental para invertir en la región, más cantidad de terreno explorado donde sumar factorías españolas, sabiendo que ese requerimiento tendría como respuesta de la Administración española un verdadero brindis al sol.

Estas últimas líneas describen mejor la verdadera situación de la presencia española en el golfo guineano en ese último tercio del siglo XIX. Se habían sucedido desde el gobernador Chacón (1858) una regular serie de gobernadores, la mayoría marinos, cumpliendo una legislación especial en forma de decretos y quejándose de no tener presupuesto como excusa para no hacer nada. Ni exploraciones al interior de la isla de Fernando Poo y menos a la parte continental del continente africano. Todo el mundo se preparaba con «magníficas» expediciones geográficas (al curso del Congo, al nacimiento del Nilo...) para estar bien situado en el previsible reparto de África, dando la importancia debida a la labor geográfica y científica. Todas las naciones con potencial colonial, menos España. Esa será la impresión decepcionada de personalidades como Costa y Labra, que pensaban en ese actual —moderno— colonialismo explorador como un medio de regeneración del país, y no como un fin imperialista. Los impulsos explorador y colonial debían llevar ese ánimo científico-económico; sin embargo, ni esa idealista motivación ni la más «visceral» de recuperar orgullos imperiales se ponían en marcha a niveles gubernamentales. Y las iniciativas que se pusieron en marcha ni mucho menos tenían el semblante de acciones de un país obsesionado en recuperar un prestigio imperial. Al final fueron y acabaron siendo muestra del nivel potencial que poseía España en esas décadas de entre siglos. El rango de una potencia colonial de segunda división. Característica que marcó, lógicamente, al sistema colonial franquista cuando se hizo cargo de la Guinea española. No se podían pedir peras al olmo y, aunque a los rigoristas les suene a estereotipo, las dictaduras colonizan y descolonizan tan mal o tan bien como las democracias.

Vamos a contar siguiendo la línea marcada en el título del epígrafe de «ser antes geógrafo que gobernador», cómo se consiguieron esos pírricos, para los imperialistas españoles y los nacionalistas ecuatoguineanos, 26.000 km^2 de territorio continental. La primera acción que hay que reseñar en esa mínima expansión de la Guinea continental sería gracias al impulso de un geógrafo explorador casi adolescente llamado Manuel Iradier y Bulfy (1854-1911)[102]. Existe una fotografía de este pionero de las exploraciones del río Muni con todos los estereotipos pensables sobre un explorador de la época. Sombrero *salacot,* guerrera caqui con muchos bolsillos, camisa fresca y fácil de desabotonar, pantalones de montar y botas altas cubriendo empeine. Es un daguerrotipo de estudio, similar al que podríamos ver ilustrando cualquier revista o boletín geográfico de esas décadas finales

102 GUTIÉRREZ GARITANO, Miguel: *Apuntes de la Guinea. Vida, obra y memoria de Manuel Iradier y Bulfi*; Ikusager Eciciones. Vitoria-Gasteiz 2011. N.A.: si se desea profundizar sobre esta época de exploraciones y la figura de Iradier, recomiendo la lectura de este excelente libro.

del siglo XIX. Sin embargo, encierra cierta ingenua solemnidad al pretender imitar la impostura de célebres exploradores como el reportero metido a explorador, Henry Morton Stanley. De hecho, se conocieron en una velada en Vitoria y fue el estadounidense quien recomendó a Iradier el marchar cuanto antes al golfo de Guinea y aprovechar las oportunidades exploratorias que allí había para España, partiendo de las islas que ya eran españolas y adentrarse al continente que tenían enfrente. Era junio de 1873, Manuel Iradier tenía dieciocho años en ese encuentro con el famoso Stanley; el reportero del *New York Herald* estaba por Europa promocionando su hazaña de haber encontrado al mítico explorador y misionero Dr. Livingstone, aunque a España llegaría para cubrir las guerras carlistas en las que participó el joven vitoriano. Iradier quedaría marcado por esa cita con una «gloria exploradora», no obstante, ya albergaba vocación de explorador desde niño. En 1870 terminaba sus estudios de bachillerato en la capital alavesa, siendo el promotor principal de la asociación juvenil La Exploradora. Sociedad crucial años después para organizar sus primeros viajes al golfo de Guinea en 1874 y la que fue una de las más importantes expediciones a la Guinea continental, la considerada «oficial» de 1884 que conseguiría apuntalar los futuros límites de ese territorio guineano.

Significativo de su implicación vocacional con la exploración será que, en su primer viaje al golfo de Guinea, diciembre de 1874, se llevase a su reciente y jovencísima esposa, Isabel, y a la hermana de ésta, su cuñada. Nada, de momento, parecía interponerse en su deseo ferviente de explorar el litoral continental y su interior situados frente a las islas de Fernando Poo (Bioko) y Corisco. Pero fue la realidad quien se interpuso en su ánimo fervoroso de exploración del litoral continental más a mano. Constató algo que ya era motivo de queja en Madrid entre los escasos africanistas, que los franceses y germanos se habían adelantado en la exploración de la bahía de Biafra, situada frente a Santa Isabel, y en las exploraciones al interior del curso de los ríos Camarones y Calabar. Iradier y su familia optaron entonces por hacer base en el islote de Elobey chico, en la bahía de Corisco, conscientes de que sus exploraciones debían partir mejor hacia la desembocadura del río Muni y el cabo San Juan. En verdad, única parte con presencia española más o menos regular en todas esas décadas. Recuerden que esa parte continental está unos paralelos más abajo de la actual isla de Bioko (Fernando Poo), pero sería la única donde los españoles hicimos algún acto de presencia, con intentos de factorías y misioneros en San Juan; un subgobernador en Elobey grande y más de un «escondite» de ilegales esclavistas en esa isla y en la más grande de Corisco[103].

Antes de nada, Iradier visitará en esta última isla a Nyamango, jefe de la confederación de tribus, los combesí, ganándose su lealtad y ayuda. Así, partiendo de lo «conocido» (Elobeyes, Corisco), Manuel Iradier se adentrará en lo «desconocido» (el continente) subiendo el curso del Muni. Un objetivo que realizaba a expensas de sus propios recursos y medios.

Poco fue lo que la sociedad vitoriana aportó en ese primer viaje. Al recalar primero en Santa Isabel tanteando la predisposición de las autoridades coloniales ante su proyecto y recibir información sobre las posibilidades de explorar la costa cercana de Camarones, Iradier descubre que no puede recibir ayuda financiera ni material. Lo único que consigue es la autorización de usar el «palacio» del subgobernador de Elobey como cuartel de operaciones. Escaso apoyo de su país, pero que sirvió para que su familia le aguardase con más comodidades mientras él partía en junio de 1875 hacia el río Muni, comenzando sus tres primeras expediciones al interior que lograron sumar en total casi 1.900 km. recorridos. Conoció a los pueblos vicos y alcanzando el río Utamboni llegaría hasta la llamada Sierra de Cristal. Siendo el primer explorador español que alcanzaría la parte más

103 GARCÍA PÉREZ, Carmen: «Fernando Poo, el empeño español en lo inhóspito»; *REVISTA DE HISTORIA NAVAL 151* (2021), pp. 49-70.

oriental del interior del continente y que daría la base para trazar el meridiano conseguido como límite fronterizo continental desde la costa, fijado en el Tratado de París de 1900. En esos límites contactó con los fang, entrando así ese pueblo bantú en esta historia de la Guinea española.

Relativamente pronto, en algún momento de esos primeros viajes de junio de 1875 a enero de 1876, Manuel Iradier enfermará de manera crónica sin lograr adaptarse al clima tropical. Esa penalidad mermará sus logros que iban bien encaminados y podían haber sido mejores. Además, una tragedia familiar, la muerte por fiebres de su hija Isabel que había nacido en Elobey, dejó al explorador tocado de ánimo, como se aprecia en sus siguientes viajes al golfo de Guinea. En cuanto volvió a enfermar en el mejor financiado segundo viaje de 1884 se autoexcluyó abandonando las expediciones a medias y en manos de sus compañeros, el doctor Osorio y el gobernador José Montes de Oca. Había aportado, de todas formas, toda la actividad del vitoriano un buen punto de apoyo para las siguientes expediciones españolas. Exploraciones que tuvieron mucho menos espíritu romántico y vocacional que las de Iradier y las de su inicial «escudero» Osorio; y quizás hasta menos conocimientos técnicos geográficos. El explorador vitoriano conoció los trabajos de geografía que, en la década anterior, 1860, había realizado en su viaje a la zona Joaquín Pellón[104], autor de doce tomos en folio manuscrito más un mapa. Se hizo acompañar en todos sus viajes de guías locales experimentados en la subida de los ríos y en el cabotaje de la bahía de Corisco. Iradier cumplía todos los requisitos del imaginario confeccionado para el explorador decimonónico, pero también poseía lo que se llama «don literario» en sus escritos que dejaban así de ser meras crónicas o diarios de viajes. Al menos eso se trasluce en los comentarios que hace acerca de los africanos

104 Documentación que se ha perdido, no existe manera de rastrear o encontrar en los archivos porque quizás nunca se publicaron y permaneció inédita.

que va conociendo, donde capta variadas sensibilidades, y en las descripciones que elabora tanto físicas como recreando el ambiente. Y quizás eso sea lo que —algunos— echamos más de menos respecto a las expediciones que siguieron a las inconclusas de Manuel Iradier; una capacidad literaria para recrear realidades de espacio y tiempo en esa tierra africana que comenzaba —ella misma— a expresarse en lengua española. Sus publicaciones suponen uno de los orígenes más interesantes de la fecunda y minusvalorada «literatura hispano-guineana», término acuñado por Clarence Mengue[105] y que recoge tanto la obra escrita por españoles en o acerca de la Guinea española (etapa colonial) y Guinea Ecuatorial (etapa poscolonial), como la literatura de los ecuatoguineanos que desde sus inicios se escribió en español.

No obstante, aunque Iradier fuera un viajero observador con buena pluma es precisamente eso lo que hace dudar de ciertas impresiones que narra. Sobre todo, las referidas a las más controvertidas —para el europeo— costumbres de los fang, como el supuesto canibalismo[106] de esa tribu recién contactada en la época de sus viajes por el «hombre blanco». El vitoriano, siendo buen aspirante a explorador decimonónico, se empapó de la literatura ya publicada sobre las gentes del África ecuatorial. Así lo reconoce cuando, pasados los años en su regreso a España, admite haber estado influido al escribir sus crónicas por todos los relatos que circulaban en Europa y estaban de moda a la par que esa fiebre exploradora y colonizadora. Narraciones donde abundaban ya los estereotipos creados contra los negros por los intereses europeos, inventados o exagerados para justificar al colonialismo. Colonizar-civilizar era una cuestión no sólo geográfica-mercantil, también moral porque no se podían tolerar

---

105 MENGUE, Clarence: *El contexto colonial y poscolonial en la narrativa hispano-guineana*; Publicaciones Universidad de Alcalá. Alcalá de Henares 2014.

106 PÉREZ ARMIÑO, Luis: «Del bosque fang a la olla caníbal. Alimentación y justificación ideológica de la dominación colonial en la Guinea española»; *Anales del Museo Nacional de Antropología (XIX).* Madrid 2017, Pp. 95-116.

costumbres como la antropofagia entre esos «salvajes»: «*El rey come la cabeza y los testículos; la nobleza el pecho y los brazos, y el pueblo todo lo demás; así estos salvajes, comprendiendo perfectamente las funciones que ejecutan los diversos órganos del cuerpo, atienden a ellas al distribuir sus despojos entre las diferentes categorías sociales…*»[107]

Un grabado de Iradier de la época basado en
una fotografía de estudio que se hizo

107 *Ibidem*, p. 108; a su vez de Manuel Iradier en su escrito: *África: viajes y trabajos de la Asociación Euskera La Exploradora*, de 1887.

Regresando a temas más «terrenales», nunca mejor dicho, acabemos de ver cómo la continuación del trabajo de Iradier por el doctor Osorio y el gobernador Montes de Oca, compuso los límites del terreno de la Guinea española continental. En esa gran segunda expedición que se organizó para el explorador Manuel Iradier, patrocinada por los africanistas con Costa a la cabeza tras el congreso de geografía comercial y colonial de noviembre de 1883, existió una financiación «decente». El mismo Alfonso XII participó, junto al Banco de España y otro banco importante, el de Bilbao; el Marqués de Urquijo y familias vascas y catalanas adineradas, como los Ibarra y los Puig, más parte de la alta burguesía vitoriana, lograron casi 30.000 pesetas de la época, cifra ya considerable. Cinco mil pesetas fueron aportadas por un doctor asturiano, Amado Osorio, con la condición de acompañar en la expedición al explorador vitoriano. Un gesto que a la larga supondría quedarse con el protagonismo de las expediciones realizadas partiendo de este segundo viaje de Manuel Iradier. Cuando Iradier enferma y vuelve a España, se había conseguido declarar territorio español unos 14.000 kilómetros cuadrados. A base de acordar la soberanía de esas tierras con más de cien jefes de tribus, destacando las de los pamues o los vicos, en sus exploraciones partiendo el estuario del río Muni y recorriendo sus principales afluentes.

Sin demora, viendo las maniobras que sobre todo franceses hacían para que esos territorios formasen parte de otra potencia colonial, Amado Osorio reorganizó la expedición con ayuda del gobernador Montes de Oca. Por fin había un gobernador en Santa Isabel animado a colaborar en las exploraciones continentales. Se puede decir que comienza una «tercera expedición», donde consiguen ampliar el territorio con las exploraciones por las cuencas del Noya y del Laña. Son otros 370 tratados de anexión —soberanía española— con otros tantos jefes indígenas. Todo marchaba de manera diligente, por una vez en la «acción colonial» hispana en el golfo de Guinea, pero el gobernador Montes de Oca enfermó en 1886 y tuvo que regresar a la isla de Fernando

Poo, dejando en el continente al doctor Amado Osorio. El relato habitual de las iniciativas españolas en África nos haría creer que esta nueva penalidad acabaría con la buena racha exploradora que ampliaría allí nuestra presencia; sin embargo, el médico asturiano con tan romántico nombre se mostraría como el mayor adalid de los intereses españoles en los territorios del Río Muni. Él solo acometería, «con los porteadores y cuatro fusiles, la exploración de la parte norte de la Guinea, desde Río Campo, hasta doscientos kilómetros de la costa»[108]. Es decir, que completaría los kilómetros cuadrados hasta los aproximadamente 26.000 continentales que finalmente se reconocerían a España en los tratados internacionales posteriores, de principios del siglo XX, como el determinante Tratado de París (1900).

Por desgracia, los hechos y datos históricos posteriores ocurridos en la que se llamaría Guinea continental, o territorio del Río Muni, quitarían razón al título de este epígrafe donde se argumenta que para una eficiente acción colonial se debía ser «antes geógrafo explorador que gobernador militar». En las dos primeras décadas del siglo XX, el protagonismo absoluto en las tareas coloniales y consolidación del territorio continental sería de los gobernadores y militares destinados al golfo de Guinea. Desaparece ese espíritu explorador, con la mesura dada al encuentro con los «nativos» donde se mostraba fascinación, reparo y temor por el «otro y lo desconocido». Ahora se emplearán modos militares y más brutales para dominar de una vez los límites de la colonia. Aparecerán nuevos «recursos literarios» para la narrativa colonial, como la corrupción o el terror policial. El rol de ciertos personajes, guardias coloniales y gobernadores asumirá rasgos de vileza y de bondad, aunque nunca en igual medida según las crónicas. Un siempre buen escritor como Iradier lo adelantó con su prosa, advirtiendo un cambio en el modo de proceder colonial que había observado en la acti-

108 GUTIÉRREZ GARITANO, Miguel: *Apuntes de la Guinea. Vida, obra y memoria de Manuel Iradier... ob.cit.*

vidad de las potencias coloniales: «*mientras ha habido viajeros que para llegar a la boca de un gran río, han tenido que reñir treinta y dos sangrientas batallas, los españoles han tenido la gloria de que se reconozca centenares de leguas cuadradas la soberanía de España sin haber derramado una sola gota de sangre.*»[109] Lo que no supo Iradier es que los españoles —militares, gobernadores— acabaron haciendo lo mismo avanzando el siglo XX.

Las Islas Canarias y su poca citada relación estrecha con la Guinea española

Llama poderosamente la atención el poco peso histórico que suelen tener las Islas Canarias en la mayoría de la bibliografía sobre la Guinea española, actual Guinea Ecuatorial. Y eso que desde el minuto uno de esta historia las Canarias aparecen con bastante importancia en su devenir. Recordemos el paquebote Santiago mandado a las Canarias por el conde Argelejo en medio de culminar su misión. Necesitaba apoyo, más suministros y recursos humanos, y confirmar órdenes de las autoridades españolas. No lo hizo regresar al punto de origen, al apostadero de Montevideo del que los expedicionarios dependían y debían reportar; usó en cambio esa lógica geográfica que apuntábamos de ser el archipiélago canario el punto más cercano a la península y primero estratégico en todos los viajes a América, Asia y después —para los españoles— al centro y sur de África. Al final del siglo XIX y durante la primera mitad del XX, en pleno desarrollo colonial, las Canarias recuperaron su papel vital como apoyo a Guinea y como primera parada de todos los viajeros tanto de ida como de vuelta. La mayoría de los vapores hacían escala en los puertos de Las Palmas de Gran Canaria y Santa Cruz de Tenerife.

Incluso, acabó existiendo un trayecto de navegación exclusivo entre las Islas Afortunadas y la Guinea española. Emprendedores y posibles colonos, sí que es verdad, en menor cantidad de lo esperado, fueron canarios. Una vez

---

109 *Ibidem.*

conseguida la independencia guineana, pasada la década del dictador Macias donde no hubo relaciones entre Malabo y Madrid, la mayoría de las empresas que comenzaron a hacer negocios con los ecuatoguineanos fueron de origen canario o delegaciones de compañías peninsulares en las islas. Muchos excolonos y exiliados hispano-guineanos rehicieron su vida como ciudadanos españoles en las Canarias. Si observas con una mínima atención se aprecia que existe ahora entre la isla de Bioko y el archipiélago canario un hilo de relaciones con un semblante distinto, como más intimo, del que se puede tener entre la España peninsular y Guinea Ecuatorial. En fin, nos parecen suficientes argumentos para preguntarnos: ¿por qué está tan escasamente referenciada esa relación guineana-canaria? Intentaré responder a esta concreta cuestión dentro de la general sobre la historia de la antigua Guinea española.

En el fondo, Canarias acaba apareciendo de una manera u otra en todos los episodios históricos de Guinea Ecuatorial. En el mismo origen de su historicismo como realidad histórica, durante la etapa colonial y, por supuesto, una vez que el país se independiza en octubre de 1968. Un detalle que me parece muy revelador de la importancia que debería tener esa relación guineana-canaria es el largo tiempo que Manuel Iradier, el emprendedor vasco español con auténtica alma de explorador, pasó en Gran Canaria[110] aclimatándose para su aventura al «corazón de las tinieblas» del interior de Río Muni. Lo detalla con esmero científico, entre una perspectiva médica y la geografía humana, en su diario y escritos que hizo de sus viajes al golfo de Guinea.

Al final ese testimonio personal se convirtió también en un interesante estudio geográfico y antropológico de la isla

110 «El 13 de enero llego á la isla de Gran Canaria donde permanezco tres meses esperando la buena estación del Ecuador, y dando tiempo para no sufrir un rápido cambio de temperatura...» fragmento de IRADIER, Manuel (1887), *África. Viajes y trabajos de la Asociación Eúskara La Exploradora*; Miraguano Ediciones y Ediciones Polifemo, Madrid 1994. Pp. 31-34.

canaria. En definitiva, usó Canarias como algo más que un punto logístico, aprovechando sus características geográficas para adaptarse a las que encontraría en tierras guineanas. Extraer este dato canario de la historia de Iradier puede parecer anecdótico, sin concederle una gran importancia. Sin embargo, si sumáramos los «detalles canarios» que en cualquier investigación sobre la historia de Guinea Ecuatorial van apareciendo, comprobamos fácilmente que existe una baja consideración de esta relación canaria-guineana en las referencias generales acerca de la cuestión. No sé a los demás, a mí me parece significativo que el primigenio conseguidor de la parte continental de Guinea experimentase antes en Canarias para conseguir mejor efectividad en su propósito explorador final.

Ironías del destino y el, muchas veces, cruel devenir histórico, hicieron inútil esa pretensión de ir aclimatando su cuerpo con el clima canario, más parecido a los ecuatoriales africanos. Murió a consecuencia de las secuelas dejadas por las variadas enfermedades tropicales que sufrió en sus expediciones guineanas. Revelador y un tanto irónico también sería uno de sus últimos testimonios, que recordaba esa intención de aclimatarse físicamente a Guinea acudiendo al clima similar de Canarias. Fue cuando declaró rememorar a los bosques frondosos del interior guineano, que justo malograron su salud, contemplando el denso pinar que rodeaba el lugar elegido en España para volver a acondicionar su cuerpo y sanarse, el pueblo de montaña de Valsaín en Segovia.

A este respecto del clima canario como simulador para aclimatar cuerpos de los viajeros al golfo de Guinea, se daba otro estereotipo: los agricultores canarios serían los mejor aclimatados a los climas ecuatoriales. En varias expediciones y misiones coloniales se pensó en los canarios como el ideal del colono, por su supuesta buena aclimatación a los trópicos al ser habitantes de unas islas a las que se las atribuía, exageradamente, un clima idéntico al tropical. Está documentado, como ya hemos apuntado, que los barcos y personal en una segunda expedición de ayuda al conde de Argelejo salieron de Canarias. La mayoría de esas gentes, canarios, morirían en esa expedición primera de tomar posesión de las islas. Y no sólo por las penurias de suministros, muchos por enfermedades tropicales a las que se suponía estaban mejor inmunizados. Irónicamente, también, los supervivientes regresarían a Montevideo, puerto base de la expedición, en lugar de regresar a sus más cercanas Islas Canarias.

Habría otras expediciones al golfo de Guinea en las que se aprovechó el repostar allí o la preparación de sus miembros en las Canarias para reclutar colonos canarios. Sin embargo, no encontramos referencias a ellos más allá del abnegado trabajo, casi propósito de enmienda, del profesor Germán Santana[111], de la Universidad de Las Palmas de Gran Canaria. Lo primero que hace en sus estudios es, precisamente, señalar los muchos vínculos entre Guinea Ecuatorial y Canarias que pasan desapercibidos para nuestro patrimonio histórico, pero que llenan de documentos los principales archivos de las Islas Canarias y de la misma Guinea. Una de las causas que argumenta de ese déficit investigador acerca de la «especial» relación canaria-guineana, es una idea que comparto y que ya he apuntado en la introducción. Antes de leer nada del profesor Santana tenía la percepción de que para muchos canarios existe la sensación de «colonialidad», término usado por él, respecto a la península, que haría las veces de metrópoli en lugar de ser lo que realmente es, la parte continental peninsular del territorio estatal. Sensación resumida en lo que se ha estado diciendo en Canarias hasta hace poco: «me voy para España», en lugar de decir para la península. Ese prejuicio habría minusvalorado la presencia canaria en las relaciones históricas con el golfo de Guinea.

111 SANTANA PÉREZ, Germán: «Canarios en el Ecuador: memorias coloniales y patrimonio en Guinea Ecuatorial»; *Quaderns 37* (2) 2021, pp. 215-235. El artículo fue parte del proyecto *Documentar la presencia canaria en África durante la Edad Moderna y Contemporánea (Fuentes africanas 2019)*; financiado por el Gobierno de Canarias, a través de la Dirección General de Patrimonio.

Desde luego existieron facetas de la misma historia de las Canarias que propiciaron ser minusvaloradas respecto a su papel en la colonización de las posesiones guineanas. Empezado por no tener representación política en Madrid hasta el siglo XIX. Los políticos canarios hasta la llegada del parlamentarismo decimonónico respondían más a figuras coloniales o virreinales, que a representantes de la singularidad canaria. Justo a mediados del XIX, cuando se retoma el interés por Guinea y comienzan las expediciones resolutivas, las que pondrán los cimientos de su colonización, vemos el carácter estatal de Canarias, aunque fuera en su faceta de territorio «semiperiférico o medio ultramar». Todas esas expediciones oficiales —Guillemard de Aragón en 1845, Chacón en 1858, José Muñoz Gaviria en 1860— hicieron de las Islas Canarias territorio de aclimatación para afrontar sus misiones en el golfo guineano. Como poco después haría la privada y «aventurera» del mencionado explorador Manuel Iradier en 1874. Todavía no cumplirá el archipiélago canario su papel principal, que será el de lazo socioeconómico con Guinea Ecuatorial a través de las exportaciones e importaciones, y sobre todo de las migraciones de canarios.

Pero poco a poco, siguiendo al lento desarrollo de la consolidación colonial, las Canarias se convertirán en el principal vínculo económico de la metrópoli con su colonia guineana. A comienzos del siglo XX, en Santa Isabel, actual Malabo, la mayoría de los productos manufacturados para consumo provenían de Canarias: «*se podía comer gofio, leche condensada, galletas, rones y tabaco*; *todo traído desde Canarias*»[112]. De esta manera, negocios pesqueros y químicos (abonos agrícolas) canarios, sectores propios y consolidados en las Islas Canarias, se fueron estableciendo en o para Guinea, entrando en su comercio. Sin embargo, Santana matiza que ese vínculo principal en la faceta económica con Guinea Ecuatorial siempre estuvo subordinado al control y

112 *Ibidem*, p. 219.

los intereses de la península. Otro rasgo de la «colonialidad» apuntada, pero lógico también si pensamos en lo limitado que era —y es— el tejido industrial y comercial de las Islas Canarias; imposible que pudiera absorber toda la capacidad importadora que comenzaba a tener la Guinea española. No obstante, a nivel proporcional por número de habitantes sí que Canarias destacó en otro factor económico respecto a la península. En concreto, en el número de canarios que llegaron a los territorios guineanos como emigrantes por motivos claramente económicos.

Asegura el profesor Santana un dato bastante fiable. Considera a la colonia de canarios como una de las comunidades mayores que existieron en Guinea, tanto de forma cuantitativa como a nivel porcentual comparado con españoles de otras regiones. Dentro de esa sensación canaria que les hace parecer una «colonia» estaría cierto complejo de inferioridad, debido a indicadores reales como «índices de analfabetismo y pobreza más altos tradicionalmente que el resto del Estado, mayores tasas de desempleo, mayores tasas de desempleo joven, escasa participación de canarios en la administración del Estado...»[113] Por tanto, durante la etapa de mayor emigración española por cuestiones económicas que coincide con el llamado *desarrollismo* durante el franquismo, tendremos a los canarios optando por marchar a Guinea en busca de trabajo y mejores oportunidades económicas. Nunca se superarían las cifras elevadas de emigración canaria que se dieron a América (Cuba y Venezuela) en esas décadas de 1950 y 1960, pero como dice el investigador y profesor canario, al golfo guineano porcentualmente resultaron muy significativas.

En relación con esa singularidad canaria definida como «colonialidad», también los trabajos realizados en Fernando Poo (isla Bioko) y en Bata (parte continental) por los canarios serían de más baja cualificación en comparación con

113 *Ibidem*, p. 216.

los tenidos por otros españoles. Normalmente el canario contaba con menos oportunidades en campos como el militar, el religioso o la administración pública; puestos asignados en su mayoría a los peninsulares. Así los trabajadores canarios predominarían en los sectores pesqueros, agrícolas, madereros y en los más variados comercios al por menor. Aunque también llegarían a ser los capataces y responsables de esas cada vez más numerosas fincas de cacao y aserraderos para tratar maderas. Esa particularidad canaria de ser trabajadores menos cualificados facilitó que el trato con los ecuatoguineanos fuera más directo y habitual. Pero Santana nos advierte que la consideración de los canarios hacia los guineanos fue la misma que la del resto de españoles o europeos. En la misma línea de superioridad y discriminación hacia el africano mostrada por los demás nacionales residentes en la que fue única colonia española del África negra.

Viajar a Guinea Ecuatorial no era, en realidad, emigrar sin más a esa región. Existía un control riguroso, en pleno franquismo, sobre toda persona que desease viajar hasta Fernando Poo o a la parte continental de Río Muni. Había que obtener un permiso para entrar en la colonia que empezaba por el de trabajo. Obtener un permiso de trabajo en Guinea dependió mucho de las redes familiares y los buenos contactos de amistad. En eso destacarían los canarios, pues era habitual emigrar en familias o un hombre solo que una vez se instala reunificaba rápido toda la familia. Así, siendo la canaria una comunidad numerosa en Guinea procuraba su crecimiento atrayendo a amistades y familiares. Y ese dato relacionado con la «gente», sus vidas y con decisiones tan trascendentales como comenzar una nueva en otro lugar, hará mucho más por relacionar a Canarias con Guinea Ecuatorial de una forma sólida y peculiar, que la evidente relación instrumental —por la situación geoestratégica— que suponían las Islas Afortunadas para la metrópoli española.

De esta manera, cuando llegó la independencia guineana en octubre de 1968 y los españoles con puestos en los trabajos de la administración colonial-estatal tuvieron que marcharse, la mayor parte de blancos que quedarían en la excolonia española serían familias canarias dueñas de bares, restaurantes, hostales, cines, tiendas de comestibles... y las afincadas como trabajadoras en las propiedades agrícolas del resto de familias españolas. Así, dicho *grosso modo*, tendríamos la explicación de que cuando el presidente Macías comienza su transformación en dictador anti-español y su actitud obliga también al resto de españoles a abandonar Guinea, el contingente «expulsado» más numeroso sea de origen o procedencia de las Islas Canarias. Se apreciará en la significativa cantidad de personas que, al abandonar esas tierras africanas en 1969, se establecerán —sin mucho ruido— para reanudar sus vidas en el archipiélago canario.

Quizás este último dato, por su carácter aparentemente menor al tratarse de un apunte demográfico y socioeconómico, explique en parte el reproche realizado en el título de este epígrafe acerca de la pobre mención de Canarias en el meollo de la historia de la antigua Guinea española, actual Guinea Ecuatorial. Puede ser, puesto que los canarios se siguen quejando de la poca repercusión que tienen sus personalidades históricas en el conjunto de la historia de España. O, más bien, la queja haga mención de esa idea de obviar el origen canario al tenerlo por segundón y acomplejado. Suelen aparecer menciones en el orden de Fulano, un catalán emprendedor, o Mengano, un castellano de honor; siendo una extrañeza cualquier mención a un canario y su estereotipado carácter. Sirvan las modestas líneas de este libro para eliminar complejos entre los canarios, de los que puedo decir con orgullo tener más de un amigo y que su ayuda ha sido inestimable para escribirlas. Más adelante, podrán leer las aportaciones de algunos de ellos referidas a la etapa poscolonial de las relaciones entre Guinea y España.

Un ejemplo de esa sensación de los canarios de ser ninguneados, la tendríamos en los argumentos del profesor Santana que describen la relación de Canarias con Guinea Ecuatorial como parte del engranaje, del sistema colonial, pero no «ejerciendo de metrópoli». Esas relaciones canarias con el golfo guineano eran pieza importante de la estructura colonial, aunque no serían, estrictamente, relación de Madrid con su colonia. Planteamiento algo contradictorio si no entendemos la perspectiva de subordinación canaria que defiende el profesor respecto a la península. De todas formas, aunque así se entienda mejor su planteamiento, luego pasa a destacar el interés y la participación de la burguesía canaria en las acciones estatales culminantes de la colonización española de Guinea.

Referencia a Fernando León y Castillo[114], nacido en Telde, Gran Canaria (Las Palmas), perteneciente a la alta burguesía canaria que apoyó la Restauración borbónica. Sería el jurista y diplomático que negoció la delimitación de fronteras coloniales de la Guinea española con Francia, como embajador de España en París. Las negociaciones resultaron controvertidas y arduas, apareciendo información a debate por la opinión pública en los periódicos españoles de la época. Ganó prestigio a nivel nacional gracias a su buen hacer contra el avisado diplomático francés Théophile Delcassé, su rival en las negociaciones bilaterales que fijaron los acuerdos de los dos países respecto a sus intereses en África. Pues no solamente lideró la negociación del Tratado de París de 1900 sobre Guinea Ecuatorial, también las negociaciones relacionadas con las diferencias existentes acerca del Protectorado de Marruecos y los límites del Sáhara Occidental. Negociaciones hispanofrancesas que se alargaron, en diferentes tratados, hasta 1912, con la participación o asesoramiento diligente del diplomático canario don Fernando León y Castillo.

Por sus servicios, la Corona —el Estado— le recompensaría con el título de Marqués del Muni, el mismo año de 1900 que se culminaron las negociaciones sobre los límites continentales de la futura Guinea Ecuatorial. Aunque fuese

114 Diccionario Biográfico digital de la Real Academia de la Historia: https://dbe.rah.es/biografias/15719/fernando-de-leon-y-castillo

un honor nobiliario, que «engrandece» a una persona y su familia, a mis amigos canarios les diría que puede simbolizar la importancia que Canarias tuvo en Guinea y que se quitasen de complejos. El marquesado de Muni será una formalidad, inexistente —como una ínsula *de Barataria*— en la realidad geográfica y política, pero es muy real en lo histórico; de hecho, sigue existiendo el título nobiliario, cuyo titular actual es Luis Alfonso Ascanio Panyasart. Un dato histórico que para los canarios debería ir más allá de la curiosidad, pues sería un canario quien determinó la geografía del Muni completando así el *corpus* de la «realidad histórica» que conocimos como Guinea española, hoy Guinea Ecuatorial. Además de quitarse prejuicios, los canarios deberían alentar a la visita en Telde de la Casa Museo León y Castillo. Una oportunidad para el resto de los españoles, y por qué no para los ecuatoguineanos interesados, de conocer mejor el pasado común, el patrimonio histórico relacionado con África, gracias a la documentación que se conserva en esa casa-museo de Gran Canaria. Porque un conocimiento mayor de la historia requiere un pequeño esfuerzo de interés personal, que ayude a vencer complejos y así se aprecie la curiosidad de tener a dos canarios en la «historia grande» de España compartiendo títulos nobiliarios por sus méritos en África. Recuerden esa determinante guerra en la historia hispano-africana contra el sultán marroquí de 1859-1860. Un conflicto alentado por el gobierno del canario Leopoldo O'donnell, sabedor de los intereses de sus paisanos, la burguesía canaria, en las costas y caladeros de la cercana África. Cuyo desarrollo y acontecer le llevó a ser titulado como grande de España y primer duque de Tetuán.

El canario Fernando León y Castillo en la fotografía oficial
como embajador español en París, sobre el 1900

La religión católica, ¿la hispanidad entró en el África negra con la Biblia?

Cuando el 15 de enero de 2020 se produjo un incendio en la cubierta de la catedral de la antigua Santa Isabel, Malabo, fui de los primeros en enterarme al estar rastreando documentación en Internet sobre la época de la Guinea española. Me apareció la primicia en una red social por un medio digital ecuatoguineano que estaba siguiendo. Dejé inmediatamente lo que estaba haciendo y me puse a escribir una nota de actualidad para el semanario digital que edito. Este es un fragmento de ese texto: «*Construida con un diseño del discípulo de Gaudí, Luis Sagarra, y supervisado el proyecto por el propio Antonio Gaudí, se inauguró en 1916. Hace poco se convertía en iglesia centenaria y acrecentaba su carácter de patrimonio histórico, único ejemplar del estilo neogótico de características hispanas en el África subsahariana. Comenzaron las obras en 1897, años finales del siglo XIX que marcarían, tras la última guerra de Cuba, el final del llamado Imperio español. Cuando en 1916 se inaugura la catedral de Santa Isabel (Malabo), la Guinea española, el protectorado de Marruecos, el Sáhara y la concesión (todavía en esas fechas era concesión, no se había materializado la colonia) de Ifni, son las únicas posesiones de carácter colonial que le quedaban al Reino de España»*[115].

Con el tiempo, continuando las investigaciones documentales sobre la historia española en el golfo de Guinea, me di cuenta de las prisas por sacar la noticia y la falta de buena documentación sobre esa catedral neogótica. Un templo que, en principio, suponía ser la máxima representación del asentamiento católico en esas tierras africanas. La implantación de la religión católica se consideraba otro de los pilares del poder en la colonia guineana. Sin embargo, la catedral de Santa Isabel con su construcción no daba esa idea colonialista de ser un fundamental y culminado objetivo civilizador: implantación del catolicismo y, por ende, la civilización en Fernando Poo, actual Bioko. Es más, acumulando datos en mis consultas bibliográficas sobre la influencia de la Iglesia católica en la colonización de Guinea Ecuatorial, descubrí que la catedral era fruto de una casualidad y no un predeterminado esfuerzo civilizador. Sería una iniciativa privada de la burguesía catalana con intereses comerciales en la isla; la práctica totalidad de la financiación de su construcción corrió a cargo de la Cámara Agrícola de Fernando Poo dominada por los finqueros catalanes. No era un gran empeño o una presión del obispado al gobierno español; ni siquiera de los misioneros claretianos, que hubiesen seguido con su misión pastoral sin necesidad para ello de tener construida una catedral capitalina.

---

115 Obtenido en Internet: https://www.paxaugusta.es/2020/01/la-catedral-de-malabo-arde-el-incendio.html

Reconozco, no obstante, que, desde las primeras expediciones al golfo de Guinea, el elemento religioso y la presencia de la Iglesia católica estuvieron ligados a las acciones «oficiales» realizadas por Madrid. Pero creo interesante distinguir en la colonización española de esos territorios africanos el tipo de influencia y el valor real que ha tenido el catolicismo que allí se implantó. Analizar si es tanto el peso del catolicismo, como se defiende en mucha bibliografía, en la entrada de la «hispanidad» en Guinea y en las estructuras coloniales que luego derivaron en las de poder con la independencia. En mi caso utilizo el término de hispanidad para referirme a algo que los mismos ecuatoguineanos reclaman, ser considerados parte de la idiosincrasia hispana. En nuestra opinión se asimila a rajatabla el discurso franquista de la «Hispanidad»[116] que acabó predominando, en la línea del nacional catolicismo, como única referencia y versión de lo que las misiones católicas hicieron en la colonización de esas tierras guineanas. Tanto la organización territorial como la conformación política se consolidaron en la colonia entre 1940 y 1958, lo que hace al franquismo monopolizar las versiones sobre todas las facetas religiosas coloniales. Olvidando que el cristianismo entró como factor de culturización colonial en Guinea desde las primeras décadas del siglo XIX y en sus versiones protestantes, respetadas o toleradas muchas veces por la fuerza de las circunstancias o por las indicaciones de los gobiernos liberales decimonónicos. Y, también se olvida, que luego existieron décadas prolongadas de fracasos misionales católicos y que la religión fue el medio, no el fin colonizador que pretendía conseguir la metrópoli. Aunque, como estamos incidiendo durante todo el libro, en Madrid

116 ÁLVAREZ CHILLIDA, Gonzalo: «Epígono de la Hispanidad. La españolización de la colonia de Guinea durante el primer franquismo; en MICHONNEAU, Stéphane y NÚÑEZ SEIXAS, Xosé M. (eds.), *Imaginarios y representaciones de España durante el franquismo,* Colección de la Casa de Velázquez (142), Madrid, 2014, pp. 103-125.

nunca estuvo claro ese fin o finalidad que se debía alcanzar colonizando esas tierras del África ecuatorial.

Volvamos a la anécdota sobre mi artículo del incendio en la catedral de Malabo. Me di cuenta de haber escrito con bastante ligereza, por otra parte, como se hizo en todas las notas de prensa de ese día, que la catedral era obra de un alumno de Gaudí y que él mismo habría asesorado al autor en el proyecto. Supongo que todos en las prisas encontramos la misma fuente, que daba ese protagonismo al genial arquitecto catalán. Hasta la nota que rápido apareció publicada en la página del Ministerio de Asuntos Exteriores Español[117], lamentando el incendio, dirigida al gobierno de Malabo fue una de las «afectadas» por la urgencia documental. En realidad, no está documentada esa relación de Gaudí con la catedral construida en Santa Isabel cuando era la capital de la Guinea española. Y no lo está por culpa, irónicamente, de otro incendio ocurrido en los archivos del taller de Gaudí en 1936. Esa calamidad nos privó de documentos que prueben con certeza esa supuesta asesoría del genial arquitecto en la construcción catedralicia de Santa Isabel.

Sin embargo, y para consuelo de los que escribimos aportando ese dato tan prestigioso para la catedral, tampoco se puede decir tajantemente que esa colaboración no existió. El arquitecto y presidente de la Fundación Antonio Gaudí, Mario Andruet, escribió precisamente un artículo[118] investigando esa supuesta relación de Gaudí con la catedral de Malabo, tras comprobar la gran cantidad de publicaciones que así lo afirmaron. Nos advierte que, en los biógrafos principales del genial maestro, como Josep F. Ràfols, no se encuentra ese

117 Visto en Internet en enero del 2020: «*España desea solidarizarse con el conjunto de la población guineana por los daños que han afectado a un símbolo de la identidad nacional y espera que los mismos sean reversibles y se puedan introducir soluciones sostenibles a las pérdidas sufridas con objeto de preservar una expresión arquitectónica única del neogótico en el África Subsahariana…*» Fragmento de la nota del Ministerio de Asuntos Exteriores Español.

118 ANDRUET, Mario: «La catedral de Santa Isabel en Malabo. Una posible intervención de Gaudí en Guinea Ecuatorial». Publicado el 31 de enero de 2020 a través de https://fundacionantoniogaudi.org/

dato. Aunque también lamenta y sugiere que pudiera estar en el archivo documental de su taller en la Sagrada Familia, convertido en cenizas por un atentado anarquista al inicio de la Guerra Civil. Para luego exponer, analizando el contexto histórico de Guinea Ecuatorial entre finales del siglo XIX e inicios del XX, como posible o probable la relación «Gaudí-Guinea» ateniéndose a los fuertes lazos del genio catalán con familias de la burguesía barcelonesa y con la iglesia catalana. Nos habla de la Cámara Agrícola de Fernando Poo como una de las más activas en esos años claves que consolidan la colonización de lo que acabaría siendo la Guinea Ecuatorial independiente. Esta cámara agrícola compuesta en su mayoría por terratenientes catalanes, junto a la Compañía Transatlántica que unía con sus barcos Barcelona y Santa Isabel, serían el hilo del que tirar para encontrar la probable relación de Gaudí con la catedral neogótica de Malabo.

Incendio en la catedral de Malabo, antigua Santa Isabel, el 15 de enero de 2020. Fuente de la fotografía: diario digital de Guinea Ecuatorial www.ahoraeg.com

La compañía de vapores que comunicaba España con Guinea era propiedad de la familia López, marqueses de Comillas. Una particularidad significativa de esta concesión a los López del monopolio trasatlántico era que la compañía naviera también fue dueña de una de las mayores haciendas de cacao de Fernando Poo. Forma de alentar que el servicio funcionase bien, pues sería parte implicada —interesada— en ese floreciente negocio del cacao guineano. Antonio López, el primer Marqués de Comillas, ahora tiene mala prensa tras el revisionismo histórico que nos obliga la corrección política. Este burgués catalán se enriqueció en las Antillas españolas con negocios tan inmorales como el tráfico de esclavos. Sin embargo, en sus tiempos no tuvo una valoración moral negativa; todo lo contrario, fue considerado un prohombre mecenas del arte y defensor de los valores religiosos con importantes obras de caridad. Loables intenciones que heredaron sus descendientes y allegados. Como su yerno, Eusebio Güell, otro burgués catalán cuyo apellido está ligado a la historia del arte para siempre gracias a las obras maestras que financió a su amigo íntimo, Gaudí. Un círculo social de la elite catalana en el que Antonio Gaudí encontró financiación y amistades, así como salidas a su intensa fe cristiana. La esposa del segundo Marqués de Comillas, Claudio López Bru, era la presidenta de la Asociación de Señoras de María Inmaculada y pensó en el devoto Gaudí, amigo de su marido, para realizar el proyecto de construcción de las Misiones Católicas en Tánger. Proyecto no realizado, pero que puede ligar al genial arquitecto con el sí realizado de la catedral de Santa Isabel. Viajes a Marruecos de Gaudí preparando el proyecto fallido sí que están documentados. Además del lógico interés comercial y empresarial en ese continente donde tenían importantes negocios, por lo visto, existía un interés personal por África, de convencido africanista, en el segundo Marqués de Comillas.

Así, gracias al contacto común del bien relacionado arquitecto Joan Martorell, Gaudí se convertiría en el «arquitecto de cámara» de los marqueses de Comillas. Sustituiría a Martorell, veterano arquitecto, que fue mentor y maestro de Gaudí cuando era un joven estudiante de arquitectura. Este círculo social da probabilidades de relacionar a la catedral guineana con Gaudí y se cerraba incluyendo el dato más que destacado de tener al tercer Marqués de Comillas, Juan Antonio Güell López, el hijo de Eusebio Güell, como asesor del Comité de la Cámara Agrícola de Fernando Poo. Son bastantes puntos de los que partir para la hipótesis de una relación posible del maestro catalán con el proyecto catedralicio de Santa Isabel, pues éste fue prácticamente en su totalidad sufragado por los marqueses de Comillas. Asimismo, a nivel técnico, el arquitecto Mario Andruet nos argumenta en su artículo que escoger el estilo neogótico de la catedral realizada en la antigua Santa Isabel coincide con una etapa «goticista» de Gaudí. El palacio episcopal de Astorga, terminado de proyectar en 1893, estaría en esa etapa como principal obra y según las fechas, los primeros proyectos de una catedral para Malabo también encajan en esa «edad neogótica». Además, existe una solución técnica para unas ventanas en la catedral que, según Andruet, denota una clara influencia del maestro Gaudí. Saltarse el rigor academicista de un estilo para conseguir funcionalidad era propio del genial arquitecto y así se comprueba con una serie de ventanas practicables en la planta inferior, con parasoles metálicos que ayudaban a mitigar el calor. No es suficiente para hacerle colaborador estrecho o coautor, como se ha dado a entender, del proyecto catedralicio en Santa Isabel, pero es un buen indicio de que sí fue posible un asesoramiento a Luis Sagarra en el proyecto. Luis Sagarra o Segarra en otras fuentes, era en realidad un misionero metido a arquitecto en la colonia guineana al llevar años viviendo allí y contar con estudios de aparejador. Sus conocimientos artísticos serán autodidácticas, por haber seguido la obra del genio catalán. Precisamente, Gaudí tenía entre su círculo de la burguesía catalana a contactos y amigos sacerdotes, párrocos muchos de ellos de las capillas privadas de esta burguesía. Sagarra bien pudo estar entre ellos antes de viajar como misionero a Santa Isabel a finales del siglo XIX.

De esta manera, habría que considerar a la burguesía catalana como una vía nada despreciable de la introducción de la religiosidad católica en la Guinea española. No sólo por financiar obras, también al aportar una manera o «estilo» catalán en la acción religiosa de la colonia. Recordando también, sobre este punto, que la orden claretiana nació en Barcelona y tuvo siempre estrecha relación con las elites catalanas. Los claretianos del Padre Claret serán los misioneros que triunfen en la misión apostólica encomendada en Guinea, los que dejarán mayor impronta. Al respecto, resulta paradójico observar a puntuales bibliografías[119] donde la Iglesia católica se convierte en la única fuerza civilizadora de la colonización hispana en África; confundiendo a la castellana y «trascendental» iglesia del siglo XVI en América con la aburguesada catalana del XIX, protagonista en tierras guineanas. No estoy planteando ver como una contradicción que unos misioneros catalanes sean los introductores de la hispanidad en Guinea; no es eso, considerando, además, que fue el gobierno liberal de Sagasta en 1883 quien les hizo el encargo expreso del monopolio evangelizador-civilizador con financiación estatal.[120] Más bien, trato de resaltar ciertas particularidades provocadas por el contexto del paso del regionalismo al nacionalismo periférico justo en esa época de España. Algo que se empezó a notar en las «luchas» por la influencia en la Santa Sede de las diferentes diócesis españolas, reclamando las catalanas mayor liderazgo. También patentes —estas particularidades— en la influencia que la burguesía catalana tenía ya en el desarrollo económico de la colonia, vista Guinea como una oportunidad económica

119 TOGBO, Armel-Valéry: «La Iglesia en la colonización española de Guinea Ecuatorial»; en *Revue Infundibulum Scientific*. N°4 2023; Pp. 96-111.

120 HUETZ DE LEMPS, Xavier, ÁLVAREZ CHILLIDA, Gonzalo y ELIZALDE, Mª Dolores (eds.): *Gobernar colonias, administrar almas: Poder colonial y órdenes religiosas en los imperios ibéricos (1808-1930)*; Casa de Velázquez. Madrid 2018.

para el regionalismo catalán y destacar así del resto de iniciativas españolas.

La burguesía catalana y su rasgo distintivo regionalista son los que se quieren hacer notar con la construcción de la catedral en la colonia del golfo de Guinea, no la iglesia católica española con «capital pontificia» en Toledo. Puestos a argumentar tópicos, como hace mucha de la bibliografía citada. Aunque también es un matiz interesante y poco advertido que se diluye en una supuesta colonización estatal, planificada únicamente a través de la acción misional religiosa. Siendo creemos, mejor, otro ejemplo indicador de la «desgana» que casi siempre prevaleció en Madrid por los territorios guineanos. Es decir, del hecho de que los poderes «centralistas» no se preocupasen por un monopolio directo de la colonización en esas tierras. El mandato evangelizador-civilizador, como decíamos, fue para una orden religiosa que había nacido en Cataluña unas pocas décadas antes de su llegada a Santa Isabel en 1883.

En teoría, no tenía ni el bagaje misionero ni la influencia política en la educación del país que tenían los jesuitas, a los que sustituían tras su fracaso en la también planificada misión evangelizadora de 1858. Los claretianos nacían en una época donde se comenzaban a perfilar los dos tipos de nacionalismo español[121] predominante, reaccionario y liberal. Digamos que, a los gobiernos de Madrid, ya fuesen liberales o conservadores, les bastaba con que esa tarea evangelizadora estuviese cubierta y seguir aprovechándose de esa vía para civilizar a los «naturales». Aquella orden religiosa que deseara hacerse con tan ardua tarea sería la subvencionada con los presupuestos de la colonia. Los claretianos llegarían en un periodo algo fructífero para recibir financiación estatal en sus proyectos. Era la época donde el presupuesto colonial estaba directamente controlado por el ministro de la gobernación en Madrid y el reparto se hacía con poco o ningún control

121 ÁLVAREZ JUNCO, José: *Mater Dolorosa... ob.cit.* .

parlamentario, llegando a manos religiosas gran parte de él. Serán los años de decepción para los regeneracionistas sobre lo realizado en África, que llevó a decir a Costa ese lamento de «hicimos misiones y colonias de muñecas».

Recapitulando, podemos ser rigurosos y reconocer que, desde la primera expedición, aquella tan lejana del conde de Argelejo a finales del siglo XVIII, existió una misión evangelizadora sobre los «oriundos» africanos incluida en las políticas o acciones colonizadoras de los gobiernos de Madrid. Sin embargo, creo que la hispanidad se instaló más, por ejemplo, debido al desarrollo y arraigo de la lengua, del español, que por la sistemática destrucción de los ritos y creencias religiosas de los africanos al imponerse el modo de vida católico. Es una impresión observada viendo el bajo nivel de religiosidad católica que mantiene la juventud en la Guinea Ecuatorial actual, siendo el grueso de su población (el 45% tiene menos de 25 años). Además, existen datos a favor de mi argumento observando la voluntad propia, casi fervorosa, por asimilar la lengua española como rasgo de identidad y de posición social entre los jóvenes; en lugar de asumir una devota práctica del catolicismo que es lo que hicieron la generación de sus padres.

También es innegable que el catolicismo y las escuelas creadas por los misioneros sirvieron como principales fuerzas para difundir y consolidar el uso del castellano entre los guineanos africanos. No obstante, la asimilación cultural hispana de los africanos que acabaron conformando la población de la actual Guinea —incluida la comunidad exiliada— ha girado hacia la expresión literaria; más que derivar a una singular expresividad religiosa, como fue el caso de muchas comunidades indígenas americanas. La literatura ecuatoguineana en español es motivo de gran interés y de análisis constante, sobre todo por parte de los propios guineanos donde abunda la bibliografía dedicada al tema[122].

122 M'BARÉ, Ngom y NISTAL, Gloria: *Nueva Antología de la Literatura de Guinea* Ecuatorial; Sial/Casa de África. Madrid 2011.

En cambio, son pocos los autores africanos que han abordado de manera profunda las impresiones que la religiosidad cristiana dejó en sus culturas. Lo que existe se queda en la mera —evidente— denuncia de la acción «destructora» del cristianismo sobre las religiones autóctonas.

Obvio excusar que los misioneros en África tenían como misión fundamental salvar del paganismo a esas «criaturas de Dios». Unos cumplieron con su misión evangelizadora de manera creativa y conciliadora, otros no dejaron margen a conocer las culturas y creencias de esas personas a las que deseaban bautizar. Todos fueron vistos como agentes del Estado español, funcionarios, aunque es una apreciación interesada e imprecisa, pues los sacerdotes y misioneros se deben únicamente a su orden, a su fe y a la Iglesia que la custodia. Se les hizo «funcionarios» de las políticas coloniales porque fueron el medio, la vía, que estuvo en primera fila de la colonización. Como es evidente que esas personas asociaban su nacionalidad a su religión, la asimilación de los religiosos como agentes institucionales o estatales de España era muy sencilla de hacer. Pero también es evidente que las carreteras, espigones de puertos, edificios portuarios, edificios institucionales, fincas agrícolas y hasta —como se ha visto— la catedral, no fueron obra directa de esos religiosos vistos como los más abnegados funcionarios «españolizadores» de Guinea. Existió, como ya hemos apuntado varias veces, una acción colonizadora civil que tendría incluso una inicial motivación privada que acababa relacionándose con las políticas estatales, pues «acto del Estado» terminaba siendo cualquier actividad de un ciudadano español en esas tierras guineanas.

Fue el caso de la familia de colonos Pol García, donde uno de sus miembros, Francisco Pol, marchó a la península a realizar estudios de Caminos y regresó a la finca familiar de Fernando Poo llegando a ser ingeniero jefe de obras públicas de la colonia. Acabó falleciendo por unas malas fiebres contraídas, según la noticia aparecida en el ABC del 2 de octubre de 1918, durante el excesivo trabajo que realizaba por todo el territorio de la colonia. El diario de la metrópoli se hacía eco del abnegado servicio a la patria de este joven español, víctima no solamente del «clima traidor de la Guinea»[123], también del abandono de los gobernantes del Estado hacia esa colonia, quejándose de la mala calidad de los servicios sanitarios. Así vemos que, además de los misioneros, cualquier particular en la realización de su trabajo era visto como potencial agente o funcionario de las acciones estatales.

Al fin y al cabo, se calcula que no llegaron ni a cien mil españoles, la cifra actual de habitantes para considerar a una ciudad de tamaño grande, los que pasaron por Guinea en casi doscientos años de relación histórica. Había que aprovechar los escasos recursos humanos que siempre existieron. Teniendo en cuenta que la cantidad se ha establecido como más precisa en únicamente unos 55.000 españoles, los «actuantes coloniales»[124], desde que en 1858 se tomó en serio la colonización de esas posesiones en el África Central. Es decir, poco más de los 50.000 habitantes requeridos en una población española para considerarse ciudad, habrían pasado por la historia y el territorio actual de Guinea Ecuatorial.

Por otra parte, los religiosos serían uno de los contingentes más numerosos dentro de esa exigua cifra de españoles decididos a emprender una nueva vida en el golfo de Guinea. Además, fueron muchos los que recogieron sus experiencias en los territorios guineanos en forma de memorias o, incluso, de estudios antropológicos avanzados como fue el caso del mencionado P. Amador Martín del Molino[125]. En numerosas ocasiones, sin cumplirse la lógica de ser unos textos con una línea definida por la religión, encontramos las

123 Página 6 del diario ABC de Madrid del 2 de octubre de 1918: noticia con el titular *ABC en Fernando Poo. Una muerte sentida…*

124 RAMÍREZ COPEIRO, Jesús: *Objetivo África: crónica de la Guinea española en la II Guerra Mundial*; Autoedición. Huelva 2004.

125 MARTÍN, Amador: *Los Bubis, ritos y creencias*; Centro Cultural Hispano-Guineano. Malabo 1989.

mejores impresiones sobre lo que significaba la realidad guineana de cada época en las publicaciones de estos «colonizadores de la Biblia». Es más, hay que dar el mérito a los padres claretianos de fijar de manera definitiva el apellido española a Guinea, publicando de manera periódica y regular una revista con el literal nombre de *La Guinea española*. Importante vehículo de hispanización más que nada por ser publicada desde inicios del siglo XX, sin apenas interrupciones, y hasta meses antes de la independencia guineana —en esos últimos años ya se publicaba con el nombre de *La Guinea Ecuatorial*—. Una «joya documental»[126], al tratar todo tipo de temas en relación con la vida en Guinea; publicación muchas veces menospreciada en las bibliografías por ser religiosos sus editores. El primer número publicado fue el 1 de abril de 1903, constando de cuatro páginas con la intención de ser quincenal. Comenzaba la vida de la publicación con mayor difusión e influencia en toda la historia social de la colonia guineana.

Pero se debe volver a matizar, porque dicho así parece que se da la razón a los que ponen todo el peso de la «colonización-civilización» hispana de Guinea en los religiosos. La historia de esta publicación con la significativa cabecera de *La Guinea española*, tendrá mucho que ver con la azarosa historia de las imprentas que llegaron a la isla de Fernando Poo y no únicamente con la exclusividad claretiana en la difusión evangelizadora. La primera máquina de prensa en territorio guineano fue la traída en 1899 por el gobernador José Rodríguez de Vera, que sirvió poco más que para publicar los folletos conmemorativos de la colocación de la primera piedra de la catedral. La idea del gobernador Rodríguez de Vera era ayudar a los claretianos en la difusión del evangelio cediendo la imprenta, pero los religiosos no se animaron a mantener esa máquina. No volvería a usarse hasta 1901,

126 Se pueden consultar la totalidad de las revistas como archivos digitalizados gracias a la aportación de los claretianos en: http://www.bioko.net/guineaespanola/laguies.htm

donde otro gobernador, José de Ibarra, y un miembro de la familia de los López del marquesado de Comillas, Enrique López Perea, publicarán con ella un efímero periódico llamado *El Eco de Fernando Poo.* Resultó ser, precisamente, un medio para contrarrestar desde la sociedad civil y empresarial —empresarios catalanes, sobre todo— de la colonia a la excesiva influencia que tenían los religiosos sobre el gobierno de Madrid en cuanto a prioridades en el reparto presupuestario. Llegó sólo hasta el número siete, porque esa primera imprenta en suelo guineano era vieja y costosa de usar.

Sería a finales de ese mismo año 1901 que el Padre Armengol Coll[127] trajo desde la península una máquina de imprimir pensada para los proyectos de las misiones claretianas. Publicar con ella desde los misales hasta los libros de texto para las escuelas que estaban organizando los misioneros. Era una imprenta adquirida en Barcelona, al prestigioso Taller Tipográfico de Cunill, con todo el más actualizado material de composición de tipos y contando con una novedosa máquina de presión cilíndrica. No tenía un manejo complicado, pero se optó por llevarla a la misión de *Banapá,* donde estaba la Escuela de Artes y Oficios a la que se hizo encargada de su utilización y mantenimiento. Será esta imprenta con mejores prestaciones la que anime a los claretianos a sacar una publicación periódica, la citada *La Guinea española.* Pronto se piensa en ampliar la tirada y el número de páginas, vista la buena acogida en toda la colonia de ese quincenal con el sincero lema de *fomentar los intereses religiosos, materiales, y morales de nuestra amada Colonia del Golfo de*

127 El P. Armengol Coll llegó a ser el primer obispo de *Guinea española* y creador de la congregación de religiosas que ayudaron en Guinea a los claretianos. Fragmento de la biografía en el Diccionario biográfico de la RAH: «*El Padre Grande de Guinea. Ivars d'Urgell (Lérida), 11.I.1859 – Malabo de Bioko (antes Santa Isabel de Fernando Poo) (Guinea Ecuatorial), 21.IV.1918. Misionero claretiano (CMF), fundador de la Congregación de las Misioneras de María Inmaculada, etnólogo, tercer prefecto apostólico y primer vicario apostólico con dignidad de obispo de Guinea Ecuatorial*».

Guinea[128]. Se decide hacer semanal y de más de doce páginas. A esa imprenta también llegaban encargos de los ciudadanos y de las instituciones coloniales, tantos que se quedó «pequeña» ante las numerosas demandas.

Las buenas influencias del Padre Armengol consiguen traer en 1904 otra imprenta que se bautizó con el nombre de la Virgen más venerada en Cataluña, «Montserrat». Tenía una maquinaria similar a la llamada «Blas», aunque con una platina el doble de grande. Se dispuso que ambas imprentas trabajasen juntas, pues los operarios ya conocían el sistema de impresión gracias al uso de la «Blas» y así podían ampliar la tirada de la revista claretiana, hacer los trabajos de imprenta que necesitasen los misioneros y cumplir con los pedidos que ya hacían particulares como folletos y carteles de publicidad de variados negocios. Lógicamente, estas circunstancias llevaron al Estado a aprovecharse también de las únicas imprentas operativas de la colonia. De esta forma, en marzo de 1905 comenzó a publicarse en esas imprentas traídas por los claretianos el que sería *Boletín Oficial de los Territorios Españoles del Golfo de Guinea.*

Otro matiz contradictorio apreciado acerca del argumento que hace a las misiones religiosas como únicas o principales fuerzas colonizadoras en Guinea introduciendo la «civilización hispánica», es que coinciden las fechas de entrada de los claretianos en Santa Isabel con el gran debate de finales de siglo que se estaba dando en el mundo. ¿Cómo se debía abordar la ardua tarea civilizadora-colonizadora de los «países» sin civilizar? En España, si no la convertimos en una excentricidad ultracatólica ajena a ese fenómeno del XIX, se hace justo esa gran cuestión en el primer Congreso Español de Geografía Colonial y Mercantil, celebrado entre los días 4 y 12 de noviembre de 1883. Joaquín Costa, que como vimos fue su principal impulsor, deseaba acciones prácticas y eficaces en un desarrollo colonial que hasta ahora había sido cos-

128 Obtenido de la *web* que contiene todo el archivo digital de la revista *La Guinea española*: http://www.bioko.net/guineaespanola/laguies.htm

toso e improductivo, limitado a insuficientes actos partiendo de las misiones religiosas jesuitas que no llegaron a echar raíces y se «auto desmantelaron». Uno de los temas principales planteados en el congreso fue, precisamente, el papel que debían tener los misioneros en el nuevo impulso colonizador urgente de abordar por el gobierno de Madrid en el golfo de Guinea. Los hubo partidarios de seguir dándoles el principal protagonismo, combinando su acción colonizadora con un mayor aporte de colonos agrícolas y factorías comerciales. Se volvió a pensar en llevar a cubanos, tanto a negros como a los deportados por la justicia a las diferentes islas de ultramar, y a canarios, por ser emigrantes que se habituarían mejor a las tareas de agricultura en ese clima tropical.

Sin embargo, esa combinación de misiones y de colonias agrícolas no satisfacía a los regeneracionistas como Costa que abogaban por dar mayor protagonismo a los factores mercantilistas que creasen en esos territorios africanos un tejido empresarial y económico moderno. Aunque menos gustaría a estos modernizadores la propuesta de uno de los ponentes en ese congreso. La del padre José Mata, procurador general de los Hijos del Inmaculado Corazón de María, llamados claretianos para abreviar por su padre fundador, Antonio María Claret. Fue una defensa de la misión católica como principal actor de la colonización, rescatando ese mesianismo de la «espada y la cruz» tan dado en la evangelización de América. Exponiendo, además, sus argumentos con ventaja pues era el mejor conocedor de la partida un mes antes, en octubre, de la primera expedición claretiana a Santa Isabel autorizada por el gobierno de Madrid. Compuesta por seis padres y seis hermanos coadjutores, la mayoría de ellos catalanes, y dirigidos por un prefecto, el padre Ciriaco Ramírez[129], dio la casualidad de arribar a

129 VILARÓ, Miquel: «Civilizar o hacer negocios: el dilema en torno a las misiones católicas del golfo de Guinea en los debates del I Congreso Español de Geografía Colonial y Mercantil»; *Anales de la Fundación Joaquín Costa*, Nº 27. Huesca 2013.

Fernando Poo justo un día después de acabar el Congreso Español de Geografía Colonial y Mercantil.

Entonces, a pesar de toda esa inquietud intelectual y social acerca del proceder colonial en África, expresada en congresos y en la creación de sociedades geográficas de esa década de 1880, parece que los gobiernos de Madrid y la recién restaurada monarquía borbónica habían tomado la decisión de retomar el protagonismo de las misiones religiosas como lanzaderas para consolidar de una vez por todas la colonización de los territorios del golfo guineano. Resultaba evidente viendo que el 13 de noviembre llegaba a Santa Isabel la primera comitiva de claretianos y que su procurador general en una segunda ponencia durante el congreso declaraba abiertamente que llegarían pronto a las tierras guineanas comenzando enseguida a introducir «*el sol vivificante de la religión católica por las islas de Fernando Poo, Corisco, los Elobeys y Annobón, para internarse con el transcurso de los tiempos, a ser posible, por el Cabo de San Juan en el corazón del África*»[130]. En mi opinión existía una disociación clara entre lo que la intelectualidad —librepensadores, sobre todo— y parte de la sociedad civil buscaban con una reflexión acerca de la manera de colonizar y regenerar la socioeconomía española, y lo que al final, por inercia de las circunstancias, se proyectaba y llevaba a cabo. El hecho de haber conseguido el éxito evangelizador en Guinea Ecuatorial por parte de los claretianos, hace creer —a toro pasado— que los partidarios de una colonización a través de las misiones católicas llevaban razón y esa era la mejor manera de «civilizar» esas tierras. Olvidando que, en realidad, ese método fue el empleado durante casi veinte años, desde que la reina Isabel II mandase en 1858 a los jesuitas y su regreso voluntario en 1872 por constatar su profundo fracaso.

Es decir, se estaba optando por un método que ya había fracasado antes, mientras al mismo tiempo se debatía el cómo

130 *Ibidem*, p. 232.

afrontar la colonización en esos territorios africanos para «enraizar» España en ellos de una vez. La indolencia gubernamental parecía dejar paso a la hipocresía. De hecho, el poder reinstaurar misiones religiosas ya había sido autorizado por Real Orden de 9 de agosto de 1882 y el gobierno de Madrid aceptó sin muchas disquisiciones la propuesta del sucesor de Antonio María Claret en el liderato de los claretianos, el padre José Xifré, de ofrecer «*la congregación para evangelizar la descuidada colonia española después de que todas las órdenes propuestas por el Gobierno declinaran tan temeraria invitación*»[131]. Por tanto, resultaban cuando menos algo ambiguas esas dudas que existían a la hora de establecer un modelo de colonización, ya que por otro lado los hechos hacían evidente haber elegido formalmente, y con todo convencimiento, el método colonizador de las misiones católicas. Volvía a imponerse la fuerza de las circunstancias, pues más que un planificado proyecto colonial del gobierno, todo consistió en una apuesta arriesgada de los padres claretianos que acabaron ganando. Pero ya se sabe, el que no arriesga no gana.

No obstante, mantengo mi teoría de que ese triunfo evangelizador se dimensiona en exceso cuando se trata de valorar en qué se fundamentó la colonización española en esas tierras. En esa misma época, sin ir más lejos en ese mismo primer Congreso Español de Geografía Colonial y Mercantil, existieron clarividentes posturas referentes a la colonización como sistema de desarrollo socioeconómico que advirtieron que se confundía el todo con la parte. Destacó en esta idea el autor, justamente, de un ensayo muy bien valorado sobre el arte de la colonización, Joaquín Maldonado Macanaz[132]. En su ponencia advertía de la confusión que, en muchos discursos, sobre todo en los defensores del método colonizador de las misiones religiosas, se estaba dando entre los conceptos de civilización y colonización. El primero se debe

131 *Ibidem*, p. 230.

132 MALDONADO MACANAZ, J.: *Principios generales del arte de la colonización*; Imprenta y Fundición de Manuel Tello, 2.ª ed. Madrid 1875.

al objetivo de desarrollar al máximo el estado de prosperidad material y moral de una cultura o pueblo; el segundo se debería preocupar solamente de un asunto económico, convertir en productiva una tierra considerada salvaje e improductiva. Eran ideas en la línea de pensamiento que Costa defendió en el congreso, atrayendo a un «viejo conocido» de este libro, Rafael María de Labra, que intentaba así mitigar cierta mala conciencia surgida ante la práctica del colonialismo y sus usos explotadores. Labra también participó en este congreso mercantil y colonial que pretendía situar a España con eficacia en la carrera por el reparto de África. En su ponencia rescató un ideario cultural referido al humanismo de la acción colonizadora hispana, basada en las *Leyes de Indias.* Asociar ese apunte humanístico del carácter colonizador español con el modelo colonial no religioso que se proponía como alternativa al de las misiones, sirvió para vencer los reproches que lo convertían en un sistema puramente mercantilista o «materialista». De esta manera se llegó a una especie de mestizaje de posturas en la conclusión acordada para las funciones que debían asignarse a las misiones católicas en el golfo de Guinea:

> «En el caso de que el gobierno crea deber seguir subvencionando misiones religiosas en las posesiones españolas del golfo de Guinea, conviene que se instalen inmediatamente en la frontera del Gabón y del Cabo de San Juan, y que atiendan por lo pronto a las del continente más que a las de las islas de Fernando Poo y anejas; y en todo caso debe imponérseles como condición que obren por modo de colonización agrícola al igual que las misiones españolas de Australia; sin perjuicio de que empleen además los medios auxiliares de la predicación, y la enseñanza de las primeras letras.»133

133 Se trata de la «séptima conclusión» de la jornada a debate las misiones católicas como modelo colonizador. En VILARÓ, Miquel: «Civilizar o hacer negocios…», *ob.cit.* ., Pp. 237-238.

Sin embargo, los hechos acaecidos desde el primer día de la llegada de los claretianos a Fernando Poo, actual Bioko, demuestran que esa resolución aprobada —el día anterior a esa llegada— en un congreso de Madrid no fue respetada. Lo primero que hicieron los discípulos de San Antonio Mª de Claret fue organizar a su manera la única misión que en 1883 existía en Santa Isabel. Su determinación en la puesta en marcha del desarrollo colonial mediante las misiones era parte de la idiosincrasia de esta orden, fundada hacía apenas cuarenta años con el propósito de una evangelización universal activa. Es decir, cristianizar allá donde es necesario, inclusive en la misma España peninsular en lugares donde se consideraba precario el nivel de catolicismo. Nacía en un entorno que consideraba hostil, con el auge del liberalismo y la apuesta por el laicismo en muchas de las facetas de la vida en las ciudades. La fundación de «institutos religiosos», nuevas órdenes religiosas, desde el primer cuarto del siglo XIX, fue la reacción de la Iglesia Católica a la paulatina secularización en proceso tras las revoluciones burguesas. En el caso de España, ese rasgo «contrarrevolucionario» se apreció en congregaciones como la de los discípulos de Claret. Por ejemplo, su ideario vocacional acerca de la tarea del misionero era muy diferente a la de los jesuitas. Estos últimos concebían la tarea misional como un «intento de convertir» a los africanos, una evangelización no forzada por los actos del colonialismo. En cambio, los claretianos «creían firmemente que era posible colonizarlos»[134]. Así, para los discípulos de Claret el objetivo natural de su trabajo como misioneros eran los «indígenas»; entendiendo que para «civilizar» antes debían «colonizar». Estas diferencias en las mentalidades del jesuita y el claretiano, contienen también la explicación más certera sobre el fracaso evangelizador-colonizador de los jesuitas en el golfo de Guinea.

---

134 CREUS, Jacint: «La sacralización del espacio como argumento de colonización el nuevo modelo misionero en Guinea Ecuatorial»; *Pandora: revue d'etudes hispaniques*, Nº. 4, 2004, Pp. 119-128.

Hemos señalado al fracaso de los jesuitas en Guinea por comparativa con el inesperado rápido éxito de sus sucesores claretianos; sin embargo, la relación de misiones de colonización dirigidas por religiosos y fracasadas es larga. Recordemos al mencionado en anterior epígrafe clérigo ilustrado Jerónimo de Usera[135] y su compañero Juan del Cerro, considerados los primeros actuantes de un proyecto de colonización religiosa en 1845. Se toparon con la realidad cruda de la ventaja tomada por los misioneros metodistas, lo que les hizo desistir de su ensayo colonial. Usera volverá a intentarlo trece años después formando parte de la determinante expedición de Chacón en 1858, sin mayor suerte y dejando paso a los jesuitas de José Irisarri[136]. Pero antes, existió una expedición singular que apenas duró un año, de mayo de 1856 a abril de 1857, y que sirve de «documento» perfecto para analizar los motivos de tantas decepciones y fracasos con las misiones religiosas. Fue la expedición dirigida por Miguel Martínez Sanz[137], un párroco del barrio madrileño de Chamberí que llegó a ser capellán de honor de la reina Isabel II. Martínez Sanz era un sacerdote impetuoso y con una personalidad un tanto paranoica. De sus propias palabras conocemos el motivo real de tan repentino ímpetu misionero.

Por lo visto, llegaría a sus manos un anticlerical libelo —estamos en el bienio progresista comenzado en 1854— donde se instaba a deportar a Fernando Poo, a modo de castigo, a todos los clérigos que se oponían a las políticas liberales impulsadas por el Partido Progresista en el poder. Digamos que el capellán Martínez se diría a sí mismo un «con que esas tenemos», pues comenzó a pensar muy seriamente el ir

135 USERA Y ALARCON, J.: *Observaciones al llamado Opúsculo sobre la Colonización de Fernando Poo… ob.cit.* .

136 IRISARRI, P. José: *Misión de Fernando Poo... ob.cit.*.

137 VILARÓ, Miquel: «La segunda expedición misionera al Golfo de Guinea a cargo del Reverendo Miguel Martínez Sanz, primer prefecto apostólico de Fernando Poo»; *HISPANIA NOVA. Revista de Historia Contemporánea.* Número 10 (2012). Consulta digital: http://hispanianova.rediris.es

de forma voluntaria en misión religiosa y oficial a la isla de Fernando Poo. Tenía los mejores contactos para ello, la mismísima reina Isabel II. Sumados a la cura repentina de unos dolores de cabeza sufridos tras una insolación, que convirtió en una «señal divina» para emprender su temerario viaje y soportar el tan ardiente sol africano. Estos datos nos sirven para apuntar uno de los primeros motivos del fracaso de las misiones religiosas a lo largo de esta segunda mitad del siglo XIX. No se enviaba a gente adecuada; en este caso, resultó evidente que no se enviaría a un religioso seleccionado y preparado para tales proyectos. Y así sería en otras ocasiones, hasta la llegada de los claretianos que parecieron «nacidos» para ese destino colonizador de Guinea. Para más controversia sobre la idoneidad de las personas que se embarcaban hacia Santa Isabel, en el caso del prefecto Martínez Sanz se dio una extraña situación digna de la trama de una telenovela hispana. Recibió la inesperada y urgente orden de regresar a la península seis meses después de iniciada la expedición. El motivo nunca estuvo claro para el que había sido nombrado jefe de la expedición misional a Guinea y primer prefecto apostólico de Fernando Poo. En Madrid, en cambio, sí que tuvieron clara la causa por la que el reverendo Martínez debía regresar a la Corte lo antes posible. En septiembre de 1856, el responsable en Roma de la correspondencia de España mandó un informe al ministro de Estado sobre la persona de un capellán llamado Miguel Martínez Sanz.

Se basaba ese informe en los cada vez más numerosos rumores insidiosos en el Vaticano que hacían de Martínez Sanz un reverendo indigno de tan alto cargo apostólico y de la confianza de su reina. Esos rumores recogieron la sorpresa de que este sacerdote fuese el enviado a Roma como comisario eclesiástico del gobierno de Madrid, con la orden expresa de la misma reina Isabel II de solicitar la creación de la Prefectura Apostólica de Fernando Poo. Requisito previo pedido por la reina a Martínez Sanz antes de autorizar y emprender la expedición al golfo de Guinea, disgustada por seguir la jefatura apostólica de esas tierras españolas en manos del obispo portugués de la diócesis de Santo Tomé. El capellán Martínez fue recibido con toda cortesía y consiguió la prefectura solicitada al Vaticano, pues aún no se sabía en Roma que ese tal reverendo Martínez Sanz se correspondía con un sacerdote español detenido diez años atrás por «delitos repugnantes»[138] y que fue confinado por ellos durante meses en el *Castillo de Sant'Angelo.* Como siempre en la Iglesia, los delitos de los suyos son llevados con discreción. Tanta, que una disposición de este Santo Padre ordenaba se le entregase un pasaporte especial para salir de los Estados Pontificios y no volver jamás a ellos; evitando así la jefatura vaticana tener que castigarle por sus «nefandos delitos» y un conflicto diplomático dada la nacionalidad de este sacerdote.

Pero la discreción conseguida no fue tanta como la buscada, pues en Madrid se pudo comprobar la veracidad de esos rumores conteniendo acusaciones graves. El caso no había sido borrado del todo, al corroborar la existencia en los archivos de la Secretaría de Estado de una nota donde constaba que en 1846 un clérigo, de nombre Miguel Martínez Sanz, fue encarcelado en Roma y desterrado poco después de la Ciudad Eterna. ¿Crímenes nefandos? Se insiste en toda la documentación referente a ese caso que ni nombrarse podían los delitos tan indecentes cometidos por Martínez Sanz. ¿Pederastia, homosexualidad? Para la Iglesia esas «prácticas» entraban de lleno en la categoría de delitos nefandos. Lo que ocurre es que muy pocas veces tenían una respuesta punitiva y se hacía en general la vista gorda. Quizás al estar el catolicismo en ese periodo de reacción defensiva en forma de ataque contra el liberalismo en auge, se detuvo y encarceló a ese sacerdote español durante su estancia en Roma como acción ejemplarizante o de autocrítica. Sin embargo, no dejan de ser especulaciones porque en ningún momento se especifican los «horribles crímenes» y sorprende la impu-

138 *Ibidem.*

nidad sentida por el mismo Martínez Sanz cuando fue capaz de regresar al Vaticano teniéndolo prohibido.

El todavía prefecto apostólico de Fernando Poo viajó de regreso a Madrid, en noviembre de 1856, considerando que esa inesperada llamada tenía que ver únicamente con las quejas virulentas sobre su persona del otro «líder» de la expedición. Compuesta por cuarenta personas, se podía decir que una mitad eran madrileños y la otra, valencianos. Entre los sacerdotes, seminaristas, religiosas y colonos agrícolas de Valencia destacaba la figura de Ambrosio Roda, un monje exclaustrado con una observancia de fe rigurosa y con maneras de obrero artesano. La disposición del dinero oficial de la expedición que hacía Martínez Sanz le pareció siempre indecorosa y nefasta, dispuesto toda vez a su beneficio personal en lugar de al común, según Roda. De este último diría el prefecto Martínez hacer de la vieja goleta *Leonor* que los llevó a Santa Isabel «una especie de convento marinero»[139], harto de tanta exigencia del valenciano por cumplir con las obligaciones católicas hasta en alta mar; vamos, dos personalidades muy distintas y enfrentadas, un hombre de mundo y personalidad más retorcida como el sacerdote Martínez Sanz, y un monje rudo pero honesto y consecuente con sus actos, como el religioso Roda.

Una rivalidad y disparidad de criterios entre los llamados a liderar la expedición que se repite en muchas ocasiones en la mayoría de las expediciones españolas a Guinea; ya sean de carácter religioso o de exploración, un dato más a sumar en la explicación de los repetidos fracasos misionales durante todo el siglo XIX. Porque esta misión religiosa colonial de 1856 no solamente fracasó por la defenestración de su jefe, también por la incapacidad de sus miembros de organizarse y trabajar juntos en pos de conseguir el objetivo planteado. En cierta forma así lo reconocieron los mismos implicados, pues el efímero primer prefecto de Fernando Poo, Martínez

139 *Ibidem.*

Sanz, reconoció no haber realizado una buena selección de expedicionarios, en los que pudiera confiar. Y esa misma razón le hizo creer el ministro de Estado y Ultramar cuando le pidió presentase, por dignidad, su dimisión. El ministerio argumentó que los motivos de pedir su cese voluntario eran por las críticas y desconfianzas de sus correligionarios de expedición, en lugar de señalar la verdadera razón de no aceptar tener como representante de España y de la Iglesia en los territorios guineanos a un religioso con tan nefando y escabroso pasado.

En conclusión, volviendo a la pregunta que titula este epígrafe, «*¿la hispanidad entró en el África negra con la Biblia?*», incidir en la idea de existir a este respecto una tendencia a sobredimensionar el papel de los religiosos por el triunfo tan apabullante que obtuvieron los claretianos a los pocos meses de llegar al golfo de Guinea. Las misiones claretianas establecieron desde el primer día su objetivo colonizador y sus miembros estaban unidos y bien concienciados en su trabajo como misioneros. En algo tan obvio y sencillo estaba la fórmula del éxito. Su plan «colonizador-evangelizador» tomó ideas de un lado y otro, sobre todo de las vecinas misiones francesas de Gabón. Tener una misión como base central y luego expandirse con sentido común por el territorio colindante. Alrededor de ella tener la parroquia y escuelas (masculinas y femeninas), y en torno a éstas ir edificando un «pueblo católico»; es decir, aprovechando que se ha cristianizado a los niños y niñas bubis atraídos con regalos a los padres, casarlos al llegar a adultos en matrimonios católicos acabando de esta forma con la tradicional poligamia de los africanos.

Para los padres claretianos eso era «colonizar», cambiar los modos de vida y así facilitar la evangelización, que «vendría sola». Las noticias de sus actuaciones y logros fueron llegando a España y aprovechados por la ideología conservadora, por aquellos partidarios del método colonizador en exclusiva de las misiones católicas. Entrando en el siglo XX, los éxitos claretianos se publicitaron tanto ante la opinión pública que parecían ser los únicos «hacedores» del nuevo y diminuto imperio español. Se puede comprobar la tendencia a la exageración en el escrito del académico y simpatizante claretiano, Francisco Naval, en octubre de 1913, publicado en el Boletín de la Real Academia de la Historia, donde señala en tono panegírico lo siguiente:

> «...viendo cómo han logrado nuestros misioneros en plazo relativamente corto difundir en las islas y territorios españoles del Golfo de Guinea las creencias y prácticas religiosas, á la vez que la hermosa lengua castellana y el amor á España, y enseñar las artes y los oficios más comunes en la sociedad, antes desconocidos por completo entre aquellos habitantes. A costa de la Misión se han fundado pueblos enteros y se mantienen nueve colegios de niños indígenas, que los misioneros logran sacar del bosque, y dos de niñas, en gran parte redimidas de los salvajes y que se educan por un Instituto de religiosas, etcétera. Nuestros misioneros han descubierto minas, aguas medicinales, lagunas, diferentes productos ignorados y maderas exquisitas; han construido muelles de piedra con sus grúas ó aparatos para la carga y descarga de las embarcaciones; han conducido aguas por largos canales ó cañerías; han establecido la primera vía férrea, sistema Decauville, el primer teléfono y la primera imprenta, donde actualmente se imprimen notables revistas periódicas, y han sido constantemente los ángeles de paz entre los pueblos indígenas para zanjar sus diferencias, y aun entre ellos y el Gobierno de la nación, para reconciliarlos con las autoridades.»[140]

Si leemos entrelíneas vemos que tanta «hipérbole» hace de argumento defensivo frente a los críticos con el poder de los misioneros claretianos por el monopolio que ejercían

140 Boletín de la Real Academia de la Historia. Tomo 63, Año 1913. Pp. 456-459.

en muchos aspectos de la vida colonial, no únicamente en el religioso. Sin embargo, existen informes y documentación fotográfica[141] entre las décadas de 1940 y 1950, donde se aprecia que la mayoría de la población originaria del territorio guineano, la que no vivía en las ciudades, seguía practicando sus costumbres religiosas y hasta mantenían la poligamia. El éxito del modelo colonizador claretiano, «colonizar-evangelizar-civilizar-españolizar», quedó limitado al contexto de sus misiones. Un logro colonizador nada despreciable considerando el gran número de misiones claretianas fundadas en menos de medio siglo por toda la geografía de lo que sería Guinea Ecuatorial. Aunque los detractores del sistema colonial basado en la misión religiosa podían asegurar que sus reproches y críticas tenían bastante fundamento. Avanzaban las décadas, se pasaba de siglo, y exceptuando las principales ciudades y las misiones claretianas, pocos signos de «civilización» más se apreciaban en la Guinea española.

Un dato sólido para demostrar que la colonización española a través de las misiones católicas tampoco se consolidó, ni resultó digna de equipararse a los éxitos «civilizadores» de las colonias vecinas francesas, fue que la ciudad de San Carlos (actual Luba) no sería conectada por carretera asfaltada con Santa Isabel hasta 1940. Situada al oeste de la capital, tenía a principios del siglo XX un notable desarrollo económico gracias al cacao y el café que se vio lastrado por su aislamiento. El transporte de mercancías y personas con la capital y el resto del territorio guineano debían hacerse con gabarras o barcos pequeños, pues tampoco contaba con un puerto para buques. ¿Dónde estaba esa aclamada vía férrea hecha por los claretianos y los «ingeniosos» muelles de piedra? Curiosamente, una de las primeras y más importantes misiones fundadas por los claretianos sería la de *Banapá* —donde se establecieron las imprentas—, que estaba relativamente cerca de San Carlos. Los misioneros harían pistas de

141 CENTURIÓN, J.L.: *Crónica gráfica de la Guinea española*; Sial / Casa de África. Madrid 2010.

tierra para conectar las dependencias de sus misiones, pero no colonizaron con infraestructuras estatales como una carretera entre dos ciudades.

Año XXVIII Santa Isabel 19 de ABRIL de 1931 Núm. 657 C

LA GUINEA ESPAÑOLA

REVISTA SEMANAL ILUSTRADA
PUBLICADA CON APROBACIÓN ECLESIASTICA POR LOS MISIONEROS HIJOS DEL INMACULADO CORAZON DE MARÍA

Precios: Colonia 15 ptas. Fuera de la Colonia 18 ptas. y certificada, 25 ptas. al año
Se admiten anuncios según tarifa que facilitamos al que lo solicite.

SUMARIO. Portada, Apolonio Eria—Santoral y Sto. Evangelio—El cambio de Régimen en España—Progresando—Resmen B. O. de 1 y 15 de abril—Noticias al de Colonia—Noticias de la Prensa.—Aviso de la Asociación Patronal para la recluta de braceros en el Exterior—Buscando una colocación

APOLONIO ERIA, de quien se hace mérito en el texto. Nació en Concepción donde recibió su primera instrucción, que completó en Santa Isabel. Por su talento, buena conducta y aplicación mereció que el Gobierno le pensionase para hacer los estudios del Magisterio en España donde aprobó el Bachillerato y tomó el Diploma de Maestro. Con su título profesional regresó a la Colonia, donde como empleado del Gobierno en el ramo de la Enseñanza prestó relevantes servicios.

Portada de la revista *La Guinea española* del 19 de abril donde se dio la noticia de manera tranquila del cambio de régimen, la llegada de la Segunda República

Al terminarse en enero de 1940 esa carretera asfaltada, realizada por los funcionarios de Fomento con los «braceros nativos», que unía la ciudad de San Carlos con la capital, pronto se hicieron ramales que como afluentes de un río grande comunicaron ambas ciudades con otras poblaciones. También se creó una línea regular de camionetas o guaguas, de la empresa Transportes reunidos[142], con paradas en poblados del entorno de esos poco más de cincuenta kilómetros de carretera. Usada por los «nativos», pues los colonos preferían sus propios autos, supondría a la larga un medio de «civilizar» y llevar «hispanidad» de manera más natural y cotidiana —ir al trabajo, volver a casa— que una homilía en la parroquia de la misión. Una argumentación más ajustada a la realidad sería la que habla de una colonización cultural y religiosa a través de los claretianos, pero con los mismos fines de explotación económica en el entorno de las misiones para su propio beneficio y desarrollo. Y una colonización cívica de mayor amplitud, a través de las infraestructuras y servicios fomentados por la administración civil, sin afectar tan de lleno a los aspectos culturales y religiosos de los africanos, aunque enfocada también a crear una explotación económica colonial.

---

142 *Ibidem.*

CAPÍTULO II

Siglo XX, consolidación del territorio (Tratado de París) y la «gente para todo»

Una vez en Madrid se juntaron un torero famoso y un filósofo no menos célebre. Cuenta la anécdota que tras ese encuentro pasaría al refranero español una frase tan popular como precisa. Esas palabras convertidas en dicho las soltó el torero Rafael *El Gallo* cuando conoció al filósofo, José Ortega y Gasset (1883-1955)[143]. Por lo visto, en un hotel de Madrid habitual de toreros y sus cuadrillas, durante una fiesta a la que acudían ambos con motivo del comienzo de la Feria Taurina de San Isidro, el maestro retirado, un genio sevillano del capote, se fijó en la atención que procuraba sobre todos los asistentes un tipo de aspecto atildado. «*Es el filósofo Ortega y Gasset*», le dijo al torero su acompañante en esa jornada festiva. «*¿Filo qué?*», respondió sorprendido el torero. Algo azorado, su acompañante le explicó que «eso de filósofo» era un estudioso del pensamiento humano. «*Esa persona que intenta dar respuesta intelectual a todas las cuestiones importantes de la vida*»; explicó ante el gesto estoico del matador. Resultaba

143 Diccionario Biográfico Digital de la Real Academia de la Historia: https://dbe.rah.es/biografias/7403/jose-ortega-y-gasset

chocante el desconocimiento del torero. No solamente por ignorar qué es un filósofo, también porque Ortega y Gasset era en esos momentos una celebridad social. Volvía a tener popularidad en la España de esos años en pleno franquismo por su reconocimiento internacional y haber decidido volver de su «medio exilio» en Lisboa. No tenía la fama de las artistas de la copla o los diestros de moda, pero su rostro aparecía bastante en la prensa de la época. Acabada la explicación al maestro taurino acerca de la persona y del oficio de Ortega y Gasset, cuentan que se produjo uno de esos incómodos silencios.

Por fin, el mutismo sería roto al exclamar el torero una muletilla «nunca mejor dicho» que sirvió tanto para espantar al asombro como a la ignorancia: «*¡Hay gente pa tó!*» Esta anécdota hace al diestro, Rafael *El Gallo*, autor de ese dicho; aunque otras versiones dan su origen en un caso similar ocurrido cuarenta años antes, de otro torero al conocer a un catedrático de histología. Y bien pudiera ser, puesto que si no pecamos de soberbia intelectual la exclamación de «hay gente para todo» sale sola cuando averiguas en qué consiste la disciplina histológica. Este relato de ese supuesto encuentro es casi todo ficción, pero nos sirve para situarnos en un contexto que supone el inicio del fin de la historia colonial. Estamos en la España de 1954, consolidado el franquismo, con la «guerra y no *Guerra de Ifni*»[144] en ciernes y con la inminente entrada de España en la Organización de las Naciones Unidas (ONU). Allá, en la lejanía del golfo de Guinea, las cosas también están consolidadas. Faltaría poco para que los territorios de ultramar españoles que la ONU consideraba colonias, espacios con derecho de autodeterminación, pasaran a ser provincias del Estado español en un vano intento de impedir o, más bien, retrasar la inevitable tendencia descolonizadora que se daba en el mundo. Precisamente en todos los territorios que veíamos en el capítulo anterior ser

144 ORDOÑO MARÍN, Gustavo A.: *La guerra de Ifni. Cuando la Guardia Mora abandonó a Franco*; Editorial Almuzara. Córdoba 2018.

objeto de reparto por las potencias europeas en la carrera colonial, recordemos la Conferencia de Berlín de 1885. Y en concreto, en la cuestión que nos ocupa, la historia de la antigua Guinea española, hoy Guinea Ecuatorial, pudimos ver que, tras tanta queja por indolencia, al final hubo *gente pa tó* en la colonización última, la parte continental, para completar el territorio que es objeto geográfico, político y administrativo de nuestro estudio.

Entre esa *gente para todo* que llegó al golfo de Guinea se destacaron algunas personas y sus acciones como esenciales para constituirse el definitivo territorio guineano administrado por España. Nombres como los mencionados Iradier y Osorio; y otros tantos que en la década de 1890 perfilarían el territorio de la futura provincia del río Muni (hoy Mbini), como fueron José Valero Berenguer, Emilio Bonelli y Luis Huici[145]. El perfil de estas personas no respondía al clásico aventurero o al «conquistador español» de antaño que tanto se ha esteriotipado. Muchos eran meros funcionarios o incluso ciudadanos que se consideraban patriotas a la manera de esos tiempos. Aunque entraríamos en un jardín al que es difícil de podar si tratamos de saber cuántas maneras existían —y existen— de ser patriota. Por fortuna, *hay gente pa tó.* Gente que entregaba banderas y cartas de nacionalidad a los verdaderos dueños de esas tierras africanas con el propósito de traspasarlas a una propiedad —soberanía— foránea. No les juzguen mal, es lo que hacía todo el mundo y estaba bien visto. Cuando todo el mundo eran sólo los europeos. Además, se hacía con el propósito de civilizar y hacer progresar a esos territorios. Así lo creyeron sobre todo los teóricos, como insistentemente recordamos, Labra o Costa, que se preocuparon de proyectar bienestar para «todos». La defensa de los derechos humanos y la promoción socioeconómica partiendo de las culturas de los naturales de esos territorios coloniales estuvo en las propuestas políticas de

145 CARRASCO, Antonio M.: *Guinea Ecuatorial. Historia de la colonización... ob.cit.*

estos protagonistas de entre siglos. Lo malo es que esa ideología de progreso quedó en teorías aireadas solamente en discursos y ponencias.

Joaquín Costa, como explorador frustrado, disfrutó con las detalladas crónicas de los escritos de Iradier, considerados libros de viajes, pero también rigurosos trabajos de campo si se los sabía leer desde un enfoque «naturalista». Servían para conocer las potencialidades que tenían tanto tierras como gentes de la nueva colonia —Río Muni— a crear por España para «europeizarse» y progresar. Pero dudo mucho que gobernadores y militares, funcionarios y misioneros, que finalmente acabaron en esas tierras continentales de la futura Guinea Ecuatorial empleasen mucho tiempo en lecturas como los libros de viajes del vitoriano Manuel Iradier. Fueron *gente para todo* que hizo su trabajo mejor o peor, según su carácter o valores personales. Tras esos primeros exploradores mencionados, otros que tuvieron que lidiar, como diestros apurados, con el territorio del Muni serían los comisionados españoles encargados de hacer efectivo el Tratado de París de 1900. Elegidos para contrastar con la comisión de Francia, su antagonista, los límites definitivos, los obligados mojones, que crearían las fronteras de la colonia española respecto a la colonia francesa en la parte continental del golfo de Guinea.

Comenzaba el «moderno» siglo XX en Europa, sin embargo, el cuestionamiento moral y ético del anterior siglo con relación a los africanos seguía intacto. Todavía faltaban décadas para cambiar la mentalidad europea hacia los africanos negros, basada en una convicción de superioridad moral e intelectual sobre esas «gentes incivilizadas». Añadir para los escépticos que esa mentalidad supremacista se mantiene hasta hoy en muchos aspectos, es un debate que en este capítulo no podemos abordar. Volviendo a la centuria veinte, entre los considerados «civilizados» se dieron comportamientos en África que no pasarían por tales. En cambio, no se hacían juicios morales, ni de ningún otro tipo, contra esos actos porque tenían la excusa de estar ocurriendo por fuerza mayor de las circunstancias. Rafael María de Labra —persisto en referenciar al humanista Labra, para compensar el déficit encontrado—, mencionaría en su intervención parlamentaria del 29 de mayo de 1895 en el Congreso de los Diputados una serie de comportamientos brutales acaecidos en la Guinea española. Los apuntaba como «causas» que debían ser juzgadas por tribunales justos y leyes adecuadas en una colonia que estaba al arbitrio de los gobernadores y del criticado —por ambiguo— Estatuto de 1888. «*Una de las causas se refiere a una pobre negra muerta a palos mediante la acción de uno de los misioneros y de uno de sus ayudantes en la costa africana; en otra se trata de otro negro azotado públicamente en otra de las Misiones de Fernando Poo o Annobón, y en otra se trata de violencias realizadas precisamente dentro de un colegio de misioneros. Claro es que esta es materia de los tribunales...*»[146].

Como vemos, no existen reparos en Labra para denunciar los abusos de los misioneros que estaban en pleno «proceso civilizador» en el golfo guineano, recordando que apuntamos a don Rafael Mª en el epígrafe acerca del excesivo protagonismo colonizador dado a los religiosos como uno de los más críticos hacia ese peso de las misiones católicas en Guinea. Era pertinente dar sentido jurídico y cívico a una colonia que había sido establecida sobre el papel, pues solo se trataba de un acuerdo diplomático de límites, pero que continuaba siendo «irreal», una *ínsula de Barataria* ahora en el continente. Hablando claro, tal como ocurría en 1842 en las islas de Fernando Poo y Annobon, la toma de posesión efectiva y legal, con ocupación territorial patente, estaba por hacer al 98% en 1901. Del papel a la realidad política empezaron a llevarla a Guinea una serie de *gente para todo* que tuvo de *todo* en sus quehaceres. Hasta un suicidio. Parece ser, es

146 LABRA, Rafael Mª de: «Fernando Poo y sus dependencias. Discursos en el Congreso de los Diputados». *Revista de Geografía Comercial*, Números 142-145 (1895), p.222.

una de las hipótesis, que el Comisario Jover y Tomar[147], el jefe de la Comisión Regia delimitadora de Guinea continental, se pegó un tiro en la cabeza el 31 de octubre de 1901 por sentirse humillado y deshonrado tras lo conseguido en el reparto con Francia.

La batalla en los despachos para delimitar fronteras entre lo que serían Gabón y la Guinea Ecuatorial ya resultó dura. Así que el trabajo de las comisiones mandadas por España al continente africano en la delimitación territorial firmada en el Tratado de París (1900) se previó arduo, aunque no tanto como para dispararse en la cabeza. El mismo sustituto de Jover y Tomar, otro comisario llamado Eladio Vilches, informó a Madrid que Jover llevaba bastante tiempo enfermo de neurastenia. Atribuyendo a ese motivo su profunda depresión y el desanimo mostrado en sus últimos informes; pues no era lógico que se sintiese responsable de un «mal reparto» que ya estaba hecho en los papeles del acuerdo de París de meses atrás. Vilches, además, mandará un informe final al Ministerio de Estado, en noviembre de 1901, confirmando el éxito de la misión propuesta, que no era otra que fijar los límites fronterizos definitivos. Y en ese logro había trabajado el comisario Jover y Tomar; no siendo el resultado motivo de fracaso provocador de suicidios, según el informe Vilches.

A todo esto, la delimitación sería de la frontera sur al tener que asumir el «hecho» de estar ya delimitados el norte y el este, a través de los bilaterales acuerdos entre franceses y alemanes. Esas cuestiones aparecerán como otra disputa hispanofrancesa cuando los germanos pierdan el Camerún tras el final de la Primera Guerra Mundial. En fin, avanzó el siglo XX más rápido sobre mapas y papeles diplomáticos que a pie de selvas y bosques frondosos. Por eso, en el territorio «nuevo» de la zona continental, la urgencia de realizar acciones coloniales que consolidasen el territorio y sus nuevas fronteras exigió un régimen político y jurídico menos

147 CARRASCO, Antonio M.: *Guinea Ecuatorial. Historia de la colonización... ob.cit.* Pp. 203-204.

ambiguo que el aplicado hasta ahora en la isla de Fernando Poo. Aunque, en verdad, la experiencia colonial en la actual Bioko tampoco servía de base. Todo resultaba «mínimo», pues la acción colonial española en el África negra aportaba escasa jurisprudencia, ya que se limitaba a la capital Santa Isabel (Malabo) y sus alrededores. El interior de la isla en 1900 seguía sin conocerse bien y ni estaba dominado como para decir «civilizado» por las autoridades y misioneros.

Por tanto, en realidad, se necesitaba un nuevo régimen jurídico y político con la ambición de hacer una colonia «de verdad» en todo el territorio conseguido, el insular, que siempre estuvo claro, y el continental recién delimitado. Había que regular las acciones de esa *gente para todo*, sino la Guinea española parecería un «país sin ley»[148]. Habrán apreciado lectores detallistas que ya no utilizo la cursiva o las mayúsculas para referirme a la Guinea española. Estamos en el siglo XX y al menos una cosa se tenía por fin clara en España. Que esos territorios iniciados como una cesión, luego considerados posesiones soberanas, más adelante tierras de ultramar en proyección de colonia, ahora eran una colonia «hecha y derecha». Perdían, al menos sobre el papel, esa condición de bien intangible —*ínsula de Barataria*— que me hizo emplear un nombre propio en mayúscula inicial y cursiva. El nuevo Estatuto colonial de esa realidad política tangible sería el decretado en 1904.

Este Decreto Orgánico nació como una novedad reformadora que establecía el régimen constitucional colonial, aunque en la práctica parecía más de lo mismo. Dar toda la potestad colonial al gobernador, como desde 1858, un poder ahora algo mitigado cuando se imponía informar inmediatamente al Ministerio en Madrid de cualquier nueva disposi-

148 CARRASCO GONZÁLEZ, Antonio M.: «La Guinea española, ¿un país sin ley?»; en MARTÍNEZ PEÑAS, L., FERNÁNDEZ, Manuela y BRAVO, David (Coords.): *La presencia española en África: del «Fecho de allende» a la crisis de perejil*; Publicación Digital (2012).

ción, que sería confirmada o revocada sin remisión. Antonio M. Carrasco[149] nos detalla el devenir jurídico y político de los territorios del golfo de Guinea en esos años de entre siglos y nos deja claro la persistencia de una situación de ambigüedad y duda que no fueran despejadas hasta la llegada del Patronato de Indígenas, también en 1904. El patronato no suponía, en sí, parte de las reformas legales, pero ayudó a evitar casos tan inéditos como la igualdad jurídica de indígenas y colonos ante la propiedad territorial que durante un tiempo pareció existir. Dejando a los llamados indígenas dentro de un estatuto que los consideraba incapaces ante el derecho, por ser considerados a efectos de ley menores de edad. Solamente se igualaba a los considerados emancipados, que eran los menos. Desde luego, eso despejaba cualquier duda a la hora de abordar cualquier litigio provocado por los negros. Porque eso era, sin más ambigüedades, el Patronato de Indígenas, una legislación segregadora entre blancos y negros, discriminando a estos últimos de manera denigrante.

Estarán conmigo que crear comisiones parlamentarias o juntas de congresistas para dirimir algo es propio de países democráticos, modernos y avanzados. En España se dio el caso de crear para Guinea una de esas juntas. Si eso no hacía a la España de finales del siglo XIX y principios del XX un país tan avanzado y democrático como las principales potencias europeas de la época, al menos, fue muestra de los intentos regeneradores y modernizadores de esos lustros. En el caso de la Junta Consultiva para las Posesiones Españolas de África Occidental, creada el 30 de julio de 1902 por Real Decreto[150], encontramos un ejemplo de intento de hacer las cosas de otra manera —y mejor— respecto al asunto colonial africano. A la larga, como casi siempre ha pasado con las comisiones consultivas en España, no tuvo ni gran influencia

149 *Ibidem.*

150 *Gaceta de Madrid.* N° 213. Viernes 1 de agosto de 1902. Archivo digital *Gazeta colección histórica*: Referencia BOE-A-1902-5694.

ni se la hizo mucho caso en la posterior legislación colonial que en teoría debía haber asesorado. En esa Junta estuvo Rafael Mª de Labra entre otros políticos relacionados con el colonialismo de una manera u otra. Destacan los que estuvieron en la misma Guinea, como el acompañante de Iradier en la expedición de 1884, Amado Osorio, o el exgobernador José de Ibarra. Se aprecia el intento de esta Junta Consultiva de instaurar un régimen legal para Guinea, similar al de otras colonias africanas, en el dictamen que emitió para el anteproyecto del Real Decreto estatutario de 1904. Se era consciente de una serie de contradicciones, como era el considerar a los indígenas mejor protegidos jurídicamente que los colonos. Fue gracias a las «primitivas Leyes de Indias», a efectos aún en vigor por su carácter consuetudinario en la legislación hispana cuando se trataba de la relación entre colono y colonizado, y que no consideraba a los indios colonizados sino súbditos. Esto era así porque los españoles al llegar al golfo de Guinea perdían ciertos derechos y consideraciones jurídicas. El sistema colonial tiende a segregar colonos y colonizados, pero también hace separación entre colonos y metropolitanos.

El hecho de no considerarse la colonia un territorio nacional en el mismo sentido que la metrópolis, dejaba profundos vacíos en su ordenamiento en ámbitos como el penal, el derecho de propiedad o el laboral. A la Junta Consultiva se la pidió elaborar anteproyectos de ley para adaptar la legislación nacional, imperante en la metrópolis, a la singularidad de Guinea. En verdad, era perfilar y mejorar las «leyes especiales» que siempre constituyeron la base del ordenamiento jurídico y político de Guinea. Pero, como decíamos, ninguna de las premisas esenciales expuestas por la Junta fue convertida en doctrina del Decreto Orgánico de 1904. Y fue así porque lo dictaminado en ese órgano consultivo se vio enfrentado a la realidad que supone cualquier sistema colonial. Una realidad que obliga a la diferencia, a la segregación, para conseguir esa autoridad especial y significativa que necesita el Estado en un territorio que no es idéntico al de la nación. Es más, se puede entender que en el fondo se sabía de esa dificultad al leer partes de las memorias cursadas: «*A tribus tan inciviles como las de nuestras posesiones del Golfo de Guinea sería absurdo imponerles nuestra legislación sobre las personas, fruto de los principios cristianos bajo el influjo de las tradiciones romanas*»[151]. En definitiva, el gobernador mantuvo amplias funciones porque primaba en una colonia el mantenimiento del orden y de la paz social. La amenaza de una insurrección local hacía necesaria la existencia de una férrea autoridad, representante de la emanada desde la metrópoli y que no podía ser puesta en cuestión. Así, al Estado le venía muy bien que hubiese «gente para todo» al frente de su colonia.

Un gobernador destacó entre esas *gentes para todo* que necesitó la metrópolis en la colonia de Guinea española. Fue Ángel Barrera Luyando (1863-1927), gobernador general en los territorios españoles del golfo guineano casi quince años, en dos etapas, de 1906 a 1907 y entre 1910 a 1924. Resulta significativo que la historia colonial guineana quedase perfilada en las dos primeras décadas del siglo XX y a través del protagonismo de un marino militar español, dueño de una personalidad soberbia y egocéntrica. Por fin era verdad que había gente para todo y adecuada para culminar una colonización que parecía un proyecto interminable. Cuando veíamos la rápida sucesión de gobernadores, todos militares de carrera, comprendíamos que Guinea se considerase un destino indeseado e incómodo, marcado por enfermedades que podían ser mortales, como el paludismo y la malaria. La mayoría de los gobernadores destinados a Santa Isabel procuraban pasar su destino africano lo más rápido y tranquilo posible. Por eso llama la atención el prolongado periodo gubernativo de este burgalés, ciudad castellana del interior peninsular, metido a militar de la Marina gobernador «abso-

151 Fragmento de la pro-memoria del anteproyecto decreto sobre materia personal de la Junta Consultiva, en CARRASCO, Antonio M.: *Guinea Ecuatorial. Historia de la colonización... ob.cit*, p.234.

luto» de la Guinea española. Ángel Barrera fue una excepción. Aunque un destino militar no suele ser por voluntad propia, y de hecho Barrera hubiese preferido seguir en un destino de navío pues en la Marina es la manera más rápida de ascender, demostró desde el primer momento un voluntarioso y personalista interés por el desarrollo y consolidación colonial de los territorios guineanos. Vamos, y disculpen la campechanería, que, si llegan a conocerse el gobernador Barrera y el diestro Rafael *El Gallo*, este último es probable que hubiera soltado por primera vez su «*hay gente pá tó*».

Fotografía de Ángel Barrera en su etapa de gobernador de Guinea.

No lo vean como una frivolidad o una tontería mi insistencia en remarcar la anécdota de la simpática sentencia «hay gente para todo». Es una manera de explicar la importancia cobrada por la personalidad, los rasgos psicológicos, en muchos personajes que acabaron teniendo mayor protagonismo en el devenir histórico guineano. Si el eficiente explorador y cartógrafo Enrique D'Almonte y Muriel (1858-1917), hubiese tenido un carácter enconado y soberbio, con más egolatría en sus acciones coloniales, la historia colonial de Guinea Ecuatorial sería, probablemente, muy distinta. D'Almonte[152] estuvo como civil, no era militar, trabajando en labores de geólogo, botánico y sobre todo cartógrafo durante doce años en el golfo de Guinea. Fue en pleno arranque del siglo XX, de 1901 a 1913; formó parte de la expedición regia que llegó el 30 de junio de 1901 a Fernando Poo para colaborar en la comisión que estaba delimitando con los franceses el territorio continental del Río Muni. Esta tarea de geógrafo *in situ* animó su activismo colonial, proponiendo una serie de proyectos para esa colonia africana tan necesitada de desarrollo. Esa motivación colonialista provenía de su faceta de exfuncionario estatal en las Filipinas, pasado compartido con el gobernador Barrera que acabó siendo su antagonista en la elección de un sistema colonial. Enrique D'Almonte, excelente cartógrafo cuyos mapas se seguirían usando décadas después para las concesiones de fincas, era de los partidarios de poner la colonización a cargo de grandes compañías privadas, otorgando a esas empresas plenas atribuciones administrativas y políticas. Consideraba, como muchos en la Real Sociedad Geográfica (RSG) a la que pertenecía, que era la mejor solución ante las limitaciones presupuestarias del Estado español. En principio fue una idea del agrado de los gobiernos de Madrid de esa década, recibiendo D'Almonte algún apoyo influyente. Pero esa propuesta chocaba de frente con la política personalista de Barrera, que como gobernador general controlaba las partidas presupuestarias y estaba ligado al *lobby* de empresas familiares catalanas. Finca familiar o compañía pequeña era el modelo de colonización imperante, junto al de los misione-

152 RODRÍGUEZ ESTEBAN, José A., y CAMPOS, Alicia: «El cartógrafo Enrique D'Almonte, en la encrucijada del colonialismo español en Asia y África»; *Scripta Nova*, vol. XXII, nº 586, Barcelona 2018.

ros claretianos. El gobernador Barrera desacreditó al cartógrafo utilizando una serie de incidentes ocurridos desde 1911 en la nueva delimitación fronteriza con los alemanes al norte del Muni. Las presiones políticas del gobernador y los obstáculos que interpuso al trabajo de D'Almonte, amilanaron a este técnico civil cuyo carácter se excedía en discreción y modestia[153]. En 1913 regresó a la península con la idea de volver a Asia en alguna de las expediciones cartográficas previstas por la RSG.

De esta forma, vemos como la personalidad arrolladora de un *hay gente pá tó* como era la del gobernador Barrera marcaría el devenir de la colonia, al imponerse a otro personaje de esta historia colonial con menos carácter. Sin embargo, quizás sean de los que prefieren pensar que el marino Ángel Barrera tuvo una experiencia vital que lo «predestinó» a ser ese gobernador tan comprometido. Que nada tuvo que ver su carácter todoterreno. Que simplemente fue voluntarioso y un esforzado trabajador, un tipo incansable; en eso estuvieron de acuerdo hasta los misioneros claretianos, sus más enconados críticos. Esa predisposición «innata» consiguió hacer que Guinea pareciera, por fin, una realidad colonial española. Pensemos que provenía del servicio de ultramar en las Filipinas y que había sentido en su propio espíritu la derrota del 98. Era un convencido funcionario colonial, pero con una personalidad fuerte que destacaba o que él mismo hacía destacar en todos los círculos sociales. El cargo de gobernador en Santa Isabel (Malabo) acabaría viéndolo como una predestinación; incluso cuando otros siempre lo vieron como un engorro para el que nunca se estaba bien preparado, él sin mucho problema eligió ser de aquellos tipos del perfil *hay gente para todo*. Convencido de poder asumir el reto de impulsar la colonización de Guinea Ecuatorial, tomó decisiones que hasta ahora no se habían tomado. Sería el primero en ordenar batidas de la Guardia Civil colonial con-

153 *Ibidem*.

tra los poblados fang reacios a acatar la soberanía española. Y lo hizo, además, contando con prácticamente la misma capacidad militar en la colonia que sus antecesores. La dotación española siempre fue exigua en esas tierras guineanas, de infantes de Marina y algunos guardias civiles, y Barrera optó por lo que ya habían hecho otros coloniales extranjeros mucho antes. Tener áscaris[154], soldados o guardias nativos al servicio de las fuerzas de seguridad de la colonia. Es decir, la represión violenta al final era ordenada por blancos, pero realizada por la «tropa negra», el grueso de los «soldados nativos».

La Guardia Colonial de Guinea en Santa Isabel,
en formación de revista hacia 1915.

Así, consiguió que la Ley de Presupuestos de 1908 incluyese una partida para crear la Guardia Colonial, dirigida por guardias civiles españoles. Además de policías, serían guar-

154 En algunos sitios aparecen escritos como *askaris* o *áskaris*, diciendo que la palabra proviene de un idioma africano, el *swagili*, con el significado de «soldados». Sin embargo, el diccionario de la RAE la incluye en la lengua española con la definición de «soldado marroquí» y que proviene del árabe. Por lo que para el castellano sería más correcto «áscari», por significar precisamente «soldado nativo», como eran los regulares marroquíes en el Ejército español.

dias de frontera. La disposición de los puestos de la Guardia Colonial repartidos por el territorio colonial fue muy efectiva, considerando los escasos medios y efectivos con los que contaba. Demostró las dotes de estratega del gobernador Barrera y cuando comenzó la guerra mundial, que convirtió al territorio colonial africano en un escenario bélico, sirvió para controlar en todo lo que se pudo la parte continental de la Guinea española. Una demarcación pequeña, incrustada entre colonias inmensas de las potencias beligerantes, que no había sido respetada con incursiones de todos aprovechando la floja presencia militar española. Por eso, su mano dura contra la población nativa vino también forzada ante la obligación de demostrar neutralidad española, controlando férreamente las fronteras, en ese contexto bélico. Vivido justo en pleno mandato del gobernador Barrera y con el incidente histórico ocurrido en Guinea Ecuatorial que metió de lleno la Primera Guerra Mundial en nuestra historia. Una pena que tan interesante acontecimiento no apareciese nunca en nuestros libros de texto.

La Guinea española interviene en la Primera Guerra Mundial con la Guardia Colonial guineana

No suele faltar en la plaza principal de toda colonia con el nombre de su metrópolis, una estatua del soberano o prohombre hacedor de esa comunidad. En la Plaza de España de Santa Isabel, actual Malabo, el mismo gobernador Barrera inauguró una escultura de su persona en 1916. El monumento fue un encargo de la Cámara Agrícola de Fernando Poo, esa institución que iba tomando poder en la colonia y que estaba copada, como vimos, por adinerados catalanes. Era una muestra de agradecimiento de la elite civil colonial al gobernador que les había salvado de la inestabilidad provocada al estallar la Primera Guerra Mundial. Según se acepta en toda la bibliografía, incluso la más crítica, el gobernador Barrera había conseguido mantener el equilibrio de neutralidad entre las potencias litigantes, Francia y Alemania, con grandes colonias vecinas a Guinea en el África ecuatorial. El encargo al escultor catalán José Monserrat[155] en 1915, también sería un movimiento en el juego de influencias del sector civil —terratenientes catalanes— contra el poder que tenían los religiosos —misioneros claretianos— en la colonia. Era atraerse el favor estatal a través de un gobernador Barrera que ya de por sí era muy crítico con esa supremacía religiosa impuesta en la acción colonial.

Además, ese busto de medio cuerpo de Barrera hablaba mucho de cómo era el gobernador general de la Guinea española. Empezando por simbolizar el gran poder otorgado a los gobernadores en la colonia, al asumir casi todas las competencias. Hasta la de conseguir en el caso de Barrera, gracias a su carisma de gobierno, firmar acuerdos internacionales. El conseguido con Liberia, facilitando contratar braceros para las plantaciones de cacao de Fernando Poo, fue otro de los motivos de agradecimiento que hizo a los terratenientes levantar un monumento en honor de su gobernador. Este marino español llegó a tener en la zona cierto prestigio internacional, consideración que le sirvió a la hora de tratar con sus correligionarios de las potencias con colonias vecinas. Ese prestigio debía corresponderse con una buena imagen de la colonia española.

Cuando Barrera llegó a ser gobernador interino en 1906 de Guinea, la capital Santa Isabel no era más que un villorrio con escasos edificios que pudieran decirse «monumentales». Acabar con ese déficit fue uno de sus retos impulsadores de la colonización durante su segundo mandato ya como gobernador oficial en 1910. Urbanizar Santa Isabel para que pareciera a ojos de los europeos —y de los propios colonos—

155 ALMAZÁN TOMÁS, Vicente D.: «Arte público, poder y colonialismo español en Guinea Ecuatorial. El monumento a Ángel Barrera y Luyando (1915)»; HERNÁNDEZ LATAS, José A. (Coord.): *El arte público a través de su documentación gráfica y literaria homenaje a Manuel García Guatas: encuentro internacional celebrado del 4-7 de noviembre de 2014*; Institución Fernando el Católico. Zaragoza 2015.

que atracaban en su puerto lo que tenía que ser: la capital colonial representativa y con prestancia del país colonizador, España. Y qué mejor forma de hacerlo que acondicionando la plaza que se abría al océano Atlántico por encima del puerto y bahía de Santa Isabel. La plaza de España, hoy Plaza de la Independencia, se convirtió en un elegante lugar confeccionado con las fachadas del palacio del gobernador, la catedral, la sede de los claretianos y la oficina naviera de la Compañía Transatlántica. Todos esos edificios fueron ampliados o culminados durante el largo mandato de Barrera.

En medio, como árbitro de todos esos poderes, se sitúo la estatua del gobernador Ángel Barrera. Estuvo en el mismo sitio hasta la independencia guineana de 1968. Ni las dictaduras de Primo de Rivera y de Franco, y menos la República, se animaron a complementar el conjunto con otras estatuas o complejos monumentales. Así que la sensación de estar en un ducado o virreinato de Barrera que tuvieron muchos durante su gobierno, y después incluso, estaba más que justificada. Toda esa generosa muestra de poder no hubiera sido posible sin la buena consideración que tuvo este gobernador en todos los gobiernos de Madrid, en esos años finales de la Restauración borbónica y al inicio del Directorio militar de Primo de Rivera. Reputación conseguida gracias a su buen hacer con los finqueros y comerciantes, apreciando el incipiente desarrollo económico de la colonia. Una estima a su gobernanza eficaz apoyada también, sin duda, en sus buenas referencias en Madrid, respaldadas por el mismísimo Alfonso XIII a través de sus hermanos, el general africanista Emilio Barrera y el vicealmirante José Barrera, que era ayudante de campo del monarca.

La estatua al gobernador Barrera en Barcelona (1915), expuesta antes de ser llevada a Santa Isabel.

Entre los logros estimados del gobernador Barrera, el más sonado y que complació de lleno a los gobiernos de Madrid fue el de garantizar la neutralidad de España en la Primera Guerra Mundial, asegurando los límites fronterizos de la colonia en el norte continental, cuando los alemanes tuvieron que abandonar el Camerún. El mundo sufría su primera gran guerra de ese siglo XX tan marcado todavía por el orden mundial decimonónico establecido desde Europa. Suponía un conflicto mundial porque los contendientes eran potencias europeas con colonias repartidas por todo el mundo. España permaneció neutral en la guerra, aunque la sociedad y los partidos políticos se dividieron entre aliadófilos y germanófilos. Es más, las fuerzas políticas y la sociedad más ilustrada se dividían a su vez en francófilos y anglófilos, eligiendo entre los aliados la línea de opinión que les era más afín. Además, una de las comidillas populares de la época era la posición entre aliadófilos y austro-germanófilos en la Familia Real. La Reina Madre, María Cristina, tenía procedencia austriaca y la reina consorte, Victoria Eugenia, la esposa de Alfonso XIII, era de origen inglés. Se hacía complicado entablar conversación en palacio sobre el conflicto bélico cuando estaban las dos presentes. Voluntarios españoles combatieron en ambos bandos, sobre todo al lado de los franceses a través de la Legión Extranjera. Centenares de compatriotas morirían en los barcos hundidos en la guerra, pues los submarinos alemanes no distinguían a la hora de hundir mercantes y bloquear el posible suministro aliado. La influencia de la Gran Guerra en la historia de España creo que es uno de esos asuntos de importancia escasamente tratados en la historiografía. Al igual que lo es el análisis detallado de las influencias que la presencia española en África tuvo en nuestra historia más contemporánea. Por eso, he preferido incluir este epígrafe en la historia de Guinea que estoy contando y que une, digamos, ambos déficits. Con rigor histórico se puede decir que la Primera Guerra Mundial también trascurrió en territorio español, debido al asunto —nada menor— de los refugiados de guerra alemanes y a la mini campaña militar que haría la Guardia Colonial guineana para garantizar su seguridad y que los enfrentamientos bélicos no traspasaran la zona controlada por la administración española. De toda esa operación delicada se ocupó con diligencia el gobernador Barrera.

Supongo que por lo llamativo y su carácter de curiosidad histórica la cuestión de los «internados alemanes»[156] ha sido bastante tratada y contada en la bibliografía sobre Guinea. Pues uno más a la lista, dirán con razón. En mi defensa,

156 GONZÁLEZ CALLEJA, Eduardo: «El internamiento de los colonos alemanes del Camerún en la Guinea española (1915-1919)»; *ÉNDOXA: Series Filosóficas, Nº 37,* UNED. Madrid 2016. Pp. 223-236.También en FONT GAVIRA, Carlos: «El internamiento de las tropas alemanas del Camerún en la Guinea española (1916)»; *Revista de Historia Militar,* 123 (2018), pp. 81-108.

auque les cuente el incidente haciendo una versión de lo documentado y leído, lo expuesto también tiene que ver con el origen inspirador del libro. Estoy escribiendo estas líneas por una anécdota escolar vivida durante mi enseñanza obligatoria. La Gran Guerra, para los apasionados de la Historia —ahora con mayúscula— como es mi caso, hubiera entrado mejor en nuestra «educación general básica» si los profesores de mi periodo lectivo hubiesen contado este dato histórico. Así, incidiendo en el carácter divulgativo que también pretende este ensayo, se cuenta esta historia que pertenece al currículum hispano-ecuatoguineano. Las versiones de lo que pasó cuando entre 45.000 y 60.000[157] personas, militares alemanes y sus acompañantes civiles, entraron en 1916 a Guinea desde el Camerún, estarían trastocadas por los numerosos informes que el mismo gobernador Barrera hizo para el Ministerio de Estado en Madrid. Son informes farragosos y reiterativos, en la línea de los mandados frecuentemente durante todo su mandato. Barrera reconocía que se extendía demasiado, en su celo por informar con detalle. Lo primero que demuestra tanta prolífica producción documental, sus informes, es la seria preocupación que tenía el gobernador Barrera con ese problema de talante internacional. En Madrid, en cambio, no se sabe si por ciega confianza en el hacer del gobernador o por tener otra versión de los hechos a través de las fuentes diplomáticas europeas, la sensación de grave crisis no fue tanta. El mayor temor sería el bloqueo naval de la colonia por las potencias aliadas, pero Barrera lo evitó rápido aceptando, sin pegas, todas las condiciones impuestas por los aliados.

Una de las condiciones aliadas impuestas a España más complicadas de llevar a cabo supuso el internamiento de miles de militares germanos, junto a los civiles auxiliares, en

157 La cifra no tiene consenso en la bibliografía encontrada, y eso que toda utiliza la documentación del Archivo del Ministerio de Asuntos Exteriores, del Archivo Histórico Nacional (AHN) y del Archivo General de la Administración (AGA).

Fernando Poo. Se trataba de alejarlos del continente. Habían pedido asilo en el vecino territorio español de Bata, al refugiarse allí tras su derrota en febrero de 1916. La exigencia de los vencedores aliados era llevarles lejos de la que había sido su colonia, el Nuevo Camerún, evitando la tentación de la reconquista. Iba a ser una medida transitoria, pues la condición principal consistía en la urgente deportación de ese contingente a la península. Parece que, tras unos provisionales lugares de confinamiento en el entorno del hospital de Santa Isabel, la mayor parte de los tres campamentos de internamiento que se hicieron fue construida por los propios alemanes. En concreto, por sus soldados negros, los áscaris del emperador alemán, dirigidos con tanta disciplina por la oficialidad germana que suscitó la admiración y envidia del gobernador Barrera. Esa diligencia disciplinaria le gustaría para con los braceros contratados en la colonia española y dentro del contingente nativo de la Guardia Civil colonial. No se puede asegurar, vista su firmeza ante todos sus iguales en mando de la zona, tanto con ingleses, como franceses y alemanes, que Barrera fuese de los españoles germanófilos en esta contienda mundial. En cambio, sus declaraciones alabando la capacidad organizativa germana bien pudieran evidenciar mayores simpatías por los alemanes. Para periódicos de la metrópoli estaba clara esa filiación, publicaciones como el *Heraldo de Madrid* y el *El Diluvio*, órgano del partido de Lerroux, acusaban al gobernador español de germanófilo por sus estrechas relaciones con comerciantes germanos del golfo de Guinea, como el factor Otto Kruhner. Los diplomáticos y mandatarios aliados de la zona lo tuvieron también claro, las acusaciones de confraternización de Barrera con los militares alemanes fueron numerosas.

La tensión llegó a los límites bélicos cuando dos cruceros aliados, el francés Surcouf y el británico Astraea, al final de octubre de 1916 hicieron ostentación de fuerza en la bahía de Santa Isabel. El gobernador Barrera no se achantó, pero en Madrid sí que comenzaron a tomar en serio todas las quejas de los diplomáticos aliados; algunas motivadas por acusaciones tan graves como el estar haciendo la vista gorda al contrabando que rearmaba al contingente germano para recuperar Camerún. La orden fue dejar atracar en Santa Isabel a una delegación franco-británica que comprobase *in situ* la situación de los militares alemanes internados por los españoles. Quizás la negativa del gobernador español a permitir el acceso a los barracones de oficiales alemanes de los delegados aliados para interrogarles no sorprendió a nadie. Barrera había protestado enérgicamente contra las presiones de los aliados que consideraba intolerables, pues como representante de España se había esforzado siempre en demostrar la neutralidad de ésta. Una cosa era permitir la inspección exterior de los campamentos, otra muy distinta era facilitar interrogatorios de «tercer grado» de los aliados a la oficialidad alemana. Él se debía solamente al Real Decreto firmado por Alfonso XIII al poco de iniciarse la Gran Guerra, donde a través del presidente del partido conservador Eduardo Dato ordenaba *«la más estricta neutralidad de los súbditos españoles, con arreglo a las leyes vigentes y a los principios del Derecho público internacional»*[158].

La razón y los hechos estaban con Barrera; se habían trasladado en poco tiempo y con escasos medios desde el continente (Bata) a la isla de Fernando Poo (Bioko) a miles de alemanes, las intenciones españolas fueron siempre las de cumplir con las condiciones aliadas dentro del derecho internacional (Convención de La Haya). Pero las presiones aliadas continuaron, molestando más las que provenían de la Embajada británica en Madrid. Los ingleses amenazaban con desembarcar en Santa Isabel y hacer en persona un recuento e inspección de la tropa germana que permanecía en Santa Isabel. Esa amenaza llegaría a oídos de los oficiales alemanes, causando malestar, y Madrid decidió sumarse a la postura de firmeza de su gobernador enviando el 30 de diciembre de ese año 1916, una compañía de las

158 En la *Gaceta de Madrid*, nº 219 de 7 de agosto de 1914.

Fuerzas de Protección de Infantería de Marina como apoyo a la Guardia Civil colonial. Lo hacía no solo por cuestión de orgullo frente a Londres, también en previsión de un motín de los alemanes confinados, molestos porque España no les asegurase el refugio al que tenían derecho por los convenios internacionales de guerra. Sea por previsión militar o cosa de imagen internacional, el hecho es que tuvimos a los infantes de marina españoles en ese escenario bélico hito de la historia.

La Guerra Europea, como se denominaba en ese momento, aunque en verdad la estaba viviendo medio mundo, no pasaría de puntillas por suelo africano. El reparto colonial de África en el siglo XIX, la convirtió en un frente más de la contienda. Alemania comenzó la centuria del 1900 con gran ímpetu diplomático, rozando el militarismo, en pos de conseguir un imperio de ultramar. Así vemos incidentes de suma importancia en el entorno del futuro protectorado hispanofrancés de Marruecos, propios de esta intención germana de participar en el reparto africano monopolizado por franceses y británicos. La Conferencia de Algeciras de 1906, una especie de «segunda» Conferencia de Berlín concretada al norte africano, intentó satisfacer a Alemania en sus reclamaciones de tener presencia en el tráfico mercantil con el Imperio Jerifiano. Pero Francia prosiguió marcando el paso en el norte de África, encaminada a conseguir de manera unilateral el protectorado sobre Marruecos. Desde la visita en marzo de 1905 del emperador Guillermo II a la ciudad de Tánger, Alemania se había convertido en una especie de adalid de la independencia magrebí. En 1911 el gobierno alemán consideró que Francia había roto el equilibrio de influencias sobre Marruecos, pactado en Algeciras, enviando a modo de amenaza de bloqueo a un cañonero, el Panther, al puerto de Agadir, tan vital para el comercio de todo el Magreb. Un golpe sobre la mesa que preocupó bastante en una Europa donde los países calibraban fuerzas, considerando que ya se habían elaborado alianzas militares como la franco-británica de 1904, la Entente Cordiale, precisamente para contrarrestar el eje militar austro-prusiano. Con esta nueva crisis internacional en Marruecos, el imperio germano conseguiría forzar concesiones territoriales francesas en el África ecuatorial, en el Congo francés, a cambio de dejar campo libre a franceses y españoles en la creación del protectorado conjunto sobre el reino marroquí.

Fueron parte de esas concesiones territoriales francesas a Alemania en el golfo guineano las que acabaron por rodear al territorio español del Río Muni, con tierras que pasaban a la nueva colonia alemana del Camerún. Tanto al este como al sur, concediendo a los germanos unos brazos de tierra que dieran salida al río Congo y al océano, respectivamente. Se aprovecharon de la débil presencia española en esa parte continental de Guinea, que fue atravesada a discreción por caravanas expedicionarias y contingentes militares de todas las potencias rivales. Los alemanes no ocultaron su interés por ocupar el Río Muni, considerando que resultaba la salida natural de su colonia al Atlántico. Sería el periodo que más amenazada estuvo la soberanía española en esa parte continental; reaccionando el gobernador Barrera de manera solvente con los escasos medios a su disposición, distribuyendo lo mejor posible al contingente español de la recién creada Guardia Civil colonial o Guardia Colonial, como ya comenzaba a llamarse. Dentro de esa «campaña militar» de reafirmación de soberanía y neutralidad española, la acción más llamativa de la Guardia Colonial española de Guinea sería la realizada para atrapar a los autores de los «crímenes de *Ayamekén*»[159]. Este poblado al norte de Bata fue el horrible escenario de los asesinatos y mutilaciones de un par de ciudadanos alemanes junto a sus porteadores.

La espeluznante noticia saltó al conocimiento público en el verano de 1915, la guerra llevaba ya un año y se notaba en los numerosos incidentes que se daban en el golfo de Guinea. El

159 VILARÓ, Miquel: «Río Muni en el contexto de la I Guerra Mundial»; HISPANIA NOVA. Revista de Historia Contemporánea. Número 12 (2014). Consulta digital: http://e-revistas.uc3m.es/index.php/HISPNOV

cónsul alemán acusaba a los británicos de haber contratado a unos ladrones para robar y asesinar a los ciudadanos alemanes. En cambio, los ingleses acusaban a los germanos de convertir esa fatalidad en una cortina de humo. Tapadera que ocultaba el contrabando de armas y material bélico realizado —supuestamente— por los comerciantes alemanes, en esos límites fronterizos de la colonia española. Guardando las formas legalistas, pues se encargó al juez de primera instancia e instrucción de Santa Isabel que instruyese la causa, el gobernador Barrera ordenó la inmediata captura de los responsables del crimen. La batida de la Guardia Colonial fue rápida para encontrar a los presuntos asesinos, pero bastante arbitraria. «Los acusados eran todos analfabetos, «de religión infiel» y de edades y tribus distintas»[160]; así resume el profesor Vilaró i Güell la condición de los detenidos y acusados por robo y asesinato. En la sentencia se hace un relato de los hechos que huele a componenda desde las primeras líneas.

Según parece, para cometer esa tropelía con resultado mortal, unos cuarenta indígenas se habrían reunido en el poblado cercano de Bisé. Allí habrían planeado el crimen, asaltando a los comerciantes alemanes en Ayamekén, siendo los principales autores materiales del asesinato cinco de ellos vestidos con uniforme de soldados ingleses. Los objetos robados fueron dinero en metálico y los baúles con las pertenencias de los asesinados, dejando claro que no había material de contrabando. En detalles como éstos es donde parece que la sentencia española deseaba contentar a todas las partes. Aunque no quedaban nada claros los motivos de perseguir a los infortunados porteadores a la profundidad del bosque donde habían huido, hasta darles muerte a machetazos. En resumidas cuentas, en una resolución exprés se le condenó a muerte. Una vez ejecutados permanecieron a modo de escarmiento colgados de los árboles que rodeaban el poblado de Ayamekén. El mismo Barrera en uno de sus informes recono-

160 *Ibidem.*

cería que a esos infelices se les había utilizado como «cabezas de turco». A niveles de rebajar la tensión diplomática cursó efecto, pero de poco serviría tanta contundencia para evitar surgieran las revueltas fang que se avecinaban.

Algo que también mostraba este incidente tan escabroso era la debilidad germana en la región, en cuanto a fuerzas de seguridad y militares que protegiesen a sus comerciantes y colonos. Así podemos entender mejor la caída tan rápida de Camerún, la colonia alemana, en manos de los aliados. Berlín nunca tuvo en el África ecuatorial las suficientes fuerzas como para tomar la iniciativa en los movimientos bélicos que se dieron nada más comenzar la guerra en el verano de 1914. Consciente de esa debilidad, el gobernador alemán del Camerún, Karl Ebermaier, decretó que las fuerzas policiales, las *Polizeitruppen Camerún*, se uniesen al pequeño ejército colonial que se había creado viendo la ineficacia de las patrullas policiales, compuestas —igual que la Guardia Colonial de Guinea— por guardias africanos dirigidos por oficiales y suboficiales germanos. Pero esta fusión tampoco creaba una fuerza militar a temer, porque el contingente de áscaris camerunenses mandados por un centenar de oficiales alemanes no pasaba de los 1.550 efectivos. La tan admirada *Schutztruppe Camerún* por el gobernador Barrera cuando los vio levantar disciplinados los campamentos de internamiento en Santa Isabel, sería incapaz de contener por mucho tiempo el ataque combinado franco-británico.

La caída de la ciudad de Duala en manos aliadas a principios de 1916 supuso la derrota final de los alemanes en su colonia del Camerún. Al perder esa población estratégica perdían la comunicación con Alemania. Quedaban los centros de comunicación de Río Muni, aunque eso era territorio español y traspasarlo con una columna militar no era tan discreto como las habituales pequeñas incursiones. El coronel Carl Zimmerman fue el oficial alemán que asumió la derrota, pero consideró la retirada como la mejor opción para sus hombres. Agrupados en Yaundé, población que hacía las veces de capital, ordenó a sus tropas dirigirse a la zona de Río Muni. Aquella retirada tuvo que ser digna de ver, transcurrió del 6 al 16 de febrero de 1916, diez días para mover a miles de personas hasta los límites de la colonia española, la futura Guinea Ecuatorial. No existe documentación gráfica de esas columnas inmensas de refugiados, al menos yo no la he encontrado, aunque es fácil de imaginar el asombro de los guardias coloniales españoles cuando vieron llegar a Zimmerman encabezando esa marea humana que pedía asilo a España como país neutral.

Los áscaris alemanes del Camerún, fotografía libre de derechos, fechada hacia 1915.

Gracias al comportamiento excelente, más que correcto, de los militares alemanes colaborando con las escasas fuerzas españolas que les recibieron, aquello aconteció de forma civilizada. Se auto desarmaron y se pusieron a disposición de la autoridad española, en este caso del gobernador Barrera que pronto comenzó a tomar medidas, como la de ordenar la repatriación de la mayoría de los africanos que habían acompañado a los militares alemanes en ese cruce de frontera. No había víveres suficientes para tantas personas en Bata, así que unos 25.000 camerunenses nativos fueron regresados al Camerún. Si atendemos a unas fuentes se diría que quedaban otros 25.000 refugiados en la Guinea española, pero como se ha dicho ya, las cifras son dispares y en la prensa de la época encontramos otros datos:

> Los alemanes del Camerún
>
> Madrid, 5. Esta tarde conferenciaron en el Ministerio de Estado, ampliamente, el jefe del Gobierno, señor Conde de Romanones y el señor Villanueva, tratando de las medidas que han de adoptarse para mantener a los 900 alemanes y 14.000 indígenas del Camerún que han sido desarmados por las tropas españolas de Bata. Unos serán conducidos a Fernando Poo y los demás a otros lugares del golfo de Guinea.[161]

Esta es una breve nota aparecida en el diario *La Independencia* de Almería. Podría minusvalorarse porque consiste en apenas unas líneas en un periódico andaluz de provincias, sin embargo, resulta interesante por la prontitud de la noticia fechada el 6 de febrero de 1916, cuando se supone llegaron a Guinea los primeros «alemanes del Camerún». El servicio de radiotelégrafos en el golfo guineano funcionaba muy bien o las fechas aparecidas en artículos y libros que componen la bibliografía del asunto son imprecisas. Podría ser que llegase un temprano telegrama a la península la madrugada del 5 al 6 de febrero y fuesen los primeros alemanes en llegar, no el total, de esa inmensa columna que se aproximaba. Lo estoy argumentando y, la verdad, a mí mismo tampoco me convence mucho. El sentido del escrito de la nota hace ver que son todos los refugiados llegados a Bata; objeto de lo tratado en el Ministerio

161 *La Independencia*: diario de noticias: Año IX Época Segunda Número 2545; 1916 febrero 6.

de Estado. Eso haría 14.900 personas, no llegando ni a los 15.000 refugiados que están lejos de las cifras manejadas; incluso restando los cameruneses negros que fueron repatriados en el primer momento, los números no cuadran bien. En resumidas cuentas, es complicado dar cifras rigurosas. Pero podemos concluir que sí fueron miles de personas las que reclamaron asilo, causando un serio problema logístico a España en medio de un conflicto mundial donde se declaraba nación con una estricta neutralidad. La curiosidad e interés que provocó en la sociedad española este caso tuvo respuesta adecuada en puntuales informaciones de la prensa contemporánea. Hay que tener en cuenta la aparición diaria en todas las publicaciones, por pequeñas y locales que fuesen, de información acerca del transcurso de la «Guerra Europea». Fue el interés primordial de esos tiempos y el caso de los «alemanes del Camerún» perteneció a esa gran demanda de noticias sobre la contienda mundial.

La expectación por la llegada a la península de los peculiares refugiados germanos sería tanta que se daban constantes notas anticipadas. Como en el diario *El Adelanto* de Salamanca, que informaba casi semanalmente desde marzo de 1916 acerca de la noticia proveniente de Cádiz y que decía se estaba esperando en el puerto de esa ciudad la llegada de unos «alemanes del Camerún». Llegarían a bordo de los transatlánticos *Cataluña* e *Isla de Panay*; «*convoyados por el crucero Extremadura y conduciendo a más de 1.000 alemanes del Camerún*»[162]. La noticia está fechada el 17 de abril, confirmando que todavía no habían llegado los refugiados de guerra alemanes tal y como estaba previsto en los acuerdos con los aliados, que exigían alejar cuanto antes a los germanos de su colonia perdida, el Camerún. El mismo diario nos concreta más cuando el 2 de mayo de 1916 recoge la nota de que desde Las Palmas «*marcharon ayer a Cádiz los vapores "Panay" y "Cataluña" con 800 alemanes del Camerún. Durante la trave-*

162 *El Adelanto*: Diario político de Salamanca: Año XXXII Número 9783; 1916 abril 17.

sía falleció un alemán víctima de fiebre. Los alemanes se muestran agradecidos á las atenciones de los españoles»[163]. Como vemos, el baile de cifras de los alemanes refugiados ya se daba en la época. Y como apreciamos, también, la simpatía a los españoles por parte de los germanos iba en aumento durante el transcurso de la *Gran Guerra.* Esta labor de acogimiento, asilo y refugio, a los alemanes derrotados en Camerún trascendió a la prensa germana, lo que favoreció una buena opinión de España entre la sociedad alemana. A este respecto se dio un caso bastante desconocido en la historiografía sobre España y la Primera Guerra Mundial, relacionado en parte con los llamados «alemanes del Camerún», tratado en el artículo citado a pie de nota de la doctora en Historia del Arte, María Dolores Palacios[164], y que ha servido de fuente para muchos de los datos citados en mi narración de los hechos.

Fue una iniciativa de Alfonso XIII y de la diplomacia española que surgió por una anécdota. La llegada al Palacio Real de una carta de una lavandera francesa pidiendo ayuda al monarca español por su conocida neutralidad. La joven humilde estaba desesperada, no sabía nada de su marido desaparecido en la batalla de *Charleroi.* Fue el mismo Alfonso XIII quien se interesó por esta emotiva historia y ordenó a la diplomacia española buscar al soldado francés. Hubo suerte, estaba vivo e internado en un campo alemán de prisioneros. A los pocos días, este galante y humanitario gesto del rey español tuvo repercusión en la prensa mundial. El 18 de junio de 1915 el periódico francés *La Petite Gironde* hablaba del asunto a toda página. Sería tan difundido este éxito de Alfonso XIII por la prensa de la época, que provocó una avalancha de correspondencia llegada al Palacio Real con nuevas peticiones de búsquedas de desapa-

---

163 *El Adelanto*: Diario político de Salamanca: Año XXXII Número 9795; 1916 mayo 2.

164 PALACIOS LÓPEZ, Mª Dolores: «*La Oficina de la Guerra Europea: los alemanes del Camerún en el Archivo General de Palacio*»; *Revista de Historia Militar,* Nº 121 Madrid 2017. Pp. 235-261.

recidos y de ayudas para repatriaciones. Ante este fenómeno, el monarca y su secretario particular, Emilio Mª de Torres, crearon la Oficina de la Guerra Europea. El propósito fue ayudar a todas las víctimas del conflicto que se dirigiesen al rey, sin importar la nacionalidad, desde la pulcra neutralidad de España. Actitud que sirvió para incrementar la simpatía hacia el país y los españoles, en medio de una Europa devastada por el odio de la guerra.

Así, entre la numerosa documentación generada por esa Oficina de la Guerra Europea, encontramos en el archivo de Palacio Real cartas y fotografías relacionadas con el caso de Guinea Ecuatorial y el Camerún durante la Primera Guerra Mundial. Futuros países africanos que eran colonias en ese momento, forzadas a sufrir la guerra entre las potencias colonizadoras de la región. Deberían incluir en su historia este episodio, aunque sean memorias coloniales, porque en los documentos que generó se pueden rastrear datos aún por investigar y por completar. Por ejemplo, muchos comerciantes y colonos civiles alemanes se alistaron voluntarios ante el llamamiento patriótico del gobernador del Camerún, Karl Ebermaier, en la *Schutztruppe Camerún*. En los primeros días fueron tratados como a los militares de carrera, pues en el momento de pedir refugio eran combatientes, aunque después ellos mismos vieron la necesidad de buscar otro trato, ya que entre sus peticiones de ayuda estaba saber qué había sido de sus propiedades en Camerún o conocer la suerte de sus criados y trabajadores camerunenses. Fueron los que más se resistieron a abandonar Santa Isabel, deportados a la península como hemos visto, porque querían estar cerca de lo que había sido su existencia en África durante años. Incluso muchos de estos alemanes fueron negros emancipados que habían trabajado de capataces o eran pequeños comerciantes africanos. Se sabe que algunos se quedaron en Fernando Poo (Bioko) y rehicieron allí sus vidas, por lo que forman parte con todo derecho de la historia ecuatoguineana.

Áscaris del Camerún alemán en la Primera Guerra Mundial, poco antes de su retirada (1915).

Los «felices años 20», ¿también en Guinea?

Casualidades del devenir histórico, durante la década de 1920 en la España peninsular había un gobernante de apellido Primo de Rivera que tuvo un antepasado protagonista en el origen de la historia española de Guinea. Recordarán al sustituto del fallecido conde de Argelejo en mitad de la primera expedición, el teniente coronel de artillería don Joaquín Primo de Rivera y Pérez de Acal. Este militar se ocupó de acabar la misión de las «tomas de posesión» en el golfo guineano, encomendada por la Corona en el siglo XVIII. A un familiar suyo, más de un siglo después, el rey Alfonso XIII, la Corona, le encomienda formar gobierno en 1923, tras un golpe de Estado «consentido». Al llegar la década de 1920 en la Guinea española las cosas comienzan a percibirse más definidas. También el final de la Gran Guerra abrió en España una etapa llena de vitalismo. A pesar —o por eso mismo— de estar protagonizada por un gobierno autoritario al que se le suponía un férreo control de la sociedad. Pero fue, según estudiosos[165] de ese primero Directorio militar y luego «dictadura civil», uno de los primeros regímenes populistas que usaron avances sociales para compensar carencias democráticas y liberales. Primo de Rivera crearía con su forma de entender la política uno de los primeros «populismos de derechas» en España. Populismo basado en denunciar desde el poder a los políticos profesionales como corruptos parásitos de la nación, justificando así su gobierno personalista. Quizás por el tradicional perfil bajo de esta etapa, considerado un periodo menor previo a los dos grandes acontecimientos en España del primer tercio del siglo XX, no se ha estudiado en profundidad nada más que la figura del dictador. Estudios concretos y en detalle de los cambios que se dieron en la administración pública, de las políticas migratorias y las coloniales de ese régimen, por ejemplo, nos servirían bastante para conocer mejor lo que supuso para Guinea esos años veinte tan determinantes.

Muchas eran las expectativas, tras la barbarie sufrida de la Primera Guerra Mundial. La humanidad, confiando en los avances tecnológicos, soñaba en 1920 con el inicio de una época de desarrollo y bienestar. Se tenía la sensación de que todo era posible, asombrados aún con inventos recientes como el cine sonoro, la radio y el fonógrafo. Ilusionados con las mejoras que daba la electricidad a máquinas como las lavadoras, las neveras o las sencillas tostadoras. Un mundo que se vivía con intensidad y felicidad. Sin embargo, esa misma intensidad emocional se dio en aspectos políticos; transformados en fenómenos de masas a las que guiaban sentimientos viscerales, como un nacionalismo furioso. Pues los llamados por muchos Felices Años 20, también serían los años de la creación de los totalitarismos europeos, del fascismo y el nazismo. Esos movimientos abusaron de un populismo radical, llevado al extremo en muchas facetas de la sociedad y confundiéndose con los verdaderos valores de

165 QUIROGA, Alejandro: *Miguel Primo de Rivera. Dictadura, populismo y nación*; Editorial Crítica. Barcelona 2022.

progreso social. En este sentido, eran una reacción contundente contra otro de los totalitarismos surgido poco antes, el comunismo de la Revolución bolchevique. En España, la dictadura de Primo de Rivera abordaría el primer proceso de nacionalización de masas contemporáneo[166]; para ello se fijaría en los modelos fascistas de la Italia de Mussolini.

Fotomontaje propio. Bailarina de *balele* en Guinea y la Baker en un cartel del *Folies Bergère* de París.

Sin embargo, en el contexto cultural esos años veinte fueron percibidos como liberales y desinhibidos. Una década catalogada como la de los Alocados Años 20, montada en una paradójica sensación de felicidad. Era la terapia evasiva de tanto mal recuerdo dejado por la Gran Guerra. Y en cierta manera fue así; una extraña contracorriente porque en general el contexto económico era de crisis, de posguerra y de fanatismo político. Se bailaba el loco charlestón en París o Nueva York, mientras Benito Mussolini iniciaba la Marcha

166 *Ibidem.*

sobre Roma que en 1922 afianzaba el poder de su Partido Nacional Fascista en Italia. En la Revolución Rusa, se consolidaba el poder bolchevique y despuntaba ya un tal Stalin que sería el artífice del mayor laboratorio sociológico en control de poblaciones de masas. Asimismo, en Chicago, la Mafia se burlaba de la *Ley Seca* suministrando alcohol clandestino a mansalva en cualquier acto social o público con las autoridades compinchadas; lo que demostraba que ni en las democracias liberales se sabía dar una respuesta adecuada a esa inquietud «vitalista» de las masas[167]. A su vez, sería una década de gran calidad artística, con unos niveles de libertad creativa que algunos países —como el nuestro—no alcanzarán hasta la década de 1980, sesenta años después. Existió una idea de la moralidad muy desinhibida, libre de tabúes absurdos. Todavía sorprende la modernidad y el atrevimiento de la bailarina negra Josephine Baker en 1925, cuando asombró en los musicales de París con su danza semidesnuda, ataviada con una burlona falda de bananas que ridiculizaba los estereotipos tenidos aún de los «salvajes» africanos.

La Baker suponía una corriente de aire libertino rompedor de muchos prejuicios hacia la mujer y a las personas negras. No obstante, como artista de su tiempo, su arte se veía obligado a utilizar referentes culturales vigentes. La desnudez o semidesnudez cubierta con prendas vegetales serían propias de los «incivilizados», de los negros pendientes de «colonizar-civilizar» del todo en esos años que la bella Josephine danzaba en las noches de París. Era lo esperado, un exotismo y sensualidad asociado al imaginario que se tenía del África negra, lo demandado por el público europeo de los Años 20. En cambio, su número de baile con las bananas conseguiría hoy día alguna crítica por racista y machista. En la Guinea española de esos años había bailarinas de balele[168]

167 ORTEGA Y GASSET, José: *La rebelión de las masas*; Espasa Libros. Barcelona 1999.

168 Archivo gráfico de la familia Centurión, en CENTURIÓN, J.L.: *Crónica gráfica de la Guinea española... ob.cit.* Pp. 147.

que fácilmente recuerdan a la Baker y su famosa danza. Los babeles son los bailes ceremoniosos acompañados de percusión más comunes, también son festivos, de muchas culturas del África ecuatorial. En el caso de la Guinea española destacaban los de los llamados pueblos costeros, de la parte continental, la etnia *ndowé*. Para que no se me entienda mal, en realidad era La Baker quien recordaba, de manera frívola, a unas mujeres danzantes de un balele que suponía una danza cargada de simbología cultural. Baile que al occidental de esas primeras décadas del siglo XX seguía atrayendo solamente por ser exótico y sensual.

Si no por el exotismo, a Guinea comenzaban a llegar más españoles en esos años, gracias a la mejora del transporte con el servicio prestado por la Compañía Trasatlántica de vapores, teniendo incluso una oficina principal en la misma Santa Isabel. En la ruta entre la península y el golfo de Guinea, ya se podía incluir a Bata, la que sería capital de la zona continental guineana. Un logro de expansión colonial con la impronta del gobernador Barrera; bueno, ya exgobernador, pues estamos en 1925 y hacía casi un año que Ángel Barrera, enfermo en los últimos meses, había sido sustituido.

Alguien con tanta iniciativa y disposición en Guinea como Ángel Barrera parecía difícil de reemplazar. Hasta el último día de su mandato estuvo reclamando más financiación para completar la colonización de la parte continental, construir infraestructuras y facilitar la llegada de españoles que pudieran invertir en los negocios de madera, cacao y caucho que comenzaban a despuntar, pero que seguían muchos en manos de alemanes y franceses. Dejó puestas las bases de la ocupación efectiva del Muni, pero sería su sucesor quien, esta vez ayudado con más dinero llegado de Madrid, completaría la total colonización del Río Muni. Fue su sustituto el general Núñez de Prado, que provenía de la camarilla de militares del entorno de Primo de Rivera. No sería del singular perfil de la gente para todo, como Barrera. Más bien se correspondía al definido semblante del militar africanista —que tanto marcará la historia de España de esos lustros— nada convencido de seguir manteniendo la política de atracción de los pobladores nativos que ejercía el exgobernador Barrera. La intención del nuevo gobernador Núñez de Prado, desde el inicio de su mandato, sería la de emplear la fuerza militar para completar y consolidar la ocupación efectiva del territorio continental de la Guinea española. Las fuerzas de la Guardia Colonial, entre 1926 y 1927, construyeron una docena de nuevos puestos coloniales y crearon caminos de tierra para unirlos. Se estructuraba el territorio en forma de red de acuartelamientos; en lugar de escuelas y dispensarios médicos como había ideado el gobernador Barrera, aunque nunca realizado por escasez de fondos.

Ángel Barrera Luyando, murió en su retiro de Madrid poco después de dejar el cargo de gobernador de Guinea. Fue en 1927, tres años hacía del final de su «omnipresencia» guineana. Tiempo en el que consiguió el reconocimiento deseado de la Armada, siendo nombrado contralmirante en la reserva. Pero sin muchos más agradecimientos. Para haber demostrado una capacidad de gestión por encima de la media de los políticos españoles de la época, este personaje singular de nuestra historia será otro miembro del panteón de los olvidados o menospreciados. Las razones no sabría argumentarlas, como en el caso de Joaquín Costa también podría ser cuestión de prejuicios ideológicos. Quizás porque encarnaba al arquetipo del «nuevo conquistador», que combinaba el talante paternalista pacífico para atraerse al indígena, con una capacidad de asumir decisiones crueles cuando era —a su entender— necesario. Un rol que la bibliografía de perspectiva anticolonial —o *decolonial*, como se dice ahora— no sabrá cómo tratar, si con el más absoluto desprecio o con la denuncia moderada. En fin, lo cierto es que Ángel Barrera no tiene ni una entrada en el Diccionario Biográfico Digital de la Real Academia de la Historia, ni tan siquiera en la *Wikipedia*. Por lo visto no interesa ni a los nostálgicos del imperialismo. Al final donde ha recibido mayor atención y su persona ha sido mejor investigada, es en la obra de mi tocayo —en catalán— Gustau Nerín[169]. Es un acercamiento algo desapasionado acerca de los valores positivos de Barrera y muy crítico, aunque justo, con las circunstancias negativas del personaje. Supongo que al tratarse de una personalidad con más juego en el acercamiento literario, incluso psicológico, se tiene excusa para evitar una mayor aproximación desde la pura perspectiva histórica.

No solamente hubo cambio de gobernador en Guinea durante 1925, también suponía un año de cambios importantes administrativos y de gobierno en la península. Cambios que afectarían a la administración colonial española. El Directorio militar del general Primo de Rivera iba a crear, a través de la Presidencia del Gobierno, un nuevo organismo que se ocuparía de los territorios ultramarinos. Se trataba de la Dirección General de Marruecos y Colonias; al frente de ella designó a un camarada de armas, el general Jordana, un militar africanista veterano de Marruecos y que llegaría a ser uno de los primeros ministros de Exteriores de Franco. Como apuntábamos, de este círculo de militares africanistas al que pertenecía Jordana, saldría la elección del general Núñez de Prado como gobernador general de Guinea. Llegaba a la colonia en plena década de 1920 y en España, a su manera, también se vivía la efervescencia vitalista de esos años. Al menos se notaba en que a Guinea llegaba más gente con deseos de iniciar negocios o de establecerse de manera estable, asumiendo la tarea de colonos. En 1926 el censo tenía registrados a casi 1.000 europeos, siendo un 60% españoles[170]. Algo a significar, pues durante bastante tiempo la población europea de procedencia española no había llegado ni a la mitad en el golfo guineano, destacando los números de ingleses y alemanes en el conjunto total de

169 NERÍN, Gustau: *La última selva de España. Antropófagos...op.cit.*.

170 DÍEZ TORRE, Alejandro R. (ed): *Ciencia y Memoria de África. Actas de la III Jornadas sobre «Expediciones científicas y africanismo español»*; en MORILLAS GÓMEZ, Javier: «Para una nueva cronología económica de Guinea Ecuatorial»; pp.477-497. Ateneo de Madrid-Universidad de Alcalá. Madrid 2002.

habitantes. Existían ahora mayores oportunidades al contar con la parte continental, dominada y controlada tanto en sus límites territoriales como en la pacificación de los fang. Ese, por fin, claro «dominio» de los españoles en Guinea hizo al gobernador Núñez de Prado declarar al idioma español como el único y oficial en la colonia, la obligatoriedad de usar en esa gran ínsula gobernada la lengua de Cervantes.

Vicente Blasco Ibáñez (1867-1928)[171], había publicado su gran éxito literario mundial en 1919, *Los cuatro jinetes del Apocalipsis*. Una obra llevada al cine por Hollywood y que en 1922 era reconocida como la mayor superproducción filmada desde el nacimiento del cine. Blasco Ibáñez era el escritor español más prestigioso a nivel internacional, en un mundo donde las sociedades de consumo occidentales comenzaban a perfilarse camino de los futuros estados capitalistas del bienestar. Sus libros fueron número uno en ventas, tanto en España como en Estados Unidos donde tuvo un éxito sin precedentes en un autor español. Se puede decir, sin exageración, que el fenómeno *best seller* tuvo en Blasco Ibáñez uno de sus primeros progenitores. El autor de *Cañas y barro* con su estilo realista, casi documental, creó personajes normales, sin roles de héroes, que experimentaban el peso de la historia en sus vidas; como los protagonistas sufridores de la Primera Guerra Mundial en *Los cuatro jinetes del Apocalipsis*. El escritor valenciano era una evidente figura de la modernidad de esos inicios del siglo XX, algo que no se valoraba lo suficiente en la intelectualidad de su país, porque España seguía empeñada en desconfiar de Europa y menospreciar a Estados Unidos que la había humillado en las guerras de 1898. Sus lectores pertenecían a la clase media y al proletariado urbano, consumidores de una literatura en la que se sentían reflejados. Por eso sus ventas eran exitosas y populares, a pesar de existir autores coetáneos de la talla creativa de Clarín, la Pardo Bazán, Machado, Unamuno, Baroja o

171 Diccionario Biográfico Digital de la Real Academia de la Historia: https://dbe.rah.es/biografias/8711/vicente-blasco-ibanez

Azorín. Solamente Galdós podía hacerle competencia, pero a nivel del mercado nacional.

Blasco Ibáñez y su obra formaban parte de esa incipiente sociedad de consumo que iba apareciendo en España[172], alrededor de las capas sociales que demandaban ser incluidas dentro del mercado de ciertos bienes de consumo, limitados hasta ahora a las clases altas. La Guinea española tendría una relación nada tangencial con ese incremento del consumo en Europa. La metrópoli necesitaba el cacao guineano para satisfacer el gusto cada vez mayor de la gente por merendar con chocolate después de salir del cinematógrafo. Pero también la madera excelente de los bosques guineanos, para incrementar la producción de muebles domésticos necesitados en los primeros bloques de viviendas sociales construidos durante la llamada «dictadura civil» de Primo de Rivera. Habría, por fin, muchos más emprendedores españoles interesados en el golfo de Guinea y sus oportunidades de negocio. Se puede comprobar en la misma Gaceta de Madrid[173] el incremento de peticiones oficiales para la concesión de terrenos en Río Muni desde 1927 hasta comienzos de la década de 1930.

Un tal Alfonso Pérez realizó una instancia a la Dirección general de Marruecos y Colonias, el 21 de junio de 1927, solicitando casi 10.000 hectáreas en el Muni, zona del río Campo. Siendo 8.000 para explotación forestal y 1.500 como finca particular de «cultivos especiales». La resolución favorable se publicó en el BOE de la época (Gaceta de Madrid) el 5 de noviembre de 1929, permitiendo accediera por subasta a las ocho mil hectáreas de bosque y que se adueñase de

---

172 ARRIBAS MACHO, José Mª: «Antecedentes de la sociedad de consumo en España: de la Dictadura de Primo de Rivera a la II República»; *Política y Sociedad Nº 16*. Madrid 1994. Pp. 149-168.

173 *Real orden resolviendo el expediente incoado a instancia de D. Alfonso Pérez Andújar, solicitando se le concediesen 9.500 hectáreas en el territorio del Muni, paraje del río Campo, en sus proximidades con la frontera del Cameroun.* Gaceta de Madrid: nº 309, de 05/11/1929, páginas 710 a 711. Departamento: Presidencia del Consejo de Ministros (Referencia BOE-A-1929-11443)

las más de mil como propietario agrícola tras el depósito de 3.000 pesetas que dejó. En esa resolución publicada como Real Orden nº 406, queda constancia que todo sigue de forma estricta la regulación sobre el régimen de propiedad en las Posesiones españolas del Golfo de Guinea, en relación con el artículo 35 y siguientes dé la misma Soberana disposición y Real decreto de 7 de Mayo de 1926...

Se había hecho necesario, como indicamos antes, dar un marco legal a una «realidad colonial» que estaba naciendo. En esa misma resolución comentada, donde se conceden al señor López esos terrenos, se va a puntualizar que «*Dentro de la anterior delimitación, habrá que disgregar la superficie que corresponda, en la fecha de la adjudicación, a las propiedades particulares y a las de los poblados indígenas.*»[174] Parece que se piensa respetar a los verdaderos dueños de esas tierras, los habitantes de ellas, aunque se hacía referencia tanto a las hectáreas particulares como las comunales que por defecto pertenecen a un pueblo o aldea, tal y como ocurre con las poblaciones en la península, los términos municipales en España. Así era como se iba a configurar la nueva provincia del Muni, pero dejaba mucha manga ancha a los nuevos colonos para acaparar tierras sin antes comprobar tenían dueño, ya fuesen de un jefe indígena o de un poblado. En resumidas cuentas, el aumento de solicitudes para ser finqueros en el golfo de Guinea respondía a una serie de causas vistas hasta ahora. No solamente el incremento territorial de la misma colonia, su delimitación definitiva, también fue importante la mejora experimentada en la economía española desde los años finales de la Gran Guerra.

El modelo económico mundial basado en la expansión colonial estaba siendo sustituido por la inversión en los mercados nacionales de consumo. La autorregulación del mercado en el mercantilismo del XIX y hasta 1919, dejaba paso ahora al intervencionismo del Estado regulando algunos

174 *Ibidem.*

grandes consumos como serían la electricidad y los combustibles, creando monopolios tipo compañías eléctricas y petroleras estatales. España estaba un paso atrás, pero intentó acelerar combinando la expansión colonial —en su caso en Río Muni— tan resuelta ya en las potencias de primer orden con el desarrollo del mercado de consumo local. La neutralidad de España en la Primera Guerra Mundial hizo crecer a las industrias españolas que sustituyeron a las europeas obligadas a una producción de guerra. Producir bienes de consumo para los otros europeos dejó un buen abono donde brotar una sociedad de consumo de masas en el Estado español. Por ejemplo, el aumento de la burocracia, más funcionarios públicos en esos *Años 20*, facilitó el incremento en el mercado de potenciales consumidores.

Se han dado muchas razones para explicar el advenimiento de la dictadura de Primo de Rivera (1923), desde la más habitual de ser una cortina de humo para ocultar la corrupción monárquica y la calamitosa actuación de los militares en Marruecos, hasta la del miedo a una revolución obrera en ciernes. Pero no suele relacionarse con factores socioeconómicos alentados por elites económicas, como fue la implantación de una sociedad de consumo en España favorecida por el tipo de régimen —populista— en que acabó convirtiéndose el primoriverista. Y en esa relación podemos incluir la influencia que la actividad económica en Guinea, dentro de un ámbito de desarrollo colonial, tuvo en la historia española de esas primeras décadas del siglo XX. Las políticas de obras públicas de Primo de Rivera requirieron materias primas, como las maderas y aceites de Guinea, para ejecutarse. A su vez, esa línea «populista» de política económica basada en el fomento de las infraestructuras públicas se llevaría a la misma colonia de Guinea, donde al gobernador Núñez de Prado se le otorgó para ello un crédito millonario, nunca visto en los presupuestos coloniales.

No fueron pocas en la Gaceta de Madrid las Reales Ordenes publicadas disponiendo se saque a subasta[175] tierras destinadas a los cultivos especiales o hectáreas para explotación forestal en la Guinea española. Fuerzas económicas, elites burguesas en torno a familias catalanas, vascas y madrileñas, sobre todo, que monopolizaban industrias y grandes negocios, iban a ver con buenos ojos un gobierno de firme autoridad que invirtiese en el Estado social. Pues ya existía la idea de aumentar la prosperidad de los negocios, aumentando el consumo de todas las clases sociales; aunque sea con el sistema de «venta a plazos» para los consumidores de los estratos más bajos. «Nos compran los ricos y los pobres»[176], era el lema publicitario de empresas de la época. Existían posibilidades de negocio en Guinea relacionadas con este aumento del consumo en los mercados de Europa y de América.

Cuando las empresas de Estados Unidos comenzaron a sufrir cierto agotamiento de sus mercados desde finales de 1926, buscaron en el exterior nuevos consumidores. Llegaron a España y los capitales mixtos crearon compañías tan significativas en la historia económica del país ibérico como «La Sociedad Hispano Americana, S.A.», con sede en San Sebastián y sucursales repartidas por toda la península. Esta empresa se especializó en la venta por catálogo y a plazos, vendiendo bienes de consumo no perecederos, muchos de importación, como gramófonos, discos de vinilo

---

175 *Real orden disponiendo se saque a subasta con sujeción al pliego de condiciones que se inserta, la concesión de 300 hectáreas de terrenos para explotación forestal en el territorio del Muni (proximidades del río Miang).* Gaceta de Madrid: nº 316, de 12/11/1927, Pp. 893 a 895. Departamento: Presidencia del Consejo de Ministros (Referencia BOE-A-1927-10653) *Real orden disponiendo se saque a subasta, con sujeción al pliego de condiciones que se inserta, la concesión de 3.750 hectáreas de terrenos para cultivos especiales en la margen izquierda de la desembocadura del río Benito (Muni).*Gaceta de Madrid: nº 354, de 20/12/1927, Pp. 1728 a 1729. Departamento: Presidencia del Consejo de Ministros (Referencia BOE-A-1927-12070)

176 ARRIBAS MACHO, José Mª: «Antecedentes de la sociedad de consumo en España... ob.cit. p. 149.

o cámaras fotográficas. Con la fórmula del crédito, permitían la compra a más gente de esos productos considerados hasta hace poco de lujo. Incluso tenían la opción del envío por correo; vamos, un «Amazon» de la época. Así llegarían a las fincas de la Guinea española los primeros gramófonos y vinilos, que sirvieron para amenizar las veladas de la creciente élite económica colonial en Fernando Poo[177]. Durante mucho tiempo se ha mantenido la idea de un constante fracaso del desarrollo industrial en España en la primera mitad del siglo XX. Era una impresión causada por el profundo bache del periodo 1936-1955 —es decir, Guerra Civil y posguerra—, pero ya son mayoría los historiadores económicos que reconocen un nítido desarrollo industrial español en la década de 1920. La Ford Motor Company en 1926 establece su primera cadena de montaje en España, en la zona franca de Barcelona. Eso impulsa y anima a la modesta industria del motor española, a la que sería célebre Hispano-Suiza Fabrica de Automóviles, S.A.,que de un taller artesanal fabricante de automóviles pasaría a tener su fábrica de montaje en Guadalajara, una delegación europea en París y ventas de patentes a la antigua marca de autos del imperio austrohúngaro, la Skoda.

Este desarrollo industrial español benefició a la colonia guineana. Un hecho que también se ha visto al revés, cuando encontramos artículos que argumentan la idea de que fue la metrópoli la que se benefició del auge económico experimentado en los territorios del gofo de Guinea durante la década de los años veinte. Creo que trasponen una idea cierta pero equivocada en fechas. Eso ocurrió durante la posguerra iniciada en 1939. Por ejemplo, en 1920 la industria cacaotera comienza su despunte, aunque todavía seguía en

177 SANT GISBERT, Jordi: «El negocio del cacao: origen y evolución de la élite económica colonial en Fernando Poo (1880-1936)»; en ÁLVAREZ-CHILLIDA, Gonzalo y NERÍN, Gustau (*eds.*): *La colonización de española en el golfo de Guinea: una perspectiva social*; Ayer 109 (1). Pp.137-168. Madrid 2018.

manos de los hacendados fernandinos —la élite criolla africana—, que continuaban exportando a Inglaterra, y de las familias catalanas llegadas en el último tercio del siglo XIX. Es decir, era un negocio de marcado carácter local y con un flujo económico que quedaba sobre todo en el círculo de esas fortunas catalanas promotoras de la citada Cámara Agrícola de Fernando Poo. Serían estos dos puntales de la economía colonial guineana los beneficiados por el desarrollo socioeconómico de la metrópoli y no al contrario.

Un anuncio en la prensa de la época de la compañía de venta por catálogo y a plazos, Sociedad Hispano Americana S.A.

Un factor básico del crecimiento económico es la competencia dentro de un mercado liberalizado. Gracias a las inversiones en más infraestructuras que pudo hacer el nuevo gobernador Núñez de Prado, al inflar la dictadura de Primo de Rivera los presupuestos coloniales, se incentivó la creación de negocios en el pujante sector exportador agrícola, ahora con inversores de otras partes de la metrópoli, principalmente empresas y familias vascas y madrileñas. Algo que reactivó la competencia —el desarrollo— en un mercado con tan estrecho control de la elite catalana. También hemos visto que en esa década del 1920 se facilitó la subasta y la potencial concesión de terrenos a particulares desde la Administración española, para motivar la llegada de nuevos posibles hacendados. Elementos que sirvieron a una progresiva mejora en los índices económicos de la colonia, sobre todo de las exportaciones de cacaos y maderas.

Así, parecía ser verdad estar en el golfo de Guinea en una época de «felices años veinte». Las concesiones de fincas y de negocios coloniales habían crecido de tal manera en el lustro de gobierno del gobernador general Núñez de Pardo, que el aumento de pobladores de origen español era tan exponencial como problemático para la logística de suministros de la colonia. Las necesidades de esos nuevos colonos obligaban al aumento de las importaciones de manufacturas de la metrópoli; ese desarrollo del consumo de masas del que hablábamos también tenía su hueco en el África ecuatorial. Ahora bien, la moneda colonial de la «década feliz» podía tener su cara gracias a la cruz que salía muchas veces al lanzarla al aire y caer sobre la tierra guineana. Una tierra que para su trabajo necesitaba muchos brazos. De ahí viene la palabra braceros que sigue molestando a muchos ecuatoguineanos.[178]

El problema tenía un enunciado sencillo: los colonos venían en escaso número y necesitaban trabajadores en gran número, dependiendo de las hectáreas de sus fincas. La problemática de la mano de obra fue constante y estructural en la Guinea española. Al principio porque la población conocida y dominada era mínima en las islas que constituían las posesiones españolas del golfo de Guinea. Los bubis de Fernando Poo (Bioko) tenían una agricultura de subsistencia, no expansiva, y tampoco eran muy favorables al trabajo para otros en fincas. Los annobenses eran de procedencia

178 Testimonio que se verá más adelante, en el capítulo tercero del libro.

esclava portuguesa, llevados a la isla en el siglo XVI desde Santo Tomé y Príncipe, con una población siempre escasa y con poco espacio para el cultivo. Corisco y las elobeyes eran tan pequeñas que muchas veces habían estado largo tiempo casi deshabitadas, ocupadas intermitentemente por población de las costas cercanas del continente.

De esta manera, la necesidad de contratar mano de obra de los territorios vecinos siempre estuvo como factor de estrés permanente en el desarrollo económico de la colonia. En todas las etapas coloniales se buscaron trabajadores nigerianos, también de Camerún, Sierra Leona y en gran cantidad, por estar reconocidos como buenos trabajadores, se reclutaba a los conocidos como *krumanes*, de la región del Kru en Liberia. Pero después, al contar con la parte continental del Muni, se pensó en sus habitantes como cantera de mano de obra para las fincas de Fernando Poo y las de la zona costera alrededor de Bata. En los abusos de la contratación de estos braceros entre los fang, tendremos la peor de las cruces de esta historia enmarcada en los Felices Años 20. Las condiciones de trabajo fueron de semiesclavitud, pero eso no era lo peor. Se ha analizado de sobra desde la perspectiva antropológica[179] que la imposición laboral como braceros desbarató las relaciones socioculturales en relación con el trabajo que tenían los fang.

Para ellos el concepto de dinero como intercambio de valor monetario no existía, se trabajaba para conseguir una dote —riqueza de la novia— ofrecida para casarse. La riqueza de un fang se medía por el número de mujeres que tenía, pues eran ellas las que hacían el trabajo agrícola y cocinaban. Cuando comenzó la recluta forzosa de trabajadores al consolidarse el dominio colonial en el Muni, muchos finqueros pensaban que haciendo un anticipo —crédito—

179 MARTINO, Enrique: «Nsoa (dote), dinero, deuda y peonaje: cómo el parentesco fang tejió y destejió la economía colonial de la Guinea española»; *ÉNDOXA: Series Filosóficas, Nº 37,* UNED. Madrid 2016, Pp. 337-361.

del sueldo a ese joven se le conseguía convencer. En efecto, muchos cogían el dinero, pero salían en dirección al poblado donde residía la joven con la que deseaban desposar y se lo daban a las familias —las mujeres fang no vivían desde los dos años con su familia directa, sino con una de acogida de otro poblado; una manera de evitar la endogamia—o les compraban regalos. Las fugas estaban al orden del día y a la larga supuso el fracaso de introducir en el mercado laboral de la colonia a los fang.

Surgió como remedio la figura del reclutador, un colonial corrupto que recordaba a los negreros de la época de la esclavitud. Cobraban primas, unas suculentas comisiones por forzar a los jóvenes fang a firmar contratos de trabajo en las plantaciones de Fernando Poo, actual isla de Bioko. Pero desde una perspectiva histórica y documental también se puede juzgar lo ocurrido en la conformación de una estructura laboral para la Guinea española. No resultará tan humano —antropo—el relato, aunque explicará mejor los datos históricos que nos vamos encontrando. No puede pasar desapercibida una Real disposición que se publicaba en la *Gaceta de Madrid* al final de la década de estos Felices Años 20:

> Real orden disponiendo que mientras no se solucione el problema de falta de braceros, no se otorguen nuevas concesiones de terrenos, lo mismo en la isla de Fernando Poo que en el Continente, sea cual fuere la clase de explotación o cultivo que se proponga[180].

El texto de la orden no dice mucho más que su título, pero incide en el grave problema que era para Guinea y su economía colonial la falta de mano de obra en un sistema basado en la explotación masiva de materias primas. Así, hasta no encontrar una solución, desde Presidencia y a través de la

180 *Gaceta de Madrid*: núm. 126, de 06/05/1930, página 794. Departamento: Presidencia del Consejo de Ministros (Referencia BOE-A-1930-5136).

Dirección General de Marruecos y Colonias se ordena no se otorguen más terrenos en Guinea española pues, lógico, no haría más que empeorar el problema de la necesidad de braceros para trabajarlos.

La solución pareció estar en pervertir de nuevo, igual que se hizo con la recluta para el trabajo en haciendas que debía ser voluntaria y no forzosa, una de las prerrogativas laborales que existía en Guinea, y en todas las colonias africanas europeas[181] estipulada de una manera u otra, conocida como «prestación personal». Un trabajo obligatorio a favor del «bien común» de la colonia. Vamos, una servidumbre del indígena obligado a trabajar en las infraestructuras coloniales: caminos, puentes y desbrozado de bosques. En las colonias francesas ese trabajo obligatorio se llegó a pagar con la exención de impuestos; los portugueses lo incluyeron como jornadas de obras públicas pagadas —cuando se podía— por el Ministério da Promoção; y los ingleses hacían ver que no era una imposición de las autoridades de Londres, lo convertían en trabajo para el bien público por voluntad de los mismos indígenas deseosos de prosperar bajo el Imperio británico. En el caso de España y de su colonia guineana, ese servicio obligatorio para tareas públicas acabó forzándose a realizar en fincas privadas. Tanta era la falta de mano de obra, como vemos en esa citada Real orden deteniendo las numerosas disposiciones de concesión de tierras vistas en los años veinte, que se estipuló la trampa en la ley colonial para que los indígenas sin trabajo reconocido o los propietarios bubis con menos de cinco hectáreas de cultivo, trabajasen en las fincas de particulares con problemas de trabajadores. Según se justificaba por la autoridad colonial, era una cuestión de imperiosa necesidad pública. Desde luego, esa perversión del trabajo público obligatorio traería muchos conflictos de índole social; fue causa de las revueltas bubis de principios del siglo XX, pero también supuso un motivo de

181 CARRASCO, Antonio M.: *Guinea Ecuatorial. Historia de la colonización... ob.cit*; p. 247.

enemistad contra los bubis por parte de otras etnias —fang, sobre todo—, cuando la administración española les favoreció con decretos especiales que los eximía de ciertas tareas y les dejaba las menos pesadas en esa odiosa prestación personal obligatoria de los indígenas.

Recorte de la prensa en 1926 lleno de anuncios publicitarios, consumo de masas incipiente en España.

Segunda República y la Guerra Civil española en Guinea, mucho por saber

La balanza está muy descompensada. A mi modo de entender la historiografía, más activa sobre Guinea Ecuatorial, parece haberse especializado en un periodo: la dictadura franquista y su pésima descolonización de Guinea. Siendo tan abrumador el tratamiento de esa etapa, que ensombrece a lo que se ha publicado del resto del periodo colonial. Lo he podido apreciar en lo publicado —difundido— por distintas vías (académicas, divulgativas) y que no permanece en tesis doctorales inéditas. Los siglos XVIII y XIX tienen un suficiente, no más, tratamiento a nivel académico. Desde el punto de vista de su mera historicidad, que en mi opinión se menosprecia demasiado, los inicios de la colonización están adecuadamente tratados. Quizás lo estén menos desde el otro monopolio historiográfico de la cuestión guineana, la perspectiva antropológica[182]. Se echa en falta lo que sobra en el siglo XX, los trabajos especializados en un tema concreto; como las mencionadas relaciones internacionales de España en esas centurias (XVIII-XIX) y su influencia en la colonia guineana.

Luego, lo trabajado de los años pre-franquistas, el final del reinado de Alfonso XIII y la llegada de la Segunda República y su corta etapa, tampoco es comparable a lo producido acerca del régimen franquista en Guinea. Por otro lado, encontramos que la Guerra civil española en Guinea Ecuatorial posee más curiosos y estudiosos en foros digitales y *webs*; es decir, fuera del ámbito propiamente académico[183]. Parece que los profesores-investigadores de las universidades dejasen este tema a los divulgadores históricos, como una concesión a la atracción popular que tiene. Sabiendo que resulta escasa y difícil de consultar la documentación existente, al menos el trabajo desarrollado en sus departamentos debería ser material de consulta, también para los divulgadores. En verdad es poca, la documentación, pero suficiente y muy interesante para abrir investigaciones en profundidad. En mi caso, y para el objetivo de este libro, no me lancé a una búsqueda exhaustiva en los archivos de datos y documentos

182 ARANZADI, Juan y MARTINO, Enrique: *Polemizando sobre Guinea Ecuatorial y África*; Edita *opensourceguinea*. Barcelona 2022.
183 Consultado en Internet: https://calle19septiembre.blogspot.com/

acerca de lo ocurrido en Guinea en el conflicto civil causado por el golpe de Estado en julio de 1936. Soy editor de un espacio digital sobre Historia Contemporánea y sé que las guerras dan mucho juego dentro del mundo de la divulgación histórica por Internet. Intuía que una búsqueda por ese medio me iba a dar mejores resultados.

En efecto, encontré un *blog* con el llamativo título de «Calle 19 de septiembre»; ese día de septiembre de 1936 fue cuando se sublevó el bando golpista en Guinea y se supone comienza la contienda en Santa Isabel. Su declaración de contenidos es explícita: *Elementos para conocer la guerra civil española en los antiguos territorios españoles del golfo de Guinea. Actual Guinea Ecuatorial.* En esta bitácora digital, firmada por un misterioso Colectivo Biafra, se encuentran publicaciones y artículos tan interesantes como apabullantes. Me refiero a que da la sensación de que lo tienen todo, que atesoran por completo la documentación y los artículos sobre la Guerra Civil española en Guinea Ecuatorial y su contexto temporal, previo de la República y posterior de la dictadura, que resulta contradictorio y hasta un poco ingenuo titular este epígrafe con un mucho por saber. Por eso, antes de aprovechar lo que tan gentilmente ofrece a todo aquel que llegue hasta su *web*, quise saber el crédito que se les podía dar. Tienen cuenta en una red social y a través de ella intenté contactar. Aprecié cierto recelo y no conseguí mucho más que un lacónico: «somos un colectivo universitario ecuatoguineano».

Analizando formalmente su *blog*, vemos que usan la plantilla sencilla de blooger, el editor de *blogs* de Google. Eso no quiere decir nada malo, que sea señal de mala calidad en ese espacio digital. Es una estructura sencilla pero que prima el contenido, el texto es lo importante en una página digital de este tipo. Y el contenido de *Calle 19 de septiembre* es de gran calidad. Bien redactado, con una prosa amena y clara, con nivel universitario. Por tanto, el lacónico dato será cierto, no hay por qué dudar de él. Sin embargo, muchos de los textos son recogidos de artículos pertenecientes a otros medios digitales o de publicaciones especializadas de

España. Llegué a sospechar que, en realidad, detrás estuviese un departamento universitario español, de los autores más prolíficos sobre Guinea como los referenciados Gustau Nerín o Enrique Martino. Además, la línea editorial que sigue ese *blog* del supuesto colectivo universitario de Malabo es la misma de esos autores: perspectiva de los colonizados, anticolonialista y muy crítica con la acción colonial española. Incluso la autoría de alumnos del profesor Nerín no sería descabellada, ha sido miembro de la Universidad Nacional de Guinea Ecuatorial (UNGE), impartiendo clases allí varios cursos. No obstante, para ser un colectivo universitario en la misma Guinea Ecuatorial muestran una valiente actitud opositora a las dictaduras y supongo que sabrán lo que es el gobierno de Obiang. Aunque no se ha visto en ese aspecto, el mismo nivel opositor que su recurrente antifranquismo. Una de dos, o son universitarios ecuatoguineanos en el exilio o, en efecto, están detrás de ese *blog* los profesores e investigadores españoles —y guineanos— más dedicados a la cuestión guineana desde el enfoque del colonizado. Pero otros datos no me concuerdan con esta última hipótesis; que la convierte, lo confieso, en una teoría algo prejuiciosa y de sana envidia, ante tan prolífico —y magnífico— trabajo de estos autores.

Por ejemplo, no me cuadra que los antropólogos catalanes firmen el *blog* localizándolo en Santa Isabel, Fernando Poo. No logro saber si es un guiño irónico de los autores al colonialismo español o una concesión a la memoria de esos tiempos. En la bibliografía más actual se suele indicar Malabo como la antigua Santa Isabel y luego no vuelve a emplearse la toponimia del pasado colonial. Así, pues, como tampoco firman cada texto que publican, los autores de *Calle 19 de Septiembre* son un misterioso colectivo universitario que desde la antigua Guinea española nos invitan a dar un paseo por la Santa Isabel de abril de 1931, julio de 1936 y mayo de 1945; por poner las fechas hito de los hechos históricos que más aparecen en su página digital. De esta manera, decidí recurrir a ellos escogiendo aquello que más encajaría en este ensayo y desechando lo ya visto en otros medios o fuentes documentales de conocido crédito. Con eso, con lo recogido en esa *web* y lo investigado por mi cuenta, retomo la narración a los años finales de la década 1920 y los comienzos de los años treinta; tan determinantes en la historia contemporánea española.

Se acaba la década de esos Felices Años 20 y España quería mostrar al mundo su mejor cara con la Exposición Iberoamericana de Sevilla de 1929. Asimismo, en Barcelona se haría casi en las mismas fechas una exposición industrial con carácter internacional. La dictadura de Primo de Rivera deseaba con estas dos exposiciones usar el simbolismo y la imagen —la creada— de una nación para tapar sus crisis internas y ocultar sus problemas políticos. Estrategia habitual en regímenes autoritarios, como ya se estaba viendo en Italia y se haría en la Alemania nazi. En realidad, la exposición en Sevilla de 1929 era un viejo proyecto regeneracionista de 1910 que las circunstancias políticas y la falta de financiación fue aplazando[184]. El régimen primorriverista se aprovecharía de esa idea reformista de la imagen de España cara al continente americano, para justificar su ideología basada en un regeneracionismo conservador. Regenerar el país, pero partiendo de los valores tradicionales que habían hecho grande a esa nación, portadora de cultura y civilización al otro lado del Atlántico. El hispanoamericanismo sería una salida terapéutica al arrancar el siglo XX e intentar con ello desembarazarse de la gran depresión nacional de la derrota de 1898. Pero no se trataba de revivir viejas glorias imperiales reuniendo a las naciones de la antigua América española. Aunque era posible que de manera subyacente sí se usara el revivir imperialista para alimentar al nacionalismo español, se pretendía con esta gran feria histórica y cultural mostrar a un país moderno que miraba al futuro, deseando ser acom-

---

184 CAMPOS PÉREZ, Lara: «Imperial, católica y moderna. La imagen de España en la Exposición Iberoamericana de Sevilla de 1929»; *Cuadernos de Historia Contemporánea*, N° 45, Madrid 2023. Pp.163-183.

pañado en ese buscado progreso por esas jóvenes repúblicas de cultura hispana.

Una de las primeras muestras de modernidad y de adaptarse a los tiempos fue el cambio de nombre que tuvo la exposición sevillana en 1924. Se proyectó en la primera década del siglo XX como Exposición Hispanoamericana y se cambió a Iberoamericana por la decisión de Primo de Rivera de invitar a Portugal, Brasil y, curiosamente, al máximo rival cultural americano como eran los Estados Unidos. Recién iniciado el directorio militar se pensó en el vecino Portugal y en Brasil para internacionalizar más el evento y que tuviese cabida Washington. Por eso se debió cambiar a Exposición Iberoamericana de Sevilla, tardándose todavía cinco años en cobrar vida por la magnitud de la idea. La actual Plaza de España, tan visitada por los turistas en Sevilla, es uno de los monumentos-edificios construidos para la exposición inaugurada en mayo de 1929. Un conjunto monumental tan espectacular que acomplejó a las sedes construidas por los países invitados. La Madre Patria volvía a hacer de las suyas y se mostraba altanera y superior; mal asunto si lo que se quería era potenciar la imagen de España revitalizando, desde la igualdad, al hispanismo en América. Bolivia y Costa Rica, con menos recursos que otras nuevas repúblicas iberoamericanas, apenas estuvieron unas semanas y en unos pabellones provisionales. Más tiempo y más espacio ocuparon dos curiosos expositores en esa feria. Se trató de las exposiciones que se hicieron del Protectorado español de Marruecos y de la colonia del África ecuatorial, la Guinea española. Resultaba algo contradictorio, en esencia, vincular en una exposición internacional la imagen colonial de España, que se quería mostrar en Europa como moderna, con las nuevas relaciones a potenciar en la Iberoamérica independiente. El pasado colonial americano mezclado con el presente colonialista africano español, un cóctel tan paradójico como útil para explicar la España —y la Guinea—de esos años.

Cartel que anuncia el pabellón colonial en la Exposición Iberoamericana de Sevilla 1929. Fondo digital de la BNE.

Las exposiciones internacionales causaron furor como medio de difusión nacionalista y cultural en la Europa de entreguerras. Fue otra manera de argumentar el supremacismo civilizador europeo en el resto del mundo, en las colonias, dando muestras de los grandes avances tecnológicos y del mayor desarrollo sociocultural de los países europeos —y su proyección americana de EEUU— en ferias de este tipo. España, al iniciarse el siglo XX, había perdido toda su prestancia como potencia colonial en América y, en cierta manera, se avergonzaba de su mínima proyección colonial en África. Rehuía acudir a las exposiciones internacionales que sobre todo belgas y franceses realizaron en las primeras décadas del siglo, presumiendo de su labor civilizadora-colonizadora. Lejos quedaba esa exposición realizada en el Parque del Retiro, la Exposición General de Filipinas.

Inaugurada el 30 de junio de 1887 con el propósito de recrear un trozo de esa España asiática en Madrid, y demostrar así que el país seguía siendo esa gran nación civilizadora marcada por el destino del descubrimiento-encuentro-conquista (elija a su criterio) de América en su historia. Por eso la exposición sevillana de 1929 sería tan importante para el régimen de Primo de Rivera. Utilizando la dinámica pretendida de relanzar el espíritu de hispanidad, primando las relaciones comerciales y políticas con los países hispanoamericanos, se aprovechó para exponer unas muestras de la diversa presencia colonial en África de España. Difundiendo la idea de ser un país capaz, gracias al desarrollo experimentado esos años, de afrontar como cualquier otro la nueva tarea colonizadora que protagonizaba Europa. También hubo mucho de pura y llana propaganda política del régimen en esa Expo sevillana del 1929. Cuestionado y criticado desde todos los ámbitos, en realidad le quedaban meses de vida —como a su líder, el general Primo de Rivera— y se aferraba a esta propaganda para convencer de la bondad de todos los avances y logros producidos durante su gobierno.

Por ejemplo, como gran logro, el Rif se había pacificado —véase el desembarco de Alhucemas— y la tarea colonizadora, en este caso enfocada al aspecto económico por la condición de ser un protectorado, en el Marruecos español avanzaba con una estabilidad nunca antes tenida. Se construyó un pabellón simulando una casa palacio marroquí, con un patio de estilo árabe. Incluso en los alrededores se levantaría por iniciativa privada de una empresa un Barrio Moro[185], con mezquita y lleno bazares para fomentar la artesanía y los productos de ese territorio administrado por España. Se evitó el habitual exotismo que imponía la estereotipada visión orientalista europea que se tenía de esos territorios. El proyecto arquitectónico y su decoración se dejaron en manos de téc-

185 SÁNCHEZ GÓMEZ, Luis Ángel: «África en Sevilla: la exhibición colonial de la Exposición Iberoamericana de 1929»; *HISPANIA. Revista Española de Historia,* 2006, vol. LXVI, núm. 224, septiembre-diciembre, Pp. 1045-1082.

nicos y funcionarios españoles que habían hecho su carrera en el Protectorado español de Marruecos. Como el arquitecto Gutiérrez Lescura y el decorador Bertuchi, que habían sido directores en la Escuela de Artes Indígenas de Tetuán. El resultado final quedó bastante bien, fue uno de los pabellones más visitados y el recién creado Patronato Nacional de Turismo lo tuvo como prioridad en sus actividades para fomentar el turismo tanto a nivel nacional como internacional. Evidentemente no pudo ser así en el caso del pabellón de la Guinea española. Si la acción colonizadora en Marruecos no se podía basar en la actividad civilizadora-evangelizadora, se centraría en el aspecto comercial y de desarrollo económico con el fomento del incipiente turismo como una de las nuevas bazas. En cambio, la exhibición sobre los territorios del golfo guineano sí que podría resaltar los efectos del trabajo civilizador español. Allí, en el África ecuatorial, no había una civilización hermana, como se llegó a decir del sultanato marroquí recordando el pasado hispanomusulmán andalusí. Se podían mostrar los avances acerca de la cristianización y civilización de los «salvajes» africanos negros; por ejemplo, recreando en la exposición sevillana una misión religiosa. Sin embargo, no fue exactamente así.

En Guinea, según criterio de la dictadura de Primo de Rivera, no había sociedad civil colonial o tutelada a la que poder mostrar en un bazar, ofreciendo sus manufacturas mejoradas gracias a la educación y tecnologías llevadas por la metrópoli. Lo único que compartían ambos pabellones, marroquí y guineano, fue una coincidencia temporal en cuanto a la pacificación y consolidación de los territorios africanos bajo administración española. En 1929 tanto Marruecos como la Guinea española estaban iniciando un periodo de estabilidad sin revueltas contra la dominación europea. Es decir, unos logros militares publicitados por una dictadura de origen militar. Aunque esas dos realidades territoriales manejadas desde Madrid eran como la noche y el día. Los mensajes políticos y la imagen internacional que se deseaban difundir en la exposición de cada territorio fueron muy distintos. Se destacó del pabellón de la Guinea su exotismo y el morbo causado entre el público que lo visitó. Elementos como cuatro gorilas disecados causaron sensación, pero dijeron mucho menos sobre lo que estaba haciendo España en esas tierras que las cerámicas norteafricanas realizadas en el pabellón marroquí por los artesanos beréberes educados en la Escuela de Artes Indígenas de Tetuán. El espacio de exhibición guineano dobló al del Protectorado español en Marruecos, aunque la mitad de esos muchos metros cuadrados estuvieron al aire libre para recrear las «chozas africanas» y la explanada donde bailaban sus curiosas danzas los guineanos traídos de la colonia. Esos africanos negros, su semidesnudez y sus bailes, eran el motivo de tanto interés por el pabellón de la colonia guineana.

Fueron medio centenar de ecuatoguineanos, mujeres y hombres, de Corisco y Annobon principalmente[186], que vivieron en esas improvisadas casetas de madera y paja imitando a sus supuestas viviendas. A diferencia de los marroquíes contratados para recrear la población del Barrio Moro y trabajar en el pabellón norteafricano, que durmieron en un hotel construido para la ocasión junto al recinto ferial. Esa notoria diferenciación de trato a los indígenas de cada territorio español en África, nos dice mucho de lo que suponía la Guinea española para su metrópoli en esa década que comenzaba. Pues la Exposición Iberoamericana de Sevilla duro más de un año, permaneció abierta incluso cuando el general Primo de Rivera había presentado ya su renuncia a Alfonso XIII. No entiendo, tras estudiar lo encontrado —que no es mucho— acerca de esta exposición internacional de tantos meses (1929-1930), por qué se desaprovechó la oportunidad de abordar el tema colonial de Guinea desde ese espíritu modernizador propio de ese tipo de eventos. Si se quería mostrar los progresos civilizadores aportados por España en Guinea Ecuatorial, ¿por qué no se llevó a miembros de la comunidad criolla, a los

186 Según una información de la revista *El Misionero* en su Nº 70 de julio de 1929.

fernandinos o a los otros emancipados que ya llevaban tiempo españolizándose y abandonando la cultura anglosajona? Se optó en el pabellón construido imitando una casa colonial de amplias galerías corridas, por crear salas muy esteriotipadas de lo que se imaginaba era una colonización en el África negra, sin nada singular que mostrase la supuesta hispanidad llevada a esas tierras. Hubo una sala de los misioneros claretianos, pero en lugar de expresar una labor religiosa digna y fructuosa, que sería lo esperado, se limitó a constatar que los religiosos eran el bastión de la acción colonizadora española, tanto espiritual como oficial.

El resto de salas tampoco hicieron mucho por promocionar la colonia del golfo de Guinea tanto a nivel nacional como en la esfera internacional. Un leopardo vivo y alguna gran serpiente, mandriles y los gorilas disecados, resultarían más llamativos que otra cosa y muy precarios como símbolos de una supuesta acción científica española de exploración geográfica. La recreación de un tostadero de café y un lavadero de cacao, propios de una finca de plantación en Guinea no impresionaron tanto como las danzas salvajes de los negros y negras llevados —no contratados como danzantes profesionales— al recinto ferial de Sevilla. En mayo de 1930, a menos de un año de la proclamación de la República, el todavía gobernador Núñez de Prado lanzó un dilema a la opinión pública que se dirigía también al nuevo gobierno del general Berenguer:

> «El único problema es que España de una vez y en forma categórica decida si quiere colonias o no»[187]

Poco después la exposición iberoamericana sería clausurada, en junio de 1930. Fueron trece largos meses de duración, algo notable en logística y financiación porque todos los días se hacían eventos y espectáculos en los pabellones principales. Su final sería en un ambiente político y social tenso.

187 SÁNCHEZ GÓMEZ, Luis Ángel: «África en Sevilla: la exhibición colonial de la Exposición Iberoamericana de 1929… *op.cit.*; p. 1067.

Estaba reciente la renuncia del dictador el 28 de enero de ese año, al haber perdido su principal apoyo, Alfonso XIII, siendo sustituido en una resolución con marcado carácter provisional por el general Dámaso Berenguer, jefe de la casa militar del rey. A este nuevo militar se le encargó arbitrar el retorno a la Constitución de 1876, que Primo de Rivera había intentado sustituir creando un órgano constituyente —la Asamblea Consultiva— que hacía las veces de parlamento paralelo. Una iniciativa que supuso la caída de la dictadura y el deterioro del régimen monárquico. Desde luego, con este panorama, el asunto colonial de la Guinea era un tema por el que no preocuparse mucho. Así, con esa despreocupación por las posesiones guineanas trascurrió el tiempo rápido hasta la proclamación de la Segunda República española, el 14 de abril de 1931.

Ese mismo día, sin esperar más, se manda un radiograma a la colonia avisando de tan importante y trascendental acontecimiento. Parece que el nuevo régimen político quiere preocuparse pronto de la cuestión colonial, o quizás pretende sondear a las autoridades coloniales por si esa alejada administración hubiese pensado convertirse en un reducto monárquico. Al fin y al cabo, en la Guinea, el poder lo ejerce un gobernador convertido casi en un virrey de un territorio de ultramar. Reproducimos parte del mensaje de Madrid, que por otro lado tuvo rápida respuesta también de Santa Isabel:

> «Presidente de la República a Gobernador de Guinea. —Tengo el honor de participar a V.E. que el gobierno de la República sin el menor incidente, con el aplauso entusiasta del pueblo y la cooperación leal y respetuosa del ejército, guardia civil y fuerza de orden público, se ha posesionado del poder en esta tarde sin choque alguno con el régimen a extinguir (...)»[188]

---

188 Fragmento del radiograma del presidente provisional de la República, Alcalá Zamora, al Gobernador de Guinea el mismo 14 de abril de 1931; en la revista claretiana *La Guinea española*, Año XXVIII, Santa Isabel a 19 de abril de 1931. N° 657 C (Consultado en el Fondo Claretiano).

Como se aprecia en las mismas primeras líneas del cablegrama, el nuevo gobierno en Madrid insinuaba con esa información, que hablaba de entusiasmo del pueblo y acogida respetuosa de las fuerzas armadas a la República, desear que ocurriese lo mismo en los territorios del golfo de Guinea. Y así sería, pues reunida la Junta de Autoridades coloniales al día siguiente, 15 de abril, esta institución emitió un comunicado asegurando la adhesión de todo el gobierno colonial y sus funcionarios al nuevo régimen establecido en Madrid. El panorama pintaba bien, se aseguraba la estabilidad en la colonia, la noticia se recogía con tranquilidad y sin ápice de temores o críticas en la publicación decana de la Guinea española, que era también el órgano mediático de los claretianos. Los misioneros habían llevado el peso de la colonización usando su prerrogativa religiosa de la urgente evangelización, algo que usaban como chantaje a la hora de reclamar mayor parte de los presupuestos coloniales administrados por gobernación. Podían haber demostrado preocupación por ese cambio de régimen en la metrópoli, pues se apoyaban en sus buenos contactos con las fuerzas conservadoras monárquicas y la Familia Real. Pero la nota publicada en el número 657 del 19 de abril de la revista *La Guinea española* decía incluso que «corrió como reguero de pólvora por toda Santa Isabel una estupenda noticia, que decía haberse recibido por radios particulares: *"Declarada la República en España"*»[189]. En las primeras líneas señalan como rumor la estupenda noticia, aunque pronto la siguen describiendo como nota confirmada y veraz. A mitad del texto se hace un comentario curioso, único que contemporiza con la situación, cuando el gobernador —que todavía es el militar Núñez de Prado—, tras leer a todas las autoridades reunidas el radiograma de Madrid, hace notar el deber como funcionarios de acatar la nueva realidad, independientemente de

189 *La Guinea española,* Año XXVIII, Santa Isabel a 19 de abril de 1931. N° 657 C; p. 122.

la opinión que cada uno tenga de ese cambio de régimen político.

Es más, se publica la contestación sumisa y rápida que por radiograma también transmitió el gobernador general de la Guinea española:

> «Recibido radio de V.E. Reunida Junta de Autoridades acordado unánimemente respetar y acatar nuevo régimen, enviando a V.E. y Gobierno atento y respetuoso saludo y ofreciendo leal colaboración.
>
> Nos felicitamos de que tan trascendental suceso se haya realizado sin luchas ni violencias por acto legal voluntad popular y respondemos a V.E de que existirá el más absoluto orden y tranquilidad en la Colonia (sic).
>
> Núñez de Prado»[190]

Todo estuvo tranquilo y en orden, era verdad. El gobernador general Núñez de Prado era un militar africanista nombrado por una dictadura, un perfil que a la larga sería el idóneo para el alzamiento del Ejército contra la República. Pero en esos días de tan trascendental suceso se puso bajo la nueva autoridad republicana y garantizó la paz social. Incluso los hechos posteriores de su vida demuestran que esa lealtad era sincera, pues perdió la vida intentando convencer en Zaragoza a los golpistas contra la República que depusieran las armas. Por eso extraña encontrar tan pocos datos de los motivos verdaderos de su pronta sustitución. El argumento dado es que el gobernador Núñez de Prado acabó salpicado por la corrupción generalizada en la colonia y que se granjeó enemigos en todos los círculos coloniales. Así que le pidieron que regresase a Madrid en mayo, mandando en junio a un comisario republicano para hacer un informe de la situación colonial.

190 Ídem; p.123.

En realidad, en la Gaceta de Madrid[191] del 6 de agosto de 1931 aparece publicada la aceptación de su dimisión y el nombramiento de su sustituto, Gustavo de Sostoa Sthamer. Se trataba de la fórmula de cortesía habitual informando de la destitución de un gobernador y la entrega del cargo a otro funcionario. Pero esa nota en la Gaceta también nos dice que, en verdad, no fue destituido en mayo y que siguió siendo el gobernador titular durante más de tres meses. Nadie entra al detalle en la bibliografía manejada acerca de quitarle el cargo a pesar de mantener la legalidad y destituirlo tras una decisión alargada en el tiempo. Por tanto, opino, pudo ser la simple y llana intención de la República de abordar el asunto colonial de otra manera. Empezando por el gesto de cambiar un gobernador militar por un gobernador civil. Ya se sabe, muchas veces la explicación más sencilla resulta al final la mejor y de mayor criterio. Aunque sospecho que la República en cuanto a la forma de abordar la cuestión colonial no lo tuvo tan fácil como el hecho de cambiar a un funcionario militar por otro civil. Existió, a pesar del breve tiempo de vida republicano, un debate mucho más complejo entre los valores de libertad y derechos humanos de base republicana y los principios explotadores del colonialismo. Ese dilema se reflejó en los cambios de tipos de gobernador y en parte de la normativa aprobada por decreto el 22 de julio de 1931. Sería el nuevo estatuto orgánico para los Territorios Españoles del Golfo de Guinea (TTEEGG)[192], denominación más usada para la Guinea española desde los estatutos coloniales de 1904.

---

191 *Decreto admitiendo a D. Miguel Núñez de Prado la dimisión del cargo de Gobernador general de los territorios españoles del Golfo de Guinea. // Decreto nombrando Gobernador general de los territorios españoles del Golfo de Guinea a D. Gustavo de Sostoa y Sthamer, Cónsul general de la Nación.* Gaceta de Madrid: Nº 218, de 06/08/1931, p. 995. Departamento: Presidencia del Consejo de Ministros (Referencia BOE-A-1931-6538)

192 BIBANG, José Luis: «La II República y el Estatuto Orgánico de los Territorios Españoles del Golfo de Guinea (1931-1936)»; Historia Constitucional, Nº 22; Pp. 493-524. Madrid 2021.

Porque la Segunda República tuvo que asumir que era un Estado con colonias, como la mayoría de los países de su entorno europeo: Portugal, Francia, Bélgica, Países Bajos, Italia, Alemania y el líder de este ranking, el Reino Unido. Una vez asumida esa realidad que chocaba con ciertos valores republicanos, se redactó a la mayor prontitud un nuevo estatuto para Guinea. Porque una de las primeras cosas que se asimilan como Estado colonialista es que la legislación constitucional de un país no suele encajar con las necesidades normativas de un territorio con estatus de colonia. Se debe asumir una profunda división administrativa y política respecto a coloniales y colonizados, pero también entre metropolitanos y colonos. Así, sin perder de vista la explotación económica, objetivo básico en un territorio colonial, la República quiso saber de la situación laboral en la colonia. El nuevo gobernador que nombró la España republicana, el diplomático de carrera Gustavo de Sostoa Sthamer, compararía la situación de los braceros en Guinea con un «mercado de esclavos en el que se comercializa con la mercancía humana conforme a la ley de la oferta y demanda»[193]. Era una valoración negativa o una auditoria firme que estaba haciendo la nueva autoridad republicana a la labor monárquica en la colonia, pero también insinuaba los pequeños detalles de cambio que pensaba introducir la República en la gestión colonial. Tendríamos ya una conciencia, digamos más humanitaria, acorde a un sentido democrático de las relaciones laborales en la colonia. En el articulado del estatuto colonial republicano se incluirá ese sentido en relación a que el propósito último del sistema colonial debe ser el progreso y desarrollo del territorio, no la mera rentabilidad de los negocios coloniales. Un desarrollo que procure bienestar también a los trabajadores —braceros— de esa colonia, porque su trabajo en mejores condiciones repercutirá en ese progreso de los territorios españoles en el golfo de Guinea.

193 *Ibidem*, p.499.

En cuanto al poder casi absoluto que tenían los gobernadores coloniales, la República se limitará a maquillar esa prerrogativa autoritaria evitando términos empleados en otros estatutos coloniales como el de dar atribuciones extraordinarias a estos ejecutivos estatales. No obstante, la acumulación de poder en el gobernador se seguía justificando en el nuevo estatuto republicano por los mismos motivos que en los anteriores reglamentos; aunque se dictara con otra retórica más democrática. A la hora de garantizar la paz y el orden público de la colonia, el gobernador podía usar con libertad las medidas que considerase oportunas, con el único requisito de informar de ellas cuanto antes al gobierno de Madrid. Nada se decía acerca de que esas medidas, una vez informadas, pudieran ser recusadas o anuladas por los gobernantes de la metrópoli. Es decir, la República no supuso un cambio sustancial en el sistema colonial de gobierno y justicia aplicado en Guinea desde las reformas estatutarias necesarias por la inclusión paulatina de la parte continental; algo conseguido a lo largo de esas tres décadas del siglo XX y culminado precisamente en 1931.

De todas formas, sí que significó un nuevo espíritu renovador. Con una mentalidad diferente en los gestores republicanos a la hora de abordar la actividad colonial, alejada de la práctica corrupta del pasado y basada en modelos de profesionalidad y laicismo. Se fijarían en los sistemas coloniales vecinos de la República francesa, donde primaba el civilismo y el pragmatismo institucional. Hubo también buenas intenciones a la hora de incluir políticas más integradoras respecto a los indígenas. Así se recogían en las bases 4 y 5 del Estatuto republicano de julio de 1931; artículos que dictaban la gradual integración de los indígenas —una vez formados— en la Administración, incluso dentro del nuevo órgano creado para la colonia, el Consejo consultivo. Las circunstancias reales de la colonia y los tiempos convulsos que se avecinaban hicieron que estas medidas con cierto carácter democrático apenas se pusieran en práctica.

Para realizar una acción colonial más cívica y profesionalizada debía existir un cuerpo administrativo de funcionarios mejor preparado. El hecho de nombrar la República a un civil como gobernador, al mencionado Gustavo de Sostoa, pudiera parecer que iba en ese sentido. Aunque entregar la administración a civiles puede parecer más lógico en la mentalidad republicana, al suponer sean funcionarios preparados como técnicos y administrativos, la verdad era que la gobernación de colonias fue habitualmente entregada a militares. Ocurría en todas las potencias coloniales, como si la necesidad de seguridad y protección en territorio hostil hiciese al militar mejor gestor de una colonia. Parece que el hecho de ser un civil no sería la razón exacta del asesinato de Sostoa por el sargento de la Guardia Civil, Restituto Castilla, pero resulta chocante que el primer gobernador mandado por la República, un no militar, acabase sus días de una manera tan violenta. Un atentado o un crimen político que ocurrió muy lejos de Madrid, pero que a simple vista era uno más de los vistos —y que mucho se verían— en titulares de periódicos de la época.

No puedo evitar observar en este suceso dramático mucha ironía de esa que se gasta la historia y la vida misma. El tal Restituto Castilla hacía las veces de delegado del gobierno en Annobon y por lo visto se creía dueño y cacique de la isla sin responder ante sus superiores; y también el «Rey del Océano», así tituló unas memorias que redactó en la prisión de Canarias donde fue confinado. Esta versión la he encontrado en el foro de ex colonos y sus familiares de la *web Crónicas de la Guinea Ecuatorial*[194], donde un familiar descendiente del secretario del gobernador Sostoa cuenta lo narrado en la familia sobre el incidente; también en algunos actuales artículos digitales y en la hemeroteca de la época. Según otras versiones —en realidad la versión del varias veces nombrado antropólogo Nerín—, este sujeto, el guar-

194 Consultado en Internet: http://www.raimonland.net/cronicas/

dia civil Castilla, se consideraba a sí mismo una especie de revolucionario social[195], anticlerical y a rachas socialista, que usaría su destino en la isla de Annobon para experimentar con su ideal de República.

En lo que coinciden ambas versiones acerca de este «absurdo asesino», es que el sargento Castilla no congenió con el gobernador general Sostoa desde su primer encuentro en julio de 1932. Para el jefe de la Guardia Colonial en Annobon, el gobernador venía a su isla a juzgarlo sin haber atendido a sus muchas peticiones para su pueblo y sin recibir apoyo en su justa lucha contra el monopolio de los claretianos de la única misión existente. No se equivocaba, ese dato era cierto porque Gustavo de Sostoa nada más llegar a Santa Isabel quiso conocer y auditar el estado de las tierras que iba a gobernar. Llevaba en la capital fernandina desde el 4 de octubre de 1931[196], así que visitar en el verano siguiente a bordo del vapor Legazpi la isla Annobon sería de las últimas inspecciones que hizo. Por otro lado, era lógico, al suponer el territorio más alejado, ya dentro del hemisferio sur, de la Guinea española. Pero fueron diez meses muy provechosos, durante los cuales el gobernador Sostoa visitó las principales poblaciones de Fernando Poo y Río Muni, dictaminando nuevas formas de trato más dignas a los africanos y luchando contra la corrupción que encontró entre los finqueros y burócratas de la colonia. Talante que le granjeó enemistades dentro de las elites económicas coloniales y en los militares, siempre partidarios de la mano dura contra los indígenas. Algo así pasaría en la pequeña isla de Annobon —sólo 17 Km^2— con el sargento Castilla, que reunía en su persona toda la élite social y militar de ese territorio español. Por eso resulta irónico; el gobernador Sostoa y su magnicida

195 NERÍN, Gustau: «Socialismo utópico y tiranía: La isla de Annobon bajo el cabo Restituto Castilla (1931-1932)»; *Afro-Hispanic Review* Volumen 28 N° 2 (2009).

196 ARANZADI, Juan y ÁLVAREZ, Gonzalo (Coords.): *Guinea Ecuatorial (des) conocida. (Lo que sabemos, ignoramos, inventamos y deformamos acerca de su pasado y presente) Volumen I.* UNED Editorial. Madrid 2020; p. 314.

compartían ideología humanista y carácter abnegado, junto a un demostrado afán trabajador visto en ambos gobernantes coloniales.

Sin embargo, pronto llegaría la decepción entre dos hombres que parecían predispuestos a entenderse. Los guardias coloniales, los áscaris de la pequeña isla, nada más desembarcar el gobernador en Palé, la capital de Annobon, le entregaron una carta donde se quejaban del maltrato recibido por parte de su jefe. Según Nerín lo que más molestó al ya de por sí singular cabo de la Guardia Colonial —es el grado que tenía un jefe de puesto en Guinea, lo de sargento vino después con un ascenso que no quiso aprovechar— fue el descrédito en público que le hizo el gobernador al reprobarle la manera de dirigir a su tropa. Una humillación pública esa desconsideración a su trabajo que enojó en extremo al delegado de gobierno de Annobon. Es un dato ese malestar y enfado que se extrae del «Diario personal»[197] del guardia civil, algo que se quedaría en un lamento razonable en cualquier persona. Pero que contado dentro del relato de un asesinato se sobredimensiona.

La versión que nos cuenta el antropólogo Gustau Nerín es muy sugerente; como interesante es el enfoque psicológico apoyado en la documentación de ese diario del cabo Castilla, parte del sumario de la causa judicial contra él. En cambio, flaquea, en mi opinión, como análisis histórico de la acción colonial española en Guinea Ecuatorial. Si lo que nos quiere dar a entender es que el mundo colonialista favorecía la aparición del delirio y la paranoia en el juicio de la gente, a tal punto de rajar el cuello a otra persona, resulta innecesario y hasta un punto contradictorio describir la personalidad de este sujeto como excepcional. Una vez se lo describe como una buena persona y sociable, según un compañero de juventud; otras como solitario y huraño, con un pasado familiar de enfermedades mentales; también como mun-

197 NERÍN, Gustau: «Socialismo utópico y tiranía: La isla de Annobon bajo el cabo Restituto Castilla... *op.cit.*

dano y viajero; además de instruido y leído, rasgos que, por ser guardia civil, al parecer, son incompatibles con su condición de benemérito. Todo ello ni explica bien el supuesto carácter psicópata de Castilla, ni su espíritu revolucionario, ni sus arbitrarias acciones como delegado gubernamental en Annobon que iban desde las multas injustas a los castigos físicos. Y mucho menos asesinar a sangre fría a su superior.

Por otro lado, lo que sí nos parece acertado en el artículo de Nerín es el hecho de apreciar que el gobernador Gustavo de Sostoa se fuese escamado de aquella visita a la isla de Annobon y a su delegado de gobierno. Que al regreso a Santa Isabel pensara en destituirlo resulta más que probable tras observar su compartimiento y sabiendo el alto grado de responsabilidad en los cargos públicos que exigía Sostoa. Ante el sonrojo de ser desautorizado delante de sus guardias y otras gentes de Palé, el cabo Castilla la tomó con sus «enemigos naturales», los misioneros claretianos. Intentó hacer ver al gobernador la incompetencia y corrupción, ambas ciertas, de estos religiosos en su labor colonial. Contando la existencia de una escuela sin maestros bien instruidos y unos pésimos alumnos. Denunciando el acaparamiento por los misioneros de las provisiones que llegaban del barco correo cada vez más espaciadas en el tiempo. Pero tampoco encontró complicidad del gobernador Sostoa en su lucha anticlerical. El diplomático gobernador vino a decirle que un alto funcionario se debía a su cargo y estaba obligado a cumplimentar con todas las autoridades, incluidas las religiosas, en el territorio de su gobernación. El guardia civil Castilla se lo tomó como otra gran decepción respecto a la imagen que se había hecho del nuevo gobernador nombrado por la República. Concluyó que Sostoa era un vendido al poder Papal. En fin, un desequilibrado de libro, que para ser tan instruido tiraba de topicazos culturales, iba a truncar el devenir histórico de un personaje interesante en ese delirante mundo colonialista; un actuante en ese colonialismo español, el del gobernador Gustavo de Sostoa, con bastantes aportaciones positivas y menos escabrosas que las vistas hasta ahora. Poco más de cuatro meses después de ese primer encuentro, el destino cruzaría de nuevo a estos dos hombres protagonistas —en realidad acabarían como secundarios con papel intenso— de la historia colonial del golfo de Guinea.

Sería el cabo Sanz, un recién llegado de España que no conocía nada de Guinea, el guardia civil que sustituiría al sargento Restituto Castilla en la gobernación de Annobon. Era una disposición de Sostoa que solamente sabía el seleccionado y el secretario del gobernador, José Domínguez Manresa. Por lo visto era una decisión ya tomada hacía tiempo, antes de partir de nuevo desde Santa Isabel en noviembre de 1932 a Annobon. Un puro trámite en forma de carta que le entregaría el 13 de noviembre, cuando fondeó en Palé el barco con el gobernador, el secretario Domínguez en mano al cabo del puesto colonial Castilla. El verdadero motivo del segundo viaje del gobernador Sostoa a Annobon era hacer un informe acerca de la posibilidad de construir un presidio en la isla. Proyecto con poca viabilidad y que pasaría a segundo plano cuando el gobernador general recibió ese mismo día un radiograma comunicando que había sido nombrado alto comisario de Marruecos. Un puesto de mayor calado que el ostentado, decidiendo adelantar su vuelta a Santa Isabel el 15 de noviembre. El cabo Castilla, nervioso e incómodo siempre a la llegada de un barco a su isla al tener la paranoia de que venían a juzgar su trabajo, encajó fatal la noticia.

Exigía explicaciones de su relevo y con insistencia cargante pedía seguir en su puesto a toda costa. Esa obsesión por permanecer en la que consideraba su *ínsula de Barataria* ocultaba alguna frustración personal o vaya usted a saber qué pasaba por esa cabeza viendo lo que luego ocurrió. Desde luego, no consiguió como Sancho Panza reconocer sus limitaciones y ser realista renunciando al cargo. Al día siguiente, 14 de noviembre, aprovechando el balele en la cena de honor al gobernador que se realizaba en la explanada del poblado bautizada como Plaza de la República, se acercó por la espalda de éste y lo rajó por dos sitios la garganta con una navaja de barbero. Casi descabezado el cuerpo cayó al suelo y hasta que no le pegó tres tiros con un sadismo innecesario al estar más que muerto, la gente de alrededor estando en fiesta no se percató de lo que ocurría. Según consta en el sumario de la causa contra él, testigos apuntaron que gritaba fuera de sí: «¡Por traidor a la Patria! ¡A mí por qué se me sustituye! ¡Doy diez minutos de vida a los frailes!»[198]

A todo este desquicio de la razón continuó un relato que llamaríamos ridículo, pero por respeto a la memoria del gobernador Gustavo de Sostoa adoptaré una impasible actitud de clásico cronista histórico y huiré del sensacionalismo. Actitud que cuesta mantener cuando leemos que, por lo visto y resumiendo, el enajenado guardia civil se adentró en el bosque con armamento completo, mosquetón y pistola, machete y navaja, más un botijo de agua fresca por añadidura, dispuesto a resistir y evitar tanto su captura como su cese de gobernador español en Annobon. Nadie lo había secundado en su «revolución» contra la tiranía, a pesar de sus llamamientos patrióticos: «¡A mí annobonenses!» Su resistencia duró una noche, pues al amanecer salió al claro llevando el botijo en una mano y un pañuelo blanco de rendición en la otra. Voy a resumir más, pues esta historia puede enredarse en el morbo de contar que asesinado y asesino compartieron camarotes en el vapor que les llevó hasta las Islas Canarias. Uno haciendo escala para continuar viaje a la península y ser enterrado y otro para ser encarcelado y juzgado en esas islas españolas.

Por tanto, ante la tentación sugerente de recrear históricamente sucesos escabrosos, será mejor redirigir la narración al propósito de este epígrafe: a historiar sobre los territorios españoles del golfo de Guinea en esos años de República. Aun optando por esto último, observar que tan funesta noticia eclipsó hechos y acciones que deberían haber sido la verdadera información a destacar sobre la Guinea española.

198 *Ibídem*; p. 324.

Las innovadoras reformas y medidas favoreciendo la vida de los ecuatoguineanos, con un evidente espíritu republicano del gobernador Sostoa adoptadas en Guinea, fueron informadas al detalle en una extensa crónica y entrevista realizadas por un periodista de prestigio en la época, Francisco Madrid, para el diario *Ahora*[199]. Lo malo es que se publicaron a título póstumo del entrevistado. Casi una semana después de su asesinato, el 20 de noviembre de 1932, supuso esa particularidad una gran perturbación para el valor de lo expuesto por el periodista Madrid y lo declarado por el gobernador Sostoa. En la mente de los lectores revoloteaba la noticia sensacionalista y mermaba la capacidad informativa de ese detallado reportaje. No pudo publicarse antes al coincidir el regreso del cronista Madrid a la península desde Santa Isabel con el asesinato del malogrado gobernador general de los Territorios Españoles del Golfo de Guinea.

Hubo en 1932 otra noticia impactante ocurrida poco antes del primer viaje del gobernador Gustavo de Sostoa a la isla de Annobon y que conociese a su futuro asesino. Un acontecimiento que en muchos detalles recoge los elementos principales de la historia de Guinea en esas décadas previas al determinante periodo de la dictadura franquista. Se trata del naufragio del vapor *Teide*[200] en aguas de la Guinea española el 8 de junio de 1932. Un barco de la Compañía Trasmediterránea que sustituyó a la Trasatlántica en la conexión península y golfo de Guinea. Era un buque de los varios que se habían refugiado en los puertos españoles durante la Primera Guerra Mundial. Una prerrogativa que en conflicto bélico podían hacer los navíos mercantes y civiles para evitar verse involucraos en batallas navales o incidentes de guerra próximos a las costas. Ocurriría también en la Segunda

---

199 A*HORA, diario gráfico. Año III. Num. 604*; *Madrid 20 de noviembre de 1932.* Fuente: Archivo Digital de la Hemeroteca Municipal de Madrid.

200 FONT BETANZOS, Francisco: «Historias de la mar. El naufragio del vapor *Teide* en aguas de Guinea española»; en *Revista General de Marina* Tomo 253. Octubre, Madrid 2007. Pp. 543-549.

Guerra Mundial, como veremos con unos barcos refugiados en la bahía de Santa Isabel una década después del hundimiento del *Teide*. Esos navíos fueron en su mayoría de nacionalidad alemana, más de treinta de ellos se refugiarían en muelles españoles entre 1914 y 1919.

Tras las muchas pérdidas sufridas por la flota mercante española en ataques indiscriminados de los submarinos alemanes, se llegó a un acuerdo entre los gobiernos de Madrid y Berlín que contemplaba la compensación alemana cediendo —en realidad incautando España— varios de esos barcos que estaban en puertos españoles. El que se hundió en Guinea y que fue rebautizado con el nombre de *Teide* era el vapor alemán *Crefeld*, refugiado en el puerto de Santa Cruz de Tenerife. Tenía una capacidad de 192 pasajeros y una maquinaria de 1.500 caballos que le daba una velocidad aproximada de 12 nudos. España hizo oficial la inclusión en su flota mercante de esta unidad el 25 de octubre de 1918, tripulándola personal de la Compañía Trasatlántica[201]. Prestó servicio en esta última naviera como correo trasatlántico entre la península y los puertos de Montevideo y Buenos Aires. La mayor parte de la emigración española se dirigía en esos primeros lustros del siglo a destinos de América del Sur. Pero por Real Orden de 16 de febrero de 1924, pasa a ser parte de la flota de la Compañía Trasmediterránea. El *Teide* con esta empresa será en principio asignado al tráfico entre las islas Canarias, hasta que en febrero de 1931 se incorpora, junto con el vapor *Legazpi*, a la línea de Guinea. Un monopolio que tenía la Compañía Trasatlántica y que a partir de esa fecha tan señalada —poco después se proclama la República— será un servicio de la Compañía Trasmediterránea.

201 *Ibidem*; p. 544.

El vapor Teide, hundido en las aguas de la Guinea española en 1932. Fotografía del archivo de la Compañía Trasmediterránea.

Recordemos que el gobernador general Gustavo de Sostoa, viajó en julio de 1932 a Annobon en el otro vapor destinado, el *Legazpi*, a cubrir los viajes entre los mismos territorios españoles del golfo de Guinea y con la península. No le quedó más remedio, pues era el único en servicio tras el hundimiento del *Teide*. Ese naufragio trastocó bastantes planes renovadores proyectados por el nuevo gobernador nombrado por la República. Para empezar, el contar con un buque menos en la zona le dificultó hacer inspecciones con más frecuencia y llevar una gestión más directa en la parte continental y en la lejana isla donde la mano de su fatal destino era el delegado de gobierno. Precisamente el cabo Castilla se quejaba con insistencia a Santa Isabel, mandando cartas sin respuesta, que cada vez llegaba más tarde el vapor correo a la isla de Annobon. Con un barco menos, la demora sería todavía mayor. Así, el naufragio del vapor *Teide* en aguas guineanas pudo ser la noticia del año 1932; pero dos hechos cruciales mermaron su importancia. Primero, no hubo víctimas y se salvó prácticamente toda la carga; el único ahogado fue un buey que estaba destinado al consumo de carne. Segundo, se coordinó y permitió por las autoridades coloniales realizar una subasta rápida de lo rescatado del naufragio. Era primeros de septiembre de 1932 y tras un acelerado peritaje de lo reclamado por los posibles propietarios, el resto se subastó en Santa Isabel ante el atento interés de comerciantes y finqueros de todo el territorio guineano. El gobernador republicano, Gustavo de Sostoa, con un profesional talante de gobernación colonial alejado de los pasados modos corruptos de la monarquía, hubiese deseado más control en esa subasta tan apresurada y proclive a acabar bastantes de sus lotes en el mercado negro. Para muchos ese excesivo celo en su tarea ejecutiva fue el motivo de las celebraciones por su asesinato en algunos círculos de Santa Isabel. Acabando su muerte, ocurrida poco después del naufragio del *Teide*, por ser la verdadera noticia del año.

Por eso, a pesar de perder pronto el impacto mediático, si se hubiera entrado al detalle del naufragio su noticia sería una de las más significativas recogiendo «irregularidades» en la actividad colonial que se encontró el gobernador republicano. Por ejemplo, el *Teide* embarrancó en las proximidades de la llamada Punta Oscura, al suroeste de la isla de Fernando Poo, por un mal balizamiento —pendiente siempre de actualizar— y por llevar exceso de carga y pasaje. Venía de Santa Isabel, donde había embarcado nada menos que al obispo de la ciudad para un viaje semioficial al territorio del Río Muni. Se paró en la bahía de San Carlos subiendo a bordo a 400 pasajeros nativos con destino a Bata, cuando su capacidad era de unas 250 personas sumando a la tripulación. Asimismo, estos pasajeros eran braceros del continente que habían cumplido con su contrato de dos años en plantaciones de Fernando Poo y regresaban de mala manera a sus poblados del continente. Por fortuna todos ellos, el obispo y los tripulantes pudieron ser rescatados y llevados a Santa Isabel a bordo del buque británico *Appam*, que había acudido a la llamada de auxilio. La precariedad de medios de la colonia española en el África ecuatorial se ponía en evidencia. Como apuntamos, el resto de lo que quedaba del mandato del gobernador Sostoa transcurrió con un solo navío de servicio, el mencionado *Legazpi*. El mismo que transportaría a finales de noviembre de ese *Año I* de la República su cadáver a la península.

Dentro del equipo de gobierno del gobernador Sostoa estuvo un funcionario que resultó fundamental en la política colonial de la República.[202] Se trataba del capitán del Ejército, veterano de la Guerra de Marruecos, Antonio Nombela Tomasich. Era un militar con vocación de administrador civil y formación en un tipo de funcionariado especial como fue el de la administración colonial, cursando estudios en las escuelas diplomáticas de París, Amberes y Ámsterdam. En 1931 sería destinado a Guinea como subgobernador de Bata, al mismo tiempo que era nombrado gobernador general Gustavo de Sostoa. El capitán Nombela, acabaría siendo el gobernador interino durante un breve tiempo tras el asesinato de su superior. Desde luego, Antonio Nombela representa, junto a Sostoa, una manera diferente de afrontar la colonización y los intereses de España en el golfo de Guinea respecto a lo visto durante el periodo anterior de la monarquía —el régimen de la Restauración— y la dictadura de Primo de Rivera. Y no solamente por ser nombrado y destinado en su cargo colonial por la República, pues en el fondo tenía también un perfil muy llevado antes a Guinea: el militar y africanista. Representaría otra manera de hacer política colonial por su propia visión del asunto, desde una perspectiva más profesional y basada en el desarrollo de la sociedad de la colonia, coloniales y colonizados, en todas sus facetas. Eso nos hace traer la reflexión que hace el imprescindible estudioso de Guinea Ecuatorial, Donato Ndongo-Bidyogo[203], cuando se pregunta si durante la República existió una verdadera nueva política colonial inspirada desde preceptos

202 ARANZADI, Juan y ÁLVAREZ, Gonzalo (Coords.):*Guinea Ecuatorial (des) conocida. (Lo que sabemos, ignoramos, inventamos y deformamos acerca de su pasado y presente)... (Vol. I) op.cit.* p. 316.

203 NDONGO-BIDYOGO, Donato: «Guinea durante la II República. El "escándalo Nombela". (Implicaciones en España de un caso de corrupción colonial)»; *ÉNDOXA: Series Filosóficas, Nº 37.* UNED, Madrid 2016. Pp. 101-119.

izquierdistas o se trató de la iniciativa de personajes con mentalidad republicana. Actuantes, funcionarios coloniales, no necesariamente adscritos a ideologías republicanas pero mentalizados de estar en una nueva etapa política. En mi opinión, sería más esto último. La República y sus distintos periodos, marcados por el carácter de sus diferentes gobiernos, no tuvo una planificada y sólida política colonial.

Domingo 20 noviembre 1932 AHORA Pág. 11

REFLECTOR SOBRE LA GUINEA

Lo que son y lo que podrían ser bajo la República las últimas colonias españolas

UNA CONVERSACION CON DON GUSTAVO DE SOSTOA, EL GOBERNADOR GENERAL ASESINADO DIAS ATRAS

Cómo encontró la Guinea el señor Sostoa, cuáles eran sus planes coloniales y qué labor había desarrollado. El estado sanitario y la riqueza agrícola de nuestra colonia. — De los 24.000 kilómetros cuadrados de la Guinea continental tan sólo han sido explorados hasta hoy 6.000 kilómetros

LO QUE HAY DE CIERTO EN LA TRATA DE NEGROS

La inicua explotación de los indígenas y las medidas adoptadas por la República para atajar la obra criminal de los reclutadores. — La lepra y la enfermedad del sueño. — Propaganda soviética entre los negros

ESCENAS PINTORESCAS Y TRAGICAS DE LA VIDA DE LOS NEGROS

Con don Gustavo de Sostoa en el Gobierno general

Fragmento del diario *AHORA* donde aparecen los titulares de la extensa crónica y de la entrevista al gobernador Sostoa por el periodista F. Madrid pocas semanas antes de su asesinato. Captura imagen de archivo digital de la Hemeroteca Municipal de Madrid.

Aquel empeño reformador de la «realidad colonial» española de Sosotoa y Nombela encontró duros antagonistas entre las elites socioeconómicas y los funcionarios de la colonia guineana. Aunque se apreció durante los primeros meses un buen acogimiento al nuevo régimen político, es más probable respondiese, en general, a la fuerza de las circunstancias. Esa fidelidad republicana de los colonos, funcionarios y sus autoridades se debió más que nada a la comprensible necesidad de seguir ocupando sus cargos y de no perder sus trabajos. De todas maneras, en las publicaciones de la colonia a lo largo del corto pero intenso periodo republicano, sí que se puede apreciar una sincera ilusión y esperanza[204] en la creada opinión pública de Guinea, incluidos los africanos colonizados, en los deseos de ver nuevas formas de relacionarse y gestionar las políticas coloniales en la etapa que se iniciaba con el advenimiento de la República. Claro está que esas ilusiones se las hacían los componentes más integrados y estructurados en esa sociedad colonial, como los criollos fernandinos por parte de los africanos y la burguesía urbana dentro de los metropolitanos o colonos. Los hacendados, la elite social y económica, no iba a ver con buenos ojos todo ese espíritu reformador de sujetos republicanos como Nombela. Una actitud profesional y honesta con su responsabilidad de servidor estatal que chocaba de lleno con las prácticas de corrupción y clientelismo que eran estructurales en la colonia desde hacía décadas.

Antonio Nombela, durante el gobierno conservador de Samper en la República fue nombrado en 1934, tras su bagaje y experiencia en Guinea, Inspector General de Colonias. Un cargo que sustituyó al de director de la Dirección General de Marruecos y Colonias (DGMC), suponiendo una muestra del intento de reforma colonial republicano, aunque seguía marcada esa nueva política por la actitud personal de funcionarios como el gobernador Sostoa y el recién nombrado inspector Nombela. De hecho, Antonio Nombela era el inspirador de esta renovación. Su puesto de inspector general se pensó como un cargo que haría de intermediario y auditor entre las autoridades coloniales y las de la metrópoli. Lo veremos en esta función seguir con la misma actitud profesional que mostró formando parte del gobierno colonial del asesinado Gustavo de Sostoa. ¡Qué diferencia con el delegado gubernamental en Annobon, Restituto Castilla! En su

204 BIBANG, José Luis: «La II República, ¿o la llegada de un mesías a los olvidados Territorios Españoles del Golfo de Guinea?»; *Cuadernos Republicanos, n.º 102 Invierno.* Madrid 2020. Pp. 53-80.

trabajo se implicará de lleno en la idea de servicio a la sociedad ecuatoguineana, porque el desarrollo colonial debía equipararse a progreso social; por eso, cuando se topa con una trama corrupta que desde Madrid intenta esquilmar las arcas del Tesoro Colonial, llevará el «caso guineano» hasta las últimas consecuencias políticas.

El «escándalo Nombela» o la «denuncia Nombela» fue un caso en plena República de gran impacto político y mediático en su tiempo.[205] Se podría resumir en que fue la campaña de lucha personal de Antonio Nombela Tomasich (1900-1986) contra la corrupción colonial y para conseguir restablecer su honor siendo repuesto en su cargo. Esa cruzada política se inició tras la que consideraba injusta e improcedente destitución como inspector general de Colonias en el verano de 1935, apenas un año después de ocupar el cargo. Consiguió llevar su denuncia al Congreso de los Diputados y que su extenso y documentado informe fuera leído en esa cámara. No consiguió, sin embargo, recuperar su cargo según deseaba, pues se enfrentó a círculos de poder muy próximos a la jefatura de gobierno del momento. Como apuntamos, había sido nombrado Inspector General de Colonias por el jefe del Gobierno en ese momento, Ricardo Samper, el 29 de agosto de 1934. Fue elegido tras su eficaz trabajo en Guinea y sabiendo el presidente Samper que sería el hombre idóneo para hacer las reformas pendientes en la situación colonial.

Sin embargo, una crisis por cuestiones ministeriales dentro de la coalición gobernante de partidos de derechas provocó la sustitución de Samper —su valedor— en la jefatura de gobierno por Alejandro Lerroux. Éste introdujo cambios en su gabinete, nombrando Subsecretario de la Presidencia a Guillermo Moreno Calvo. Sería este personaje el villano de esta historia de corrupción, un político que actuó a todas luces con maneras prepotentes y con una impunidad que ahora nos parece exagerada. Hábil promotor del

205 NDONGO-BIDYOGO, Donato: «Guinea durante la II República. El "escándalo Nombela"....*op.cit.*; p. 103.

clientelismo, quiso pagar favores de un empresario catalán a sus jefes Gil-Robles y Lerroux durante la campaña electoral a través de una indemnización que iría a cargo de los fondos de la colonia guineana. Esta compensación económica era por unos barcos hundidos en extrañas circunstancias en Santa Isabel de la *Compañía África Occidental, S. A.*, propiedad del naviero catalán Antonio Tayá, calculada en más de medio millón de pesetas de la época. Curiosamente, Nombela sería advertido de posibles irregularidades en el trabajo del subsecretario Moreno por el mismísimo presidente de la República, Niceto Alcalá Zamora.

Será precisamente la insistencia y presión del subsecretario de la presidencia Moreno Calvo para ejecutar la liquidación del contrato con la naviera mencionada, mediante pago de una indemnización usando el dinero del Tesoro Colonial que controlaba el departamento del Inspector General de Colonias, lo que colmó la paciencia y el sentido de honestidad profesional del excapitán Nombela. Según su defensa durante la comisión creada en el Congreso, tuvo que saltarse el escalafón y quejarse a los superiores del subsecretario. A la larga, ese exceso de celo sería el motivo de su cese y la excusa para no devolverle su cargo a pesar de demostrar su transparencia llevando ese expediente. Por todo ello, iniciaría un proceso de denuncia que se conoció como el «escándalo Nombela» al exponer un informe contundente en forma y fondo contra el subsecretario Moreno Calvo y defendido en una comisión de investigación en las Cortes por José Antonio Primo de Rivera, líder de Falange Española. El presidente de Falange ayudó al inspector Nombela no por afinidad ideológica, al parecer el ex militar se declaraba neutral[206] en política, sino por interés político en desgastar al gobierno. Ese defensor singular de Nombela sería uno de los motivos de la gran repercusión mediática en la época de este caso de corrupción colonial. El eco de este escándalo fue

206 NDONGO-BIDYOGO, Donato: «Guinea durante la II República. El "escándalo Nombela"....*op.cit.*; p. 113.

tal en esos meses finales de 1935 que por eso extraña más, según Donato Ndongo-Bidyogo, hayan pasado tan inadvertidas para la historiografía especializada las importantes implicaciones que provocó.

Implicación de un asunto colonial del golfo de Guinea en la política española, vista en su clara influencia —en opinión de Ndongo— sobre las caídas políticas de Gil-Robles y el presidente Lerroux, líderes en la coalición de derechas que estaba gobernando la República. Resulta evidente que ese «caso Nombela» contribuyó al desgaste político de esos gobernantes, pero el nivel de interés de la alta política sobre las colonias del África negra seguía siendo ínfimo comparado con otros asuntos coloniales generados en Marruecos y Sáhara. Por ejemplo, fue la Segunda República quien tuvo que realizar la toma de posesión y levantar una colonia en el enclave de Ifni[207]. Un territorio concedido en el tratado de Wad-Ras que ponía fin a la considerada primera Guerra de Marruecos de 1860, aunque sin hacer España efectiva esa posesión durante décadas. Ese cometido de adquisición colonial, «conquista» en lenguaje llano muy empleado en el anticolonialismo, le correspondió al gobierno republicano cuando en abril de 1934 envió al coronel Capaz a ese terruño de la costa suroeste de Marruecos —casi a la altura de las Canarias— para instalar en él a la soberanía española. No es por llevar la contraria y afear así a esos textos que hablan de la conquista del *País del Muni* como la última hazaña imperial de España, pero la auténtica «última aventura colonial española» fue la de Ifni (1934-1969).

Recordando este también olvidado dato —la historia de Ifni— de nuestra historia contemporánea, no quiero deslucir la afirmación que hace Ndongo-Bidyogo sobre la importancia que el asunto de corrupción en la Guinea colonial tuvo a la hora de influir en la caída política de esos personajes claves en el gobierno de derechas de la República. Más bien pre-

207 CHAVES NOGALES, Manuel: *Ifni, la última aventura colonial española... op.cit.*

tendo matizar que el interés mediático durante la República, a nivel de opinión pública, y en el plano general de acciones políticas, siguió siendo mucho menor por el África ecuatorial que por los territorios norteafricanos de administración española. Para colmo, unas crónicas que iban a contar la realidad guineana durante el gobierno republicano se vieron ensombrecidas por el suceso morboso de un asesinato. El foco de interés mediático acabado ese morbo volvería al predominio del asunto colonial del Marruecos y Sáhara español. Es decir, la información concreta acerca de temas coloniales estaba casi monopolizada por el protectorado español en Marruecos; y por dos nuevos focos de interés colonial, Ifni y Sáhara, que fueron cobrando protagonismo justo en esos años de la Segunda República española.

Además, el «efecto Nombela» como supuesto remate del deterioro de la vida política española que supuso la caída de peces gordos de la talla Gil-Robles y Lerroux, vino precedido por otra denuncia más escandalosa si cabe, que dio origen a la palabra estraperlo en castellano. Se trataba del caso de «*Strauss y Perlowitz*»[208] y su máquina de juego —una ruleta— comercializada con el nombre *Straperlo*. Estos fabricantes de mobiliario para casinos intentaron conseguir permisos para su nueva máquina de la forma más rápida, corrompiendo a los funcionarios encargados de esa autorización. Entre ellos estaba el hijo de Lerroux, Aurelio; cuando las autoridades prohibieron el uso de la ruleta *Straperlo* por sus irregularidades, los dueños de la máquina quisieron resarcirse chantajeando al jefe de gobierno Lerroux amenazando con desvelar los actos corruptos de su hijo. Al no llegar a un acuerdo privado entre los abogados de ambas partes, los socios Daniel Strauss y Joachim Perlowitz decidieron llevar esa información a la oposición del gobierno, liderada por Azaña y Prieto. Parece ser que Manuel Azaña se desatendió por parecerle innoble el juego sucio político y que sería Indalecio Prieto

208 JULIÁ, Santos (Coord.): *República y Guerra en España (1931-1939)*; Editorial Espasa Calpe. Madrid 2006; p.121.

quien se aprovecharía, moviendo esa delicada denuncia, hasta llevar el caso a una comisión investigadora. Era 28 de octubre de 1935 cuando esa comisión parlamentaria y su conclusión acabaron por destrozar la carrera política ya muy perjudicada de Lerroux y supuso el fin, la desaparición, del Partido Radical. Por tanto, la caída de Alejandro Lerroux y su camarilla fue un mes antes de la llegada —en noviembre— de la denuncia Nombela a una comisión del Congreso de los Diputados. Un caso el denunciado por el ex inspector general de Colonias que, en realidad, trató su relación con Guinea de manera tangencial, centrándose toda la base de la demanda en la práctica deshonesta y corrupta habitual en la actividad de los políticos implicados.

De todas maneras, aun haciendo estos matices, el criterio del historiador y profesor ecuatoguineano, Donato Ndongo-Bidyogo, es acertado al considerar que ese escándalo de corrupción de la naviera Compañía África Occidental, S. A., denunciado por un honesto funcionario colonial, fue una cuestión guineana que, si no jugó un papel determinante en el proceso de desintegración de la agrupación derechista republicana, sería otra crucial vuelta de tuerca en ese desastre político. Lerroux ya había abandonado el Parlamento, pero tras el «escándalo Nombela» su partido saltó por los aires y la coalición gubernamental entró en crisis profunda llegando diciembre sin poder formar un nuevo gobierno. Un devenir que agudizó la polarización ideológica del país a inicios de 1936 y facilitó la victoria electoral cada vez más evidente de la izquierda con el Frente Popular. Si el dato guineano en esta historia no es una influencia de los asuntos coloniales directa y trascendental en la política metropolitana, al menos resulta la puntilla ejemplificadora de un contexto político español muy deteriorado a la mitad de esa década 1930. Por tanto, y en eso coincido con la reclamación de Ndongo-Bidyogo, urge poner en mayor perspectiva ese pasado colonial durante la Segunda República y la Guerra Civil española, periodos tan olvidados por la historiografía.

Reportaje gráfico que acompañó a la entrevista en *AHORA* de Francisco Madrid al gobernador de Guinea, Gustavo Sostoa, asesinado poco después.

Al producirse el golpe de Estado contra la República a mediados de julio de 1936, la Guinea española era una colonia que cada vez se parecía más a las de su entorno. Se habían modernizado, actualizado, en esas primeras décadas del siglo XX tanto las estructuras económicas como las políticas. Eso era bueno y malo a la vez, según la perspectiva del sujeto en cuestión, colonizador y colonizado, lo positivo y negativo se iban mezclando o repartiendo afectados por las circunstancias. Las reformas republicanas si bien escasas y con poco tiempo para desarrollarse, quisieron cambiar ciertas esencias del sistema colonial como la baja profesionalidad de su administración y el monopolio de la religión en las tareas educativas. Tras la sublevación militar entre el 17 y 18 de julio, alentada desde las Islas Canarias y Marruecos —es decir, en el entorno hispano africano—, en Guinea Ecuatorial no pasó nada a reseñar, ni como grave ni como extraño. Fue al gobernador general Luis Sánchez-Guerra a quien le pilló en el cargo ese hito arrollador de la historia contemporánea española. Aunque había sido nombrado por el gobierno de Lerroux, los siguientes gobiernos del Frente Popular lo mantuvieron y recibió el apoyo del presidente Casares Quiroga. La noticia del golpe de Estado no provocó adhesiones claras por parte de los militares y/u otras «fuerzas vivas», pero suscitó las lógicas simpatías de muchos que ya eran poco o nada partidarios del régimen republicano. Al igual que existió simpatía por el Frente Popular cuando ganó las elecciones en febrero de 1936. Como ya se ha apuntado, los colonos igual que los colonizados tampoco tenían derecho a voto. Cualquier metropolitano al llegar a la colonia perdía ciertos derechos y debía asumir que estaba en un territorio con diferente estatus.

Pero luego la realidad política de la metrópoli encontraba la manera de manifestarse en la colonia. Así, en la Guinea española consiguieron crear una sección del Frente Popular que llegó a tener 150 miembros. Pertenecían a la incipiente clase media de la colonia, pequeños empresarios y funcionarios. Una cifra que no estaba nada mal si consideramos que había unos 1.500 españoles[209] en esos momentos en toda la colonia. Resultaron un grupo opositor al gobernador Sánchez-Guerra porque no entendían que Madrid no lo hubiese sustituido ya por un republicano de izquierdas. A los misioneros claretianos se les encuadraba, por esa tiránica lógica del estereotipo, dentro de las fuerzas conservadoras simpatizantes de los sublevados. Y así acabó siendo en

209 BIBANG, José Luis: «La Guerra Civil en la Guinea española: Un episodio quizá insignificante, pero documentado»; *Anuario de Historia del Derecho Español (AHDE)*. Tomo XC. Madrid 2020. Pp.603-624.

el caso de los claretianos, aunque no desde el principio y, digamos, muy a su manera —eran más monárquicos que otra cosa—. Para no caer en esa rigidez del estereotipo, también se podía haber anotado que existieron misiones religiosas discretas y respetuosas con la República —las de origen protestante, sobre todo—, a pesar del anticlericalismo radical de los pirómanos de iglesias que no supo controlar; o incluso religiosos[210], aunque en gran minoría, que a título individual evitaron alabar el alzamiento y aborrecieron una sublevación que acabó en una nefasta guerra entre españoles. Luego, tendríamos el apoyo derechista al golpe que estaría de forma natural en las elites económicas de la colonia; incluso, según datos del *blog Calle 19 de septiembre*, por simpatizantes de Falange Española que ya existían en Guinea. En cuanto a los militares y marinos de guerra destinados en el golfo guineano en ese momento, el propio gobernador declaró estar seguro de la lealtad de sus oficiales a la República. Aun así, sufriendo la creciente presión política de todos los grupos, más reivindicativos desde el triunfo electoral del izquierdista Frente Popular, tuvo que pedir al gobierno de Casares Quiroga la protección de un barco de la Armada. Sería el crucero *Méndez Núñez*; un navío que, a la larga, en mi opinión, acabaría convertido en protagonista indeseado y provocador inesperado de la sublevación militar contra la República en los Territorios Españoles del Golfo de Guinea.

Muchas veces, en un estudio histórico, analizar los hechos y datos observados puede conducir a encontrar una serie de contradicciones que nos harán más confuso el relato que desarrollamos. Aunque esas mismas contradicciones sirven para enriquecer y animar el análisis de lo estudiado. Que el gobernador general de la colonia, Sánchez-Guerra, pidiese apoyo a Madrid en junio de 1936 con el envío de un buque

210 GONZÁLEZ GULLÓN, José Luis: «Leocadio Lobo, un sacerdote republicano (1887-1959)»; *Hispania Sacra*. Edición digital, Universidad de Navarra, 2009.

de guerra a Santa Isabel, se me ha convertido en un dato contradictorio en dos puntos. Primero por declarar el estado de excepción el 5 de junio, como demostración de fuerza, y después insistir él mismo en su confianza sobre la oficialidad que tenía a sus órdenes en ese momento. Segundo, el solicitar la presencia de un contingente de la Armada sólo hacía que aumentar la sensación de excepcionalidad y las suspicacias de unos y otros. Además, que lo hace casi como una premonición, a un mes del estallido de la guerra civil en la España peninsular. Se argumenta que reclamó la presencia de ese refuerzo de la Armada para contar con una dotación de tropa blanca y no tener que recurrir a los áscaris negros en caso de revueltas de una facción u otra. Algo que atiende al prejuicio de poner en cuestión la jerarquía racial entre colonizadores y colonizados[211]; pero que me parece una preocupación bastante endeble comparada con los temores graves que se vivían en el ambiente.

Entiendo que la acción policial era realizada por la Guardia Colonial para todo el mundo, además que si fuera necesario detener —como ocurrió con varios líderes del Frente Popular— a algún blanco, siempre se podía —debía— utilizar a los oficiales y suboficiales metropolitanos que dirigían a esa tropa negra. Es más, existían guardias coloniales blancos de tropa que provenían del sistema de recluta —cajas recluta—, reservistas y voluntarios[212]. Que se les nombrase guardias de primera para distinguirles del guardia negro, es algo que no he podido comprobar. También se habló de una posible sublevación de los nativos aprovechando ver a los blancos débiles por sus trifulcas entre ellos, aunque resultó un rumor más que nada y se hubiese podido reprimir sin reparos con la Guardia nativa. Otra cosa sería sofocar una hipo-

211 ARANZADI, Juan y ÁLVAREZ, Gonzalo (Coords.):*Guinea Ecuatorial (des) conocida. (Lo que sabemos, ignoramos, inventamos y deformamos acerca de su pasado y presente)...(Vol. I) op.cit.* p. 326.

212 LÓPEZ JIMÉNEZ, Francisco J.: *Los Territorios Españoles de Guinea Ecuatorial y la Guardia Colonial. Informe Inventario N° 2.* Archivo General Militar de Guadalajara (AGMG), 2010.

tética rebelión de centenares de blancos (¿en quién pensaba el gobernador, en los activistas del Frente Popular o en los derechistas de las haciendas y militares antirrepublicanos?), en la que entonces sí habría tenido que utilizar el grueso de la Guardia áscari, si no contase con suficiente tropa europea. Pero me sigue costando creer que su principal temor fuera una «cuestión de imagen», ver a negros reprimiendo a blancos sabiendo que son jefes blancos quienes ejecutan la orden. El peligro de una sublevación era contra la República y el gobernador representaba en Guinea a ese régimen, por eso el gobierno republicano de Madrid lo apoyó aceptando de inmediato llevar al *Méndez Núñez* a Fernando Poo.

Así tenemos al crucero *Méndez Núñez,* dirigido por el capitán Matres García, llegando a Santa Isabel el 24 de junio. Pero un mes después, cuando ya se ha producido el golpe de Estado del 17-18 de julio, marcha de nuevo a la península porque el mismo gobernador consideró que la colonia estaba segura y confiaba en su oficialidad para mantener la legalidad republicana, siendo más útil a la República la presencia del buque en la España peninsular ante el avance de la sublevación golpista. ¿Dónde quedaba entonces la urgencia de tropas blancas para no menoscabar la imagen supremacista del blanco? ¿Dónde el temor a una sublevación contra la República si no había suficientes fuerzas para contenerla? Más contradicciones. De hecho, el gobierno de Madrid cuando estaba en la escala de Dakar a primeros de agosto, hizo volver a ese buque de la Armada a Santa Isabel. Temía ver a su oficialidad pasándose al bando golpista al llegar a las Islas Canarias. Prefería que si eso ocurría el navío estuviera lejos, en las colonias. A su regreso, la dotación del *Méndez Núñez* tuvo permiso para desembarcar en Santa Isabel y llevar vida urbana, lo que evidenció las diferencias de clase entre marinería y oficialidad, así como las ideológicas. Fenómeno que estaba pasando en otros buques de la Armada, donde la mayoría de la tropa marinera solía permanecer leal a la República y sus oficiales deseaban unirse a la sublevación en curso contra ella.

Por lo que se reflejó en las distintas publicaciones de la colonia, esa presencia de los marineros del *Méndez Núñez* pareció molestar a todos en Santa Isabel. A los activistas del Frente Popular por sospechar de la oficialidad y su potencial traición al gobierno de Madrid. A los finqueros, comerciantes, propietarios de negocios y militares simpatizantes del golpe les importunaba esa tropa marinera que frenaba sus ganas de sumarse a la sublevación. El gobernador Sánchez-Guerra siguió en su papel de árbitro, sin significarse más por un bando que otro. A finales de agosto de 1936, volvió a considerar como mejor solución de estabilidad de la colonia que el barco regresase a la metrópoli; no sin antes hacer una surrealista encuesta[213] a su dotación preguntando abiertamente quiénes estaban a favor de los rebeldes. Parece que esa sugerencia de franqueza entre caballeros animó a 17 oficiales a confesar su deseo de sumarse a la rebelión para derrocar a la República.

Tan rocambolesca historia de las idas y venidas del *Méndez Núñez* en mi opinión puede ser vista, sin exclusividad, como la auténtica protagonista del alzamiento en Guinea. Pensemos en el aparente papel secundario de su casi veintena de oficiales que se declaran golpistas y son en un principio, ingenuamente, confinados por el gobernador Sánchez-Guerra en la bahía de San Carlos. Consiguieron escapar con ayuda de la autoridad colonial de esa ciudad y animaron así con su fuga a dar el paso de sublevarse a la mayoría de los oficiales de la Guardia Colonial que estaban en la isla. Con el crucero *Méndez Núñez* navegando de nuevo hacia la península llevando únicamente dos oficiales —que también acabarían fugados—, dejando Santa Isabel sin esa marinería fiel a la República y la huida de los 17 de San Carlos, el 5 de septiembre el pacificador gobernador Sánchez-Guerra agotó su ánimo y presentó su dimisión que sería aceptada el 18 de septiembre. Los afines a los golpistas no iban a esperar mejor opor-

213 BIBANG, José Luis: «La Guerra Civil en la Guinea española: Un episodio quizá insignificante... *op.cit.*, p. 608.

tunidad. Esa madrugada, ya 19 de septiembre, el teniente coronel Serrano Maranges, jefe de la Guardia Colonial, se subleva contra la República, consiguiendo el apoyo de los principales prohombres de la Cámara de Fernando Poo y la totalidad de los militares coloniales de la isla. En rigor de fechas, comenzaba la Guerra Civil española en Guinea justo dos meses después que iniciada en la España peninsular.

Estamos en 19 de septiembre de 1936. Fecha que dio nombre a una calle en Malabo, antigua Santa Isabel, durante la dictadura franquista y que da título al curioso *blog* de un colectivo universitario ecuatoguineano. Aunque seguiré utilizando la documentación encontrada en varias fuentes, la mayoría de lo que ahora expongo ha sido visto y analizado —interpretado— de esa *web-blog* citada anteriormente. Por eso no habrá tantas citas a pie de página. En sus publicaciones suelen hacer referencias de la bibliografía o de los autores de los que están hablando, pero bastantes veces no es así y he debido suponer que es «cosecha propia» del autor no identificado. Bueno, empecemos por comentar lo que a ellos les llama la atención de tal manera que han dado ese nombre a su página digital. En efecto, en Santa Isabel hubo una calle llamada así, en los aledaños del Palacio de la Gobernación, con motivo de conmemorar la derrota republicana ante los golpistas en Guinea Ecuatorial. No obstante, precisando, sería la derrota en Fernando Poo, pues hasta el 14 de octubre los sublevados no dominaron la parte continental de Guinea y, según los pobres datos encontrados, la isla de Annobon no se consideró sumada al bando nacional hasta enero de 1937. Es decir, la calle dedicada a esa fecha histórica tenía un carácter local, propio de la iniciativa del ayuntamiento —Consejo de vecinos— de Santa Isabel (Malabo) y demuestra como durante el franquismo también se daba esa separación regionalista que afectaría al sentido aglutinador esperado en todo nacionalismo, en este caso al ecuatoguineano.

Cabecera del blog *Calle 19 de Septiembre*; es una fotografía del vapor *Fernando Poo* escorado y semi hundido tras ser cañoneado por el *Ciudad de Mahón* en la Guerra Civil española.

En un artículo del blog *Calle 19 de Septiembre* se cuenta la historia de ese callejón que le dio título y se comenta la habitual práctica del cambio de nomenclatura de las calles al cambiar los regímenes políticos. En concreto, anteriormente la calle *19 de Septiembre* fue *Libertad* y antes calle *O'Donnell.* Luego se hace una curiosa apreciación sobre la antigua Ley de Memoria Histórica (Ley 52/2007, de 26 de diciembre) y que Guinea Ecuatorial debería «pasar el control de calidad» acerca de la idoneidad democrática (¡?) de su callejero. A mí me parece una estimación curiosa porque de manera consciente o inconscientemente está hecha como si Guinea todavía formase parte de España, como una provincia más donde se debe poner en valor la memoria histórica democrática. No se percatan lo paradójico que resulta esa pretendida reparación de la memoria histórica llamando a la calle *19 de Septiembre* ahora calle *12 de Octubre.* Para los ecuatoguineanos es su Día de la Independencia, pero porque fue una última estratagema del franquismo que deseaba prolongar la influencia española, su control mediante un gobierno afín, más allá del estatus de país independiente. Hacer coincidir la independencia guineana con el Día de la Hispanidad —hoy, encima, la fiesta nacional de España— fue una clara muestra de esas intenciones. Por otro lado, aún iba a pasar otro mes para que la parte continental de Guinea cayese en manos de los golpistas contra la República. Hecho mencionado también en ese artículo de la página digital *Calle 19 de Septiembre*, contando que la capital del Río Muni, Bata, tuvo también una calle con el nombre de *14 de Octubre*, la fecha de su adhesión al golpe de Estado contra la República. Se detalla que fue una adhesión al bando nacional tras ser bombardeada y ocupada militarmente[214]. Ese lenguaje empleado con dramatismo bélico contrasta con la idea creada de una Guerra Civil española en Guinea apenas sufrida y de hechos insignificantes.

Llegados a este punto de la historia de Guinea Ecuatorial, antigua Guinea española, avanzado el conflicto civil en la España peninsular, cobrará sentido el título del epígrafe cuando dice mucho por saber. Existe documentación en los archivos y en las hemerotecas acerca de esos hechos del 36 en la Guinea española continental. En realidad, es una potencial documentación que reside en los mismos archivos fundamentales empleados para cualquier investigación sobre la Guerra Civil española. Aunque debido a las obvias circunstancias de lejanía con la metrópoli, las limitaciones de comunicación y la excepcionalidad de los acontecimientos, esta información convertida en documentos tuvo en su momento tan diversa apreciación y desarrollo como variadas interpretaciones tiene ahora. Un ejemplo de esa confusión estaría en los radiogramas enviados al vapor *Fernando Poo* durante su travesía hacia Río Muni. La toma del poder por los sublevados en Santa Isabel ocurrió durante esa navegación rutinaria como barco correo y suministros al territorio guineano del

214 Consultado en Internet: https://calle19septiembre.blogspot.com/2018/09/calle-19-de-septiembre.html

continente. En Bata el subgobernador continental, Miguel Hernández Porcel, en cuanto se enteró del golpe en la isla de Fernando Poo organizaría la «resistencia» republicana. Este subgobernador Hernández Porcel, a diferencia de su superior el gobernador general Sánchez-Guerra, había desconfiado desde el inicio del conflicto civil de los oficiales destinados en Bata; a los que el 19 de septiembre llegó a destituir y poner bajo sus órdenes directas a la Guardia Colonial. La incertidumbre era tan grande por culpa del cruce de directrices y proclamas de un bando y otro, que el subgobernador de Bata no sabía con certeza si el barco *Fernando Poo*, con llegada prevista para el 30 de septiembre, se había pasado al bando sublevado o se mantenía leal a la República. Era evidente, también, la desazón que cundió entre esas personas al constatar que podían dejar de recibir los suministros necesarios en esa parte continental de la Guinea española.

De hecho, la motonave recibió un radiograma de los golpistas de Santa Isabel con la estratagema de confundir diciendo que los sublevados contra la República eran los continentales. También el subgobernador Hernández Porcel para evitar malentendidos, mandó a su secretario Ángel Miguel Pozanco —una de las fuentes de esta historia, con sus muchos posteriores testimonios— a una estación telegráfica del Camerún donde podían mandar un telegrama al buque *Fernando Poo* sin ser interceptado por el enemigo. En ese mensaje algo desesperado, temiendo que el barco fuera captado por los insurgentes, se advertía «*que isla Fernando Poo declarase facciosa bajo mando teniente coronel Serrano. Ayer 23 barco pequeño desembarcación (sic) tomando Kogo Rio Benito, incautándose estación radio Bolodo aprisionando telegrafistas varios más, intentando dirigirse Bata, conteniéndoles tres kilómetros Bolondo. Advertidos nosotros movimiento anteriormente, declarase estado guerra, cese capitán, tenientes, Guardia Colonia. Precisamos urgente auxilio vuestro, diríjanse toda máquina Bata*»[215]. Como vemos, piden «urgente

215 BIBANG, José Luis: «La Guerra Civil en la Guinea española: Un episodio quizá insignificante... *op.cit.*, p. 616.

auxilio» de ese pequeño vapor, sin saber que su dotación era mínima y solamente llevaba seis fusiles y una pistola. La urgencia en la ayuda viene pedida por un temor expresado en el telegrama, otro posible ataque como el producido en Kogo y Río Benito, que finalmente fue repelido. Ante el cruce de telegramas contradictorios, el telegrafista del barco decide comunicarse directamente a Madrid. Desde donde confirman al *Fernando Poo* que los sublevados contra la República están en la isla de su mismo nombre y que mantenga las ordenes de fondear en la bahía de Bata el 30 de septiembre. Así lo hizo, causando al verlo llegar la lógica alegría entre los fieles al gobierno legítimo hasta que comprobaron su mínima capacidad defensiva.

La confusión de datos sin contrastar y de noticias contradictorias se agudiza con la llegada a esta historia de otro buque. Esta vez con una clara afiliación a los golpistas, se trata del mercante *Ciudad de Mahón* preparado en las Islas Canarias para someter la parte continental de los territorios de Guinea al control de los sublevados contra la República. Otro ejemplo de dato confuso es la cifra del contingente armado embarcado como expedición contra los republicanos resistentes en Bata, varía tanto de un testimonio a otro que no sabremos nunca si se quiso dar o no una relativa importancia a estos hechos. La bibliografía tratando esta historia ha creado una orquilla que va de 200 a 800 (¡!) hombres armados, y la mayoría de los autores hablan de que fueron principalmente Tiradores de Ifni y milicianos derechistas de Canarias. Me congratula como historiador aportar más leña al fuego. Pues he investigado y publicado un libro[216] sobre el Ifni colonial y el dato de los Tiradores tuvo que ser una Compañía de infantería (entre 100 y 150 soldados), para que nos entendamos. Resulta muy impreciso como dato cuando se menciona que era un Tabor (equivalente a un Batallón de unos 500 hombres) formando parte del contingente que via-

216 ORDOÑO MARÍN, Gustavo A.: *La guerra de Ifni...op.cit.*

jaba en el barco artillado *Ciudad de Mahón*. No niego el dato, pero pongo en duda su exactitud. Veo una interesada intención de incluir a estos «moros aguerridos» en este incidente del conflicto civil en Guinea, haciéndolo así mayor y más dramático de lo que pudo ser. Engordando su número se los puede relacionar con una leyenda, el sanguinario y cruel soldado moro, creada en realidad algo después de los hechos de Bata. Precisamente los testimonios de republicanos huidos de Bata contando crueldades de los moros a la llegada de este contingente armado, lo hacen en libros estando ya acabada la Guerra Civil y corriendo ríos de tinta acerca de los «salvajes moros», terror de las filas republicanas.

En el mismo diario gráfico, el AHORA, que F. Madrid haría su crónica sobre Guinea, Manuel Chaves Nogales, el excepcional cronista de esa época, escribió varios reportajes acerca de la ocupación de Ifni por el coronel Capaz, siguiendo el mandato de la República. Fotografía de una de esas crónicas gráficas.

Esa unidad militar de Tiradores de Ifni la fundaría el mismo coronel Capaz que tomó posesión del enclave en abril de 1934. Sería una de las primeras medidas con la intención de convertir al poblado de Sidi-Ifni en la capital del territorio. Es otro de los errores frecuentes, confundir Ifni —el todo— con la futura ciudad —la parte— de Sidi-Ifni. España llevaba apenas dos semanas de soberanía efectiva en esas tierras y la creación de esa tropa fue un acto simbólico con unos 150 nativos de las principales cabilas que habían declarado su lealtad a los españoles. Se encuadraron como guarnición con el centenar de infantes de marina que llevó en la ocupación, que por otro lado resultó totalmente pacífica. Poco después llegaría el Decreto de 9 de junio de 1934, publicado en la Gaceta del día siguiente, que crea oficialmente el Cuerpo militar que se denominará *Batallón de Tiradores de Ifni*[217] y tres días después se publica la Orden de 11 de junio que lo organiza y encuadra en el Ejército español.

De este modo, en septiembre de 1936, cuando se prepara la expedición armada contra Bata, los Tiradores de Ifni todavía no funcionaban como un Regimiento completo (entre 1.000 y 1.500 soldados), que fue lo planeado en su ordenación. Precisamente, la Guerra Civil acelerará la formación de más Tabores, que eran un Batallón pequeño (de tres Compañías de fusileros y una de artilleros, sumando unos 400 soldados), al reclutar los golpistas a muchos norteafricanos los primeros meses del conflicto; siendo noviembre el principal mes de recluta que triplicó a ese original *Batallón de Tiradores de Ifni*. Hay que recordar estuvo adscrito al sistema de cajas y destinos, reclutando también peninsulares desde el mismo junio de 1934, tanto para cubrir oficialidad como para el grueso de tropa. De hecho, al acabar el conflicto civil, harían el Servicio Militar Obligatorio (SMO)

---

217 *Gaceta de Madrid*. Nº 161. Del 10 de junio de 1934, p.1618; y *Gaceta de Madrid*. Nº 164. Del 13 de junio de 1934, p.1673. Archivo digital *Gazeta de Madrid colección histórica*: Referencias BOE/1934/161 A-01618-01619 y BOE/1934/164 A-01673-01675.

miles de jóvenes españoles en los Grupos de Tiradores de Ifni durante los treinta y cinco años de soberanía española en Ifni. Pero al estallar la guerra, tras el golpe militar de julio del 36, en Sidi-Ifni estaba acuartelada su guarnición, los Tiradores de Ifni creados expresamente para la defensa del territorio, teniendo por esas fechas dos Tabores, apenas mil soldados. Además, el II Tabor a las órdenes del capitán Molero Pimentel se suma a los golpistas y el enclave estará hasta finales de agosto en una situación de inestabilidad que no le permitió ceder hombres. Eso ocurriría más adelante, cuando se aumentó la leva y se llegaron a trasladar hasta cinco Tabores a los frentes de la Guerra Civil española.

Por tanto, me inclino a creer que los Tiradores de Ifni que irían a tomar Bata fueron unos cien, una Compañía de fusileros; o puede que una y media, con una Sección (50 soldados) de ametralladoras, porque tenía prioridad el envío a la península de las «tropas moras» que se iban reclutando. Voy a ir más allá en mi hipótesis y a pensar que podrían ser los Tiradores de Ifni que custodiaron en el viaje a Canarias a los prisioneros republicanos hechos en la mini contienda civil que también se dio en esa colonia española, el enclave de Ifni —enclave porque estaba rodeado de territorio marroquí del protectorado francés— ; las fechas se ajustarían a las de la preparación del envío del *Ciudad de Mahón* a Bata, la capital de la Guinea española que se mantenía fiel a la República. Aunque no creo probable se contase con un Tabor entero, casi medio millar de hombres, ni considerando la cifra alta que habla de más de setecientos hombres armados[218] contra el bastión republicano del Río Muni. Hecha esta aportación personal, continuo con la historia que no pone en duda las intenciones de ese buque artillado y con un contingente armado en su interior rumbo al golfo de Guinea. En la costa de Bata había quedado fondeada el 30 de septiembre la

---

218 ARANZADI, Juan y ÁLVAREZ, Gonzalo (Coords.):*Guinea Ecuatorial (des) conocida. (Lo que sabemos, ignoramos, inventamos y deformamos acerca de su pasado y presente)...(Vol. I) op.cit.* p. 328.

motonave *Fernando Poo*, donde su dotación se negó a regresar a Europa y prefirió quedarse a defender la legitimidad republicana en esas tierras africanas. Considerando la escasez de armas con las que contaban y su poca preparación militar, no iba a ser rival para cualquier buque mandado por los sublevados. Lo que sí tenían era un gran ánimo de combate y de acción, pues colaboraron en la detención arbitraria de los misioneros claretianos y de varios colonos afines a los golpistas confinándolos en las bodegas de su barco. Algo que a la postre tendría un fatal desenlace.

El 14 de junio de 1936, primero con un disparo por encima de su chimenea como advertencia, el *Ciudad de Mahón* atacó al otro buque de pabellón español fondeado en Bata. Lo haría con una sucia estratagema propia de piratas. Llevaba oculto su nombre y al acercarse a pocas millas de la costa cambió su bandera por una extranjera. Cuando estuvo a distancia de tiro, arrió la tela extraña y levantó una enseña española monárquica, la que estaban usando los sublevados contra la República. El tiro de advertencia que peinó a la motonave impactaría en el paseo marítimo de Bata. Al no rendirse el pequeño vapor y responder con fuego de fusiles, el mercante artillado realizó un segundo cañonazo que dio en la línea de flotación del *Fernando Poo*. Empezó a entrar agua y en pocas horas a escorarse de un lado. Morirían ahogados los prisioneros religiosos y los colonos derechistas encerrados en sus bodegas por un acto exaltado y fuera de lugar de la marinería de la motonave. De hecho, iban a pagar caro ese error, pues pereció también parte de la tripulación —republicana— que intentó sacarlos junto a los cinco marineros del *Mahón* —golpistas— llegados para tomar el puente de mando. En eso la Guinea española no iba a ser diferente a otras partes de España en su guerra civil, pronto la sinrazón comenzaba a cobrarse víctimas de ambos bandos. Parece que, envalentonado con el hundimiento de la motonave, el cañonero improvisado en Las Palmas comenzaría a bombardear la ciudad de Bata. Por un lado la retórica triunfalista de la prensa de los sublevados, como ya lo era la revista de los claretianos *La Guinea española*[219], con tendencia a exagerar, y por otro los testimonios de los republicanos huidos ese día de Bata, con penosos recuerdos, darían versiones escuetas, ambiguas y sesgadas en datos acerca de ese bombardeo y desembarco militar del 14 de octubre de 1936; elegido *Día de la Victoria* por los sublevados contra la República en la parte continental de los Territorios Españoles del Golfo de Guinea.

Por lo testimoniado y documentado, se aprecia a la llamada Casa del Señor del Pozo[220], como uno de los edificios más castigados durante el bombardeo del *Ciudad de Mahón* a la ciudad de Bata. De tres plantas con grandes galerías terrazas, el amplio hall servía de farmacia. A ojos de los artilleros desde el buque les parecería la casa del subgobernador o similar en importancia. Sin embargo, hubo testimonios diciendo que se bombardeó el edificio al repeler los disparos hechos desde esa vivienda al barco. Fotografías atestiguan varios impactos en la casa, de eso no hay duda. Otros testimonios hablan de proyectiles caídos en la sede del Banco Exterior de España y en la Oficina de Correos. Unos hablan de grandes daños, otros como los del vicecónsul inglés en Santa Isabel que apenas los tuvieron. En este caso no he visto imágenes, pero muchos relatos coinciden en que fueron edificios bombardeados y basta para hacerlo dato cierto. El hecho está en que el hundimiento del *Fernando Poo*, las bombas contra la ciudad y el previsto desembarco de una fuerza armada, haría huir a la mayoría de la población de colonos leales a la República. Salieron literalmente con lo puesto, una fuga hacia Camerún sobre todo en vehículos propios y más atribulada, a pie y atravesando bosques selváticos, a Gabón. Estos españoles, de los primeros exiliados republicanos, fueron centenares —tampoco hay consenso en esta cifra—, empe-

219 *La Guinea española*. Año XXXII. Santa Isabel, 18 de octubre de 1936. Nº 944. Revista quincenal. Fuente digital Fondo Claretiano: Número dónde se dan loas a la «conquista Nacional» de Bata.

220 Consultado en Internet: https://calle19septiembre.blogspot.com/2019/06/la-casa-del-padre-de-raquel-ilombe.html

zando por el subgobernador Miguel Hernández Porcel y su familia, así como su secretario Pozanco. Este último escribió artículos sobre su experiencia traumática en la huida de Bata al volver a España y conseguir entrar en la zona republicana, que, luego pasados los años, avanzada la Segunda Guerra Mundial, recopila en un libro titulado *Guinea mártir*. Sus datos contrastan con los de la crónica escrita desde la perspectiva franquista de José Luis Vila-San Juan, en su libro *¿Así fue? Enigmas de la guerra civil española* (1974), que tiene un capítulo dedicado al levantamiento militar de 1936 en Guinea Ecuatorial, escrito en base a entrevistas con testigos del conflicto vivos en esa década de 1970.

Fotografía de uno de los impactos a la *Casa del Señor del Pozo*. Fuente imagen: blog «Calle 19 de Septiembre».

En el fondo encontramos en esta bibliografía y documentación las visiones de los hechos de las «Dos Españas» acerca de la Guerra Civil, aunque en la esencia de ambos relatos podemos hacernos idea de lo ocurrido esos 19 de septiembre y 14 de octubre de 1936 en la antigua Guinea española[221]. Es curioso ver cómo saltan los datos con sus imprecisiones a la vista de los relatos que se hicieron desde esas dos versiones. Vila-San Juan ya no habla de Tiradores de Ifni, resalta solamente a los doscientos voluntarios canarios como todo contingente armado derechista en el *Ciudad de Mahón.* Aunque reconoce otras fuentes citando a los Tiradores ifneños, sus informantes testigos le aseguran que no fue así. De hecho, uno es un militar explicando que los Tiradores de Ifni llegarían en 1940 por primera vez a Santa Isabel, en pleno conflicto mundial y porque se redistribuyeron en esa fecha los seis grupos de Tiradores creados durante la Guerra Civil, con dos en las Islas Canarias y uno de ellos suministrando desde allí refuerzos al golfo de Guinea. Por otro lado, el exsecretario gubernamental de Bata, Ángel Miguel Pozanco, menciona en otro de sus textos que los guardias moros que llegaron al Muni eran Regulares marroquíes. Es algo visto en otros testimonios, así que también podría ser. Al fin y al cabo, los Tiradores de Ifni se confeccionaron a semejanza de este cuerpo militar de nativos norteafricanos que ya existía en el Protectorado español de Marruecos, pudiendo ser confundidos unos por otros. Luego, los claretianos en su revista *La Guinea española* del 25 de octubre de 1936 dan cifras tan exaltadas de patriotismo como exactas; demasiado, considerando que por ejemplo al llegar desde el continente esa expedición «salvadora de la Patria» a Santa Isabel no desembarca del *Ciudad de Mahón* ni un solo Tirador de Ifni. Dan una cifra redonda tanto de los hombres armados que iban a bordo como, curioso, de todos los soldados moros —contados en doscientos— Tiradores de Ifni pero dejados como guarnición en Bata.

De todas formas, el objetivo de este libro no es abundar en las investigaciones —y debates— acerca de la Guerra Civil en los territorios de Guinea Ecuatorial. Lo advierto porque

221 Consultado en Internet: https://calle19septiembre.blogspot.com/2016/07/el-curioso-alzamiento-en-guinea.html

siguiendo con este relato nos encontraríamos con el mucho trabajo especializado por hacer, al constatar el gran número de contradicciones y de datos diferentes sobre este episodio dentro de la historia colonial española. Algo que empieza a dar sentido al título del epígrafe —*Segunda República y la Guerra Civil española en Guinea, mucho por saber*—, tras las anteriores dudas expresadas. El objetivo de este ensayo acerca de la antigua Guinea española estaría más cerca de lo que parece de la línea observada en páginas digitales como *Calle 19 de Septiembre.* Una línea relacionada con la preocupación por la memoria histórica y la puesta en valor de la historia colonial española dentro de la historiografía general. La mayoría de las valoraciones encontradas en la bibliografía —incluida la digital—, sin embargo, siguen extraídas del frentismo, en la dialéctica de las versiones de ambos bandos. Algo que muchas veces trastoca a la mínima objetividad debida. Por ejemplo, aunque en esa documentación no aparezca muy reflejado, sin duda los africanos sufrirían los efectos negativos de ese conflicto civil entre los metropolitanos. Pero, no es necesario sobredimensionar unos hechos para dar constancia de ello.

Si queremos que las últimas excolonias españolas tengan un mejor acogimiento en la historiografía, bibliografía y en las políticas de memoria histórica, deberíamos empezar por respetar la idiosincrasia de cada caso. Los nativos de Ifni siempre tuvieron una conciencia de identidad propia y distinguida de las poblaciones marroquíes —moras— vecinas. No creo que les haga gracia verse en el mismo saco donde hemos metido a los marroquíes como «moros sanguinarios» que participaron en la Guerra Civil española. Así lo harían muchos testimonios de personas que estuvieron o que recogían lo contado por familiares en los sucesos de Bata, donde se hace a esos soldados moros culpables de los mayores desmanes y crímenes de esa jornada de octubre del 36 en la parte continental de Guinea. Y, sinceramente, no es que me parezca un dato falso, pero considero estar trastocado en su dimensión por un estereotipo que se creó sobre las tropas moras bastante tiempo después, una vez avanzada la contienda en la España peninsular.

Supongo, además, que ese dato no desvía la atención del hecho riguroso de que las represiones y purgas fueron realizadas por los exaltados metropolitanos —europeos— de ambos bandos. Lo que provocó los crímenes constatados de los religiosos y marinos ahogados en el *Fernando Poo* o de los dos guardias coloniales negros que murieron en la escaramuza originada tras el intento golpista de tomar Río Benito. O también las detenciones de republicanos en toda Guinea significados como frentepopulistas o señalados como comunistas. Quizás se consiga un mejor conocimiento de la historia colonial y la deseada toma de conciencia de lo que supuso esa actividad colonialista, si se aborda el tema con menos prejuicios y se acepta ese pasado por todos en el presente, con sus pocas luces y sus muchas sombras. Que ser africanista sea una especialidad de investigación histórica y no acabe pareciendo un menosprecio desde el saber etnográfico o se convierta en un malentendido ideológico, como ha ocurrido en bastantes ocasiones.

Fotografía descrita como la entrada del sargento Castilla a su juicio en Las Palmas, en julio de 1934.

Me viene para acabar este epígrafe el recuerdo de la historia del cabo Restituto Castilla, el asesino del gobernador Gustavo Sostoa, contada unas páginas más atrás. Ese personaje actuante en la historia colonial española se libró de una condena mayor de cárcel porque se lo juzgó como enajenado mental, condenado solamente a ocho años de prisión. Para colmo del purista judicial, logró beneficiarse de la amnistía que el Frente Popular concedió en marzo de 1936 a los condenados por delitos y crímenes políticos. Nadie sabe muy bien cómo pero el ex delegado de gobierno de Annobon logró recurrir y convencer que ese era su caso. Fue puesto en libertad, lo que habla del caos existente en las instituciones judiciales en esos meses a la hora de poner en marcha una amnistía; pensada más que nada para los actos de políticos ocurridos en 1934 en Cataluña y Asturias. El ex cabo Castilla pretendió volver a la Guardia Civil, pero en eso apostó demasiado y no le fue concedido. Eso sí, al estallar el conflicto tras el alzamiento militar acabaría alistado en la Guardia Nacional Republicana, sustituta en zona roja de la benemérita. Lo que nos hace pensar se benefició de esa laxa condición en reclutar a cualquiera, expresidiarios y asesinos, en tiempos extraordinarios de guerra. Detenido en 1940 por los vencedores del conflicto, fue fusilado ese año en los muros del cementerio de la Almudena junto a otros significados anarquistas. Una vida con tantas paradojas en su devenir histórico que uno no sabe cuál de ellas resulta más llamativa o alegórica de la sinrazón encontrada en asuntos como el colonialismo y las guerras civiles.

Quizás haya una ironía del destino en toda esta historia que no sea tan delirante como la supuesta pretensión del cabo-sargento Castilla de hacer una revolución social en Annobon, pero que incomodará a cualquier persona, blanca o negra, en su interés por el conocimiento de este pasado. Recordemos que cuando Restituto Castilla salió de su prisión canaria en 1936, pocos meses después entrarían a un campo de concentración en las Islas Canarias unos 150 republicanos represaliados tras la victoria golpista en Guinea Ecuatorial.

Muchos eran aquellos funcionarios de Bata y la tripulación del *Fernando Poo* que se mantuvieron fieles a la República. No existían delitos de sangre —asesinatos— para encausarlos, la única causa determinante contra ellos para privarlos de su libertad será su simpatía o pertenencia al Frente Popular. El mismo gobierno del Frente Popular que amnistió —erróneamente— al asesino del primer civil y republicano gobernador de Guinea Ecuatorial. El dato tan curioso como irónico que relaciona la vida del cabo Castilla con las circunstancias de esos coloniales represaliados por ser republicanos durante la Guerra Civil no sirve, en realidad, para un análisis profundo de la acción colonial española en África. Pero serviría para incluirlo en el reclamado proceso de memoria y toma de conciencia de ese pasado colonialista en la historia reciente de España. Esas personas fueron, según recoge el *blog Calle 19 de Septiembre*[222], parte de los prisioneros republicanos encerrados en el Penal de Gando de Las Palmas, usado de campo de concentración desde el mismo día 18 de julio de 1936.

La Segunda Guerra Mundial y el curioso ataque británico al Puerto de Santa Isabel («Misión Duchessa»)

Cuando abordé la escritura de este ensayo tuve la tentación de empezar por la narración de un curioso incidente ocurrido durante la Segunda Guerra Mundial en la bahía de Santa Isabel. Incluso pensé en titular este proyecto de libro histórico como «*Misión Duchessa*», un título inventado y novelesco para nombrar a la operación militar que en 1942 realizó un comando de las fuerzas especiales británicas, las SOE (*Special Operations Executive*), en esas aguas españolas de Fernando Poo. Unas operaciones de comando en realidad conocidas y documentadas con el nombre de *Operación*

222 Consultado en Internet: https://calle19septiembre.blogspot.com/2018/06/los-presos-coloniales-en-el-penal-de.html

Postmaster. Sin embargo, me contuve. Entendí que había sido una seducción pasajera motivada por la curiosidad de la historia en sí y que sería mejor para el propósito del libro introducir otros hechos o personajes más destacados. Dar importancia a la historia de Guinea Ecuatorial dentro de la historia de España, creo que es más riguroso hacerlo hablando de Joaquín Costa y Rafael Mª de Labra. Así acabé haciendo, como ha podido comprobar en la primera parte del libro. De todas formas, quiero compartir lo escrito de una manera un tanto novelada o de recreación libre de un hecho histórico extraído de un libro por casualidad. Estaba trabajando en la documentación de mi ensayo histórico sobre la guerra de Ifni y me apareció un libro del omnipresente Gustau Nerín en coautoría con Alfred Bosch.[223] Es una publicación con más de veinte años y no centrada en la historia colonial del golfo de Guinea, tema donde Nerín ha acabado por ser el autor más prolífico. El libro analiza en general las pretensiones franquistas, entre 1940 y 1943, de conseguir un gran imperio español a costa de apoderarse de colonias francobritánicas en África. Al leer ese dato acerca del incidente de la Segunda Guerra Mundial en Guinea, noté falta de consistencia documental en algunas partes de la historia que invitaban a recrearlo con cierta libertad. Eso hice, a ver qué les parece mi versión:

«Durante la Segunda Guerra Mundial, la bahía de Santa Isabel, actual Malabo, sirvió a los barcos del Eje de puerto neutral donde refugiarse del control de la Armada británica y de los buques huidos de la Francia ocupada por Hitler y que servían a la *Francia Libre* del general De Gaulle. El barco más importante que llegó hasta esa jurisdicción española del África ecuatorial durante la contienda fue el vapor italiano *Duchessa d'Aosta*. Un imponente vapor tanto de carga como de pasajeros, con casi ocho mil toneladas y botado en Trieste en 1921. Una vez constituido el *Eje* ítalo-germano y

223 BOSCH, Alfred y NERÍN, Gustau: *El Imperio que nunca existió. La aventura colonial discutida en Hendaya*; Plaza & Janés. Barcelona 2001.

que Italia entrase en guerra en junio de 1940, el *Duchessa d'Aosta* se vio obligado a fondear en aguas neutrales. Llevaba sus bodegas llenas, una carga valorada en 250.000 libras, y el puerto neutral más cercano a su posición era Santa Isabel, en la Guinea española. Las leyes internacionales de guerra obligaban a navíos de países en litigio a ser inmovilizados en muelles neutrales hasta acabar el conflicto. Antes que el *Duchessa* llegarían al puerto guineano-español varios barcos mercantes alemanes, de comerciantes de esta nacionalidad. Eran los restos coloniales germanos en la zona, personas que no abandonaron la región cuando el cercano Camerún dejó de ser colonia alemana tras el *Tratado de Versalles.* El puerto y esa gran cala que conforman la bahía Santa Isabel fue el lugar preferido de barcos italianos y germanos sin tiempo de regresar a sus puertos nacionales. Aunque recalaban en zona neutral, era conocida la notable simpatía del gobierno de Franco hacia Mussolini y Hitler.

El *Duchessa d'Aosta,* el año de su botadura (1921).

A la *Agrupación Mixta Española,* la fuerza militar compuesta por tropas nativas no muy entrenadas para la guerra, al ser la guardia colonial de defensa, y por los regulares del *6º Tabor de Tiradores del Ifni,* con mayoría de desmotivados soldados ifneños, se la ordenó como misión primordial la custodia de los barcos amigos de italianos y alemanes que iban llegando a la bahía de la capital guineana. Esa heterogénea tropa estaba dirigida por suboficiales y oficiales de la metrópoli; algunos veteranos de la Guerra Civil española, pero en general oficialidad sin mucha prestancia militar. Se mirase por donde se quiera, no era un contingente capaz de repeler a cualquier ataque de los aliados. El aburrimiento cotidiano y el letargo de la placidez colonial española contrastaban con la tensión bélica que se vivía en la llamada África Ecuatorial Francesa (AEF). La llegada de De Gaulle a la región para hacerse con su control provocó el movimiento de tropas de los gobernadores franceses fieles aún a *Vichy*. Los Territorios Españoles del Golfo de Guinea estaban como buques en medio de esa gran tormenta. Para enfrentarse a una potencial amenaza bélica en ese convulso ambiente, España solamente pudo mandar desde Canarias a los mencionados Tiradores de Ifni y reforzar la vigilancia costera con el cañonero *Dato*. Un crucero militar lento, apenas alcanzaba los 12 nudos y con cuatro cañones como todo armamento pesado.

En la noche del 14 de enero de 1942, una música de salón no lograba imponerse a las voces y risas provenientes de la fiesta organizada por un *dandy*. Era un tipo de estatura media, delgado y con un bigotito a lo *Valentino* que respondía al nombre de Sr. Zorrilla. Pasaba todas las veladas, esa no era la primera fiesta que organizó, saludando a todos los invitados, haciéndoles brindar con una copa de champagne que él nunca terminaba. El jolgorio llegaba hasta el muelle donde estaban amarrados sin apenas tripulación, el vapor *Duchessa d'Aosta* y los barcos alemanes *Likomba* y *Bibundi*. Parecía que todo el mundo estaba en la fiesta, una celebración montada sin motivo alguno y por un desconocido. Nadie sabía mucho del tal Zorrilla en la colonia española. Pero a nadie le importaba; tampoco a las autoridades viendo que llevaba meses gastando mucho dinero en actos sociales, eventos y cócteles animando la monótona vida de una colonia aislada en ese perdido rincón del mundo.

Fue el estruendo de unas explosiones en el puerto lo que acalló de golpe el ruido de la fiesta. Comenzaba la supuesta

Misión Duchessa. Por la cual un comando especial, a todas luces británico porque un marinero italiano que escapó del ataque dijo escuchar hablar inglés a los agresores, rompía las cadenas de las anclas con unas cargas explosivas y sacaba de la bahía de Santa Isabel a los tres barcos de sus enemigos italianos y alemanes. Cuando sorprendida y adormilada la guarnición española llegó al muelle sólo pudo ver alejarse con presteza a las popas de los barcos que debía custodiar. Los oficiales alemanes e italianos de esas embarcaciones estaban, oportunamente, invitados a la cena festiva de esa noche que daba un simpático caballero español. Un tipo, el tal Sr. Zorilla, declarado como agente de los aliados una vez desaparecido sin dejar rastro al día siguiente. La indignación de italianos y germanos era tan grande como la vergüenza de las autoridades españolas. El tremendo enfado del hombre del régimen, el gobernador y teniente coronel Juan Fontán, sirvió al menos para intentar salvar el honor. Se reaccionó en un primer momento acudiendo al cerro de Punta Fernanda a montar una pieza de artillería de gran alcance, con la que hacer disparos de aviso y detener a los barcos fugados.

Sin embargo, la lentitud de los artilleros mal adiestrados hizo que las naves tuvieran tiempo de perderse entre la bruma del horizonte. Quedaba otra opción de respuesta, que vista ahora no fue tan mala idea sabiendo de la precariedad militar española en Guinea. El teniente coronel Fontán ordenó se armara a uno de los dos aviones de uso civil que poseía la colonia, un *Dragon Rapide* de Iberia al que se montó una ametralladora y aprovisionó de granadas de mano. Debió recordar sus tiempos en la Guerra de Marruecos, cuando se hacía lo mismo con los aeroplanos llevados al Rif. El vuelo de rastreo para localizar a los barcos no dio resultado, el avión español parece que eligió la ruta contraria a la tomada por los remolcadores del comando. Se notaba el celo británico puesto en lograr sus objetivos de incursión clandestina a las costas de la Guinea Ecuatorial española, la misión fue tan exitosa como el truco de un mago haciendo desaparecer al conejo de su chistera.

Eran las unidades navales más grandes pertenecientes a las potencias del *Eje* en la zona del golfo de Guinea, no eran un objetivo menor del que prescindir en la región. Los aliados temían que fuesen artillados con ayuda española y que desobedeciendo la orden de permanecer en puerto neutral salieran a combatir contra los buques de la *Francia Libre.* Un enemigo asequible, pues la mayoría eran mercantes galos que fueron armados y convertidos en la flota militar de la Resistencia francesa. Así que el éxito de la misión de comandos, consiguiendo su secuestro, fue muy celebrado por el Almirantazgo británico. Algunos cronistas aseguran ser la primera operación de este tipo realizada por comandos, saliendo la idea de la cabeza de un comandante de inteligencia llamado Ian Fleming, que asesoró al operativo desde Londres. Sirviendo, además, terminada la guerra de inspiración para las acciones de su personaje literario: el agente especial James Bond. En fin, ya conocemos la excelencia británica a la hora de venderse.

Este episodio bélico de la Segunda Guerra Mundial en territorio español, porque la Guinea Ecuatorial de 1942 lo era, no le serviría a Franco para presumir de Ejército con los más altos valores castrenses del mundo... o si presumía de ello delante del mismo Hitler en su encuentro en Hendaya, el segundo ejército de sobresaliente valor castrense después del alemán, claro está. Una exagerada baza que esgrimía ante alemanes e italianos sugiriendo la idea de intervenir en la guerra con las potencias del Eje y sumar territorio colonial francés como compensación. Así que esta mini derrota bélica se procuró, a pesar del enojo italiano denunciándola en el terreno diplomático, no difundir demasiado en la prensa. Aunque si no contamos los escasos incidentes de aviones aliados caídos o de paracaidistas perdidos en el Marruecos español, y las incursiones discretas entre Gibraltar y la bahía de Algeciras de navíos aliados, todas ellas noticias habituales en la prensa de la época, el episodio de Guinea Ecuatorial quedaría constancia como el único bélico de la Segunda Guerra Mundial ocurrido realmente en suelo español. Por lo que bien se hubiera merecido varias portadas en todos los periódicos del momento...»

Comando de las SOE (*Special Operations Executive*), fuerzas especiales británicas, en una fotografía de la Segunda Guerra Mundial (Fuente: Wikipedia).

Partiendo del escueto dato de ese incidente bélico encontrado en el libro de Bosch y Nerín, hice el borrador que acaban de leer. Con la pretensión de recrear, en una versión libre, aquellos años de plena Segunda Guerra Mundial en la bahía de Santa Isabel. Como han podido leer, existen elementos tan sugerentes que darían para varias novelas o películas. Como el dato del misterioso Sr. Zorrilla, que inspiraría al menos dos obras. Una de acción con muchos espías reunidos en el exótico casino de una ciudad colonial africana, animado por un enigmático hombre de mundo que acabará luchando contra el fascismo; y otra ambientada en una bohemia historia de desamor, ahogadas las penas en el cinismo de ser aquel quien no se quiere ser. Termino de escribirlo y, la verdad, confieso que me suena bastante de algo. En fin, investigando sobre el incidente, encontré el trabajo del único autor que ha profundizado en ese periodo bélico de 1939 a 1945 en los territorios españoles del golfo de Guinea. Según Jesús Ramírez Copeiro del Villar (2004), la *Operación Postmaster* se planeó en la vecina ciudad de Lagos (Nigeria) y con ayuda primordial del agente secreto inglés Charles Guise, teniente británico que simulaba ser correo diplomático en Santa Isabel.

A diferencia del breve relato aportado por Nerín y Bosch (2001), no da el protagonismo absoluto al misterioso agente doble español llamado Sr. Zorrilla, ni habla de bulliciosa fiesta en el puerto, más bien de una cena de sociedad. Tampoco hace de Zorrilla un tipo elegante, por lo visto se trataba de Agustín Zorrilla, que en Santa Isabel trabajaba en una ferretería. De pasado republicano, estaría captado por el operativo británico para ayudar al espía Guise a preparar la incursión del comando británico. Parece que supo engatusar a otros colonos españoles con más posición social, para que celebrasen con su dinero —inglés— las fiestas nocturnas que sirvieron de relajación y distracción. Las explosiones en el puerto para romper las cadenas de anclas fueron controladas, nada de gran estruendo. Aunque llamaron alguna atención, prevaleció el sigilo que evitó encontrar resistencia armada y que hizo desaparecer los tres barcos remolcados por el comando SOE británico en la nocturna alevosía. Por tanto, encontrando de nuevo varias versiones de hazañas bélicas, opté por primar la faceta seria de historiador «roedor de biblioteca» y huir de la tentación —faceta escritor— de hacer una recreación novelada de esos tiempos revueltos. Un periodo que en la España peninsular supuso el primer lustro de arranque de la dictadura franquista y pone el protagonismo absoluto, desde entonces, de ese régimen dictatorial en lo que será la futura Guinea Ecuatorial. Una huella protagonista que perdura, según muchos historiadores, en la realidad de hoy día como país del África central.

Europa volvía a estar en guerra y España volvía a declararse neutral. Finalmente, presionada por Alemania, llegó a ser beligerante al mandar una División de voluntarios —la llamada División Azul— a luchar por Hitler en las estepas rusas. Inopinadamente, ese mismo año de 1941 en el que 20.000 voluntarios están dispuestos a combatir a las «hordas comunistas», la Guinea española iba a tener un gran interés para el gobierno de Madrid. Algo muy raro como hemos visto a lo largo de dos siglos de auténtica despreocupación. Pero existía urgencia, se necesitaba revivir la maltrecha economía española al acabar la guerra civil. Los Territorios Españoles del Golfo de Guinea serían una gallina de los huevos de oro a ojos de unos militares metidos a economistas. Resulta muy singular contemplar los recintos feriales que llevaba el gobernador de Guinea en esos primeros años cuarenta, el africanista militar, Juan Fontán, a las ferias comerciales y económicas de Barcelona. Los cuidados detalles en la escenografía demostraban que la colonia tenía recursos más que suficientes para publicitarse. Pabellones imitando la arquitectura colonial, guardias coloniales negros, nativos vestidos como salvajes portando lanzas simulaban ser vigías en la entrada a una hacienda colonial. Era 1942 y España todavía presumía de Imperio ante sus socios más neo imperialistas: la Alemania nazi y la Italia fascista.

Sin embargo, todo era fachada de oropel. El país no podía presumir de un potencial bélico adecuado y requerido en ese momento para entrar en el *Eje*. Se podía pensar en la teoría que existían en la posguerra española casi dos millones de hombres armados —aproximadamente uno por bando— con experiencia bélica, que hubiesen venido bien a cualquier contendiente de la Segunda Guerra Mundial. En la práctica, el llamado *Ejército nacional* servía para garantizar el dominio sobre un país víctima de un conflicto civil pero no como aliado en una guerra internacional. Había que distraer la imagen de esa evidente debilidad con otras posibles bazas de interés al gran vencedor de la guerra, que en ese momento eran Hitler y su *Reich*. Maderas y aceite de palma de Guinea a buen precio para los comerciantes alemanes, exhibidas de forma ostentosa, podían convencer de incluir a España en el *Eje* de italianos y alemanes que se estaba repartiendo África. Por eso se quiso dar apariencia de fortaleza militar en los territorios coloniales españoles del golfo de Guinea. Demostrar que España no se despreocupaba de la defensa de sus colonias africanas y que estaba predispuesta a ser activa en ese hipotético reordenamiento de fronteras africanas que tuviera en mente el *Tercer Reich.* Pero se hizo con lo poco operativo que se tenía dentro de esa zona geoestratégica, considerando que España era un país recién salido de una guerra civil y con cartilla de racionamiento para su población. Enviar desde las Islas Canarias al 6º Tabor de Tiradores de Ifni, una fuerza expedicionaria veterana en combate fue todo lo mejor que se pudo hacer para dar buena imagen ante los jerarcas del *Eje.*

Entrada al pabellón de Guinea española en la Feria Comercial de Barcelona 1942. A través de la Exposición Archivo de la BNE de la colección África legado de *Tomás García Figueras,* fondo «Gobernador Juan Fontán».

La otra cara de esta cuestión guineana durante la Segunda Guerra Mundial también sería el miedo de la naciente dictadura española a perder ese mini imperio. Pequeño en tamaño, pero tan simbólico en la retórica de su discurso imperialista que se temía en serio perderlo por una invasión aliada franco-británica. Una fuente excelente para conocer esas impresiones tenidas en la Guinea española durante el conflicto mundial serán los informes de los servicios consulares y diplomáticos británicos. Conservados en el *Public Record Office* de Londres.[224] Documentación generada en el intercambio de correspondencia, dosieres e informes, entre el consulado británico de Fernando Poo y el gobernador de Nigeria en Lagos; también entre los encargados de negocios y cónsules generales de Monrovia y el Camerún, llegando puntualmente todos ellos a la Secretaría de Colonias de Londres. En un rastreo de esa información se apreciará, por ejemplo, los niveles de neutralidad que mostrarían las autoridades de la colonia española durante la guerra. Aunque en general se aprecie una similitud con la metrópoli, en muchas ocasiones la Guinea española debió plegarse a las circunstancias de la región y no demostrar tanto la germanofilia de Madrid. Se vio durante los meses de mayor tensión bélica en la guerra civil francesa ocurrida entre los partidarios de Pétain (Vichy) que dominaban las colonias de Gabón y el Benin (Dahomey) y los fieles a De Gaulle que controlaban el Chad y Camerún. Ante el incremento del número de refugiados del régimen de Vichy al territorio español del Río Muni, tras ir perdiendo a partir de 1942 ese conflicto civil francés, las autoridades coloniales españolas del golfo de Guinea debieron mostrar mayor neutralidad y comenzar a negar ese asilo.

Durante mi proceso de documentación para hablar de ese episodio bélico tan curioso y motivo del título de este epígrafe, la versión libre de la *Operación Postmaster* que llamé «*Misión Duquessa*», me encontré con ciertos vacíos y olvidos. Según la magna obra compilatoria sobre el estado de la cuestión —Guinea Ecuatorial— de Aranzadi y Álvarez Chillida[225],

224 MARTÍNEZ CARRERAS, José U.: «Guinea Ecuatorial española en el contexto de la Segunda Guerra Mundial»; *Cuadernos de Historia Moderna y Contemporánea*, Nº VI. Ed. Univ. Complutense, Madrid 1985. Pp. 243-256.

225 ARANZADI, Juan y ÁLVAREZ, Gonzalo (Coords.):*Guinea Ecuatorial (des) conocida. (Lo que sabemos, ignoramos, inventamos y deformamos acerca de su pasado y presente)... op.cit.* p. 410.

no es un periodo muy trabajado y se menciona como clave para conocerlo el trabajo del año 2004 de Ramírez Copeiro del Villar. Ahora bien, encontré sin mayor esfuerzo que un buscador académico digital unos trabajos del fallecido historiador José Urbano Martínez Carreras (1932-2003) —ver nota 224 a pie de página— que ya abordaban con detalle esos años bélicos de 1939 a 1945 en Guinea. Un pionero en ese tema de tanta atracción divulgativa como es la Segunda Guerra Mundial, del que Ramírez tendrá inspiración, tomaría referencias y continuidad para sus trabajos especializados en ese conflicto.

Supongo, entonces, el olvido de mencionar a Martínez Carreras, presidente de la Asociación Española de Africanistas desde 1991 hasta su muerte, viene dado por la premisa de actualizar la cuestión y su bibliografía, ya que su trabajo tiene la friolera de cuarenta años. Fue realizado en el contexto del *I Simposio de España y la Segunda Guerra Mundial*, celebrado en Madrid en octubre de 1983. El principal texto que he consultado fue su ponencia de ese congreso y unos artículos posteriores en *Cuadernos de Historia Moderna y Contemporánea* (1985), la publicación donde colaboraba asiduamente. Reconozco han pasado muchos años desde su investigación y que por eso puede haberse diluido en las lagunas bibliográficas o vacíos historiográficos encontrados en la cuestión de Guinea española. Sin embargo, merece la pena recuperar la mención a un estudio que recogía antes que nadie la documentación generada en esas fechas y en esa zona del África central por el *Foreign Office*[226].

Era la visión desde la perspectiva británica y desde el contexto internacional de la contienda en esa región geoestratégica del África central. Pero ayuda a percibir cómo se reaccionó tanto en Madrid y en Santa Isabel ante esas excepcionales circunstancias. Nos percatamos de la dificultad que tuvo el naciente régimen franquista para favorecer

226 Fondos consultados por José U. Martínez Carreras del archivo del *Foreign Office*: del FO 371/23171/1939 al FO 371/49598/1945.

a Alemania en su intención de aumentar la presencia económica de los germanos en la colonia española. La vigilancia naval de todo el golfo guineano por la *Royal Navy* dificultó cualquier colaboración estrecha o trato de favor a los intereses alemanes. Para colmo, sabía de la imposibilidad de sucumbir a las presiones nazis para instalar bases de submarinos del *Tercer Reich* en esos territorios españoles sin provocar la reacción militar de los aliados. En esas aguas durante el conflicto mundial la marina de guerra alemana sufrió la falta de logística y el desconocimiento preciso de una región de la que se vio expulsada tras la derrota de la *Gran Guerra.* Por lo que presionaba al gobierno de Madrid para conseguir mejor posición en la zona, aprovechando los territorios españoles en el golfo de Guinea. Ejemplo de la inferioridad y escaso control de esos mares por la *Kriegsmarine* sería el hundimiento, a sangre fría, de un carguero español, el *Castillo de Montealegre*[227], por un submarino nazi.

Fue el 8 de abril de 1943, cuando la contienda ya no pintaba bien para los alemanes, lanzando tres torpedos contra el barco español que estaba identificado siguiendo la normativa internacional en guerra. Pabellón del país neutral y dos pinturas grandes de la bandera a cada costado. No sirvió para evitar la vileza o las ganas de desquite del submarino U-123 del *Eje,* pues disparó acertando de lleno al mercante neutral que se hundió en menos de un minuto. Había salido de Fernando Poo cargado de maderas en dirección a la península y cazado por los nazis a la altura de la Guinea Francesa. La Armada germana no registró el hundimiento; además el salvamento de los náufragos españoles había sido por un buque británico, el *HMS Inkpen,* por lo que se obligó a tener una mayor discreción a los supervivientes. En definitiva, la Alemania de Hitler y la España de Franco dieron carpetazo al incidente, las relaciones seguían siendo estrechas. Así constaba entre Berlín y Madrid, pero los informes del

227 PAZOS, Linos J.: *Buques españoles hundidos o dañados durante la II Guerra Mundial*; Damare Editorial. Pontevedra 2011.

Foreign Office de los agentes británicos en el golfo de Guinea en ese 1943 hablaban del incremento de la simpatía de la colonia española hacia los aliados. Empezaron a permitirse las emisiones de la BBC en Santa Isabel, prohibidas hasta entonces. Se volvió a incluir a la escasa colonia de ingleses en la ciudad en los acontecimientos capitalinos y en los eventos de la alta sociedad, marginados en los círculos sociales desde el comienzo de la guerra y atacados por periódicos como *Ébano*, el órgano de la Falange Española Tradicionalista y de las JONS[228] en Guinea.

Fotografía hacia 1940 del cañonero Dato, se aprecian las dos grandes banderas en popa y proa obligados a llevar los buques de países neutrales.

Resumiendo, al igual que pasó con la Primera Guerra Mundial, el periodo bélico de la trascendental contienda en el siglo XX, entre 1939 y 1945, supuso para la Guinea española mayor influencia en el desarrollo de todos sus aspectos,

228 Consulta en la Biblioteca Virtual de Prensa Histórica: https://prensahistorica.mcu.es/es/consulta/registro.do?id=9028

desde lo social a lo económico, de lo que siempre se ha pensado. A pesar de lo que podía parecer —por la germanofilia demostrada— acerca de evitar relacionarse Santa Isabel con los británicos, las autoridades de los Territorios Españoles del Golfo de Guinea estuvieron durante esos años atentos a cualquier oportunidad de mejorar su situación que era, como la metrópoli, de cierto aislamiento internacional. Así ocurrió en plena guerra, diciembre de 1942, con la firma directa —sin mediar Madrid y Londres de manera expresa— entre Nigeria y la Guinea española de un acuerdo para la contratación regular y ordenada de trabajadores agrícolas nigerianos. Desde los primeros años del siglo XX ya se había reclutado a braceros en Nigeria, aumentando su número durante el despegue económico de los años veinte; pero, curiosamente, durante la década en guerra de 1940 el incremento resultó exponencial. La colonia británica velaría por el buen trato de esos nigerianos contratados y la colonia española de proporcionarles unas buenas condiciones, tanto de trabajo como de residencia.

Los informes británicos desvelan que las autoridades coloniales españolas gastaban si cabe peor carácter autoritario que Madrid y que el trato a los nigerianos contratados dejaba bastante que desear, incumpliendo mucho de lo prometido en el acuerdo. Aun así, ese tratado económico relacionado con el mercado de trabajo y la emigración en el golfo de Guinea debió desarrollarse de manera satisfactoria para ambas partes porque no se anuló durante los peores meses de tensión bélica y presiones alemanas. Otro de esos informes de la oficina de exteriores británica manejados en el trabajo de Martínez Carreras, nos habla de más de 17.000 nigerianos trabajadores en Fernando Poo registrados en un censo de 1943. En comparación con los 2.500 bubis[229], los africanos oriundos de la isla, la comunidad africana más importante en número de personas acabaría siendo la nige-

229 Las mismas fuentes consultadas por Martínez Carreras, advierten ser «cifras a revisar» y actualizar.

riana. Sabiendo que muchos se establecerían en la actual Bioko, es algo a reseñar en el devenir histórico de la futura Guinea Ecuatorial y en el origen de la actual población ecuatoguineana. Esta historia de los nigerianos ingleses negros, porque Nigeria era una de las colonias africanas mimadas por los británicos, marcará influencias tanto en la política exterior española como en la economía productiva a seguir en los territorios guineanos. Los braceros nigerianos[230] que en plena Segunda Guerra Mundial harán cambiar las filias del régimen franquista, también supondrán los mayores quebraderos de cabeza al cundir las denuncias internacionales acerca de los abusos y la corrupción alrededor de la contratación de estos trabajadores africanos en la Guinea española.

Posguerra en Guinea; ¿mucho más llevadera que en España? (1940-1952)

Parecía que 1940 iba a repetir la situación económica de España durante el periodo de la Primera Guerra Mundial y de su posguerra. Una economía basada en un desarrollismo rápido gracias al aumento de las exportaciones españolas por ser un país neutral en medio de un gran conflicto. Pero esta vez la península estaba también devastada por su propia larga y nefasta contienda. Una Guerra Civil española que afectaría de lleno a la economía de toda la península, afectando a la de Portugal, a las ciudades españolas en el lado africano del estrecho de Gibraltar, Ceuta y Melilla, y también a las Islas Baleares y a las Canarias; pero que, evidente en casos como la capacidad productiva, tendría una repercusión menor —y distinta— en la situación económica de los territorios de ultramar considerados colonias. Además, la dictadura militar que ahora volvía a ser España con el general Franco no era una dictadura abierta al comercio mundial y a su consumo, como acabó siendo la del general Primo de Rivera.

230 Fondo consultado por José U. Martínez Carreras del archivo del *Foreign Office*: FO 371/39661/1944.

El régimen franquista optó para la península por una economía basada en la autarquía. La pretendida autosuficiencia económica de lo primero que prescinde es de la dinámica importaciones-exportaciones. Todo lo necesitado debe producirse en y por el propio país; nada de importar del exterior y toda la producción es ajena a posibles exportaciones. Pero hubo una excepción. Esa balanza importadora-exportadora podía utilizarse —arriesgar a ser negativa— en los Territorios Españoles del Golfo de Guinea. Las pautas básicas Guinea las tenía. Mano de obra barata y excedente de producción en materias primas para exportaciones masivas. Además de una sociedad colonial —los hacendados— con una potencial capacidad adquisitiva (importaciones) mayor que en la sociedad metropolitana empobrecida por la guerra. Utilizar las colonias como financiación rápida de la metrópoli gracias a su flujo de capital por sus exportaciones era un recurso de «primero de bachiller» colonial. Lo harían las potencias con colonias durante los conflictos mundiales y sus posguerras. España quiso fijarse en su entorno, como por ejemplo en el caso de los Países Bajos durante los años cuarenta.

Las colonias conocidas como Indias Orientales holandesas constituían un mito nacional dentro del imaginario histórico de los holandeses, enlazado con su edad de oro como nación de grandes navegantes y convertido en pleno siglo XX en un símbolo de la vieja gloria marinera y comercial de los Países Bajos. Durante la dura posguerra[231] de la Segunda Guerra Mundial aún se consideraban a las colonias neerlandesas del sudeste asiático como las salvadoras de la economía holandesa. El monopolio del caucho y otras materias primas, servirían para la recuperación de un país que en Europa había sido expoliado por los nazis durante su larga ocupación. De esta manera, la declaración unilateral de independencia del líder nacionalista indonesio Sukarno en

231 JUDT, Tony: *Postguerra. Una historia de Europa desde 1945*; Círculo de Lectores. Barcelona 2007. N.A.: toda la documentación de este capítulo en referencia a la posguerra europea proviene de este libro.

1945 sentó como una patada en el «hambriento estómago» holandés y fue airadamente desoída.

En el recién acabado conflicto mundial, la ocupación japonesa de la zona favoreció el descontrol europeo de sus colonias asiáticas. Pero, en cuanto Japón fue derrotado, Holanda será capaz de movilizar hasta allí a más de 140.000 militares desde el mismo año de 1945. Soportaría cuatro años de guerra de guerrillas y sufriría 3.000 bajas entre soldados y civiles. Los métodos bélicos empleados en las campañas de la guerra fueron tan cruentos contra los rebeldes indonesios que la ONU no sólo presionó para la descolonización, también requirió auditar las acciones del Ejército holandés, unos modos expeditivos que condenó. Ante las presiones internacionales por tan polémico proceder, en 1949 a una compungida reina Julia se la soltaron las lágrimas dando el discurso a la nación reconociendo de facto la independencia de Indonesia.

El trauma nacional —que recuerda a nuestro *Desastre del 98*— fue a todos los niveles, no se quedó en la mera resolución histórica que pone fin a un dominio colonial con la exigida y debida emancipación. Miles de holandeses nacidos en las mismas Indias Orientales, que no habían pisado nunca suelo europeo, fueron repatriados sin miramientos y sin poder mirar atrás. Llegaban a un país en plena posguerra europea. A todos estos repatriados se sumarían en menos de una década los empresarios neerlandeses que el presidente Sukarno expulsó en 1957, cerrando grandes negocios de la antigua metrópoli, algunos de los cuales llevaban siglos allí con rentables beneficios cada año. Una descolonización en Asia de las posesiones holandesas tan traumática porque afectaba a muchos niveles de la sociedad, tanto que los Países Bajos debieron reinventarse como estado-nación. Recondujeron, a partir de 1950, sus esfuerzos hacia los proyectos europeos; conscientes de ser, en el fondo, un país pequeño muy dependiente de su entorno más cercano.

Pero España en esas décadas de 1940 y 1950 ni podía reinventarse en un nuevo estado europeo ni lo pretendían sus dirigentes; no tenían problemas graves coloniales, ni asomaban todavía las reivindicaciones independentistas, así que pensaron seguir ese modelo holandés de explotación comercial de las colonias como medio de recuperación económica. En verdad, eso no suponía afrontar transformaciones económicas profundas en el país. Se estaba destruyendo de manera radical el modelo socioeconómico de la República, que apenas había madurado, y se imponía un régimen como «*Estado Novo*» sin precisar esos primeros años de posguerra si era una restauración monárquica o una dictadura civil. Aunque no pasaría mucho tiempo para mostrar lo que sería en los años de dos posguerras, la española y la mundial. Dejaría el «estilo faccioso» imitado en la forma hasta 1944 y seguido en el fondo como régimen dictatorial y personalista, cimentado por la influencia de la religión católica, el Movimiento del ultranacionalismo español y el poder militar. Consciente de su aislamiento internacional, emprenderá un proyecto de autarquía económica y, en cierta manera, también autarquía social y política. Una sociedad orgánica que no necesitaba más que mirarse a sí misma como hace un gato al lamer sus heridas.

Y en cierta manera ocurría así en toda Europa occidental el primer lustro de posguerra (1945-1950), pues aún no había llegado el momento de reemprender profundas relaciones internacionales en todas sus facetas. Incluida, claro está, la económica. Por tanto, se acudió esos primeros años de reseca bélica al recurso colonial en las economías europeas capitalistas. Aprovechar el espacio vital económico[232] engrandecido por las colonias, como harían los Países Bajos, el Reino Unido, el vecino Portugal o hasta hace poco la mancillada por los nazis, República de Francia. Eran democracias —excepto nuestros vecinos— que incrementaron sin escrúpulos la explotación económica de sus colonias o territorios especiales administrados, empujadas por la crisis posbélica y la urgencia de reconstruir los estados. España, una dictadura, haría lo mismo en Guinea. Aunque sería un recurso pronto a

232 *Ibidem.*

caducar en Europa, al llegar el periodo de descolonización en esos mismos meses de posguerra. Meses de colas para el pan, de falta de suministros básicos como el agua y la electricidad. Racionamiento de productos de higiene y carestía de artículos de primera necesidad como la leche y el aceite. La ayuda de Estados Unidos a los europeos occidentales con el conocido *Plan Marshall* a partir de 1947 haría rebrotar sus economías, abriéndolas a las relaciones internacionales económicas, pues ese plan consistía precisamente en acuerdos crediticios multilaterales. Al final se hizo menos necesaria la explotación colonial como impulso económico, facilitando así las demandas de descolonización generalizada. España, por el aislamiento internacional a Franco, no se benefició de ese gran plan económico crediticio, tendría que seguir con medidas draconianas en su abastecimiento y empeñada en una tan inútil como perjudicial autarquía económica.

¿Existió la cartilla de racionamiento en Guinea española? A simple vista nos parecerá que no, al considerar que Santa Isabel o Bata no sufrieron los rigores de la guerra. También nos confundirán las características particulares de las colonias ya mencionadas, acerca de ser parte de una nación-estado, pero sin ser territorio nacional y de quitar derechos metropolitanos a los nacionales que se convierten en colonos. La población colonial y la «nativa de Guinea» habían podido sortear la destrucción material que se dio en la España peninsular, la economía tendría intacta su capacidad productiva. Es decir, parece que no existían razones para necesitar cartillas de racionamiento y sin embargo las hubo. Me ha sido imposible encontrar una información precisa, un estudio dedicado al caso en concreto del racionamiento en los territorios españoles de Guinea. Aunque creo al final, eso espero, haber conseguido una muestra de datos válidos para hacerse una composición de cómo fue allí la cartilla de racionamiento. Un tema relacionado con la economía del día a día de la gente, la doméstica, que no parece preocupar cuando se trata de abundar en la crítica al capitalismo colonial de las grandes explotaciones. Es el tema por antonomasia cuando se aborda el estudio de la economía en una colonia, descuidando otros temas implicados en el asunto económico.

Los estudios de la economía colonial sobre la Guinea española son muy a nivel macroeconómico, de visión de conjunto. Incluso muchos artículos parecen un estudio económico de un espacio geográfico ajeno a la historia económica de España. Y esa historia económica en esos años habla del peor retroceso económico en siglos; pero, más allá de las nefastas cifras macroeconómicas, sus peores consecuencias fueron microeconómicas —economía doméstica, laboral—. En el caso guineano, los estudios que detallan temas «micros» se dedican al importante asunto de los braceros. Bracero es el término usado en el mundo colonial para la mano de obra (agrícola, más que nada) que siempre faltó en una colonia, y luego en un país, que nunca llegó —ni ha llegado—al millón de habitantes para sus casi 30.000 Km^2. Tampoco he visto estudios que relacionen de una manera clara los efectos de las penurias económicas más domésticas o mundanas —cesta de la compra— en la España peninsular con los sufridos en la economía colonial. Como es el caso del que voy a escribir, unas cartillas de racionamiento que entraron en vigor para «toda España» en mayo de 1939, nada más acabar la contienda, y no se anularon hasta 1952. ¡Son trece años de posguerra! Unos años, además, estipulados como de gran desarrollo económico en Guinea, de bonanza se ha llegado a afirmar, contrastando con la paupérrima economía peninsular de ese mismo periodo.

Habrá que empezar por saber quién se benefició en la Guinea Ecuatorial colonial de una cartilla de racionamiento durante la posguerra. ¿Una familia bubi emancipada? ¿Los explotados braceros fang? ¿Los fernandinos adinerados como la familia criolla de Maximiliano Jones[233] y los aco-

---

233 ÁLVAREZ-CHILLIDA, Gonzalo y NERÍN, Gustau: «La formación de elites guineo-ecuatorianas durante el régimen colonial«; en *Ayer* Nº 109; Madrid 2018; Pp.33-58.

modados europeos? ¿Solamente los funcionarios coloniales, tanto negros como blancos? Conociendo el sistema segregador del Patronato de Indígenas[234], responder sería sencillo. Además de los blancos, todo individuo negro mayor de edad cara al estatuto legal de la colonia; un estatus que no tenía la mayoría de la población negra. De todas maneras, lo que he encontrado no aclara mucho cómo se introdujo exactamente en Guinea ese sistema de racionamiento aplicado en la España peninsular a toda la población general. Es verdad que fue para todos, aunque de una manera clasista, con cartillas de 1ª, 2ª y 3ª clase, según el estatus familiar (nivel poder adquisitivo) y el número de miembros de esa familia. Pero en los territorios coloniales africanos del Estado español, con particularidades más clasistas todavía como el mencionado Patronato de Indígenas, no quedó aclarado sobre el papel de los decretos ese funcionamiento regulador de un racionamiento que duró más de una década.

Durante bastante tiempo y en muchos lugares de la península se pasó verdadera hambre. La vida era mejor en los pueblos donde la producción agrícola había podido seguir activa. Más fácil la alimentación en el ámbito rural agrícola que se auto proveía de alimentos, que en las ciudades donde se dependía de un mercado de suministros destrozado por la guerra civil. Se ha argumentado, con acierto, que en Guinea Ecuatorial se profundizó en su colonización efectiva gracias a la instauración del régimen franquista, convirtiendo ese territorio en un apéndice a imagen y semejanza de cualquier región provincial española. Es verdad, nunca se pareció más Santa Isabel a Elche o a Las Palmas de Gran Canaria que durante el franquismo. Por eso la cartilla de racionamiento debió funcionar principalmente en las ciudades guineanas, necesitados sus habitantes de productos básicos que no llegarían a la colonia con la misma fluidez. En el contexto «indígena» de los poblados guineanos ocurriría lo mismo que un

---

234 CARRASCO, Antonio M.: *Guinea Ecuatorial. Historia de la colonización... ob.cit*; p.252.

pueblo murciano, se sobrevivía gracias a las pequeñas explotaciones agrícolas de las familias. Otra semejanza con la España bajo el franquismo apreciada en Guinea será el mercado negro y el estraperlo, una economía sumergida generada o derivada en la metrópoli a partir de ese sistema de las cartillas de racionamiento. Y aunque el fenómeno del racionamiento se vivió en los territorios guineanos de manera diferente, en ese contexto de economía corrompida Guinea iba a ser una campeona provincial.

Según Decreto del Ministerio de Industria y Comercio del 28 de junio de 1939: *la ración tipo para un hombre adulto será de 400 gramos diarios de pan, unos 12 kilos mensuales; 250 gramos de patatas; 100 gramos de legumbres secas —arroz, lentejas, garbanzos o judías—; 5 decilitros de aceite; 10 gramos de café; 30 gramos de azúcar; 125 gramos de carne; 25 gramos de tocino; 75 gramos de bacalao y 200 gramos de pescado fresco.*[235] Este racionamiento «tipo» recuerda al estipulado para los braceros nigerianos, algo que se añadió como complemento a sus salarios bajos, desde las primeras llegadas de estos trabajadores contratados para las fincas de explotación agrícola guineanas[236]. En teoría era lo que tenía que recibir un ciudadano medio español según Orden del Ministerio de Industria y Comercio de 14 de mayo de 1939, desarrollada en el Decreto del 28 de junio, que estableció un sistema de racionamiento de artículos de primera necesidad o básicos y asegurar así el abastecimiento generalizado. Esa fue una ración básica individualizada, aunque finalmente los primeros años la más habitual fue la llamada «cartilla familiar de racionamiento» que intentaba abastecer semanalmente a la familia media española. Al suponer muchos vales y cupones, con cantida-

235 MOLINERO Y PERE YSÀS, Carme: «El malestar popular por las condiciones de vida. ¿Un problema político para el régimen franquista?»; en Ayer Nº 52, Madrid 2003; Pp. 255-280.

236 SAMPEDRO VIZCAYA, Benita: «La economía política de la sanidad colonial en Guinea Ecuatorial»; en ÉNDOXA: Series Filosóficas, n.o 37; Pp. 279-298. UNED, Madrid 2016; p.291.

des que se fijaban cada semana por la Comisaría General de Abastecimientos y Transportes (creada en marzo de 1939) según sus previsiones de aprovisionamiento, el control comenzó a complicarse. Tenderos y comerciantes sin escrúpulos sisaban cantidades para luego traspasarlas al mercado negro y venderlas mucho más caras. Por ello, a partir de la campaña 1942-1943 se volvió al modelo inicial de cartilla por individuo. Medida más fácil de organizar al ser un racionamiento fijo y diario en cantidades y productos. De todas formas, el estraperlo y la corrupción en el mercadeo cotidiano siguieron igual. Incluso, aumentando con la participación de todo tipo de personas, normalizándose como parte de la vida española, ingeniando maneras tan cándidas de obtener mercancía extra como la de falsas embarazadas «preñadas» de botellas de aceite y leche.

La Guinea Española —42—

672.115 y 69.618; Algeciras, 216.004 y 4.400; Castellón, 10.418 y 5.928; Coruña, 158.124 y 51.501; El Ferrol del Caudillo, 75.920 y 2.734; Motril, 58.022 y 11.001; Pasajes, 410.509 y 94.164; Huelva; 103.647 y 9.789; Málaga, 694.770 y 134.508; Cartagena, 100.268 y 51.088; Gijón, 361.300 y 138.481; Vigo, 214.285 y 64.762; Santander, 207.980 y 66.095; Sevilla, 238.793 y 85.860; Tarragona, 104.903 y 20.258; Valencia, 424.306 y 172.482; Sagunto, 49.407 y 40.193; Bilbao, 409.128 y 218.603.

El movimiento de entrada de buques extranjeros que descargaron mercancías en nuestros puertos fué el siguiente: Barcelona, 54.651 toneladas de arqueo de los barcos y 11.838 toneladas de peso de mercancías descargadas; Cádiz, 43.586 y 41.929; Coruña, 5.834 y 8.048; Pasajes, 1.827 y 1.465; Huelva, 164.660 y 174.277; Málaga, 3.006 y 4.833; Cartagena, 15.124 y 647; Aguilas, 21.458 y 1.900; Vigo, 2.768 y 3.712; Sevilla, 34.845 y 25.476; Tarragona, 5.796 y 4.668; Valencia, 34.317 y 585; Bilbao, 240.128 y 12.735.

Algunos puertos tuvieron algún movimiento de cierta importancia en lo que respecta a veleros nacionales. Consignamos los que rebasan las 1.000 toneladas de arqueo de veleros entrados: Barcelona, 7.296 toneladas de arqueo y 750 toneladas de peso descargadas, Cádiz, 3.489 y 258; Algeciras, 9.128 y 496; San Fernando, 3.030 y nada; Castellón, 4.117 y nada; Vinaroz, 1.616 y nada; Ayamonte, 1.333 y 718; Málaga, 2.123 y 157; Sevilla, 2.101 y 176. (Cifra.)

JUNTA REGULADORA Y ABASTOS

RACIONAMIENTO DEL MES DE FEBRERO 1944

ACEITE DE OLIVA Y DE CACAHUET: a retirar en la casa Muñoz y Gala y Amilivia.

AZUCAR: a retirar en la casa Muñoz y Gala y Amilivia.

LECHE CONDENSADA: a retirar en la casa Baeza.

PETROLEO: se expenderá mediante autorización a retirar en la Junta.

QUININA: a retirar en el Hospital.

NOTA: Los anteriores artículos se *expenderán a excepción del petroleo y* el aceite de cacahuet, contra cupón núm. 3 de la CARTILLA INDIVIDUAL DE RACIONAMIENTO.

NOTA: El aceite de cacahuet se expenderá contra el cupón núm. 1 de la citada CARTILLA.

OTRA: El racionamiento habrá de retirarse indefectiblemente en la primera quincena de Febrero, quedando anulados los cupones y autorizaciones despúes del 15 de dicho mes.

Santa Isabel 29 de Enero de 1944
EL PRESIDENTE,
Joaquín Robles

REPARTO DE PATATAS

Se pone en general conocimiento que, a partir del día hoy y hasta el *10 de los corrientes, se efectuará en la* casa „GUIMO" un reparto de patatas,

Recorte prensa de La Guinea española, donde se indica los suministros del racionamiento cartilla del mes de febrero de 1944 en Santa Isabel.

Para recibir una cartilla de racionamiento se debía estar identificado. Los africanos de diferente origen residiendo en la Guinea española acabaron estándolo; unos por su condición de braceros o de trabajadores urbanos con el Pasaporte Sanitario[237], el resto con los diferentes «papeles» identitarios —también solía ser una tarjeta sanitaria—de control. Esa documentación, en teoría, para los emancipados debía ser la misma que la requerida a los coloniales. Sin embargo, en la práctica, esos ciudadanos seguían «identificados» como de segunda clase. Es decir, el primer requisito, la necesidad de identificarse como residentes en territorio de administración española lo tenían, a pesar de los matices que se puedan hacer. Ahora bien, las cartillas de racionamiento que llegaron de uso efectivo a la colonia nunca acabarían —con facilidad— en manos de una familia de africanos nativos. Incluso los braceros peor tratados, los que la hubiesen necesitado por su escaso jornal y manutención, acababan recurriendo al auxilio familiar en sus poblados o buscaban la solidaridad de los barrios marginales de emigrantes en la periferia urbana. Racionar suministros con una cartilla era «cosa de blancos», necesitados de bienes de consumo innecesarios en opinión de algunos ecuatoguineanos. Como era el caso de los fang, siempre mucho menos integrados en la vida urbana que bubis y criollos. En la España peninsular era una Comisaría General de Abastecimientos quien organizaba el suministro, según las estadísticas y censos que recibía de las ciudades provinciales. En el caso guineano, la Guinea continental con los poblados fang, quedaría lejos de la organización de los productos racionados por el organismo que hacía las veces de Comisaría General de Abastecimientos en Santa Isabel, la llamada Junta Reguladora y de Abastos.

Por ejemplo, una cosa de blancos era el papel para periódicos y boletines. La veterana revista *La Guinea española* y el *Boletín Oficial de los Territorios Españoles del Golfo de Guinea*,

237 *Ibidem.*

tuvieron que dejar de publicarse en agosto de 1940 por la carestía de suministro de papel[238] desde la España peninsular. Era un producto manufacturado que la autarquía española no producía a gran escala —ni a pequeña, en realidad—, dependiendo de otros países productores que ahora estaban enfrascados en la guerra mundial. No era un producto de primera necesidad, verdadero propósito del racionamiento, pero sí que mostraba la dificultad suprema de suministros que existió en Guinea durante esa década. Irónicamente, no había papel ni para emitir las cartillas pensadas para controlar el abastecimiento de la población colonial, ni para publicar los decretos sobre el racionamiento en los Boletines Oficiales de la Colonia. Fueron casi tres años sin suministro significativo de papel, que garantizase la tirada de publicaciones. La revista *La Guinea española* no volvió a editarse y salir de nuevo de imprenta hasta el día 1 de abril de 1943. Desde ese día volvería a publicarse con normalidad, ya no dejaría de hacerlo hasta 1969 cuando fueron obligados a cerrar en la dictadura de Macías, el primer presidente de la Guinea Ecuatorial independiente.

En el número del semanario *La Guinea española*[239] del día 10 de febrero de 1944, se publican varias notas indicando cuándo, cómo y dónde utilizar la cartilla de racionamiento. Son noticias sobre la manera correcta de su uso, según las reformas que había tenido el inicial Decreto —casi de estado de guerra todavía— de junio de 1939. Se constata en esas advertencias y anuncios que la cartilla era ya individual. Es decir, a los Territorios Españoles del Golfo de Guinea llegarían también los cambios habidos a partir de las instrucciones publicadas en el BOE del 18 de abril de 1943. Directrices que en su base octava decían:

---

238 Consultado en Internet, archivo digital de *La Guinea española*, cortesía del *Fondo Claretiano*: http://www.bioko.net/guineaespanola/laguies.htm

239 Revista *La Guinea española*, Año XXXIX; del 10 de febrero de 1944. Consulta Fondo Claretiano: http://www.bioko.net/guineaespanola/laguies.htm

> Personas con derecho a su uso.
>
> 8ª. Toda persona, española o extranjera, con residencia en territorio español —territorio nacional, Zona del Protectorado de Marruecos y Plazas de Soberanía de África—, tendrá derecho a una cartilla individuad de racionamiento definitiva o provisional.[240]

«Plazas de Soberanía de África» es un término bastante impreciso para referirse a los Territorios Españoles del Golfo de Guinea. De hecho, no es una referencia ambigua, las plazas de soberanía de África son algo muy concreto. En aquella época para diferenciarlas del Protectorado español de Marruecos eran: las plazas mayores de Ceuta y Melilla, más las menores del peñón de Vélez de la Gomera, islas de Alhucemas y el archipiélago de las islas Chafarinas. Entonces, ¿un lapsus de redacción o se sobreentiende incluir a todas las posesiones africanas? Estamos en 1943, cuando se aprecian todavía las aspiraciones imperialistas del franquismo[241] a flor de piel y dejar el «territorio español» en África en tan sólo las plazas soberanas se me hace paradójico y corto. Se trata de una orden extensa, de diez páginas en el Boletín Oficial del Estado (BOE), con directrices muy detalladas desarrollando el Decreto del Ministerio de Industria y Comercio del 6 de abril de 1943, donde se implementaba el uso único de la cartilla individual de racionamiento. Recordemos, era esa importante y comentada reforma acerca de su utilización correcta; tras el controvertido uso del modelo familiar y la malversación que se hizo hacia el mercado negro. En las publicaciones de Guinea, sobre todo en la revista claretiana de *La Guinea española*, aparecen noticias al respecto, demos-

---

240 *Comisaría General de Abastecimientos y Transportes.- Dictando instrucciones relativas a la implantación y uso de la cartilla individual de racionamiento.* Consultado en Archivo digital del BOE: núm. 108, de 18/04/1943, Pp.3485 a 3494.

241 AREILZA, J.M. y CASTIELLA, F.M.: *Reivindicaciones de España*, Edita CSIC-Idea. Madrid 1941.

trando que se hizo también un uso incorrecto de la cartilla y que se dictaban nuevas normas corrigiendo su utilización.

Curioso, pues, observar a las autoridades de Madrid volver a ignorar —retirar—el trato a sus territorios en ese golfo del África ecuatorial. A pesar de la retórica imperialista[242] utilizada por el franquismo sobre ellos, como la pieza base del nuevo imperio español en el África central (se aspiraba a obtener colonias de la Francia ocupada por Hitler); una huella viva y provechosa de un glorioso pasado de colonizadores —que no colonialistas— según ese discurso justificador del colonialismo, quedarían olvidados en los Decretos y Boletines Oficiales del Estado. En esas disposiciones tan importantes que afectaban a la economía doméstica española, el legislador franquista obvia con su olvido que son territorios coloniales y con ello parece que, inconscientemente, las hace territorio nacional. Al menos, a pie de calle, los europeos y africanos de Santa Isabel resultaron igual de nacionales a la hora de usar su cartilla de racionamiento que el resto de la población española.

De esta manera, la posguerra en Guinea nos parecerá similar a la vivida en el resto de España en cuanto a tener racionados los suministros básicos. Porque, en el fondo, descubrimos que el decreto franquista de 1943 no se había olvidado de la Guinea española en ese reparto de cartillas de racionamiento. En sus disposiciones finales, en concreto la nº 101 dice lo siguiente: «*Las personas procedentes de los territorios españoles del Golfo de Guinea, Ifni y Sahara, para obtener una cartilla individual de racionamiento en cualquier localidad de resto del territorio español presentarán una certificación de baja en el Censo de racionamiento, según modelo oficial, y la autorización de salida, expedidos por las Autoridades competentes de aquellos territorios.*»[243]

---

242 *Ibidem.*

243 *Comisaría General de Abastecimientos y Transportes.- Dictando instrucciones relativas a la implantación y uso de la cartilla individual de racionamiento.* Consultado en Archivo digital del BOE: núm. 108, de 18/04/1943, p.3494.

No obstante, aumentando el enfoque local, veremos las particularidades guineanas. Por de pronto, la mayoría de la población negra residente en esos territorios españoles del África central tuvieron difícil la concesión de una cartilla de racionamiento. Los requisitos estaban pensados para socializar a la población en el nuevo régimen y de paso hacer un control exhaustivo de la vida de la gente. Se realizaba solamente un padrón o censo de las personas con derecho a cartilla, inscrito a un economato o establecimiento colectivo —en muchos casos era la tienda del barrio— que les correspondía según el criterio de su Delegación Provincial. En el caso de Guinea, al no tener estatus provincial, el censo dependió del Gobierno General de la Colonia que constituyó esa mencionada Junta Reguladora y de Abastos. Debido a la escasa población europea y al todavía modesto número de emancipados, los africanos con los mismos derechos que los metropolitanos, el control y organización de ese censo con derecho a cartilla pudo hacerse directamente desde el poder local de la colonia.

En teoría, una población en cantidad tan manejable debió ayudar a evitar el mal uso de ese racionamiento acabando en el estraperlo. Es probable que así fuese con los suministros que llegaban del vapor en unas fechas reguladas desde la metrópoli, pero no evitaría que se aprovechasen otras vías de transporte para la entrada de mercancías ilegales. Fue el caso de aprovechar hacer contrabando de mercancías dentro de la recluta ilegal[244] de braceros con Nigeria; usando a los mismos cayucos de braceros ilegales como porteadores de ida y vuelta. Pero fue un contrabando de palabras mayores, de tabaco y alcohol principalmente, y no de alimentos básicos o bienes de consumo que entraban en la distribución de abastos. Aunque hubo funcionarios de la Junta de Abastos implicados, junto a policías de alto rango

244 MARTINO MARTÍN, Enrique: «*Corrupción y contrabando: funcionarios españoles y traficantes nigerianos en la economía de Fernando Poo (1936-1968)*»; *Ayer Nº* 109. Madrid 2018 (1); Pp.169-195.

como Miguel Llompart[245], este contrabando no supuso una economía paralela o mercado negro tan determinante como el que se generó durante la época de la cartilla de racionamiento en la España peninsular.

La XX Feria Oficial e Internacional de Muestras de Valencia en 1942. Fondo documental de la BNE. Imagen a través de la exposición en el CACV

En definitiva, aunque la bonanza en números macroeconómicos en Guinea sería patente en las décadas 1940 y 1950, gracias al notable incremento de la producción agrícola exportadora, las penurias de posguerra en cuestión de abastos también se sufrirían entre los españoles de la colonia y los ecuatoguineanos bajo soberanía española. No se llegaría a los extremos de penuria documentados[246] en otras

245 *Ibidem.*
246 Un informe de la Jefatura de FET-JONS de Baleares afirmaba: «*se puede decir sin equivocación que en los hogares pobres y también medios se pasa hambre. Son frecuentes los casos de inanición en plena vía pública; hoy se me informa que un obrero vidriero ha sido recogido sin sentido de la calle...*»; visto en MOLINERO Y PERE YSÀS, Carme: «El malestar popular por las condiciones de vida. ¿Un problema político para el régimen franquista?»... *op.cit.*; p. 266.

provincias de la España peninsular. Gracias más que nada a la escasa población afectada —la que tenía derecho a ser atendida— y a la posibilidad de un comercio exterior, aunque fuera ilegal muchas veces, con las colonias vecinas, algo inexistente en las provincias peninsulares y en los archipiélagos canario y balear. Pero la escasez de alimentos y de productos de consumo básico sí que existió considerando la tan obvia como estrecha interrelación entre la colonia y su metrópoli. Los que parece consiguieron sortear mejor esas carestías y penurias fueron los finqueros del cacao y los hacendados madereros, a los que cada vez se sumaban más emancipados, aumentando la clase social adinerada de Guinea en plena posguerra española.

Cuando en 1952 se puso fin a las cartillas de racionamiento, ese sistema de economía doméstica que respondía a la hueca proclama falangista de «ni un hogar sin lumbre, ni un español sin pan»[247], en la Guinea española surgía una especie de clase media-baja con unas potenciales mejores condiciones de vida. Eran los emigrantes canarios[248] —una inmigración muy controlada— buscando un territorio con más oportunidades laborales, huyendo del hambre y de la gran escasez, pero también fueron los funcionarios y administrativos auxiliares africanos —los nativos— salidos en Santa Isabel de las primeras promociones de estudiantes de la Escuela Superior Indígena o la Escuela de Artes y Oficios de Bata.

Por tanto, intentando responder a la pregunta del título del epígrafe, *Posguerra en Guinea; ¿mucho más llevadera que en España?*, espero haber demostrado que, a pesar de coincidir los años de posguerra con los buenos datos de crecimiento económico de esos territorios, las penurias existie-

247 MOLINERO Y PERE YSÀS, Carme: «El malestar popular por las condiciones de vida. ¿Un problema político para el régimen franquista?»... *op.cit.*; p. 280.

248 SANTANA, Germán: *Canarios con Salacot: África subsahariana como lugar de emigración (1936-1975)*; Edita Fundación Mapfre, Palma de Gran Canaria,2008; Pp. 12-17.

ron. Es verdad que no fueron tan graves y que, de hecho, se veía a Guinea española como una «tierra de oportunidades» para evitar esa penuria, pero el problema de suministros afectó también a los Territorios Españoles del Golfo de Guinea al ser una de las principales consecuencias de la política autárquica del nuevo régimen. Ni que decir tiene que las penurias y miserias vividas por el grueso de la población, braceros y nativos no emancipados, no eran consecuencias de los tiempos de posguerra; eran estructurales, creadas por el pilar del sistema colonial que propició esa gran mejora económica de Guinea. La fórmula del aumento de producción con la mayor rentabilidad posible, todo gracias a una mano de obra en condiciones de semi esclavitud. Esas personas debieron esperar a los últimos diez años de la historia colonial, a partir de convertirse en otros «provincianos» más dentro del Estado español gobernado por Franco, para dar por terminada la posguerra.

CAPÍTULO III

LOS LIBROS DE TEXTOS Y LA *GUINEA ESPAÑOLA*, ENTRE LA AUSENCIA Y EL DISCURSO DE LA ESPAÑA CIVILIZADORA

Inicio este tercer y último capítulo del libro abordando un tema que parece desencajado dentro de su estructura. No es así. Empezando porque podemos enlazar el anterior epígrafe que analizaba las décadas de 1940 y 1950 en los territorios españoles centroafricanos como singulares respecto a la metrópoli, con este apartado que tratará el tema educativo. Hay que situarse en un contexto guineano más socializado como «realidad española» al final de la década de los años cincuenta, cuando la colonia se convierta en provincia y se encamine a un régimen autonómico dentro de la dictadura franquista; algo más singular si cabe a lo apuntado hasta ahora. El libro tuvo su inspiración principal en un recuerdo escolar y ha sido uno de sus propósitos conocer cómo fue la presencia de Guinea Ecuatorial en las aulas españolas de esas décadas. Creo resulta una aportación diferente a lo mucho y diverso escrito acerca de la historia compartida —pero olvidada— durante siglos con este país africano. Porque con Guinea se cumple el principio matemático de las magnitudes inversamente proporcionales; puede aumentar lo escrito e investigado, pero al mismo tiempo disminuye el interés por ella.

En mi caso, gracias al postgrado en Historia Contemporánea realizado en la Universidad Nacional de Educación a Distancia (UNED), pude mantener mi interés por Guinea Ecuatorial y hacer memoria histórica de ese recuerdo escolar al ir conociendo de primera mano la consolidación del *Fondo MANES*. Fue un proyecto iniciado en 1992 por la Facultad de Educación de la UNED, en concreto del Departamento de Historia de la Educación y Educación Comparada. Consistente en, según sus propias palabras, un:

«Centro de Investigación interuniversitario dedicado al estudio histórico de los manuales escolares (MANES) de España, Portugal y América Latina, especialmente en los siglos XIX y XX.»[249]

Así, las fuentes para desarrollar esta parte del ensayo han sido los libros de texto, en concreto los de Geografía e Historia, que los escolares tuvieron —tuvimos— desde 1940, aproximadamente, hasta el curso 1979-1980 donde trascurre la anécdota personal contada en el epílogo del libro y que supone una de las primeras promociones de la Ley General de 1970, creadora de la EGB (Enseñanza General Básica) y del BUP (Bachillerato Unificado Polivalente). Son muchos años, pensarán. En efecto, cuarenta. Los famosos cuarenta años remarcados como una «losa temporal» cuando se hace mención del prolongado tiempo de la dictadura de Franco. De todas maneras, la cantidad de años no se corresponderá con una elevada presencia escolar de la Guinea española. Piensen que, tras la independencia, la dictadura en Guinea de Macías supone un «vacío documental». Porque se rompieron las relaciones entre los dos países y porque coincidió con un cambio de las leyes educativas en España. Esos cambios generarían también modificaciones en los contenidos curriculares de los libros.

249 Consultado en Internet: https://www.centromanes.org/

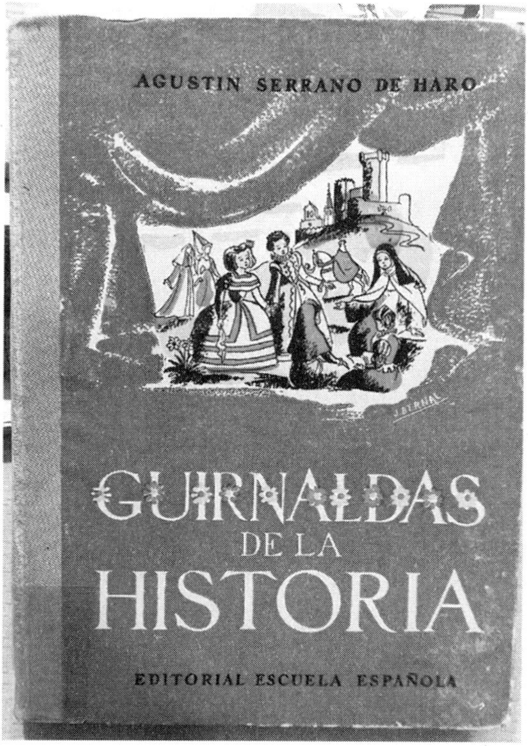

Libro de texto edición del año 1957. «Guirnaldas. Historia de la Cultura Española contada a las niñas»; de Agustín Serrano de Haro por Editorial Escuela Española. Foto propia (Fondo MANES).

En el centro MANES se puede hacer una consulta en sala a esos libros de texto concretos de ese periodo. También tiene su *web* un catálogo con algunos de estos libros digitalizados en parte. Lógicamente la investigación se ha visto limitada al fondo que posee esta colección, que no es la totalidad de lo publicado, pero sí muy significativa de la historia editorial escolar española. De esta manera realicé una selección de los manuales que pensé pudieran aportar «presencia guineana» en sus páginas. Las muestras escogidas resultaron, en mi opinión, representativas de lo publicado acerca de Guinea —y el África negra— en libros escolares en España durante el periodo analizado. Considerando que sus fondos proceden básicamente de la donación altruista, el valor del conjunto de la colección MANES es más que notable. Al menos resultó suficiente para apreciar cómo la evolución y los cambios en la educación escolar española, también ayudan a un conocimiento mejor de la historia de la Guinea española; en realidad, de lo que fue o se imaginó que era ese territorio africano con apellido español. Asimismo, se puso el foco principal en los libros de texto usados en las aulas españolas y la aparición o no de Guinea en sus contenidos. No me he detenido en un estudio detallado de los libros que se editaron expresamente para la colonia, como los libros de la *Editorial Escuela Española* para enseñar castellano a los nativos africanos. Más que nada porque los libros de texto editados por materias y usados en Santa Isabel, actual Malabo, serían básicamente los mismos utilizados en Canarias o la península.

A rasgos generales podemos decir que los primeros años de la dictadura de Franco, durante la guerra civil y nada más acabar la contienda, cuando todavía se titulaban los boletines oficiales con las proclamas de «Año (I, II, III) de la Victoria», estuvieron marcados por la precariedad editorial y por el aprovechamiento de ediciones con marcado carácter patriótico, que ya se habían usado durante la dictadura de Primo de Rivera. Avanzando los años cuarenta, acabada la Segunda Guerra Mundial, empiezan a verse reediciones o nuevas publicaciones con una línea editorial ajustada a los valores reaccionarios del nuevo régimen. Un concepto de la enseñanza como sistema de adoctrinamiento de los alumnos en los valores de ese nuevo Estado, basados en ideales castrenses y ultracatólicos. Sobre todo, se primarían estos últimos, los principios fundamentales del nacional-catolicismo. Al ser derrotados los fascismos en Europa, la dictadura pone distancia con la Falange y los jerarcas falangistas que eran partidarios de separar en la enseñanza lo estatal de lo religioso. El partido único de carácter fascista perdería poder en el nuevo régimen a la hora de marcar las líneas educativas. Dentro del sistema educativo, la Iglesia volvería campar a sus anchas amparada por el gobierno; proliferando los colegios religiosos al regresar algunas órdenes que habían cerrado su actividad durante los años republicanos.

Toda esta línea general educativa quedaría recogida en la nueva Ley Reguladora de la Enseñanza Primaria[250] de 1945. En resumen, reforzaba el papel protagonista de la Iglesia en la educación, únicamente interrumpido en los primeros años de la República. Al pasar de década, en los años cincuenta, se aprecia un bache en la calidad editorial. Parece que las publicaciones escolares se limitan a ser manuales del «buen español», ensalzando los fundamentos del nacionalcatolicismo o el sentimiento patriótico, y descuidando el contenido cultural de los libros de texto. Los libros que logran ser manuales educativos con un mínimo de orientación pedagógica, son reediciones adaptadas al régimen, algunas provenientes de la época republicana, como la *Historia de España* de Editorial Luis Vives (Edelvives) publicada en Barcelona en el curso 1933-1934 y que a su vez era una séptima edición del manual publicado en 1927, en plena dictadura *primoriverista*. En este Fondo MANES se puede ver esa edición y la adaptada de 1942, ya publicada por Edelvives en su segunda etapa de vida como editorial escolar ubicada en Zaragoza. También de *Ediciones Luis Vives* es un libro de *Geografía e Historia* del 1er Curso de Bachillerato (1949-1950), que es reedición adaptada de un manual con primeras versiones también en años republicanos (1934-1935). En su hoja detrás de la cubierta viene el *Nihil Obstat* del censor, es el visto bueno del canónigo Dr. Vicente Tena y el plácet para su impresión del obispo de Huesca. Para ser bachillerato es un libro austero en conocimientos y muy formal en conteni-

250 La antigua Escuela de Estudios Superiores del Magisterio estaba ubicada en el actual Museo de Artes Decorativas, en la calle de Montalbán nº 12 de Madrid. Tuvo una «vida académica» corta, de 1909 a 1932. La Segunda República decide crear la Sección de Pedagogía en la Facultad de Filosofía y Letras, por decreto del 27 de enero de 1932. En su artículo 13 ratificaba la supresión de la Escuela Superior Magisterio y el paso de la carrera de maestro a la Universidad Central de Madrid.

dos. De África se hace una descripción física llena de lo que ahora son estereotipos ya vencidos, pero tiene la referencia mínima a Guinea española cuando habla de Fernando Poo como una de las islas del golfo. Y en geografía humana, dentro de la actividad para señalar en un mapa las posesiones del África Española, vuelve a citar a Fernando Poo y, curiosamente, señala como Guinea española a la parte continental.

Libro de texto de Geografía e Historia de la Editorial Luis Vives S.A. de 1950. Foto propia (Fondo MANES).

Contar una breve historia de Edelvives, la editorial con más ejemplares encontrados en el Fondo MANES, nos servirá para una primera aproximación al devenir histórico de los libros de texto en España. Fue una editorial con origen religioso, en el entorno de los Hermanos Maristas de la

Barcelona de entre siglos. En 1932 toma el nombre del humanista Luis Vives —Editorial Luis Vives, Edelvives— para alejarse de la connotación religiosa; sin embargo, en 1936 durante la Guerra Civil su taller de imprenta es incendiado y destruida toda su sede catalana se trasladarán a Aragón (Zaragoza, sede; imprenta, Huesca) en 1937. Incluso en el periodo republicano que se potenció la educación pública, la influencia del monopolio educativo de las órdenes religiosas se apreciaba en el sector editorial de manuales académicos.

Líderes en el mercado editorial actual como SM o el Grupo Anaya, también tuvieron orígenes religiosos; la primera será iniciativa de profesores y religiosos Marianistas de Vitoria en 1940, y la segunda a través de una de las editoriales del grupo, la Editorial Bruño, fundada a finales del siglo XIX por los Hermanos de las Escuelas Cristianas de La Salle. Durante las décadas de 1960 y 1970, entran en este lucrativo negocio[251] del libro de texto grupos editoriales laicos, como el Grupo Prisa con la Editorial Santillana, y veremos cómo los libros de texto experimentan una modernización de fondo y forma. Los editores principales dejan de ser profesores de los colegios religiosos, para dejar sitio a profesionales especializados en la industria editorial. Sus líneas de contenido viven un aperturismo, incluso en las editoriales religiosas, por otro lado, similar al dado en todos los aspectos de la sociedad en la etapa de la dictadura que se ha llamado tardo franquista.

Expuestas las líneas históricas generales encontradas en los libros de texto de Geografía e Historia analizados, apuntar ahora lo encontrado acerca de la presencia de Guinea en esos manuales. La primera apreciación para hacer sería que el rastreo certifica una idea sobrentendida: los territorios españoles del golfo de Guinea se situaban en el África sub-

251 *Orden de 3 de octubre de 1980 por la que se fija el precio máximo de venta al público a diversos libros de texto correspondientes al nivel de Educación General Básica.* Ministerio de Educación: BOE núm. 255, de 23 de octubre de 1980, páginas 23655 a 23658.

sahariana; la región del continente africano más ignorada y ausente en los contenidos de historia y geografía tanto enciclopédicos como escolares. En realidad, el conjunto del continente, el África geográfica y cultural, estuvo ninguneado en el material educativo de los alumnos de España. La historia académica que aparecía en los libros de texto al inicio de la segunda mitad del siglo XX seguía basándose en el estudio general de las civilizaciones. Y en África, como hemos visto durante el colonialismo y según el criterio colonialista, no había civilización.

Así que el filtro de búsqueda me resultó muchas veces más sencillo de lo esperado. Libros de texto de la materia de Historia en los que no aparece África como tema principal serían por ejemplo la edición llamada *Progreso: Lecturas históricas sobre el mundo, la vida y las civilizaciones* de Federico Torres en la Colección Escolar Salvatella, de la Editorial Miguel A. Salvatella (Barcelona, 1958). La única mención concreta a África es en el apartado geográfico, cuando se describen de manera breve las «partes del mundo». Egipto está desligado de África y se incluye dentro de las civilizaciones antiguas del Mediterráneo. Fue un libro con una primera edición en 1935 y para enseñanzas medias, sin embargo, en la adaptación consultada de los años cincuenta no eleva su nivel básico de cultura general.

Si ni siquiera el continente de África era tratado en un manual como materia de estudio, imposible que apareciese Guinea. Podríamos pensar que en los libros de Historia de España se diera una referencia, una pequeña anotación, dentro del contenido sobre el «Imperio español» o las colonias españolas. Pero ni considerando el hecho de estar en los años donde destacaron las aspiraciones imperialistas[252] del régimen de Franco, los editores franquistas imbuidos de ese imperialismo incluyeron de una manera reseñable a Guinea Ecuatorial; ni como mención digna de una conquista impe-

252 BOSCH, Alfred y NERÍN, Gustau: *El Imperio que nunca existió... op. cit.*

rial, ni de cualquier otra forma dentro de la retórica imperialista. El olvido de esa última colonia del «glorioso imperio» en los relatos escolares de historia española, estaba motivado por el menosprecio hacia los logros colonizadores españoles en ese rincón del África central. Podían, alguna vez, aparecer en los discursos oficialistas de la dictadura dentro de las reivindicaciones imperialistas y como muestra de la injusticia cometida con España en el reparto africano. Sin embargo, no eran ejemplificadores en un libro de texto de esa «ideología imperial» que debía inculcarse en las ediciones escolares; para eso ya se tenía al éxito de la colonización hispana en América.

De esta manera, podemos asegurar que, en la mayoría de los manuales de enseñanza básica del periodo inicial analizado, década de 1940 y los inicios de 1950, ni siquiera aparece el continente africano —más allá del breve dato geográfico— como para aparecer, entonces, dentro de los contenidos, la Guinea española. La parte histórica que cuenta las hazañas imperiales de España se centraban en América y Asia. Es llamativa esa ausencia africana por ejemplo en un libro como *Mundo e Historia: lecturas geográfico-históricas españolas y universales* de Federico Torres, siendo una edición de la Editorial Miguel A. Salvatella publicada en Barcelona en el curso 1962-1963. Con carácter enciclopédico, a pesar de ser un nivel básico, en su apartado de Civilizaciones no encontramos nada referido a África, ni siquiera acerca de las culturas norteafricanas tan relacionadas con la historia española. Sus contenidos son genéricos y de iniciación en historia y geografía, pero estamos en el año 1962 y resulta bastante extraña esa «desaparición» de África. Quizás, no resultará tan raro ese menosprecio al hacer una valoración en conjunto del tratamiento de contenidos.

En realidad, la visión es obviamente eurocéntrica en la totalidad de los manuales analizados. Incluso, siendo rigurosos, sería una perspectiva eurocéntrica utilizada con un sesgo hacia la «ideología de la Hispanidad»[253], que tiene una concepción identitaria de la cultura europea diferente a la visión oficial protestante de la Europa del norte. No obstante, un cambio significativo viene de repente, sin mucha transición teniendo en cuenta que los años sesenta son de plenitud en la etapa descolonizadora. Ese repentino aire nuevo lo vemos en los libros escolares editados a partir de los años finales de la década de 1960 e inicios de la siguiente, que ya demuestran una visión menos sesgada, intentando reflejar un conocimiento más universalista. Incluso, tratarán el periodo de descolonización sin tanta prepotencia europea y desde una óptica que pretende dar también el punto de vista de los países colonizados, explicando los motivos por los que esos países reclaman su independencia.

Vamos a seguir en el año 1962 porque encontramos varias ediciones de libros de texto que pintan un panorama de grandes contrastes. Si en niveles de educación básica y de iniciación al bachillerato hallamos sorprendentes ausencias de los Territorios Españoles del Golfo de Guinea —incluso de toda África— en manuales y libros utilizados en las aulas, también es el año con más publicaciones dedicadas en parte a la Guinea española como una administración territorial a estudiar en las aulas de enseñanzas medias y superiores. Se trata del libro de texto, *Plazas y provincias africanas españolas: Ifni, Sáhara, Fernando Poo y Río Muni* de Adela Gil; en segunda edición de la editorial ANAYA. Un manual y libro académico para el PREU (el curso preparatorio para la universidad); es decir, era para el nivel superior de bachillerato y fue el Tema III del «Cuestionario de las Materias Variables del Curso Preuniversitario 1962-1963». También llegó a constituirse en material enfocado para aquellos alumnos interesados en hacer carrera —oposiciones— dentro del funcionariado de ultramar.

253 ÁLVAREZ CHILLIDA, Gonzalo: «Epígono de la Hispanidad. La españolización de la colonia de Guinea durante el primer franquismo...»; *op.cit.*

La conversión en provincia en 1958 y en régimen autónomo en 1964 de Guinea Ecuatorial, incrementó la necesidad de administrativos y técnicos para dar servicio en los organismos estatales propios ahora del nuevo estatus. Este libro de texto sirvió para formar a esas personas aspirantes a esos puestos. El texto analizado en el Fondo MANES es edición de 1962, el año decíamos que más publicaciones de este título se editaron. Porque *Plazas y provincias africanas españolas: Ifni, Sáhara, Fernando Poo y Río Muni*, tuvo esa década de 1960 otras muchas ediciones. Como las publicadas por la Editorial Gregorio del Toro de Madrid, siendo autor todo un director de la Dirección General de Plazas y Provincias Africanas, José Díaz de Villegas[254]. En realidad, este era un título veterano en el sistema educativo español a niveles preuniversitarios, pero la edición de la catedrática en geografía, Adela Gil, fue la mejor valorada. Además de ser el único libro de texto donde podremos encontrar con detalle un estudio histórico-geográfico, desde el punto de vista político y humano, de los Territorios Españoles del Golfo de Guinea.

Contrasta, como apuntábamos, que en ese mismo año de 1962 existan libros escolares de niveles Primera Enseñanza y Enseñanzas Medias donde se ignora y desprecia a África, nada se diga de la Guinea española en la enseñanza de la Historia de España, y al mismo tiempo se tenga un manual académico de geografía e historia dedicado en exclusiva a los territorios españoles africanos. Se puede matizar que era un manual para acceder a estudios superiores, donde a esos niveles sería ridículo menospreciar conocimientos sobre África, pero no justifica el no haber tenido una previa enseñanza —aunque fuera básica— acerca de la presencia española en esa parte del mundo. Quizás se puedan entender mejor esas contradicciones observando el carácter de la polí-

254 Para documentar este capítulo, además de las consultas en el mismo Fondo MANES, he utilizado su base de datos y la Biblioteca Digital Hispánica de la BNE: https://www.centromanes.org/ y https://www.bne.es/es/catalogos/biblioteca-digital-hispanica , respectivamente.

tica educativa existente en España. Desde la primera ley que se ocupó de la cuestión y está considerada verdaderamente legislación educativa, la llamada Ley Moyano de 1857, encontramos una concepción clasista o segregadora de las etapas educativas. En esencia, esta ley del siglo XIX permaneció en sus criterios básicos durante todas las leyes y ordenanzas educativas del franquismo, hasta la reforma profunda de la Ley General de Educación de 1970.

Por tanto, antes de la llegada de las reformas de los años setenta, la estructura del sistema educativo español se basó en ofrecer una escolarización general y pública con una enseñanza muy básica, lo que se llegó a llamar el «saberse las cuatro reglas»[255]. Era la educación a la que podían aspirar las familias más humildes, donde no se requería mucho material escolar (libros de materias) para enseñar a leer, escribir, sumar y restar; es decir, conocer las cuatro reglas más básicas. Planteada para el ámbito rural y para las clases urbanas obreras que no podían acceder a las enseñanzas medias y mucho menos a las superiores. Era un alumnado que se iniciaba en el trabajo agrícola o industrial nada más acabar su enseñanza básica, incluso mucho antes si las necesidades familiares obligaban. Las etapas de enseñanza media y superior quedaban para el entorno urbano dentro de las clases sociales que podían costear unos estudios de bachillerato, empezando por pagar las tasas de examen a su acceso. Esa escasez de nivel en el plan de estudios de la educación inicial se había generalizado como mal menor, para lograr una mayor escolarización y alfabetización de toda la población. Se consolidó durante las primeras dos décadas del siglo XX y se recuperó durante la dictadura franquista. Acabando, de esta manera, con las reformas educativas republicanas (1931-1936) que habían puesto en valor justo todo lo contrario: reforzar a la enseñanza general obligatoria. Será una de las causas que hagan a los libros

255 GARRIDO PALACIOS, Manuel: «Historia de la Educación (1857-1975), una visión hasta lo local»; en *Contraluz: Revista de la Asociación Cultural Arturo Cerdá y Rico*, N° 2; Jaén 2005, Pp.89-146.

de texto de esos primeros años del franquismo unos manuales tan elementales, con contenidos tan básicos como generalizados. Importaba más que nada el adoctrinamiento en valores del llamado Movimiento Nacional y, sobre todo, en los de la ideología nacionalista y católica que se impuso.

Ejemplar consultado del libro de texto *Yo soy español* (1957)

Dos muestras meridianas de este propósito de adoctrinar al alumnado en los valores del régimen serán los libros de texto patrióticos: *Yo soy español* (1939) y *Guirnaldas de la Historia* (1951). Orientados a enseñar la materia de Historia a nivel de primaria en el nuevo Estado español, tuvieron más reediciones; algunos hasta mediados de los años sesenta. El libro de 1er Grado de Historia de Agustín Serrano de Haro y José López de Arjona, con el título de *Yo soy español* que pude consultar era una edición para el curso 1958-1959. Serrano de Haro, el autor, era Inspector de Enseñanza Primaria y López de Arjona el habitual ilustrador de la editorial que lo publica en Madrid, la célebre Escuela Española-Hijos de Ezequiel Solana. Suponía la 19ª edición de un libro que sirvió al régimen en sus funciones «pedagógicas» desde el último año de la Guerra Civil, con la primera impresión de 1939. Todo un *best seller* en libros de texto.

El otro libro, *Guirnaldas de la Historia. Una historia de la cultura española contada a las niñas*, de exaltación patriótica y de adoctrinamiento en el nacionalcatolicismo es un manual exclusivo para niñas. La educación en el franquismo estaba segregada, niños y niñas no compartían aula y muchas veces ni material escolar. La autoría también es del prolífico autor e Inspector de Enseñanza Primaria, Agustín Serrano de Haro; y la editora también es la misma, la Editorial Escuela Española. Una editorial fundada en Madrid por los hijos del renombrado pedagogo Ezequiel Solana Remírez (1863-1932)[256], el promotor del periódico y luego editorial *El Magisterio español*, seguidor y estudioso de María Montessori. Sus herederos se especializaron en el libro infantil y en manuales escolares, sabiendo adaptarse al gusto educativo del nuevo régimen. El ejemplar consultado de *Guirnaldas de la Historia* es una edición aprobada en 1957 y con publicación hasta 1962. Era la 11ª edición, demostrando su éxito en los colegios de niñas. Capítulos titulados «Así gobierna una mujer», referidos a Isabel la Católica, y «Una linda emperatriz» para hablar de la esposa de Carlos V, Isabel de Portugal, nos hablan de las intenciones educativas del libro en la formación patriótica y ciudadana de las futuras mujeres de España: ser buenas españolas y, sobre todo, buenas esposas de buenos españoles.

---

256 Consultado en Internet: https://pares.mcu.es/ParesBusquedas20/catalogo/autoridad/139145

Esta editorial, Escuela Española-Hijos de Ezequiel Solana, tuvo gran actividad coincidiendo con los años de consolidación de la dictadura y de Guinea como territorio de administración española. Fue la encargada de editar muchos de los manuales para enseñar a leer y a escribir a los escolares ecuatoguineanos africanos. Cuando la escolarización se repartió entre las escuelas estatales y las misiones claretianas, los libros de texto —adaptados o no a los africanos— de la Editorial Escuela Española predominaban en las aulas del golfo de Guinea. Los claretianos, a diferencia de otras órdenes con vocación educativa, no constituyeron un sello editorial para elaborar libros de texto. Es verdad que utilizarían sus imprentas en Fernando Poo para crear sus propios manuales (eran sus cuadernos de apuntes o autoediciones de materias como Geografía e Historia), pero no tuvieron una intención de comercializar introduciéndolos en el mercado editorial del libro de texto. De todas maneras, el material educativo claretiano había sido pionero en la motivación patriótica y en la culturización española.

Otros títulos consultados en el Fondo MANES y a reseñar como «libros de texto de formación patriótica» que también pudieron llegar a los Territorios Españoles del Golfo de Guinea fueron:

La emoción de España, libro de cultura patriótica popular; de Manuel Siurot, publicado por la Editorial Hijos de Santiago Rodríguez en Burgos, con ediciones desde 1927 a 1962. El ejemplar consultado era la 8ª edición de 1944.

España, mi patria. Método completo de lectura; de José Dalmáu Carles. Editado por Ediciones *Dalmáu Carles* (Girona) desde 1917. Todo un clásico en los cuadernos de lectura-escritura usando la historia y geografía españolas. Durante la dictadura franquista tuvo ediciones hasta el año 1944. El ejemplar consultado era de ese curso 1943-1944.

Ventanal de España; lecturas emocionales, geográficas e históricas; de Santos Díaz Santillana, de la Editorial Miguel A. Salvatella, edición en Barcelona de 1950.

España es así; del mencionado inspector de enseñanza Serrano de Haro y de la editorial que publicó todos sus títulos, Escuela Española-Hijos de Ezequiel Solana; está impreso en Madrid y es una edición de 1947. Tendría hasta una 25ª edición, con publicación en 1964.

Como vemos, todos estos títulos tuvieron numerosas ediciones y sus respectivas reimpresiones. Por lo que no sería extraño verlos en las aulas de Guinea Ecuatorial, pues como se ha dicho con el franquismo la colonia es cuando más se pareció en su «funcionamiento» a una provincia española. Impartir geografía e historia de España con un marcado patriotismo era lo esencial de estos libros de texto, cuya finalidad principal era inculcar desde niños en los ciudadanos el amor a España. Algo que también se pretendía con los niños ecuatoguineanos, tanto en las escuelas de los misioneros como en las estatales —públicas—. A este respecto, voy a inquirir en un dato que he encontrado en casi todos los aspectos estudiados sobre el pasado español en Guinea; en el educativo también lo he sentido. He apreciado que algunos autores, la mayoría opinadores en el anónimo Internet, sin oficio ni beneficio de historiador (profesión que reivindico desde aquí), escriben sobre la historia de este país del África subsahariana como si hubiera sido un «reino africano» conquistado por una serie de «Pizarros y Corteses» apoyados en varios «frays Talaveras» del siglo XX. Un reino que pierde su libertad y sufre la imposición de una cultura que se dice superior. Así se construye un imaginario nacionalista, que serviría para unos fines políticos, pero está muy alejado de los datos históricos.

Adoctrinar en el amor a España se hizo en Guinea Ecuatorial igual que en las escuelas de Badajoz, Cuenca o Santander. No sería fruto del sometimiento sufrido por un pueblo bajo el yugo español, sino parte de las políticas educativas marcadas por un exacerbado nacionalismo y llevadas a cabo durante el franquismo en todos los territorios considerados España (y debidos al amor a España, según la dictadura). Por otro lado, ese adoctrinamiento que también se considera socialización de los ciudadanos en un régimen, se daría durante la Restauración borbónica, la dictadura de Primo de Rivera y, en los valores republicanos, durante la Segunda República. Con todo esto quiero decir que me resulta chocante, ya lo apunté en el apartado económico, esa tendencia a desligar la historia social ecuatoguineana de la historia social española. Aunque la primera esté enmarcada en el constreñido marco de colonos y colonizados, no puede sustraerse de la batuta general dirigida desde la segunda; la historia social de España. Ahora bien, hagamos puntualizaciones evitando malentendidos que me hagan parecer un indocumentado.

La población escolar de Guinea tenía unas características diferentes a los escolares metropolitanos. Era evidente que esos niños africanos fueron considerados españoles sólo por la soberanía ejercida de España en los territorios del golfo de Guinea, donde habían nacido o emigrado con sus padres. Sobre ellos se ejercería a través de la enseñanza escolar la socialización del régimen franquista, como en el resto del territorio nacional, basada en resaltar los valores patrios y ultracatólicos. Aunque con el importante añadido de ejercer sobre ellos también una aculturación que los llevase a asumir los modos de vida españoles y cristianos, abandonando sus costumbres culturales de origen. No obstante, en esos primeros años del franquismo coincidentes con un incremento notable de la escolarización en Guinea respecto a las primeras décadas del siglo XX, veremos un nueva pauta en esa aculturación según el profesor Negrín Fajardo[257]: «Los ideólogos del Estatuto de Enseñanza y los administradores del período 1939-1949, aproximadamente, son conscientes de la importancia de contribuir al arraigo del guineano en su medio, sin que educación, cristianización y españolización significaran perturbación de la relación del hombre con su entorno».

257 NEGRÍN FAJARDO, Olegario: *Historia de la Educación en Guinea Ecuatorial. El modelo educativo colonial español*; Aula Abierta UNED, Madrid 1993; p. 116.

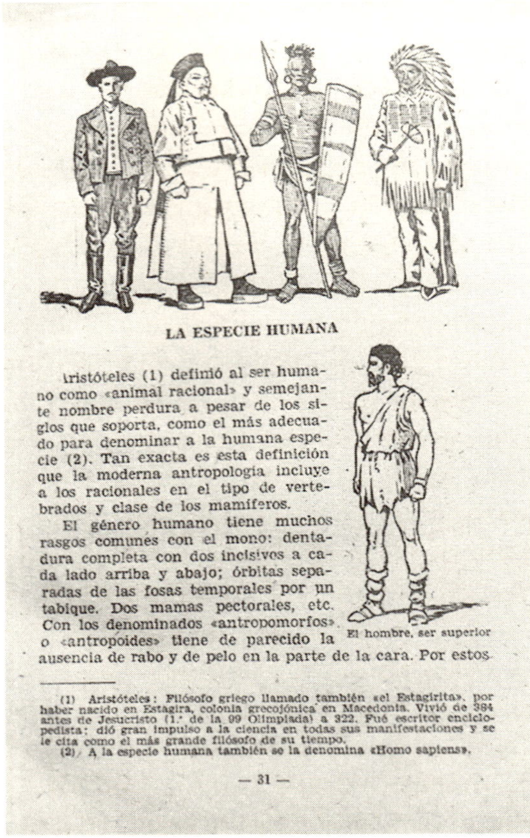

LA ESPECIE HUMANA

Aristóteles (1) definió al ser humano como «animal racional» y semejante nombre perdura a pesar de los siglos que soporta, como el más adecuado para denominar a la humana especie (2). Tan exacta es esta definición que la moderna antropología incluye a los racionales en el tipo de vertebrados y clase de los mamíferos.

El género humano tiene muchos rasgos comunes con el mono: dentadura completa con dos incisivos a cada lado arriba y abajo; órbitas separadas de las fosas temporales por un tabique. Dos mamas pectorales, etc. Con los denominados «antropomorfos» o «antropoides» tiene de parecido la ausencia de rabo y de pelo en la parte de la cara. Por estos

El hombre, ser superior

(1) Aristóteles: Filósofo griego llamado también «el Estagirita», por haber nacido en Estagira, colonia grecojónica en Macedonia. Vivió de 384 antes de Jesucristo (1.º de la 99 Olimpiada) a 322. Fué escritor enciclopedista; dió gran impulso a la ciencia en todas sus manifestaciones y se le cita como el más grande filósofo de su tiempo.

(2) A la especie humana también se la denomina «Homo sapiens».

— 31 —

La ilustración tan esteriotipada sobre la especie humana habla por sí sola de la perspectiva eurocéntrica en los libros escolares. Libro de texto con el título *Progreso* del año 1958.

En la base II del Estatuto de Enseñanza de los Territorios Españoles del Golfo de Guinea (BOE de 9 de agosto de 1943), se venía a indicar «*que era preciso evitar el desarraigo del nativo mediante las mejoras de las condiciones de su vida y consiguiendo de este modo la adhesión perfecta con España y con los ideales de la Hispanidad*».[258] Un propósito también chocante, emprender un esfuerzo educativo para hacer de esos niños y niñas

258 *Ibidem*; p. 117.

unos «buenos españoles», pero luego considerarlos «españoles de segunda clase» y de adultos convertirlos en población discriminada. Supongo que la idea —no muy sofisticada— era esperar agradecimiento del nativo por esa educación que mejoraría sus vidas y de esta manera conseguir el aprecio —amor— a España, en lugar de la esperada reacción de rechazo. La cuestión es que se hizo una importante inversión educativa en la colonia en esos años cuarenta, tan claves de la historia contemporánea mundial. Impulso al sector educativo tanto en la minoritaria «escuela europea» (para los hijos de colonos) como en la de mayor número llamada «escuela popular indígena».

El nuevo régimen deseaba distinguirse internacionalmente recuperando una vieja mentalidad que hacía de España la nación civilizadora por antonomasia. Su acción colonial en el África central tendría ese honorable objetivo, a diferencia de lo realizado en las vecinas colonias por ingleses y franceses, dedicadas a la materialista explotación económica de esos territorios. Pero volvamos al objetivo de este apartado en este capítulo, que no es analizar la educación colonial en sí. Será, recordemos, conocer la presencia de Guinea Ecuatorial en los libros de texto utilizados en las aulas españolas. Viendo, así, la paradoja de emplear energías financieras y humanas en «hacer España» en esas tierras y luego no encontrar en los textos escolares menciones principales de ese supuesto pedazo de la civilización española en mitad de África. Seguía sin aparecer en 1962, siendo ya provincia española, en libros de título tan explícito como *Historia de España y su civilización*; de la Editorial Sócrates (Barcelona, 1962) y de la reconocida profesora María Comas de Montañez. Un manual para estudios medios y superiores, de formato sobrio, puntuales ilustraciones y un tratamiento histórico de España precisamente como nación civilizadora desde el siglo XV al XIX, pero centrado en la hazaña americana y su vertiente asiática. África negra sufría discriminación editorial.

Foto propia (Fondo MANES) del libro *Geografía de España* de Edelvives (1963-1964).

Las fechas de 1962 y 1963 son importantes para Guinea Ecuatorial porque son la antesala de un proceso autonómico que resultó pionero de las actuales autonomías españolas. El régimen franquista ideó una especie de seudo independencia para Guinea, en formato de régimen autónomo, con gobierno y asamblea propios como forma de dilatar el proceso de descolonización avalado por Naciones Unidas y frenar las crecientes aspiraciones independentistas. El 3 de julio de 1964, un decreto concede la autonomía a Guinea Ecuatorial y Bonifacio Ondo Edu-Agüong[259] es designado presidente del Consejo de Gobierno Autónomo. Un político conservador manejado por las elites guineanas y vigilado desde Madrid. En la capital de España se daba licencia ministerial de edición a un libro de texto a finales de 1963 y se mantenía su publicación para el curso que comenzaba en septiembre 1964-1965. Era de la Editorial Edelvives (Zaragoza, publicado hasta 1966) y atendía a la materia de

259 NDONGO, Donato: *Historia y tragedia de Guinea Ecuatorial. Nueva edición...* ; *op.cit.*, p. 611.

Geografía de España, del primer año de Bachillerato. En sus páginas 186 y 187, con una ilustración de la catedral de Santa Isabel, aparece una breve descripción de las dos provincias españolas del golfo de Guinea: provincia de Fernando Poo y provincia de Río Muni. Es un libro de geografía, donde la aparición de Guinea Ecuatorial sería más probable, pero lo llamativo está en los datos desactualizados tanto de su geografía política como humana.

Si el anacronismo entre fechas y datos dentro de ese libro de texto parece un error excusable, por estar reciente el cambio de estatus de Guinea Ecuatorial de provincial a autónomo, no resultará fácil de explicar ese mismo error en la mayoría de sus reediciones y en manuales coetáneos. Sería el caso de *Historia Universal y de España*, de la Editorial SM (Madrid, 1965); un libro para el 4º Curso de Bachillerato Elemental que comenzaba a mostrar esbozos modernizadores de los cambios vistos en la siguiente década, tanto en su maquetación y estructura como en la organización de sus contenidos. Todavía faltaban cinco años para la ley educativa que implantaría la renombrada EGB, pero los editores recogían las tendencias renovadoras pedagógicas llegadas también a la mitad de esos años sesenta. Este libro, por ejemplo, contiene en todos sus temas un apartado de actividades de repaso de lo expuesto. Pero los datos acerca de Guinea no son relevantes, se menciona únicamente a Río Muni para hablar en el tema de las exploraciones geográficas y el colonialismo de la labor hecha por el vitoriano Manuel Iradier. ¡Iradier recordado en 1965! Una de esas extrañezas bibliográficas y encima ocurre en un libro de texto. Pues considerando que, hasta el centenario de su muerte en 2011, su historia tan importante para la existencia de Guinea estuvo olvidada, resulta llamativa su mención. Quizás sea un guiño del redactor de SM a los fundadores de la editorial, los paisanos de Iradier Padres Marianistas de Vitoria.

La actualización de datos sobre la España del África central era muy pobre en los libros de texto de finales de los sesenta. Parecían ya muy lejos y delirantes esas proclamas imperialistas de los años cuarenta, donde los españoles teníamos que aprender en las aulas la idiosincrasia civilizadora de nuestra nación impelida «*Por el Imperio hacia Dios*».[260] Esas tierras ya no interesaban como una señal viva de la España madre de civilizaciones. Además, en la década de las descolonizaciones toda esa información de libertades y derechos en la sociedad de una dictadura se debía mesurar. Lo vemos en la tardía fecha del curso 1968-1969 en un libro de texto de octavo curso, *Geografía e Historia* de la Editorial Miñón S.A. (Valladolid). Según se informa tras la cubierta, en su página cero, costaba 60 pesetas y fue presentado al Ministerio de Educación el 10 de julio de 1968. Es decir, dos meses antes de la independencia de Guinea Ecuatorial. En el tema de África se hace una descripción por regiones; en el subtema acerca de África central se refieren a esa zona como de «*población escasa, de raza negra y bastante atrasada*». Un poco más adelante en el texto, estas son las dos breves líneas sobre Guinea que aparecen en su interior: «*En esta zona africana se hallan dos provincias españolas: Fernando Poo (insular) y Río Muni (continental), ambas autónomas*».

Comprobamos que, aunque breve, el dato está correcto. En el mes de julio de 1968 cuando se presenta al Ministerio de Educación el contenido del libro de la Editorial Miñón, el estatus guineano todavía era de región autónoma dividida en dos provincias. Lo que ocurre es que, si los editores eran personas medianamente informadas, sabrían que el proceso de la independencia guineana estaba muy avanzado. Supongo que valorarían mantener ese dato por no complicar su trabajo de revisión —reimpresión-—de contenidos o por no apreciar en ello perjuicio a la enseñanza de los alumnos en ese curso 1968-1969. El hecho es que pronto comenzaba en los colegios españoles el desinterés por conocer bien aquellas tierras con pasado español. Daremos un pequeño salto en el tiempo y pasaremos a comentar manuales escola-

---

260 NEGRÍN FAJARDO, Olegario: *Historia de la Educación en Guinea Ecuatorial....*; *op.cit.*; p. 128.

res del final de la década de 1970. Más que nada por carecer de ejemplares significativos, que tengan mención o referencias acerca de Guinea Ecuatorial. Parece que, una vez conseguida su independencia, Guinea desapareció de las aulas españolas durante el primer lustro de esa década, 1970-1975. Como país independiente en esos años, sus apariciones fueron más que nada en los textos de la prensa y lo serían siempre con pésimas noticias.

En enero de 1972 se cometió en Malabo, antigua Santa Isabel, un asalto contra el Museo de Antropología y la biblioteca contigua de los padres claretianos. Los ricos fondos del patrimonio histórico cultural del museo desaparecieron y la biblioteca anexa fue saqueada y se incautó el libro de texto editado en 1969 en las imprentas claretianas sobre *Geografía e Historia de Guinea Ecuatorial.* En su lugar, por orden del presidente Macías en plena ola de hispanofobia, se impuso el manual de *Formación Política Anticolonialista* como texto de enseñanza obligatoria[261]. Vemos como Macías desde 1969, apenas un año en el poder como dirigente de un país independiente y por la convicción de haber sufrido un golpe de Estado auspiciado por España, emprende una campaña antiespañola que pretende borrar toda influencia de Madrid, incluida la recibida desde la enseñanza de la geografía e historia de Guinea en los libros de texto. En el Estado español se optó por el olvido y silencio sobre la ex colonia del África negra, ante tanta animadversión, en la línea del dicho popular «no hay mayor desprecio que no hacer aprecio». Por lo que las referencias a Guinea Ecuatorial prácticamente desaparecen de los manuales escolares de la década 1970.

---

261 NDONGO, Donato: *Historia y tragedia de Guinea Ecuatorial. Nueva edición....*; *op.cit.*, p. 636.

Nuevos aires de modernidad se aprecian en este libro de Historia de 4º curso de Bachillerato de la editorial SM, publicado el curso 1965-1966. Foto propia, Fondo MANES.

Hay que esperar a ver en los libros de texto esos cambios estructurales, relacionados con la nueva Ley General de Educación de 1970, consolidados a partir del curso 1975-1976. Coincidiendo con la muerte del dictador, el inicio de la Transición democrática española y el proceso constituyente (Constitución de 1978), esas transformaciones tanto de forma como de fondo en los manuales escolares son notables. En el libro de la Editorial Everest, *Ciencias Sociales* de 8º de EGB (León, año de publicación 1977), encontramos una maquetación moderna, limpia y esquemática, con actividades y cuadros de resúmenes temáticos. En su índice existe una errata que puede ser intencionada o propia de unos cambios curriculares de contenido no atendidos en reimpresión. Los temas 15 y 16 están indicados en el índice como África (I) y África (II), respectivamente; en cambio, dentro del paginado del libro aparecen como *El Mundo Negro* (I) y *El Mundo Negro* (II), siguiendo el mismo tipo de titulación de otros temas: *El Mundo Americano* y *El Mundo árabe,* que aparecen tanto en índice como en el interior. Es decir, o estamos ante una errata o ante cierto prejuicio en usar el término «Negro» para referirse al África negra en las páginas del índice que suele ser lo más consultado o «espiado» por profesores e inspectores de educación. Incidir también que aparece Guinea Ecuatorial citada en una escueta frase dentro de las historias coloniales del África central, donde se dice que España tuvo la posesión de la Guinea española.

Hay que añadir que la Editorial Everest fue una iniciativa privada del librero leonés José A. López Martínez, que convirtió en 1961 su distribuidora de libros en una editorial. Ejemplifica esa participación creciente de las editoriales laicas en un negocio boyante como era el del libro de texto, pero muy copado por las editoriales de orígenes religiosos. Llegó a ser considerada una editora y distribuidora importante en el mercado, con delegaciones en Portugal y América Latina. A partir de 2005 y de la crisis que sufren las artes gráficas con la irrupción de la edición digital, entrará en decadencia cerrando la editorial de mala manera en el año 2015. Con todo esto, que sería tema para el proyecto de otro libro sobre la historia del mundo editorial escolar, quiero apuntar la influencia que la historia social suele tener en el trabajo de las editoriales productoras de libros de texto. En materias como la Historia se aprecia mucho más la capacidad de socialización (en ámbito colonial será aculturación) de estos manuales escolares. Las muchas y sucesivas leyes educativas en el periodo democrático iniciado en 1978, marcaron los mínimos y máximos curriculares, teniendo la editorial que ceñirse a ellos. Durante la dictadura estuvieron claros, pero con la llegada de la democracia y el desarrollo de las autonomías fue más difícil adaptar contenidos al gusto de todos. Había muchas ganas de dar nuevas interpretaciones a la Historia oficial de España.

Las generaciones que nacimos entre 1955 y 1975 seríamos las cobayas para poner en práctica Ley General de

Educación de 1970, artífice de la recordada EGB, el BUP y el COU[262]. Algunos de esos españoles nacieron en ese tramo generacional en Guinea, con alguno de ellos hemos hablado y comentaremos más adelante sus impresiones y recuerdos de toda esa historia colonial expuesta hasta aquí y de la actual Guinea Ecuatorial. Una historia que suele verse desde lo emocional, no desde lo académico. Así que no esperen sesudas reflexiones intelectuales acerca del colonialismo y la opresión de los pueblos. Aunque puede que se sorprendan y encontrar acertadas ideas en esas aportaciones, más que en las incisivas investigaciones antropológicas o sociológicas. Unas personas que recibieron la enseñanza de geografía e historia con unos libros realizados bajo unas nuevas pautas educativas. Con un currículo de contenidos y competencias donde debían aparecer valores muy distintos a los marcados en la dictadura. Veamos algunos de estos libros de texto y sepamos si la independiente República de Guinea Ecuatorial aparecía de alguna forma en ellos.

En paralelo, los alumnos de primaria y enseñanzas medias ecuatoguineanos iban a sufrir todo un retroceso. Mientras en la ex metrópoli se modernizaba y democratizaba el sistema educativo, en la antigua Guinea española se cometía una barbarie educacional al implantar un caótico modelo educativo basado en desmantelar todo signo del colonialismo español, glorificar al presidente-dictador Macías y en un panafricanismo exacerbado[263]. Todo ello se apreciaría más en materias como la Historia; pero también afectaría a la educación elemental, al considerar innecesario para el niño africano el aprendizaje de las llamadas cuatro reglas básicas (leer, escribir, sumar y restar), una imposición cultural del colonialismo según ese radicalismo panafricano. En Madrid, en cambio, los libros de geografía e historia se

262 EGB: Educación General Básica. BUP: Bachillerato Unificado Polivalente. COU: Curso de Orientación Universitaria.

263 NDONGO, Donato: *Historia y tragedia de Guinea Ecuatorial. Nueva edición ampliada... Op.cit.*

llamaban ahora —nada más y nada menos— que libros de *Ciencias Sociales*. Una muestra de que se incluían las nuevas tendencias historiográficas, más multidisciplinares y menos historicistas. En el libro de la Editorial Santillana del curso 1979-1980, llamado precisamente *Sociedad 80*, el índice de contenidos es toda una muestra de los cambios producidos en la enseñanza de la geografía e historia de España y del resto del mundo. La distribución temática cumplía con el currículo para el curso de 8° de EGB, último de esa enseñanza general que te pasaba a bachillerato, pero existían libertades en el tratamiento de la «educación cívica».

Se debía atender a un currículo de contenidos ahora muy extenso, al querer introducir temas y valores educacionales ausentes en la dictadura y acordes al periodo de transición democrática. Y según fuera la línea editorial de los editores se organizaría ese plan de estudios aprobado por los legisladores, que en el último ciclo de la EGB (7° y 8°) era muy extenso teniendo que cubrir a la geografía e historia universales y las concretas de España, más el estudio de las civilizaciones actuales y un apartado nuevo que se englobaba con el título de «educación ética y cívica». A este respecto, señalar un dato apreciado en los libros de texto analizados y publicados entre 1977 y 1980. La única editorial que hacía un desarrollo claro y concreto del nuevo contenido curricular de ética y civismo fue Santillana Educación. Era un epígrafe del libro que se dejaba al final, sabiendo que el profesor no muy partidario de esas «innovaciones progresistas» no las daría en clase por falta de tiempo. No obstante, el planteamiento y enfoque de esta editorial en todo el temario del último ciclo de EGB era bastante innovador, contemporizando con los nuevos tiempos del país. Incluso más allá de las tímidas reformas exigidas a la Ley General de Educación de 1970, tras la aprobación de la Constitución de 1978. Apartados como «El medio ambiente natural y social» o «Sexualidad y no discriminación sexual» editados en un libro con autorización ministerial en julio de 1979, tenían su mérito. Aquellos lectores que conozcan bien la historia de la industria editorial y mediática de España, estarán esperando que mencione la idiosincrasia de la editorial Santillana Ediciones Generales, que también se llamó así. Pero, insisto, eso quedaría para otro proyecto de investigación histórica. Únicamente apuntar una breve historia de esta editorial que llegó a monopolizar gran parte del mercado del libro de texto, sobre todo en los años centrales de la consolidación democrática.

Libro *Sociedad 80*, de la Editorial Santillana, editado en 1979 y publicado para el curso 1979-1980, que iniciaba una nueva década camino de las nuevas reformas educativas. Foto propia.

La Editorial Santillana sería fundada en 1960 por Jesús de Polanco y Francisco Pérez González, empresarios con orígenes en la bellísima villa de Santillana del Mar (Cantabria); de ahí el nombre de la editorial. Comenzaron con cuadernillos de aprender a leer y de escritura, ortografía y vocabulario; para introducirse en el mercado y hacer competencia a los cuadernos que reinaban en las escuelas españolas: los de la afamada Editorial Álvarez y, en menor medida, a los recordados cuadernillos *Rubio* que eran los más usados. Las *Enciclopedias Álvarez,* los *Cuadernillos Rubio* y algunos *Cuadernos Santillana,* serían textos escolares de referencia para esa enseñanza elemental de la que hablábamos. Con toda seguridad estuvieron compartiendo aulas en Guinea Ecuatorial con los textos auto editados por los claretianos para esa educación básica que alfabetizó a los niños y niñas, negros y blancos, hasta por lo menos el año 1969. Polanco y Pérez González consiguieron un buen nicho de negocio con esos cuadernillos, gracias a sus contactos en el Ministerio de Educación de esos años sesenta, llamados del «desarrollismo» económico franquista. Eso les permitió una década después aumentar la editorial Santillana con la edición de libros de texto por materias y formar parte del que sería con el tiempo uno de los mayores grupos mediáticos de Europa, el Grupo Prisa S.A., que se creó como editor-fundador del diario *El PAIS.* Las versiones críticas sobre la historia de esta editorial hablan de conseguir el éxito y el monopolio en el mercado de ediciones de texto por mantener Jesús de Polanco durante la democracia influyentes contactos en el poder, esta vez en manos de los gobiernos del Partido Socialista Obrero Español (PSOE) presididos por Felipe González.

Pero volvamos al objetivo de este capítulo. En ese libro de Historia tan innovador (aportaba fuentes sociológicas, políticas y cívicas) de Santillana Ediciones Generales, tampoco aparecía gran información sobre Guinea Ecuatorial. El texto tiene aprobación por orden ministerial del Ministerio de Educación y Ciencia del día 11 de julio de 1979, a menos de un mes del golpe de Estado que derrocó el 3 de agosto al dictador guineano Macías y que llamó «Golpe de la Libertad» un año después para celebrarlo el nuevo hombre fuerte de la antigua Guinea española, el teniente coronel Obiang Nguema. En el índice del libro aparecen temas que un lustro antes eran impensables, como los relativos a educación política, democracia parlamentaria y multipartidista o la defensa de los derechos humanos. Temas expuestos para enseñar nuevos valores a esos alumnos que vivirán en una sociedad democrática. Algo que podría haber ocurrido en un país del África central que fue región autónoma española, porque se supone comenzaban en ese curso 1979-1980 su transición a la democracia. Como sabemos, no fue así. No lo puedo confirmar con seguridad, aunque diría en un 90% de probabilidad (contrastando recuerdos y datos) que esos libros de la serie *Sociedad 80* de Santillana, del año 1979, eran los que tuvimos mis compañeros y un servidor durante los cursos de 7º y 8º EGB. Libros que no me sirvieron mucho para hacer un trabajo escolar de cinco folios sobre la historia de Guinea Ecuatorial. Como mucho para situarla en el mapa y para saber en el tema del colonialismo durante el siglo XIX, que España fue marginada a poder colonizar dos pequeños territorios: Sáhara Occidental y Guinea Ecuatorial. Ese era el único dato, y no muy correcto, acerca de la antigua Guinea española en los libros de texto de la nueva década que comenzaba, la de España *Sociedad 80.*

La independencia guineana en el día de la hispanidad, el 12 de octubre de 1968: impresiones de lo que queda «hispano» en Guinea Ecuatorial

Decimos que algunas cosas se hacen con mala intención. Pues declarar la independencia de Guinea Ecuatorial un 12 de octubre, *Día de la Hispanidad*, tuvo algo de eso. En realidad, para los jerarcas franquistas que acabaron pilotando ese proceso emancipador, la elección de esa fecha tendría una intención interesada, aunque también bienintencionada para las futuras relaciones bilaterales. Se trataba de dejar libre a la «hija» del África negra, pero manteniéndola ligada a la gran familia de los países hispanos. Qué mejor manera de hacerlo que coincidiendo su cumpleaños como república independiente con el día efeméride cultural de todas las naciones hispanas. Sutil manera del franquismo de seguir influenciando políticamente en ese país independiente y de advertir su intención de mantener el control en segundo plano de su economía. Es una apreciación expuesta por la mayoría de los historiadores y que en general comparto, «pillando» así la mala intención que había detrás del *Día de la Independencia* ecuatoguineana. Ahora bien, una vez reconocida esa estrategia de Carrero Blanco en 1968, podemos relativizar el dato y, analizando lo ocurrido desde ese 12 de octubre, apuntar que no fue para tanto esa aviesa intención. Que, con cualquier otra fecha, el régimen franquista hubiese tenido las mismas malas intenciones. Por eso, también se puede aprovechar sin malicia esta coincidencia de fechas para abordar conjuntamente los temas que celebran por separado: la hispanidad, en la Guinea Ecuatorial independiente.

Teniendo en cuenta los tiempos que corren de auge nacionalista dentro de otro periodo intenso de populismo, hablar de hispanidad o hispanismo en Guinea Ecuatorial pueden llevar a malas interpretaciones. Espero, por favor, no tomen este punto del capítulo como parte de esa corriente de nacionalismo español exaltado que ha tenido que «sacar las uñas» últimamente. Ha surgido al sentir tener que defenderse con la misma vehemencia empleada en lo que considera ataques existenciales de otros nacionalismos de la historia española, sobre todo del nacionalismo catalán. En mi caso, este libro va a tratar de analizar la hispanidad que todavía persiste en Guinea Ecuatorial y si aquello que parece hispano, lo es realmente. Pero no lo hago para resarcir o satisfacer a mi supuesto «existencial nacionalismo español» o a su derivada españolidad, lo voy a hacer para intentar explicar esa impresión recogida en muchos ecuatoguineanos, expuesta en redes y foros sociales, cuando se quejan, curiosamente, de no ser considerados unos hispanos más. Es un lamento muy repetido, incluso entre los jóvenes que no quieren saber nada de la historia colonial o de su pasado como país que perteneció a España. Así que *Internet* y sus redes serán las principales fuentes de datos para abordar este apartado; algo poco habitual a la hora de abordar viejas ideas, como es la Hispanidad. Las redes sociales suponen una ventana al mundo, pero también un inmenso cruce de caminos donde perderse sin llegar a ninguna parte. Espero que no sea así y podamos coincidir en el camino tomado.

En la red social de vídeos compartidos *YouTube*, cientos de latinoamericanos saludan a los ecuatoguineanos que comparten sus *videoblogs* como hermanos. Muchos se asombran al ver que existe un país del África negra que habla en español y se emocionan cuando comprueban el carácter latino, según estos *internautas* de cultura hispana, que muestran los ecuatoguineanos. Resulta estimulante ver como personas de tantas partes del mundo, que hablan mi misma lengua, se dicen para variar cosas agradables en las redes sociales, que son un campo minado de insultos y agrias disputas. Disputas o agrios debates como los que siempre ha tenido el concepto de hispanidad o como se decía en el siglo XIX, del Hispanismo. La hispanidad que he buscado en Guinea nada tiene que ver con la ideología imperialista utilizada tan anacrónica e interesadamente por el franquismo. Tampoco tiene que ver con el llamado *Hispanotropicalismo*[264], utilizado por el gobierno de Madrid cuando convirtió a Guinea en dos provincias españolas y luego en una autonomía regional. Fue la ideología para convencer a la ONU de que no era necesaria la autodeterminación, pues Guinea Ecuatorial estaba plenamente fusionada con España. Esta filosofía existencial ha llegado a resucitar en algunos foros iberistas como una explicación de la idiosincrasia del colonialismo hispano. Más humanista, nada racista y difusor del mestizaje, en la línea del *Lusotropicalismo*; la visión tradicional de un imperio portugués paternalista, humano y supuestamente no racista. Se dice que son teorías para diferenciar a los imperialismos ibéricos de los otros imperios, británico y francés, considerados «interesados materialistas». En defensa de estos iberistas, he de decir que ellos hacen una reflexión intelectual, una visión filosófica con la que se puede conectar o no. Enfrentarla a una actitud política e ideológica, como hacen los críticos

264 NERÍN, Gustau: *Guinea Ecuatorial, historia en blanco y negro*. Peninsula, Barcelona 1998.

contra su teoría cultural, no resulta acertada para valorar esa supuesta variante de hispanidad.

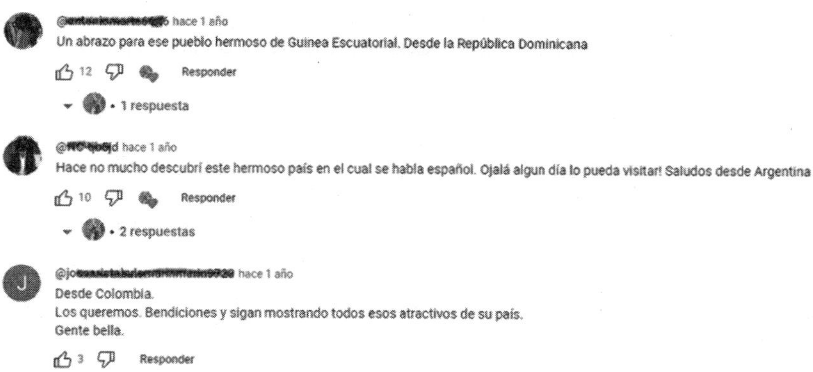

Captura de pantalla donde se aprecian amables comentarios de latinoamericanos a los vídeos de jóvenes ecuatoguineanos en la plataforma *YouTube*.

Para concretar, simplemente voy a exponer lo que veo aún de hispano en la Guinea Ecuatorial actual. Apreciaciones que he encontrado similares, algo que me alivia, en muchos aspectos entre autores ecuatoguineanos y españoles. Bueno, también advertir que llegar a una de las conclusiones más extendidas era lo fácil; me refiero a que se suele decir, a la vista está de la actualidad guineana, que el legado hispano dejado fue la endémica corrupción en el país a todos los niveles. Estoy de acuerdo con esa apreciación, aunque ha sido demasiado magnificada sin dejar espacio para otras opiniones y criterios sobre ese legado español en Guinea. Sería eso de los árboles no dejan ver el bosque. Autores de la cuestión tienen una apreciación crítica hasta del aporte cultural en sí. Es decir, la Hispanidad en Guinea también fue un fracaso. Lo que resulta asimismo una contradicción; porque si se valora como principales rasgos distintivos de lo español la excesiva corrupción y la hipocresía racial, y luego tenemos una Guinea Ecuatorial independiente corrupta y racista (existe el racismo entre las etnias que componen el país), lo que tendríamos no es un legado hispano fracasado, sería, en todo caso, una herencia negativa. Así que voy a hacer un tratamiento de la hispanidad como legado sociocultural en Guinea Ecuatorial y no como una ideología política colonial patente desde el franquismo.

Indiqué en la introducción que esta historia de Guinea Ecuatorial parte de un recuerdo escolar. Y poniéndolo en contexto es una memoria de una persona nacida durante la dictadura franquista, pasando sus primeros años escolares como alumno en el llamado tardofranquismo y luego en la naciente democracia. Nacido en Madrid, capital de España, blanco y de origen castellano manchego. Prototipo del español de una generación intermedia, que ni pudo ser antifranquista activa ni protagonista adulta del iniciado proceso democrático. Cuando sucede esa anécdota personal, Guinea comenzaba una supuesta transición democrática (curso de 1979-1980) y España apenas llevaba un lustro camino de la suya. Tiempo, por tanto, crucial para ambos países. Advertí que no entraría al detalle en la historia ecuatoguineana a partir de su independencia, porque era un libro acerca del periodo colonial donde el «apellido español» para Guinea debería aparecer en los libros de texto. Y al observar tempranas ausencias y desmemorias, quería recalcar que considero la realidad histórica de Guinea Ecuatorial como uno de esos pasados españoles llevados adrede al olvido y el desconocimiento desde las mismas aulas. Precisamente llevar a la ignorancia a las generaciones que mejor debieron conocer esa historia. Si no hubiera sido por esa casualidad de tener un profesor de Historia de España ex colono, el interés por Guinea sería tan inexistente como en el resto de los españoles. Un desinterés e ignorancia que molestan mucho a los ecuatoguineanos. A todos, jóvenes y menos jóvenes, exiliados o residentes en la actual Guinea Ecuatorial. No entienden cómo puede haber españoles que ni siquiera sepan por qué allí se habla español.

Esa queja será una de las piezas del rastreo de hispanidad en Guinea Ecuatorial. Una búsqueda de lo que lleve aún el apellido «*española*» en la Guinea Ecuatorial actual, la oficialista y la exiliada. Para ello he empleado los contenidos digitales que han subido jóvenes y no tan jóvenes ecuatoguineanos en las plataformas de vídeos *YouTube* y *TikTok*. Los vídeos apenas tienen un año, son la mayoría editados entre 2022 y 2023, y contrastan con otros documentos audiovisuales grabados en la década anterior, entre 2010 y 2019. En ese periodo predominan vídeos elaborados por jóvenes de Guinea Ecuatorial, pero se observa una significativa diferencia. La mayoría son de profesionales que han realizado sus estudios en España, incluso sus carreras, como es el caso de la periodista Lucía Asué Mbomio y la arquitecta Laida Memba, autoras de unos documentales describiendo el paisaje natural y urbano guineano, dentro del proyecto que se tituló *Guinea Patrimonio 2020*.[265] Documentos audiovisuales producidos profesionalmente y emitidos tanto en la televisión ecuatoguineana como en la española (RTVE). De hecho, Lucía Asué tiene la nacionalidad española y es la actual presentadora de un programa divulgativo de ciencia en La 2 de TVE.

En su origen la idea de patrimonio[266] brotó de un concepto económico, derivado de propiedad, pues lo patrimonial eran los bienes o deudas que heredábamos de nuestros antepasados. Una pauta en el terreno cultural que no ha perdido esa esencia, ya que heredamos también bienes culturales, aunque ahora sabemos —somos conscientes—, por los estudios de los especialistas en patrimonio cultural, que además pueden ser materiales e inmateriales. Así, una cuestión importante estará en lo que se elige —se decide heredar— como patrimonio histórico-cultural, como herencia del pasado. Es decir, es una actitud social, de colectivo. Se eligen ciertos bienes culturales transmitidos de nuestros antepasados porque creemos que serán los que mejor nos represen-

265 Visto en Internet (*YouTube*): https://www.youtube.com/@PatrimonioGuinea

266 HERNÁNDEZ I MARTÍ, G. M.: *La memoria construida. Patrimonio cultural y modernidad*. Editorial Tirant lo Blanch; Valencia 2005.

tan y mejor nos sirven como comunidad. Es, por tanto, vital la faceta sociológica en la tarea de elegir herencias y legados comunes. Y parece que los ecuatoguineanos han decido heredar el idioma español como rasgo de identidad.

No voy a entrar en las cuestiones evidentes de ser una imposición cultural de la potencia colonizadora. Porque no es objetivo del libro esa observación y porque, sorprendentemente, una dictadura como la de Obiang tiene una ambiciosa política de diversidad lingüística que ya la quisieran algunas potencias democráticas mundiales. En teoría se respetan las lenguas africanas, que siguen vivas en amplios ambientes domésticos, aunque sufran un retroceso porque las mismas familias ecuatoguineanas prefieren el uso del castellano en la educación de sus hijos. Se promueven el conocimiento y práctica de otras lenguas europeas decretadas como cooficiales (inglés, francés y portugués). Es decir, no es una mera cuestión de imposición cultural, el ecuatoguineano ha elegido usar el español como su principal idioma y hasta cierto punto como su mejor carácter. En realidad, cuando dicen carácter se refieren a la educación recibida en español: «*Muchos guineanos se muestran muy orgullosos de mantener "la costumbre" de los españoles (lo que, habitualmente, va asociado a una crítica a la supuesta "salvajería" de los africanos francófonos).*»[267]

Si el caso hubiese ocurrido una vez se quedaría en anécdota, pero ha ocurrido en multitud de ocasiones escuchar o leer una opinión en ecuatoguineanos residentes en Malabo —antigua Santa Isabel— que dicen excusar a las personas mayores que hablan mal el español. Comentan estos jóvenes en sus redes sociales que esa gente habla español tan mal o apenas lo hablan, porque vivieron la época de Macías. Se avergüenzan por ellos y los intentan comprender, pues

267 NERÍN, Gustau: «Fronteras múltiples, exclusiones múltiples: los contradictorios usos de la identidad por parte del partido democrático de Guinea Ecuatorial (2004-2010)»; en Congreso Ibérico de Estudios Africanos CIEA7 Nº 41; Lisboa 2010.

el hablar bien español está asociado al haber recibido educación y pertenecer a una clase social acomodada. Intuyen, o saben, se trata de compatriotas educados con ese presidente Macías, que intentó la «verdadera descolonización» borrando todo el pasado de los blancos y que, por ejemplo, se prohibió dar clases según el modelo educativo de los españoles. En cambio, parecen desconocer que en realidad el dictador Macías tenía un absoluto desprecio por toda la cultura y la educación. No existió una propuesta sólida educacional, una alternativa «africana auténtica» al modelo europeo. Existiría en el régimen de Macías, una fobia enfermiza hacia los intelectuales y a todo lo que suponía un desarrollo personal educativo.

Haber desarrollado en Guinea Ecuatorial los estudios medios y superiores dejados por la colonia, no muy avanzados pero existentes, una vez conseguida la independencia en 1968, habría posibilitado el ver surgir entre los padres y abuelos de estos jóvenes *influencers* digitales a posibles historiadores, antropólogos, etnólogos, filólogos... algo que finalmente ocurrió, pero entre los guineanos que estaban estudiando en la ex metrópoli. La mayoría de esos jóvenes usuarios de las redes sociales son menores de treinta y cinco años, muestran en su forma de expresarse el haber tenido una educación reglada y básica gracias a la paulatina recuperación de la estructura educativa que hizo el actual presidente, Teodoro Obiang, que derrocó a Macías en 1979. No obstante, demuestran también seguir sufriendo el déficit cultural «humanístico» que propició el nefasto régimen de Macías y la inacción durante décadas de su sobrino, Obiang, que en verdad dejó la cultura —y gran parte del sistema educativo— en manos de la ayuda institucional de la ex metrópoli. La hasta hace poco omnipresente en Guinea Ecuatorial, Agencia Española de Cooperación Internacional para el Desarrollo (AECID), que depende del Ministerio de Asuntos Exteriores, y los Centros Culturales que dependen del Ministerio de Cultura de España. Hoy día, lo realizado en cultura por el gobierno de Malabo aparenta grandes iniciativas aprovechando los mayores presupuestos por los petrodólares, como el haber fundado recientemente una Biblioteca Nacional[268]. Sin embargo, las acciones efectivas siguen dependiendo del apoyo y asesoramiento de la colaboración del Ministerio de Cultura y de la Cooperación Internacional de España. Colaboraciones que se plantean desde el plano de igualdad de las relaciones bilaterales entre ministerios de los dos países. Al menos así se apunta en las noticias de la prensa oficial ecuatoguineana. Por eso irrita al sentido común la hipocresía de las críticas a la cooperación española en el único país del África negra con reciente pasado colonial español, que la consideran de manera gratuita propia de un nuevo paternalismo neocolonial.

En cambio, ese retórico debate acerca del supuesto paternalismo cultural hispano no se da, por ejemplo, en la cooperación española con Centroamérica, donde es vital para el desarrollo de muchas jóvenes comunidades y no se percibe tan presente la vieja cuestión colonial (sometimiento, aculturación). Hablando claro, el interés por el patrimonio histórico-cultural de Guinea Ecuatorial, donde es inevitable incluir al pasado español, reside mucho más en el exilio. Opositores a la dictadura de Obiang son muchos de ellos, doctores y profesores en las universidades españolas; abundando, curiosamente, en las ramas de humanidades. Justo Bolekia Boleká (Santiago de Baney, isla Bioko; 1954) es catedrático de filología en la Universidad de Salamanca y académico de Guinea Ecuatorial en la Real Academia de la Lengua. Donato Ndongo-Bidyogo (Alén Efack, Niefang;

268 Inaugurada en Malabo a finales de 2009, la primera directora fue una joven abogada educada en España y escritora de éxito, Guillermina-Mekuy Mba Obono. La prensa oficialista del gobierno de Obiang la llama «una de las más importantes figuras del panorama literario actual de las letras hispano-africanas». Los medios digitales de la oposición, en cambio, la presentan como una de las principales investigadas por corrupción, relacionada con los turbios negocios del productor español, José Luis Moreno. Consulta en Internet: https://www.guineaecuatorialpress.com/noticias/se_inaugura_en_malabo_la_primera_biblioteca_nacional_de_guinea_ecuatorial

1950) es periodista, historiador y escritor, siendo propuesto en los últimos años como candidato al Premio de las Letras de la Fundación Princesa de Asturias. En el contexto académico y en el minoritario grupo de españoles que, por el motivo que sea, estamos interesados en Guinea Ecuatorial y medianamente informados sobre ella, estas dos personalidades son de sobra conocidas. Aparecen con sendas biografías en la *Wikipedia*, algo relevante en este mundo digital que vivimos. Ahora bien, los jóvenes de la Guinea actual que los conozcan por sus méritos culturales serán una rareza. No digamos los ecuatoguineanos de la generación de Bolekia Boleká y Ndongo-Bidyogo, los nacidos en la década de 1950, que fueron víctimas de la supresión del sistema educativo de su país; desde luego, tendrán un lógico mayor desconocimiento y desinterés por los asuntos culturales. Ellos, Bolekia y Ndongo, se salvaron de esa deficiencia educativa por ser de los jóvenes guineanos becados para hacer el bachillerato en la España peninsular durante el periodo autonómico y no regresar en esos años del llamado «régimen del terror» de Macías. Y a pesar de estar educados en la ex metrópoli, sus trabajos —sus obras— , son puramente Guinea Ecuatorial. Patrimonio histórico-cultural ecuatoguineano en el exilio.

Estoy exponiendo estos datos y dando mis argumentos con el análisis hecho a un contexto social concreto. Es la sociedad ecuatoguineana urbana, Malabo y Bata en la actualidad, y la comunidad guineana exiliada en España, que ya suponen varias generaciones de personas. Son, en realidad, contextos diferentes pero que provienen de un origen común. Esas elites socioeconómicas ya mencionadas y creadas en la Guinea colonial a partir de los años cincuenta, con el aumento de emancipados y el incremento de los niveles educativos en la población africana. Del resto de contextos socioeconómicos, el acceso a datos o el poder recoger meras impresiones está muy dificultado por el hermetismo del régimen de Obiang. En el ámbito de la «Guinea profunda», rural, y en el de las islas pequeñas (Elobeyes y Corisco), no se ha experimentado ese cierto aperturismo socioeconómico vivido en las dos capitales (Malabo y Bata), gracias a la entrada de más extranjeros por los nuevos negocios petroleros que han sustituido a las antiguas riquezas de la madera y el cacao. El caso de la isla de Annobon también es particular por su aislamiento, que la permite ciertas libertades más vigiladas por la dictadura en el resto de Guinea Ecuatorial. Quiero decir que lo observado y apreciado en las redes sociales tiene un contexto actualizado sobre la imagen de la antigua Guinea española, pero muy limitado al perfil de un joven urbanita. Perfil donde no suele abundar el interés por el pasado —histórico cultural— de tu país. Si no vives en Corea del Norte, es una pauta sociológica observada en cualquier lugar del mundo.

Rastrear «lo hispano» en la actualidad de Guinea Ecuatorial, en su día a día, entre los vídeos en redes sociales de esos jóvenes ecuatoguineanos podría parecer muy limitado. Un intento poco riguroso y académico para un ensayo histórico. No lo veo así, empezando porque es un adecuado método de conocer cómo se están utilizando en la sociedad guineana todas las posibles identidades elegidas para configurar la identidad que deben considerar esencial: «la *guineidad*». El *youtuber* con más seguidores[269] de Guinea Ecuatorial hace entrevistas a pie de calle en Malabo. Suele buscar a jóvenes para sus entrevistas, denotando el respeto que se tiene a las personas de más edad como se dice en uno de los vídeos. Hace preguntas partiendo de un tema general o directamente propone una cuestión para debatir, como: *¿Tendrías un novio extranjero?*, *¿Tribalismo en Guinea Ecuatorial?*, *¿Sentimos resentimiento hacia los españoles?*; temas con planteamientos contundentes del tipo ser negro en España, el español africano de los ecuatoguineanos o España no es como piensas,

269 Santi Eyama, tiene un canal de *YouTube* con 40.000 suscriptores (octubre 2023). Su propósito, según sus propias palabras, es «a través de entrevistas, anécdotas y pequeños cortos, quiero hacerte saber sobre Guinea Ecuatorial, el único país africano con el español como idioma oficial».

Guinea Ecuatorial tampoco. Haciendo un balance sobre la aparición de España como tema, diríamos que está entre los tres primeros más recurrentes en su canal. Pensemos que la motivación de este era aprovechar esa singularidad de ser Guinea Ecuatorial el único país hispanohablante del África negra. Algo reconocido por este joven creador de contenidos digitales durante una entrevista en la televisión guineana[270]. Su proyecto audiovisual resulta también un trabajo sociológico, que, aunque no explota mucho esa faceta creo sí es consciente de ella. Faceta sociológica que, en mi opinión, es la más interesante. Porque tiene vídeos con pretensiones didácticas y divulgativas menos interesantes. No quiero ponerme en plan profesor de Historia calificando mal su trabajo, pero hay que advertir muchos errores y falta de rigor en sus contenidos. Bueno, la intención es buena y tampoco esos fallos crearán una desinformación de graves consecuencias.

Sin duda, los contenidos digitales de este joven ecuatoguineano lo primero que demuestran es su gran capacidad comunicativa, sus dotes para la comunicación. En un vídeo con el explícito título de *Curiosidades Históricas de Guinea Ecuatorial Relacionadas con España* (sic), recibe la ayuda de otro *youtuber* que se identifica como profesor y divulgador de Historia. Es de una generación algo mayor y su aportación está mejor documentada, aunque parece no haberse coordinado con el joven dueño del canal al no corregir sus errores. En realidad, el vídeo se presenta como una colaboración, editando su parte dentro de un contenido del profesor. En medio del visionado, interrumpe a su «colaborador» apareciendo para dar una advertencia. Este vídeo no lo ha realizado para «molestar», no quiere polémicas como eso de la *Leyenda Negra* que era algo desconocido para él, lo descubrió en comentarios que le hicieron en otros vídeos acerca de España y Guinea:

270 Visto en Internet (*YouTube*): https://www.youtube.com/watch?v=jovuQNKMYGU

«La historia es la historia, yo no sé cómo la enseñan allí en España, pero aquí la mayor parte de los abuelos tienen en mente que los españoles utilizaron la esclavitud y el trabajo forzoso como método para que los nativos cultivasen algún tipo de producto agrícola, sobre todo el cacao, tal vez te digan que no todos –los españoles-, pero sí que la mayoría... esta curiosidad no la he puesto aquí para que luego venga alguien y me diga: no los españoles, que la Leyenda Negra, es que no sé qué, no, no tiene nada que ver; de hecho la Leyenda Negra la descubrí aquí en los comentarios, no había oído hablar de ella, no sabía siquiera que había una Leyenda Negra, ¡uo!, pero tengo que deciros que me ofende un poco que alguien venga y nos diga, no, que vivíamos como reyes durante la época colonial porque la verdad es que no así (sic), la cosa no fue así...(sic)»[271]

Al final del vídeo asegura también que no quiere discusiones y no tener resentimiento contra los españoles. No quiere polémicas y critica a las personas obtusas, a las que no admiten otras opiniones o visiones sobre un tema, nada más que la suya. Su canal es un lugar de paz, donde todos aprendemos de todos. Las buenas dotes comunicativas vuelven a aflorar, «la historia está ahí para enseñarnos que no debemos cometer los errores del pasado, no está ahí para juzgar, así al menos yo lo entiendo...» Desde luego es muy difícil sustraerse al saber hacer y al don de la comunicación de este joven ecuatoguineano, buen creador de contenidos digitales. Se aprecia en él un mayor nivel cultural que en la media de sus entrevistados, aunque creemos que tapa sus carencias precisamente con esa capacidad seductora ante la cámara. No obstante, está muy acertado en una apreciación hecha en este vídeo. Justo cuando se cuestiona «*la historia es la historia, yo no sé cómo la enseñan allí en España*». Pues es nuestro

271 Visto en Internet, plataforma de vídeos *YouTube*: https://www.youtube.com/watch?v=OY0TCqNT-B4

deber, porque si sigue leyendo el libro es que tiene mi misma inquietud, decirle a este joven de Guinea Ecuatorial que la Historia de España se enseña mal en los colegios españoles. Y sobre su país el desconocimiento es grande; ignorancia absoluta en algunos casos.

Otro vídeo, esta vez publicado en *YouTube* hace más tiempo (2021), de una joven ecuatoguineana afincada en España que hace una encuesta a pie de calle nos serviría de muestra. Quizás el lugar podría parecer menos representativo y el número de personas preguntadas escaso. Realizada en verano en las calles de San Sebastián (País Vasco), la reportera lanza la pregunta, «*¿Qué saben los españoles de Guinea Ecuatorial?*»[272], y luego enseña fotografías de ecuatoguineanos con reconocido éxito profesional, periodistas, músicos y deportistas. Casi nadie los reconoce, pero es que la mayoría no sabe responder ni dónde está Guinea Ecuatorial. La media de edad de los entrevistados no supera los treinta años, aunque es seguro que si fuesen personas más mayores tampoco aumentarían los conocedores de la historia hispanoguineana. Existe en todo el vídeo un propósito de denuncia encubierta. Esa queja del ecuatoguineano que resulta tan hiriente para ellos, ¿cómo puede ser que los españoles no sepan lo que hicieron en esas tierras del África central que ahora son mi país, Guinea Ecuatorial? Tengo vuestro idioma, vuestras costumbres en muchas cosas del día a día y hasta vuestro Dios. No entiendo cómo no me puedes conocer. Los latinos me preguntan con más interés por mi país que tú, me llaman hermano hispano. Algo que me agrada, al menos alguien se interesa por mí. Pero no me enfado contigo, prefiero avergonzarte, sacarte los colores por tu ignorancia. Así, quizás, reacciones y te molestes en saber quién fui y quién soy ahora.

272 Visto en Internet, plataforma de vídeos de *YouTube*: https://www.youtube.com/watch?v=cG4nTQ5YDlk

Existen muchos tipos de patrimonios, el histórico es uno de ellos y ha tenido una definición —en apariencia— más consensuada y generalizadora:

> «Conjunto de inmuebles y objetos muebles de interés artístico, histórico, paleontológico, arqueológico, etnográfico, científico o técnico, así como el patrimonio documental y bibliográfico, los yacimientos y zonas arqueológicas, los sitios naturales y los jardines y parques, que tengan valor artístico, histórico o antropológico»[273].

Comenzaba la última década del siglo XIX y las potencias dominadoras de la geopolítica en el Mediterráneo tendrían otro motivo de conflicto: el rico patrimonio cultural repartido alrededor de esa cuna de civilizaciones. El *boom* de la arqueología, disciplina iniciada a mediados del siglo XVIII y consolidada durante todo el XIX, tuvo a promotores tan señalados como Napoleón Bonaparte. El conquistador de Egipto para la República francesa, con el hallazgo de la *Piedra Roseta* durante su campaña de 1798 que, además de alumbrar a la egiptología descifrando murales que hablaban de faraones y sus imperios, serviría como preludio de un Nuevo Imperio; esta vez el napoleónico. Así, lo mejor del Antiguo Egipto, de la Grecia Clásica o del Oriente Medio de los hititas estaba en los museos de París. Luego, vencido Napoleón, irían llegando esos patrimonios históricos a Londres y pronto a Berlín. La centuria del XIX avanzaba rauda entre revoluciones burguesas y nacionalistas. Una Alemania recién unificada quería tutear a las potencias europeas que hasta ahora habían dibujado los mapas. En cambio, perdida su condición de gran potencia, España debía

273 Ley de Patrimonio Histórico Español (Ley 16/1985 de 25 de junio; art. 1.2.); consulta: https://boe.es/buscar/act.php?id=BOE-A-1985-12534#aprimero

conformarse con ser una mera espectadora y esperar alguna ocasión propicia para sumarse al «otro reparto» deseado en Europa, esta vez sobre el patrimonio cultural arqueológico. Igual que ocurrió en el Congreso de Berlín de 1885 con el reparto territorial de África, Madrid apenas llegó a las migajas en esa distribución de piezas arqueológicas repartidas a mayor prestigio de los nuevos museos nacionales europeos.

Un anodino cónsul español en Egipto se lamentaba de forma amarga, armando una protesta exagerada en los corrillos diplomáticos, al haber sido España considerada una potencia segundona en la donación de unas valiosas piezas del viejo Egipto. Su queja era al gobierno egipcio, al considerar se había realizado el reparto de colecciones por cuestión de influencia política más que ciñéndose a los pasados trabajos de su antecesor en el cargo Eduard Toda i Güell, considerado por muchos el padre de la egiptología española. En enero del año 1891, se produjo el hallazgo arqueológico más importante del final de siglo en las excavaciones abiertas por los egiptólogos de las principales potencias. Una tumba colectiva con los sarcófagos y ajuares funerarios de unos Sumos Sacerdotes de Amón. Esa gran sepultura había permanecido oculta dentro del complejo excavado de los recintos palaciegos y templos de la reina Hatshepsut en *Deir-el-Bahari*, relacionado con el templo de Amón, de la Dinastía XXI (1070-945 a. de C.), y que el cónsul español Eduard Toda i Güell había ayudado a prospectar entre 1884 y 1886. Al final, Francia e Inglaterra se llevarían los mejores lotes cuando El Cairo decidió donar en 1894 gran parte del hallazgo como baza para ganar autonomía en su gobierno y prestigio diplomático ante los europeos. Casi por vergüenza y no hacer un feo a la labor del recordado cónsul español Toda i Güell, las autoridades egipcias guardaron una pequeña parte a España. El gobierno de Madrid recibiría el lote de piezas con el número 13, que ingresó al año siguiente (1895) en el Museo Arqueológico Nacional (MAN)[274].

Fotograma de *Españoles por el mundo* (Guinea Ecuatorial), programa de RTVE que muestra una tienda de artesanía con unas esculturas semejantes a un *byeré.*

A lo largo del siglo XIX, sobre todo franceses y británicos practicaron el expolio tanto arqueológico como histórico-artístico; incluido el que se hacían entre ellos al ganar una batalla. También se apoderaban de las mejores ruinas cuando el campo de batalla era en un país menor, convertido en región de un imperio como pasó con Egipto y Grecia. Un ejemplo doloroso para España fue el expolio sangrante de las tropas napoleónicas durante la Guerra de Independencia (1808-1814). Patrimonio español acabó en mansiones de generales franceses o, directamente, muchos fondos artísticos españoles fueron entregados al *Louvre.* Era un poco como volver a la Antigüedad, cuando los ejércitos vencedores de una ciudad griega llevaban los tesoros arre-

274 MARTINEZ ZUBIA, C.: «Caja Para Ushebtis del M.A.N.», en *Trabajos de Prehistoria*, vol. 31. Madrid 1974, Pp. 371-380.

batados al enemigo como ofrendas a sus templos. Esa intención de acopio del patrimonio cultural de prestigio (civilizaciones antiguas) era también un acto de reafirmar el poder y, sin duda, de ejercer superioridad frente al vencido. España en el caso de Guinea no pensó en practicar ese tipo de expolio. Porque cuando conquistó (término inexacto para definir esos hechos) Fernando Poo y el Río Muni no pensaba, ni por asomo, estar dominando y sometiendo a una gran civilización. Se colonizaba en África, precisamente, para civilizar a unas culturas consideradas inferiores. Aun así, se produjo una serie de robos o adquisiciones de lo que luego fue considerado arte o piezas artísticas. El denominado «arte primitivo» africano o «arte negro» que inspiró a varias corrientes vanguardistas de inicios del siglo XX. Se trata de los *byeré* o *eyima-byeré*; las estatuas fang relacionadas con el culto a los antepasados[275].

Justo al mismo tiempo que los europeos se repartían y colonizaban África, surgían nuevos tipos de museos. Ya no era únicamente el arte pictórico el que creaba grandes salones con el patrimonio histórico-cultural en las ciudades europeas, ahora teníamos museos como garantes de superioridad nacional frente a otras naciones. Donde el pasado debía ser huella de la grandeza y prestigio que poseía ese país. Para eso había que preservar los monumentos que nos hablaban de ese glorioso pasado y las piezas de patrimonio mueble de ese devenir histórico. También el patrimonio de culturas insignes que el auge de la arqueología y otras disciplinas especializadas nacientes, como la antropología, etnografía y prehistoria, ofrecían a los europeos curiosos. En España una Real Orden de 13 de junio de 1844 creaba las Comisiones de Monumentos Históricos y Artísticos, «*ante la necesidad urgente*

275 AZCÁRRAGA, Asier: «Qué es un Eyima-Byeré 'auténtico' en el mercado de arte actual?»; en ARANZADI, Juan y ÁLVAREZ, Gonzalo (Coords.): *Guinea Ecuatorial (des)conocida. (Lo que sabemos, ignoramos, inventamos y deformamos acerca de su pasado y presente) Volumen II.* UNED Editorial. Madrid 2020; Pp. 501- 524.

de adoptar providencias eficaces que contengan la devastación y la pérdida de tan preciosos objetos, procurando sacar de ellos todo el partido posible en beneficio de las artes y de la historia»[276].

Captura de pantalla en una red social del vídeo de un joven ecuatoguineano, dando cuenta del hallazgo en una obra en los alrededores de Riaba (Concepción) de unos cañones del siglo XVIII.

En el caso del posible patrimonio material de España en sus territorios africanos, al principio no se consideraron «objetos preciosos ». Más en el caso guineano, donde la recogida de estas piezas de patrimonio cultural —principalmente los *byer*ís—se hizo desde una perspectiva primero de la curiosidad del explorador (Manuel Iradier, Armando Osorio, José Valero) y luego del «inquisidor», cuando los misioneros tomaban estas esculturas para demostrar que eran objeto de culto pagano a erradicar. Este último dato hay que matizarlo, también los religiosos hicieron acopio de estos materiales con fines de investigación antropológica y

276 BOLAÑOS, María: *Historia de los museos en España*; Ediciones Trea, Gijón 2008; Pp. ,p. 235.

etnográfica, como es el caso del citado Amador Martín. De hecho, sus colecciones guardadas y algunas expuestas en Santa Isabel fueron durante décadas el único museo etnográfico con cierta importancia de toda África central.

La mayoría de estas estatuillas o esculturas de madera, así como otro patrimonio mueble de las culturas guineanas, acabarían en museos españoles[277]. Aunque también en manos privadas de colonos o viajeros de paso, convirtiéndose con el tiempo en objetos artesanos turísticos y perdiendo su condición de imágenes de culto religioso. Existió, como ya comentamos, un museo etnográfico en Santa Isabel de los misioneros claretianos, pero sus fondos fueron dispersados y muchos perdidos en el asalto de las «Juventudes de Macías» a su sede en 1972. Queda algo en la actualidad de esas colecciones en el edificio del Santuario Claret en Malabo. También en esa sede claretiana están las piezas de las excavaciones arqueológicas (neolítico en Bioko) del Padre Amador Martín en el yacimiento de Carboneras[278]. Precisamente, un hallazgo arqueológico fortuito en unas obras realizadas en las inmediaciones de la actual ciudad de Riaba (antigua Concepción), podría recuperar el interés por las actuaciones arqueológicas en Guinea. Son unos cañones del siglo XVIII, que pueden atribuirse a la primera expedición del conde de Argelejo[279] y el fallido asentamiento español. Sería urgente una actuación arqueológica profesional para valorar ese patrimonio. Pero se ha empezado muy mal, han removido el hallazgo con las excavadoras de la misma obra sin ningún cuidado arqueológico. A nivel institucional guineano no parecen interesados en

277 Primero al Museo de CC Naturales sección de Antropología, que era el Museo Antropológico, luego irían llegando al Museo de África creado durante el franquismo y dependiente del Instituto de Estudios Africanos; para terminar el grueso de la colección africana en el actual Museo Nacional de Antropología.

278 ARANZADI, J. y ÁLVAREZ, G. (Coords.): *Guinea Ecuatorial (des)conocida. (Lo que sabemos, ignoramos, inventamos y deformamos acerca de su pasado y presente) Volumen II... op.cit.*; p 631.

279 Visto en contenido digital redes sociales en abril 2023: https://twitter.com/GuerraenlaUni

fomentar proyectos arqueológicos serios. No he podido averiguar si esos cañones han sido conservados en espera de investigadores. Aunque gracias a mis contactos en el Ministerio de Cultura, sé que la cooperación española (tanto del Ministerio de Exteriores como del mismo Ministerio de Cultura) está al tanto del hallazgo. Si se realizara alguna actuación arqueológica planificada, serán los centros culturales españoles quienes la intenten llevar a cabo.

No existe una preocupación gubernamental en Guinea Ecuatorial por la preservación del patrimonio histórico. Por ejemplo, es improbable que, como ha ocurrido con otro patrimonio del pasado colonial español, ver la recurrente reclamación[280] de Colombia del *Tesoro de los Quimbayas*, el gobierno de Malabo reclame al Museo Nacional de Antropología de Madrid su colección de piezas guineanas. Aunque los vaivenes en las relaciones bilaterales podrían incluir una petición de este tipo, ni la educación ni la cultura son prioridades del régimen de Obiang. Esto es así por la inexistente política de «museos sociales» del gobierno guineano. Porque existen museos nacionales, como el Museo Presidencial[281] y el Museo Internacional de Arte Contemporáneo[282], pero no tienen un auténtico carácter de patrimonio nacional. Este último museo de arte moderno fue, hablando claro, una iniciativa cien por cien española, aunque se crease en el marco binacional del convenio de Cooperación Cultural entre Guinea Ecuatorial y España firmado el 12 de octubre de 1981. El triunfador del «Golpe de la Libertad» de agosto de 1979, Teodoro Obiang, recuperó las relaciones con Madrid

280 *El tesoro de los Quimbayas, un regalo y una reclamación*; en el CanalUNED; coloquio por Concepción García Saiz, Ana Isabel Azor Lacasta y Andrés Gutiérrez Usillos. Madrid 2016: https://canal.uned.es/trackfile/5a6f82f8b1111fb6438b462e.mp4

281 Es un museo biográfico de reciente construcción (2021) para ensalzar la figura del presidente Teodoro Obiang; consultado en Internet: https://www.guineaecuatorialpress.com/noticias/visita_del_jefe_de_estado_al_museo_y_biblioteca_presidencial_de_mongomo

282 Consulta en Internet: https://bibliotecadigital.aecid.es/bibliodig/es/consulta/registro.do?control=ES-MAAEC20190005791

y, aparentemente, deseaba estrechar lazos culturales con la ex metrópoli. En el periodo de las décadas 1980 y 1990, se dio el regreso de muchos exiliados políticos de la dictadura de Macías. Pretendían colaborar en la supuesta transición democrática que se iniciaba con la presidencia de Obiang. Fue el caso de Donato Ndongo-Bidyogo, que llegó a ser director adjunto del desaparecido Centro Cultural Hispano-Guineano entre 1985 y 1992. Pero la democracia y sus libertades no terminaban de llegar a Guinea Ecuatorial, en esas que fueron por contraste prodigiosas décadas para la democracia —y la cultura— en la ex metrópoli. Los cambios de humor en las relaciones bilaterales de los dos países, estando los gobiernos de Madrid obligados a protestar —denunciar es más delicado en unas siempre azarosas relaciones— los actos de Malabo contra los derechos humanos y libertades democráticas, afectaban a las actividades de cooperación cultural que podían ser hasta boicoteadas por el gobierno de Teodoro Obiang. De hecho, algunos retornados exiliados con Macias volvían a serlo de la dictadura de Obiang por notorias diferencias políticas; como también sería el caso de Donato Ndongo, que en 1994 regresaba a España.

Una excepción notable de ese exilio retornado en los años ochenta del pasado siglo fue la del escultor Leandro Mbomío[283] (1938-2012), que como llegó a ser ministro de Cultura con Obiang durante más de veinte años se puede decir que su vida y obra ha sido la época donde más se ha cuidado el patrimonio histórico-artístico de Guinea Ecuatorial. Coleccionó un notable número de antigüedades fang y de otras culturas del África subsahariana. Junto a su propia obra, esa colección de cultura material africana se expuso en su casa-museo del centro de Malabo hasta su muerte en 2012. Precisamente en esa década de su fallecimiento y en la anterior del siglo XXI, las relaciones con España volvían a ser

283 ARANZADI, J. y ÁLVAREZ, G. (Coords.): *Guinea Ecuatorial (des)conocida. (Lo que sabemos, ignoramos, inventamos y deformamos acerca de su pasado y presente) Volumen II. Op. cit.*; Pp.631-632.

distantes. No al extremo de la ruptura total de la época de Macías, aunque supuso un interesado alejamiento de España como revancha por las presiones recibidas de Madrid para democratizar la vida política guineana. El descubrimiento de importantes reservas petrolíferas en aguas de Guinea Ecuatorial desde finales del siglo XX, permitía «despreciar» tanto la ayuda económica como a las iniciativas culturales hispanas. El rencor hacia los gobiernos de Madrid por los reproches a su dictadura hizo a Obiang excluir de los principales yacimientos de petróleo encontrados en el golfo de Biafra a la empresa española REPSOL.

Para agradar a los nuevos «blancos neo-colonizadores», las empresas de Estados Unidos explotadoras de esos recursos y a las financieras francesas, oficializó los idiomas inglés y francés. Intentando captar más inversores petroleros y pensando en Brasil, se incluyó al portugués con el pretexto de ser una medida que respondía a una cuestión de patrimonio cultural. Al fin y al cabo, históricamente antes que españoles habían sido portugueses y en Annobon se habla un criollo portugués. Lo del francés como lengua cooficial se explicaba también por ser la «lengua económica» de la región, la Comunidad Económica y Monetaria de África Central, donde ingresaron en 1985. Recuerden que los ecuatoguineanos están rodeados de excolonias francesas; de hecho se estipuló como moneda de curso legal en Guinea Ecuatorial al franco CFA del África Central, sustituyendo a la moneda panafricana, el *ekwele*, que creó Macías en 1975 para dejar la peseta guineana, recuerdo odioso de la ex metrópoli. Desde la última década del siglo XX e inicios del siglo XXI, la economía ecuatoguineana crece como nunca en números macroeconómicos y el franco CFA le sirve como garantía de solidez. Curioso, al régimen de Obiang no le importa utilizar una moneda que es huella de otro pasado colonialista. Preservando así de alguna manera ese legado colonizador y despreocupándose de su verdadero patrimonio histórico-cultural.

Lo que nos sirve para comentar lo expuesto en el título de este epígrafe. Al ecuatoguineano de este siglo XXI, siendo precisos al que vive en Guinea Ecuatorial bajo el gobierno de Obiang Nguema Mbasogo (su nombre africano, alejándose del hispano Teodoro), no le preocupa la protección, conservación y custodia de su patrimonio histórico-cultural; ya sea del pasado con origen español o de culturas africanas. No es por mala fe, los motivos son educacionales y no tener la misma apreciación que tiene el europeo sobre las humanidades. En mi visionado de los vídeos de varios *youtubers* ecuatoguineanos en edad universitaria[284] se da constancia de ello. Al indicar las tres opciones de estudio a elegir en el bachillerato, todos los jóvenes reconocen haber elegido Ciencias o Tecnología, eso de «las Humanidades» lo descartan con una sonrisa burlona. Pero esa despreocupación por la Historia o el patrimonio cultural no implica desinterés. Me explico, esos jóvenes realizan sinceros esfuerzos por dar a conocer —y conocer ellos— la historia de su país cuando graban sus vídeos. En ese esfuerzo cometen errores, confunden datos y fechas, demostrando que no han tenido una exigente educación en esa materia. Y esa es la raíz de su inocente despreocupación por su pasado. Sorprende cómo una joven en un vídeo que titula —literalmente— «La ciudad española olvidada en Guinea Ecuatorial», sobre su viaje a Luba (San Carlos), al ver el busto del fernandino Maximiliano Jones adornando la avenida que lleva su nombre, no sepa quién es y al leer la placa confunda el D. de Don con Doctor. Es evidente la falta de formación histórica en la enseñanza recibida; van conociendo la historia de esa ciudad y del papel de las familias fernandinas en su construcción al mismo tiempo que graban el vídeo, gracias a algún vecino informado al que preguntan. Otra sorpresa me la llevo al oír cómo se asombran de lo antiguo que debe ser el monolito que con-

284 Existen tres cuentas de jóvenes ecuatoguineanos en *YouTube* con miles de seguidores, requisito de esa plataforma de vídeos para dar «relevancia social» a sus contenidos, son:
https://www.youtube.com/@EYAMAA
https://www.youtube.com/@junior-tvv
https://www.youtube.com/@maggsbodipo

memora el lugar donde el conde de Argelejo tomó posesión de la isla. «Los españoles estarán muy contentos», dice con sorna la joven locutora al leer en la placa «tomó posesión en este mismo lugar en nombre de España...»

Captura de imagen del vídeo de una joven ecuatoguineana que nos cuenta su primer viaje a Luba (San Carlos), leyendo la placa conmemorativa de la toma de posesión del conde de Argelejo.

Guinea Ecuatorial, ¿Estado fallido o nación fallida?

El título de esta parte del capítulo es algo tramposo, lo reconozco. Aunque si se lee detenidamente, puede desarmarse la trampa. En el vocabulario periodístico se han empleado términos como Estado fallido, sociedad desestructurada o nación frustrada. Aparecen mucho en los análisis de la información internacional o en las crónicas de un conflicto. Sirven a quien los emplea para explicar las causas o el carácter de unos hechos. Ayudan a entender una serie de realidades de índole socioeconómica, geopolítica o incluso histórica. Porque «Nación y Estado» digamos que provienen de otro vocabulario, del utilizado en las llamadas ciencias sociales. El surgimiento de los *Estados-Nación* en la historia contemporánea desde finales del siglo XVIII, lo que serían los estados modernos, supone contar con un concepto para el entendimiento de los países y sus sociedades. De esta forma, cuando pregunto si Guinea Ecuatorial es un Estado fallido o una nación fallida, estaría planteando el poder observar su realidad presente desde esas dos perspectivas históricas: existencia de un verdadero y único nacionalismo ecuatoguineano, aplicado a un existente o no Estado estructurado y en funcionamiento.

Captura de pantalla (septiembre 2023) del vídeo de un joven *YouTuber* ecuatoguineano que invita a hacer turismo a su país, presumiendo de amplias autopistas de acceso a Malabo, capital de Guinea Ecuatorial.

¿La colonización española sirvió para construir unas estructuras de Estado? Hemos estado viendo a lo largo del libro esa acción colonial y comprobando que lo más parecido a una organización estatal en Guinea llegó poco antes de independizarse; pero, ¿la independencia supuso la creación de un nuevo *Estado-Nación*? La idea de nación es europea; eso de «nación bantú» es una terminología forzada por tener que enfrentarse al monopolio de la visión eurocéntrica[285], intentando equiparar las percepciones africanas acerca de su sentir de comunidad con la idea occidental de nacionalidad. Además, se dio la paradoja de tener que crear un Estado cumpliendo con las resoluciones de descolonización de la ONU, donde se debían seguir pautas democráticas como elecciones libres; todo ello capitaneado por una metrópoli sin libertades democráticas. Es decir, los ecuatoguineanos tuvieron como modelo de Estado una dictadura; en concreto y para más inri, al singular régimen franquista. Para intentar responder a las preguntas del inicio del párrafo he recopilado testimonios, conversando o mandando encuestas por correo electrónico, con varios ecuatoguineanos y con españoles que tuvieron —y tienen— relación con el país del África central. Fui seleccionando aquellas aportaciones que pensé mejor como respuesta a esas cuestiones, destacando «literalmente» un par de ellas. Muchos de estos testimonios serían desde el anonimato, ya que se han intentado tenerlos de primera mano de personas relacionadas con el régimen de Obiang y la libertad de opinión resulta muy vigilada. Incluso, en otros casos recibí el silencio como toda respuesta. Algo también elocuente.

Teodoro Bondyale Oko, comparte algo más que el nombre de pila —cristiano— con el presidente «vitalicio» de Guinea Ecuatorial. Nos cuenta que compartieron clases en el colegio La Salle de Bata. Que lo conoce bien, a pesar de no haber vivido bajo su presidencia autocrática porque este Teodoro reside en España desde 1971. Parece que en Guinea una vez que se conoce a alguien de un clan familiar, se le conoce bien para toda la vida. Da igual que haya llegado a presidente o sea un pobre diablo, a esa persona si es de un linaje conocido se sabe su forma de ser. Hasta, si me apuras, su manera de actuar. No profundiza en el otro Teodoro, en el destacado por el devenir histórico, aunque me sugiere suficiente

285 ARANZADI, J. y ÁLVAREZ, G. (Coords.): *Guinea Ecuatorial (des)conocida. (Lo que sabemos, ignoramos, inventamos y deformamos acerca de su pasado y presente) Volumen I. Op. cit.*; Pp.71-83.

con su lacónico: «*lo conozco bien*». De esta manera calculo su edad, que tampoco me la dice. Si fue compañero de Obiang en el bachillerato, tendrá entre los 70 y 80 años. No quiero precisar porque quizás compartió colegio, pero no aulas y es algo más joven. Podría ser riguroso y buscar su edad exacta a través de una búsqueda por Internet, donde me aparecerán varios artículos y referencias acerca de Teodoro Bondyale Oko. Es un activista de los derechos humanos, preocupado por las migraciones africanas. Pero ese no es mi propósito, el conocer al detalle la biografía de este Teodoro canario-guineano. Quiero indagar en cuestiones que deben sumergirse dentro de cauces de la memoria, más íntimos que los datos biográficos. Lo que sí conozco es que está jubilado de sus trabajos de sanitario en Gran Canaria y que su salud no ha sido buena en estos últimos años. Si sigue vinculado con la Federación de Asociaciones Africanas en Canarias (FAAC) será de manera menos activa. Fue su secretario presidente y se aprecia su panafricanismo en muchos de sus comentarios. Sobre Guinea Ecuatorial me dijo algo muy interesante: «*se dice mucho que Guinea Ecuatorial es un Estado fallido, pero no lo es. No es fallido porque está cumpliendo con sus objetivos. En realidad, Guinea sigue cumpliendo sus fines coloniales, en eso no falla, está resultando eficaz a los nuevos colonizadores*»[286]. No termina de aclarar si también, por esta razón de considerar a Guinea todavía un Estado colonial, siente que la antigua Guinea española es una nación fallida.

Son algunos comentarios los que me dan una mínima apreciación de sus sentimientos nacionalistas. Le cuesta llamarse español o hispano africano a pesar de su larga residencia —cincuenta años— en el país colonizador del suyo. En cambio, la identificación con lo canario surge a menudo con mayor facilidad en nuestras conversaciones. Matizo, sabiendo las puntualizaciones posibles a mis palabras. Sentirse canario es para la gran mayoría sentirse español.

286 Conversaciones con Teodoro Bondyale Oko y recogida de testimonios entre febrero y julio de 2023.

Sin embargo, se aprecia en Teodoro ese matiz nacionalista canario tan singular, propio de muchos canarios, tan alejado del independentismo, pero a la vez lleno de argumentos independentistas. Debido a la lejanía con la península y a la insularidad cercana a África, en Canarias existirá el persistente lamento canario de ser olvidados y descuidados por Madrid; con una reminiscencia de parecer una colonia minusvalorada y desatendida por la metrópoli. Esta sería la parte hispana de Teodoro. En cuanto a su vertiente nacionalista ecuatoguineana, lo más destacable es su activismo prodemocracia para su país. Una conciencia nacionalista guineana de Teodoro que debe pasar por una regeneración democrática. Aspiración prometedora y en la línea de lo que defiende: «*hay que construir una verdadera conciencia de ciudadanía en Guinea Ecuatorial*». No obstante, resulta dudoso saber si aprecia o valora con ese argumento que su país de origen es una nación fallida[287].

Me hace dudar sobre ello, si en el fondo sospecha también existir necesidades regeneradoras en la nación ecuatoguineana, el hecho de facilitarme un curioso documento sobre el *Primer Aniversario de la Declaración Universal de Independencia de la Isla de Annobon*[288]. Conocía las pretensiones autonomistas y hasta independentistas que se dieron en la antigua Fernando Poo durante los años del proceso de independencia (1964-1968), pero de Annobon no sabía que fuesen tan reales y actuales. En su momento, al ser una isla deshabitada y poblada con esclavos negros de las colonias portuguesas próximas, Santo Tomé y Príncipe, existió una

287 En Madrid se reunió un grupo de opositores annoboneses el 8 de julio de 2022, declarando de manera unilateral la independencia de la isla de Annobon: https://www.asodeguesegundaetapa.org/la-declaracion-de-independencia-de-annobon-sacude-guinea-ecuatorial/

288 Tras esa declaración, el régimen de Obiang quedó muy sorprendido, intentando ocultar toda información de esa declaración. Sin embargo, un año después, el 8 de julio de 2023 se celebraba en una asamblea clandestina el «Primer Aniversario de la Independencia de Annobon», recogida en una grabación en directo en *YouTube*: https://www.youtube.com/watch?v=b1Qm2xVRgyo

especie de independencia de sus pobladores gracias a que Portugal se desatendió de ella y se la concedió a un capitán-donatario[289] para su exclusiva explotación. Al abandonar la isla ese comendador portugués a finales del siglo XVII, se podía decir que esos supuestos esclavos eran personas libres. Es decir, existía una tradición de independencia en Annobon, aunque era más circunstancial que reconocida. Portugal siempre la consideró de su propiedad hasta que se la cedió a España en 1778. Cesión que no cambió, en realidad, esa situación circunstancial de libertad en Annobon hasta la toma de posesión efectiva española de 1843.

Captura de vídeo en YouTube de la asamblea celebrando el primer aniversario de la declaración independencia de la isla de Annobon (julio 2023)

El documento que Teodoro Bondyale Oko me aporta sobre la materia reservada de Annobon es en realidad un video de *YouTube* de más de cinco horas. Sin editar, subido en bruto, resulta difícil de seguir y es resultado de la emisión en directo por un canal de esta red social de la fiesta-

289 ARANZADI, J. y ÁLVAREZ, G. (Coords.): *Guinea Ecuatorial (des)conocida. (Lo que sabemos, ignoramos, inventamos y deformamos acerca de su pasado y presente) Volumen I. Op. cit.*; Pp.411-414.

mitin de los independentistas annobenses. Fue el 8 de julio de 2023, fecha en la que se cumplía un año de la unilateral declaración independentista de la República de Annobon, que debió pasar inadvertida para la gran mayoría de ecuatoguineanos por el control mediático que ejerce Malabo. Pero que en el régimen de Obiang causó verdadero impacto. Al final, empiezo a creer que Teodoro me quiso insinuar, mandándome el enlace de ese video, que comparte mis dudas sobre la existencia de un sentido nacional y cívico sólido en Guinea Ecuatorial.

El idioma principal de los presentadores del acto es el español, un estupendo castellano, aunque el acto comienza con la actuación de una joven cantante en *fa d'ambó*, el idioma africano mezcla de los criollos lusos hablados en las vecinas islas de Príncipe y Santo Tomé. Al iniciarse la parte política del evento, se produce una extraña intervención de una especie de «reverendo» que invita a todos a escuchar una oración en ese idioma particular annonobés. Después, el presentador principal indica que habrá intervenciones de diferentes ponentes para celebrar ese año de independencia. Los oradores hacen un repaso acerca de la relación histórica reciente entre Guinea Ecuatorial y la isla de Annobon, que explica por qué se llegó a esa complicada decisión de declarar la Universal, curioso calificativo en lugar de unilateral, independencia de la República de Annobon. Después de casi tres horas de ponencias, deciden parar el acto y la grabación de la cámara vuelve a enfocar a la pancarta informativa del evento que es como había comenzado la emisión. Todo emana improvisación y una solemnidad tan forzada que recuerda a una obra de teatro amateur. Al menos, y creo que es algo también sugerido por Teodoro cuando me pasa el video, se muestra a mujeres y hombres de un territorio del Estado ecuatoguineano comportándose como ciudadanos en un acto político y social. Que existe actividad cívica más allá del tópico de la indolencia resignada de los guineanos acerca de su situación política. Comportamiento de personas libres; tanto que se abre el plano y vuelve a verse el escenario, esta vez con un grupo de los asistentes bailando y charlando alegremente.

Pablo Vázquez Ramírez vive en Gran Canaria, como Teodoro Bondyale. Ellos comparten otra circunstancia vital. Pablo también nació en África; en el antiguo enclave español de Ifni, en la costa occidental marroquí casi frente a las Islas Canarias. Su infancia[290] es el recuerdo de un luminoso patio africano con la brisa del Atlántico. Pero no acaba aquí la relación inconsciente que tienen ambos. Vázquez es un ingeniero informático que estuvo en Guinea Ecuatorial en varias ocasiones por motivos de trabajo. Fueron viajes en dos etapas, la primera en 2004 y la segunda a partir de 2008. En ese tiempo, pasando temporadas cortas pero suficientes para cosechar amistades guineanas y españolas con residencia en Guinea, quedó de nuevo «tocado» por el continente africano. Curiosamente, es testigo de los dos tipos de territorios coloniales que tuvo España en África. Los norteafricanos relacionados con el «asunto marroquí» y los particulares Territorios Españoles del Golfo de Guinea. En estos últimos —Guinea Ecuatorial— trabajó en colaboración para una empresa de suministro y mantenimiento informático de Las Palmas de Gran Canaria. Instalada y activa en Guinea desde la importante década de 1990, es una de las muchas PYMES españolas que fueron regresando a la economía ecuatoguineana tras el fin de la dictadura de Macías. Precisamente, esos años noventa son una transición en las relaciones bilaterales entre España y su excolonia, que pasan de normalizadas a no muy buenas de nuevo. Cuando Pablo Vázquez llega a Guinea Ecuatorial en 2004 para trabajar en esa empresa

290 Tampoco quiero aportar su edad exacta, prefiero que el lector se moleste en calcular considerando datos históricos. La retrocesión de Ifni a Marruecos fue en 1969 y Pablo tiene allí recuerdos de su infancia.

canaria ya afincada en Malabo con una delegación[291], las relaciones comenzaban otro periodo transitorio hacia una mejora bilateral. Aunque no duró mucho, fue el inicio de los constantes vaivenes que existen en las actuales relaciones hispano-guineanas.

A Pablo, con el que mantengo amistad desde su inestimable ayuda en mi anterior libro sobre la historia colonial española en África (Guerra de Ifni, 1957-1958), le sugiero que me cuente alguna impresión de sus viajes a Guinea. En principio, sólo deseaba me ayudase a encontrar contactos entre la comunidad ecuatoguineana que es estimable en Canarias, porque él mismo me advirtió tener aquellos viajes como un mero recuerdo de trabajo. Sin embargo, insistí en que intentase ser un poco «memorialista» y escribiera una breve redacción. No me importaba tanto fechas y datos concretos, quería sensaciones e impresiones. Y, la verdad, cayó en mi trampa. Le costó ponerse, por coincidir —como Teodoro Bondyale— con una época de mala salud, pero en su finalmente interesante texto encontré impresiones que me sirvieron para reconocer facetas de lo investigado:

Llegando al hotel de Malabo donde se iban a alojar, al filo de la madrugada, Pablo y sus compañeros de empresa tienen un problema con el recepcionista. Son tres y hay reserva para dos personas. Tiene que ser el delegado ecuatoguineano de la compañía canaria quien lo resuelva tras mostrar un enfado de campeonato. Una individual para el jefe de la expedición y una doble para Pablo y el otro compa-

291 Los responsables de la empresa, OLYMPIA CANARIAS, el Jefe del Servicio Técnico, Juan Martín Melián y el Gerente, Agustín Santana, me aportan detallada información de su actividad –que sigue- en Guinea Ecuatorial. Nombre de la empresa ecuatoguineana que ejerce de socia en el país, organigrama de la delegación creada para dar suministros generales informáticos a la administración pública guineana, los programas de formación a los técnicos guineanos. Unos datos que hablan de relaciones de igual a igual entre empresas de los dos países, con transparencia en sus gestiones. Contrastando con la imagen generalizada de corrupción e irregularidad que existe acerca de la actividad empresarial española en Guinea.

ñero. «*Una vez solucionado el inconveniente de la reserva, le dice al "wachi" (un nigeriano que no hablaba español; "wachi" viene del inglés "wachman", vigilante, en muchos sitios contratan a nigerianos para ese tipo de trabajos) que hacía las veces de botones que nos subiera las maletas a las habitaciones. El "wachi", que estaba repantigado en un sillón frente a una televisión viendo un partido de fútbol, le contestó que no, que él estaba enfermo y no podía subir las maletas. Después de unos minutos de discusión entre ellos, E.*[292] *toma cartas en el asunto y, ahora ya enfadado del todo y visiblemente alterado, dice que si está enfermo que se vaya al médico y que llame a la directora (una gallega, la mujer del matrimonio gallego dueño del hotel), cosa que el recepcionista hace. La directora le dice que no puede hacer nada, que a ese "wachi" no lo puede despedir porque es el único que sabe poner en marcha el grupo electrógeno del hotel. En esa época casi todos los edificios de ese tipo, al igual que los colegios, instituciones, negocios, etc. etc., debían tener uno de esos grupos si querían tener luz eléctrica continuamente, ya que lo normal era que se cortase el suministro varias veces al día durante unas cuantas horas.*

Al final se produjo una escena que me recordó a las películas de Tarzán que veía de niño, un negro menudo (nuestro delegado en Malabo) cargando con tres maletas, una de ellas en la cabeza, como si fuese uno de los porteadores que salían en esas películas. Tengo que aclarar que le dijimos que las subiríamos nosotros sin problema, pero él se negó en redondo, era su trabajo y su obligación. Ese hombre sudó lo suyo, pero al final cumplió y nos dejó las maletas en las respectivas habitaciones. El "wachi" siguió viendo el partido sin inmutarse.»

292 La mayoría de las personas de nacionalidad ecuatoguineana preferían no aparecer identificadas, por lo que se optó poner sus iniciales.

Fotografía aportada por Pablo Vázquez; las vistas desde el hotel de Malabo en su primer viaje a Guinea.

Leyendo esta anécdota contada por Pablo me vino el recuerdo de una conversación con Teodoro Boyale, donde se indignaba cuando mencioné el tema de la igualdad racial. Mencionó lo incómoda que le resulta todavía la palabra «bracero». ¿Nadie se da cuenta de lo indignante que es? A esos trabajadores, a esas personas se las veía como meros brazos, apéndices de cuerpos sin alma; se quejaba con estas palabras o similares. Y como panafricano se dolía del trato dado por todos, blancos y negros emancipados, en Guinea a esos braceros. Muchos, como ya contamos, fueron nigerianos. En 2004 seguían siendo meros brazos nigerianos, pero parece llevaban mejor las consecuencias de negarse a hacer su trabajo forzoso. La anécdota nos cuenta las relaciones difíciles que existen entre ecuatoguineanos y los muchos trabajadores extranjeros, que siguen siendo en mayoría nigerianos y cameruneses, llegados ahora tras el *boom* económico de Guinea. La aportación de otros nacionales africanos a la vida, a la historia en definitiva, de Guinea Ecuatorial, es algo tan antiguo como su formación como realidad geopolítica. Recordemos a los africanos de Sierra Leona, libertos traídos por los ingleses en 1827 y que conformaron el grueso de los llamados fernandinos. A los bubis oriundos de Bioko (Fernando Poo) y que serían poco a poco relegados en su propia isla por los fang continentales. Así que la cuestión de la *guineanidad* nacional no ha sido nunca sencilla de tratar. Hoy día, a la vista de estas aportaciones ofrecidas, declaración unilateral de independencia annobonesa y un conserje de hotel de origen nigeriano que se niega a trabajar, tampoco.

En cuanto a si Guinea Ecuatorial es un Estado fallido o no, me gustaría lean esta otra historia que el ingeniero Vázquez nos cuenta de sus semanas de trabajo allí. Esta vez ocurre en su segunda temporada en Malabo, entre 2008 y 2009:

> «En Guinea Ecuatorial se descubre petróleo en la década de los 90 del siglo pasado. Concretamente en las aguas del Golfo de Biafra, que es dónde está situada geográficamente la isla de Bioko y Río Muni, la parte continental del país. Según parece, en un principio la encargada de hacer las prospecciones en los años 80 fue una empresa española, creo que Repsol, no estoy seguro si en esos años ya se llamaba así o tenía otro nombre. El caso es que no encontraron nada reseñable, no había petróleo dijeron. A los pocos años se pasan por allí los americanos, hacen sus prospecciones y... 500.000 barriles de buen petróleo al día, sin contar el gas natural hallado, que es muchísimo más cuantioso que el mismo petróleo. En esos años GE tenía una población de unos 700.00 habitantes, tocaban a casi un barril diario por cabeza. En poco tiempo desembarcan con su ejército de ingenieros, técnicos y operarios y se ponen manos a la obra. En ese momento en GE no había personal preparado para llevar a cabo esos trabajos, hoy en día seguro que lo hay, pero no en la cantidad suficiente, por lo que sigue habiendo multitud de americanos,

franceses, chinos, etc., para realizar ese tipo de trabajo que requieren especialización y conocimientos.

Una de las consecuencias de esto es el aumento del precio de los hoteles. Aunque parezca que no tiene relación, se puede intuir el motivo. A la llegada de los americanos había que alojarlos en algún sitio, de manera que los pocos hoteles disponibles en esa época los ocupaban por plantas enteras y pagaban precios elevados por ello. De esta forma se produjo un incremento de los precios, tanto por la escasez de alojamiento disponible, como por los precios que pagaban los americanos. Los dos hoteles que he mencionado, el Ureca (Malabo) y el Panáfrica (Bata), en los años que yo fui por allí, unos 10 años después del descubrimiento de petróleo, costaban entre 100 y 130 euros la noche con desayuno (que no era nada del otro mundo, tostadas con mantequilla, café con leche y poco más). En Canarias por ese precio te alojabas en un hotel de 4 estrellas con pensión completa sin buscar demasiado. A estos dos hoteles si hubiesen estado en Canarias puede que les hubiesen dado una estrella, y porque no hay menos. Si querías un hotel algo mejor, que también los había, podían rondar los 300 euros la noche. Todo esto lo comento porque fue la única vez que nos pasó algo a mi compañero y a mí. Una tarde, después de acabar la faena de ese día, paseando por una calle importante de Malabo, pasó un coche con 4 o 5 guineanos jóvenes, al llegar a nuestra altura uno de los que iban en la parte de atrás sacó la cabeza por la ventanilla y nos gritó: "Yankie go home". Se ve que al ver a dos blancos de paseo dedujeron que debíamos ser americanos.»

El ingeniero informático se explica diciendo que en todos los días pasados tanto en Malabo como en Bata nunca habían tenido problemas de malas caras, gestos o palabras salidas de tono. Reconoce que en la jornada laboral estaban tutelados por funcionarios guineanos de los ministerios para los que trabajaron, pero luego en su tiempo libre pudieron relacionarse con «gente corriente» y notaban un trato más cordial por el hecho de ser españoles respecto al recibido por otros extranjeros. Por eso les extrañó ese grito antiimperialista dirigido contra ellos. Lo que desconoce Vázquez es una apreciación en muchos ecuatoguineanos, incluso expresada por bastantes que residen allí y no solamente sentida por los que viven en el exilio. Se trata de la convicción expuesta por Teodoro Bondyale cuando defiende que Guinea Ecuatorial no es un Estado fallido, es un Estado funcionando según las nuevas estructuras coloniales de explotación. Ahora los «explotadores blancos» pueden haber cambiado de nacionalidad, pero comparten enriquecimiento con los explotadores africanos que deberían —no lo hacen— gestionar un Estado-nación y no el Estado-neocolonial de Guinea Ecuatorial.

Memorias y desmemorias históricas; ¿volverán a mandar trabajos sobre Guinea Ecuatorial en las escuelas?

Una mañana de domingo, paseando por el Rastro de Madrid, entre el tumulto pacífico de visitantes se abre un claro a la altura de la calle Ribera de Curtidores. Aprovecho el repentino espacio para sortear paseantes y debo esquivar una farola. La estoy dejando atrás cuando un cartel pegado en ella me hace volver la cabeza. Es la fotografía tipo carné a gran tamaño de un hombre negro. A pie de foto una nota que es casi un discurso:

> Nací para ser tercer presidente de Guinea Ecuatorial como poco y como mucho un gran líder negro de la talla de SAN NELSON MANDELA, por eso tengo nombres y apellidos de presidentes. Mariano José Nsué Obama, próximo presidente de LA REPÚBLICA DE SAN RAFAEL NSUE NCHAMA, actual Guinea Ecuatorial.
>
> ¡Arriba San Rafael Nsué Nchama!
>
> ¡Arriba!

¡Arriba San Malcolm X!
¡Arriba!
¡Arriba San Malcolm X!
¡Arriba!
¡Arriba África!
¡Arriba!

Me acerqué al fuste de esa columna de latón y saqué mi móvil. Tenía que fotografiar ese cartel e intentar averiguar quién era ese aspirante a gobernar una «delirante» *Insula-República de Rafael Nsué Nchama,* que resultaba ser nada más y nada menos que la actual Guinea Ecuatorial.

Foto propia obtenida en la vía pública. Cartel de un aspirante a presidente de Guinea Ecuatorial pegado en una farola de Madrid, España.

La verdad es que lo descubierto sobre el tal Mariano José Nsué Obama puede parecer delirante, surrealista y hasta absurdo. No lo niego, tiene un poco de todo eso. Aunque en mi opinión recoge también ese déficit que existe a la hora de hacer balance de la memoria histórica acerca de Guinea Ecuatorial en España. Al inicio del proyecto de este libro consideré realizar una encuesta a una serie de personas, ecuatoguineanos y españoles relacionados con Guinea. Pero resultó un fracaso, no alcancé ni la cifra de diez personas dispuestas a responder mi formulario. Solamente tres españoles, uno casado con una guineana y residente en Malabo, y un ecuatoguineano que no se identificó con certeza que lo fuera, me devolvieron con respuestas el cuestionario. Cuatro formularios contestados con, curioso, similares respuestas. No caí en el desaliento y mis ganas de respuestas las compensé visitando muchos foros y las redes sociales. Para mi sorpresa, encontré a través de esos recursos la misma respuesta que dieron mis cuatro escasos encuestados a una pregunta del ingenuo cuestionario mandado. Entendí que era una respuesta muy generalizada:

> ¿Qué podría destacar de lo que conozca de la historia hispano-guineana?
>
> «El desenlace tan triste que se produjo durante la descolonización. Dejando unas relaciones casi inexistentes entre ambos países».

Con esas palabras o similares, esa era la memoria que más abundaba en todos los lugares que visité teniendo como foro la historia de la antigua Guinea española. A lo de «desenlace tan triste», yo añadiría delirante. Mariano José Nsué Obama, tiene detrás una historia triste. Asesinaron a su padre, Rafael Nsué Nchama, ministro de Agricultura durante la dictadura de Macías en una de las purgas del golpe de Estado de Teodoro Obiang (1979). Siendo un adolescente, Mariano José Nsué, llegó a Madrid acompañado por parte de su familia que temía más represalias. Desde 2013, teniendo 49 años, hay constancia de su extraño activismo pro su candidatura a presidir Guinea Ecuatorial. Llena las calles del centro de Madrid con ese pequeño cartel y tiene un canal de *YouTube*[293] donde hace su singular proselitismo.

Para darse a conocer en ese año de 2013, convocó una manifestación a través de pegadas de carteles y pretendió hacerla multitudinaria regalando a todo el que acudiese 50 euros. Los interesados en ganar dinero fácil fueron casi doscientas personas. Serían engañados. Nsué Obama reconoció no tener dinero, pero les prometió esa cifra y más cuando fuese presidente de Guinea Ecuatorial. Allí, a la República africana que sería rebautizada con el nombre de su padre, prometió llevar a todos. Provocó lo que se dice una «alteración del orden público» y la policía invitó a todos a irse a sus casas; los que la tuvieran, porque había mucho indigente atraído a la convocatoria presidencial. Desde entonces, sale muy poco en los medios ya que su lucha política quedó marcada por esa discreción guineana, como de no querer nunca sobresalir; ni siquiera en el delirio de la desmemoria ecuatoguineana.

Otra fotografía aportada por Pablo Vázquez, las vistas desde el hotel donde se alojó en Bata.

293 Visto en Internet: https://www.youtube.com/@marianojosensueobama9952/featured

A modo de conclusiones, quiero recordar esa pregunta del título del epígrafe (¿volverán a mandar trabajos sobre Guinea Ecuatorial en las escuelas?) e intentar contestarla. Es quizás ingenua y poco realista. Aunque parezca más un recurso literario, recordando a la inspiración escolar que me llevó a emprender esta tarea temeraria de escribir sobre la antigua Guinea española, encierra una cuestión seria y honesta. Me gustaría, y es un anhelo sincero, que los españoles, empezando por las nuevas generaciones, conocieran mejor la relación histórica y cultural que nos une con ese país del África subsahariana. En muchos casos, que simplemente la conocieran; pues el desconocimiento de esta historia es muy amplio en la sociedad española. Y que tomasen conciencia de la responsabilidad de España como país que participó en el colonialismo europeo del siglo XIX en el África negra. Por eso he escrito este libro, pensarán. Lo tópico sería decir, «aportar mi granito de arena» para aumentar ese conocimiento de Guinea Ecuatorial. Pero no me quiero quedar sólo ahí. Deseo que esa Ínsula de Barataria concedida a los ilusos *Sanchos Panzas*, que estuvieron dispuestos a gobernarla y luego dimitieron por voluntad propia o ajena, encuentre por fin a un fiel y buen gobernador entre su heterogénea sociedad. No hace falta que sea un Quijote delirante, ni un «*San Nelson Mandela-Obama*», únicamente que sea un ecuatoguineano elegido en auténtica democracia.

Si la metáfora ha sido confusa, la destripo explicando que me gustaría que entre españoles y ecuatoguineanos se trabajase por crear un mayor entendimiento. Desde España con la comunidad exiliada, poniéndola en más valor y apoyando sus demandas con más convicción; pero también asumiendo que existe un país —la Guinea Ecuatorial «oficialista» del régimen de Obiang—- aceptado por muchos ecuatoguineanos. Y desde la antigua Guinea española hacer ver a los guineanos que ya ha pasado el tiempo de la colonia. Asegurarnos toda la honestidad debida a la igualdad de trato, al tú a tú. Para todo ello habría que poner en marcha la debida (debida porque se debe a los ecuatoguineanos) *Transición Democrática* que nunca tuvieron. Desde luego parece una utopía, como la sentida por Sancho Panza y su deseo del buen gobierno para la otorgada ínsula. Pero si no nos ponemos esos deberes ahora, no creo que, a nuestros alumnos, de ambos países, les manden en clase hacer un trabajo de cinco folios sobre la historia de Guinea Ecuatorial y España.

EPÍLOGO

Su paso de elefante siempre le precede. Un ruido seco de tacón como el de un pirata con pata de palo. De esa manera, la clase se pone sobre aviso y el silencio reina cuando entra por la puerta. Callados y atentos miramos como don Braulio[294], apodado El Mamut, logra con el gran esfuerzo físico que supone mover más de cien kilos de cuerpo y una bota ortopédica por la polio que sufrió de niño, alcanzar la tarima del profesor. De riguroso luto, traje con corbata negra y maletín negro incluido, se sienta abarcando su perímetro de una esquina a otra de la mesa. Nadie osa hacer un ruido moviendo por descuido el pupitre o pasando una hoja del libro de texto, hasta que El Mamut dice las primeras palabras; que solían ser buenos días o muchas veces sin más, abran el libro por la página tal. De nuestro profesor de historia poco sabemos. Nos impresiona su físico, pero también su apariencia en el vestir. Su negrura sería por lo imprevisto en estos casos, que tuvo la mala suerte de enviudar poco antes de llegar a la vejez. Algunos, los aficionados a la historia, llegamos a creer que sigue la moda cortesana de Felipe II, cuando

294 Aunque fue un personaje real, he optado por cambiar el nombre por respeto a su memoria. No pude investigar en profundidad su biografía y experiencia como maestro en Guinea, reconociendo haber empleado más ficción en su persona para recrear este recuerdo escolar de la que me hubiese gustado.

impuso el negro a todos sus cortesanos, como un ejemplo de sobriedad al pueblo en comparación con la colorida frivolidad de la corte francesa. Al comienzo del curso nos había explicado el reinado de los primeros Austrias, sobre todo la figura de Felipe II –por el que se le notaba predilección-, y sus trajes austeros ayudaron a entender lo que nos contaba. En las últimas semanas de colegio, con el verano a las puertas y nuestra cabeza en las vacaciones, don Braulio se disponía a contarnos una historia contemporánea, casi reciente: la historia de Guinea Ecuatorial, la antigua Guinea española.

En los días que transcurre mi recuerdo escolar esos hechos de la historia contemporánea de España eran muy recientes. Estaba en el curso 1978-1979 y justo entonces se cumplía el décimo aniversario de la independencia de la única colonia del África negra que tuvo España. Tengo ese recuerdo tan vivo porque me tocó hacer un trabajo sobre la historia de ese país, del que como mis compañeros de clase nunca habíamos oído hablar. Cinco páginas a una cara, con fotografías o dibujos, que debía leer ante toda la clase. Menos mal que *El Mamut* nos había dado antes unos apuntes magistrales sobre la cuestión. Un tema que, además, no estaba en el currículo escolar de ningún curso de la EGB (Educación General Básica). Poco a poco, clase tras clase, entendimos que su conocimiento era tan profundo —para nosotros — porque era testimonial. *Don Braulio* fue un exmaestro español en la Guinea Ecuatorial. Se le escapó en una de las clases en las que con mayor pasión nos contaba la historia de la que llegó a ser una región autónoma española en 1963, adelantándose en cierta forma al Estado de las Autonomías que se desarrolló precisamente en España a partir de mis 7° y 8° de EGB, al aprobarse la Constitución de 1978.

De esa forma un tanto exótica, esperando escuchar historias de selvas y tribus africanas, pero recibiendo el discurso oficial[295] de la época sobre la historia guineana, descubrimos algo mejor quién era ese hombre un tanto taciturno y adusto, que imponía respeto sin esforzarse. Como la mayoría de los funcionarios públicos o trabajadores españoles asalariados, se vería obligado a abandonar tras la independencia de Guinea Ecuatorial su puesto de profesor en uno de los institutos mixtos, de europeos y africanos, que existían desde que Guinea se convirtió en provincia española (1959). *El Mamut* recaló en nuestro colegio por haber estado la orden religiosa que lo dirige relacionada con las misiones evangelizadoras de esos territorios del África central. En 1979 estaba a punto de jubilarse, y ese dato de su participación en la historia española de Guinea acrecentó el misterio alrededor de su persona.

Recuerdo que muchos nos lo imaginamos casado con una mujer negra, algo casi imposible en esa sociedad hispanoguineana que siempre tuvo tanta hipocresía racista como una actividad social intensa[296]. Las relaciones hombre blanco con mujer negra podían darse con frecuencia, al revés eran inimaginables. Aunque esas relaciones no solían ser maritales, salvo escasas excepciones, siendo las guineanas las amantes o mujeres forzadas a prostituirse. En el caso de *don Braulio*, nos gustaba imaginar que se llegó a casar con una joven y bella africana, teniendo el rechazo de la familia de ella y el desprecio de sus iguales blancos. No es una frivolidad lo que digo, ni estoy novelando sobre ese mundo colonial como ya se ha hecho con mejor talento que el mío. Es verdad que existió, una vez conocido en nuestro colegio ese dato biográfico del profesor de Historia, toda una recreación ficticia acerca de su vida en África. Ocurría, por ejemplo, siempre así con los sacerdotes que llegaban de misiones, a los que se

295 Lógicamente no recuerdo con exactitud sus clases, pero sería una historia de Guinea desde la perspectiva oficial española y a tres años de la muerte del dictador Franco.

296 Consultado en Internet en octubre de 2018: http://www.laverdad.es/murcia/201409/01/vida-social-colonos-guinea-20140901015401-v.html

les inventaban amoríos y algún *affaire* sexual como causas de sus «imprevistos retornos» a España.

Eran historietas plagadas de los tópicos que se divulgaban en la época sobre el continente africano y la población negra. Desde la imaginación de unos adolescentes, pero también por parte de otros profesores y de nuestros padres cuando les contamos tan exótica historia. La ignorancia, pues muchos ni se acordaban de que existió una provincia española en el golfo de Guinea, dejaba paso a los comentarios «expertos» en la cuestión africana. Mi padre, sin ir más lejos, como realizó el servicio militar en el norte de África, se consideraba legitimado para opinar con más criterio sobre la experiencia guineana de mi profesor. Ayudó que en ese curso de 1979-1980 la excolonia española estuviera de actualidad en los informativos españoles, tras el golpe de Estado en Guinea Ecuatorial que derrocaba al «antiespañol» dictador Macías. Había ciertas ganas por parte de los medios españoles de reintroducir en la historia española a ese país africano tan singular. En fin, con ello quiero incidir en que esta anécdota colegial está más ligada a la memoria histórica hispano-guineana de lo que parece. Este profesor cambió por una semana su metodología de enseñanza de la historia, usando fuentes tan directas como el testimonio personal. Sigan leyendo bajo estas líneas la recreación de mi recuerdo escolar y entenderán la verdadera «motivación» que me llevó a escribir este libro.

La mañana que me tocó subir al estrado y leer mi trabajo sobre la Guinea española al Mamut y a mis compañeros de clase, se ha quedado guardada en mi memoria por varios motivos. Quizás el principal fuese que era la primera vez que leía en público un texto elaborado por mí. Mi ponencia era de autoría propia, porque don Braulio aseguró que suspendería a todo aquel que leyera un trabajo hecho por sus padres. Por tanto, puse mucho empeño en realizar una buena redacción sobre la historia de Guinea. Aunque ni conservo el trabajo ni recuerdo cómo logré hablar del complejo tema de la independencia guineana, sí que recuerdo haber tomado apuntes de sus clases como un amanuense aplicado y consultar la enci-

clopedia Larousse que estaba por casa. Es decir, fui honesto con mi esfuerzo por hacer un buen trabajo. Tanto que recuerdo sentir nerviosismo ante la posibilidad de defraudar a don Braulio, pues con sus historias sobre Guinea había conseguido captar en mí un sumo interés sincero sobre ese pasado español. Una imagen se ha quedado en la bruma entrecogida del recuerdo y la realidad, pero estoy casi seguro de rememorar el sudor de mis dedos pegado a esos cinco folios DINA 4. Además, el peso de las ilustraciones pegadas con cola de barra entre los párrafos, imitando la maqueta de una revista, vencía mi trabajo doblándose por la mitad y dificultando su lectura. El Mamut, saliendo de su imagen severa, tuvo un inusitado gesto de amabilidad conmigo. Alargó su brazo ancho como tronco de ceiba de seda, árbol típico de Guinea que está en su escudo nacional, y me prestó una de sus carpetas azules con gomas para que me sirviese de atril. Cuando comencé a leer me sorprendí, mi voz resultó tranquila, igual que la de una cuentacuentos fang[297] *sentada junto a sus oyentes alrededor de una hoguera. Por delante tenía la lectura de cinco folios sobre la historia española de Guinea Ecuatorial y su independencia hacía diez años.*

La historia de este libro que se dispone a leer sobre la Guinea que se llamó española, comienza en realidad hace cuarenta años en el aula de un colegio de Madrid. Las páginas que siguen son una maduración en barrica de roble de esos cinco folios leídos como trabajo obligatorio en una clase de historia de la célebre y «añorada EGB»[298]. Espero que les guste, incluso que al final me pongan buena nota como hizo *don Braulio.*

Madrid, 12 de octubre de 2018

297 Consultado en Internet: http://www.abc.es/cultura/cultural/abci-maria-nsue-angue-abuela-cuentacuentos-201703210051_noticia.html

298 Consultado en Internet: https://yofuiaegb.com/

BIBLIOGRAFÍA

Bibliografía citada

ALMAZÁN TOMÁS, Vicente D.: «Arte público, poder y colonialismo español en Guinea Ecuatorial. El monumento a Ángel Barrera y Luyando (1915)»; en HERNÁNDEZ LATAS, José A. (Coord.): *El arte público a través de su documentación gráfica y literaria homenaje a Manuel García Guatas: encuentro internacional celebrado del 4-7 de noviembre de 2014*; Institución Fernando el Católico. Zaragoza 2015.

ÁLVAREZ CHILLIDA, Gonzalo: «Epígono de la Hispanidad. La españolización de la colonia de Guinea durante el primer franquismo; en MICHONNEAU, Stéphane y NÚÑEZ SEIXAS, Xosé M. (eds.), *Imaginarios y representaciones de España durante el franquismo,* Colección de la Casa de Velázquez (142), Madrid, 2014, pp. 103-125.

ÁLVAREZ CHILLIDA, Gonzalo: *Los gobernadores de Fernando Póo (1858-1930)* En: *L'État dans ses colonies: Les administrateurs de l'Empire espagnol au XIX e* siècle. Madrid: Casa de Velázquez, 2015.

ÁLVAREZ-CHILLIDA, Gonzalo y NERÍN, Gustau: «La formación de elites guineo-ecuatorianas durante el régimen colonial«; en *Ayer* Nº 109; Madrid 2018.

ÁLVAREZ JUNCO, José: *Mater Dolorosa.* Taurus. Madrid 2001.

ANDRUET, Mario: «La catedral de Santa Isabel en Malabo. Una posible intervención de Gaudí en Guinea Ecuatorial». *Fundación Antonio Gaudí.* Barcelona 2020.

ARANZADI, Juan y MARTINO, Enrique: *Polemizando sobre Guinea Ecuatorial y África*; Edita *opensourceguinea.* Barcelona 2022.

ARANZADI, Juan y ÁLVAREZ, Gonzalo (Coords.): *Guinea Ecuatorial (des)conocida. (Lo que sabemos, ignoramos, inventamos y deformamos acerca de su pasado y presente)*; Volumen I y II. UNED Editorial. Madrid 2020.

ARCHILÉS, Ferrán: «¿Una cultura imperial? Africanismo e identidad nacional española en el final del siglo XIX»; en PASSETI, MATEO: *Imperialismi e retaggi postcoloniali in Italia, Portogallo, Spagna.* BraDypUS; Bologna, 2016; pp. 1-25.

AREILZA, J.M. y CASTIELLA, F.M.: *Reivindicaciones de España,* Edita CSIC-Idea. Madrid 1941.

ARNALTE, Arturo: «Cónsules, comerciantes y negreros (españoles en Sierra Leona en el siglo XIX)» en *Estudios Africanos,* vol. X, nº 18-19, 1996, pp. 65-79.

ARRIBAS MACHO, José Mª: «Antecedentes de la sociedad de consumo en España: de la Dictadura de Primo de Rivera a la II República»; *Política y Sociedad Nº 16.* Madrid 1994.

BIBANG, José Luis: «La II República y el Estatuto Orgánico de los Territorios Españoles del Golfo de Guinea (1931-1936)»; Historia Constitucional, Nº 22; Madrid 2021.

BIBANG, José Luis: «La Guerra Civil en la Guinea española: Un episodio quizá insignificante, pero documentado»; *Anuario de Historia del Derecho Español (AHDE).* Tomo XC. Madrid 2020.

BOLAÑOS, María: *Historia de los museos en España*; Ediciones Trea, Gijón 2008.

BOSCH, Alfred y NERÍN, Gustau: *El Imperio que nunca existió. La aventura colonial discutida en Hendaya*; Plaza & Janés. Barcelona 2001.

CAMPOS PÉREZ, Lara: «Imperial, católica y moderna. La imagen de España en la Exposición Iberoamericana de Sevilla de 1929»; *Cuadernos de Historia Contemporánea,* Nº 45, Madrid 2023.

CAMPOS SERRANO, Alicia: «La isla de Bioko en el mundo atlántico: dinámicas de enclave y órdenes transfronterizos». En *Vegueta. Anuario de la Facultad de Geografía e Historia,* 18; 2018, pp. 303-325.

CARRASCO GONZALEZ, Antonio: «El proyecto de venta de Fernando Poo y Annobón a Gran Bretaña en 1841» en *Estudios Africanos,* vol. X, nº 18-19, 1996, pp. 47-63.

CARRASCO, Antonio M.: *Guinea Ecuatorial. Historia de la colonización española.* Almuzara. Córdoba 2022.

CASTIELLA, Fernando Mª y AREILZA, José Mª: *Reivindicaciones de España*; Instituto de Estudios Políticos. Madrid 1941.

CASTRO ANTOLÍN, Mariano de: «Guinea y el africanismo español en torno a 1858»; pp.111-118; en DÍEZ TORRE, Alejandro R. (ed): *Ciencia y Memoria de África. Actas de la III Jornadas sobre «Expediciones científicas y africanismo español»*; Ateneo Madrid-Universidad de Alcalá. Madrid 2002.

CASTRO ANTOLÍN, Mariano de: «La Revolución de 1868 y la Guinea española» en *Cuadernos de Historia Contemporánea* 2003, Nº Extraordinario; pp. 191-204.

CENCILLO DE PINEDA, M: *El Brigadier Conde de Argelejo y su expedición militar a Fernando Poo en 1778.* Madrid 1948.

CENTURIÓN, J.L.: *Crónica gráfica de la Guinea española*; Sial / Casa de África. Madrid 2010.

CHAVES NOGALES, Manuel: *Ifni, la última aventura colonial española.* Almuzara. Córdoba 2012.

CHEYNE, George J.G.: *El renacimiento ideal. Epistolario de Joaquín Costa y Rafael Altamira (1888-1911)*; Instituto de Cultura Juan Gil-Albert. Alicante, 1992.

CHEYNE, George J.G.: *Joaquín Costa, el gran desconocido.* Ediciones Ariel; Barcelona 1972.

CONSIL, Jean-Michel: «La formation économique des administrateurs de la France d'Outre-mer à L'ENFOM (École nationale de la France d'Outre-Mer)», p. 57-68. EL MECHAT, Samia: *Les Administrations Coloniales, XIX-XX siècles.* Presses universitaires de Rennes. Rennes 2009.

COSTA, Joaquín: *Colectivismo agrario,* Imprenta de San Francisco de Sales. Madrid, 1898.

CREUS, Jacint: «La sacralización del espacio como argumento de colonización el nuevo modelo misionero en Guinea Ecuatorial»; *Pandora: revue d'etudes hispaniques,* Nº. 4, 2004

DE CASTRO, Mariano y DE LA CALLE, Mª Luisa: Origen de la colonización española en Guinea Ecuatorial (1777-1860) Secretariado de Publicaciones, Universidad de Valladolid. Valladolid 1992.

DÍEZ TORRE, Alejandro R. (ed): *Ciencia y Memoria de África. Actas de la III Jornadas sobre «Expediciones científicas y africanismo español»*; Ateneo Madrid-Universidad de Alcalá. Madrid 2002.

FERNÁNDEZ CLEMENTE, Eloy: *Joaquín Costa y el africanismo español*; Publicaciones Pervivir Independiente. Zaragoza, 1977.

FERNÁNDEZ CLEMENTE, Eloy: *Estudios sobre Joaquín Costa.* Prensas de la Universidad de Zaragoza, Ediciones. Zaragoza, 1989.

FERNÁNDEZ DURÁN, Reyes: *La corona española y el tráfico de negros: del monopolio al libre comercio.* Ecobook. Madrid 2011.

FIGUEROA Y TORRES, Álvaro de (Conde de Romanones): *D. Rafael María de Labra y la política de España en América y Portugal. Discurso pronunciado por el Excmo. Sr. Conde de Romanones, presidente del Ateneo de Madrid, en la sesión inaugural del curso 1922-1923*. Gráfica Ambos Mundos. Madrid 1922.

FONT GAVIRA, Carlos: «El internamiento de las tropas alemanas del Camerún en la Guinea española (1916)»; *Revista de Historia Militar,* 123 (2018).

FONT BETANZOS, Francisco: «Historias de la mar. El naufragio del vapor *Teide* en aguas de Guinea española»; en *Revista General de Marina* Tomo 253. Octubre, Madrid 2007.

FURLAN, Luis Fernando: «Notas sobre la expedición del Conde de Argelejo y la presencia española en el Golfo de Guinea (1778-1783)». VI Simposio de Historia marítima y naval de Iberoamérica. Ponencia, Lima (Perú), 19-23 de noviembre de 2001.

GARCÍA CANTÚS, Mª Dolores: *Fernando Poo, una aventura colonial española en el África Occidental (1778-1790).* Ceiba Ediciones. Madrid 2006.

GARCÍA PÉREZ, Carmen: «Fernando Poo, el empeño español en lo inhóspito»; *REVISTA DE HISTORIA NAVAL 151* (2021), pp. 49-70.

GENOVESE, Eugene: *Esclavitud y capitalismo*; Ariel. Barcelona 1971.

GONZÁLEZ CALLEJA, Eduardo: «El internamiento de los colonos alemanes del Camerún en la Guinea española (1915-1919)»; *ÉNDOXA: Series Filosóficas, Nº 37,* UNED. Madrid 2016.

GONZÁLEZ GULLÓN, José Luis: «Leocadio Lobo, un sacerdote republicano (1887-1959)»; *Hispania Sacra.* Edición digital, Universidad de Navarra, 2009.

GUTIÉRREZ GARITANO, Miguel: *Apuntes de la Guinea. Vida, obra y memoria de Manuel Iradier y Bulfi*; Ikusager Eciciones. Vitoria-Gasteiz 2011.

HERNÁNDEZ I MARTÍ, G. M.: *La memoria construida. Patrimonio cultural y modernidad.* Editorial Tirant lo Blanch; Valencia 2005.

HUETZ DE LEMPS, Xavier, ÁLVAREZ CHILLIDA, Gonzalo y ELIZALDE, Mª Dolores (eds.): *Gobernar colonias, administrar almas: Poder colonial y órdenes religiosas en los imperios ibéricos (1808-1930)*; Casa de Velázquez. Madrid 2018.

IRADIER, Manuel (1887), *África. Viajes y trabajos de la Asociación Eúskara La Exploradora*; Miraguano Ediciones y Ediciones Polifemo, Madrid 1994.

IRISARRI, P. José: *Misión de Fernando Poo, 1859,* ed., intr. y notas de J. Creus y Mª A. Brunat. Ceiba. Vic 1998.

JAIME LORÉN, José Mª de: *La disertación de Isidoro de Antillón sobre «El origen de la esclavitud de los negros», uno de los más grandes y más tempranos alegatos de la humanidad contra la trata de esclavos.* Centro de Estudios del Jiloca. Teruel 2006.

JULIÁ, Santos (Coord.): *República y Guerra en España (1931-1939)*; Editorial Espasa Calpe. Madrid 2006.

LABRA, Rafael Mª de: *La abolición de la esclavitud en el orden económico*; Imprenta de J. Noguera a cargo de M. Martínez, Madrid 1873.

LABRA: *La crisis colonial de España (1868 a 1898), estudios de política palpitante y discursos* parlamentarios. Tipografía de Alfredo Alonso, Madrid 1901.

LABRA, Rafael Mª de: *Las posesiones españolas del Golfo de Guinea.* Tipografía de Alfredo Alonso, Madrid 1896.

LABRA, Rafael María de: *Nuestras colonias de África. Discurso en el Congreso de los Diputados.* Tipografía de Alfredo Alonso. Madrid 1898.

LABRA, Rafael Mª de: *El Presupuesto de las Posesiones Españolas de Guinea para 1911.* Discurso pronunciado en el Senado el 17 de diciembre de 1910. Publicado por Establ. tipog. del «Sindicato de Publicidad», dentro del título: *Las colonias españolas de Guinea.* Madrid, 1911.

LABRA, Rafael Mª de: «Fernando Poo y sus dependencias. Discursos en el Congreso de los Diputados». *Revista de Geografía Comercial,* Números 142-145 (1895).

LYNCH, John: *La España del Siglo XVIII.* Crítica. Barcelona 2004.

MALDONADO MACANAZ, J.: *Principios generales del arte de la colonización*; Imprenta y Fundición de Manuel Tello, 2.ª ed. Madrid 1875.

MARTÍN DEL MOLINO, Amador: *Los Bubis, ritos y creencias*; Centro Cultural Hispano-Guineano. Malabo 1989.

MARTÍN DEL MOLINO, Amador: *La ciudad de Clarence.* ICD/AECI. Madrid-Malabo 1994.

MARTÍNEZ CARRERAS, José U.: «Guinea Ecuatorial española en el contexto de la Segunda Guerra Mundial»; *Cuadernos de Historia Moderna y Contemporánea,* Nº VI. Ed. Univ. Complutense, Madrid 1985.

MARTÍNEZ PEÑAS, L., FERNÁNDEZ, Manuela y BRAVO, David (Coords.): *La presencia española en África: del «Fecho de allende» a la crisis de perejil*; Publicación Digital (2012).

MARTINEZ ZUBIA, C.: «Caja Para Ushebtis del M.A.N.», en *Trabajos de Prehistoria,* vol. 31. Madrid 1974.

MARTINO MARTÍN, Enrique: «*Corrupción y contrabando: funcionarios españoles y traficantes nigerianos en la economía de Fernando Poo (1936-1968)»; Ayer Nº* 109. Madrid 2018.

MARTINO, Enrique: «Nsoa (dote), dinero, deuda y peonaje: cómo el parentesco fang tejió y destejió la economía colonial de la Guinea española»; *ÉNDOXA: Series Filosóficas, Nº 37,* UNED. Madrid 2016.

M'BARÉ, Ngom y NISTAL, Gloria: *Nueva Antología de la Literatura de Guinea* Ecuatorial; Sial/Casa de África. Madrid 2011.

MENGUE, Clarence: *El contexto colonial y poscolonial en la narrativa hispano-guineana*; Publicaciones Universidad de Alcalá. Alcalá de Henares 2014.

MOLINERO Y PERE YSÀS, Carme: «El malestar popular por las condiciones de vida. ¿Un problema político para el régimen franquista?»; en Ayer Nº 52, Madrid 2003.

MORILLA, José y REYES, José Miguel: *Los fundamentos de las grandes crisis económicas: 1873, 1929, 1973, 2008*; Editorial Síntesis. Madrid 2021.

NAVARRO, Joaquín J.: *Apuntes sobre el estado de la costa occidental de África y principalmente de las posesiones españolas en el Golfo de Guinea.* Imprenta Nacional. Madrid 1859.

NDONGO-BIDYOGO, Donato: «Guinea durante la II República. El "escándalo Nombela". (Implicaciones en España de un caso de corrupción colonial)»; *ÉNDOXA: Series Filosóficas, Nº 37.* UNED, Madrid 2016.

NDONGO, Donato: *Historia y tragedia de Guinea Ecuatorial. Nueva edición ampliada.* Ediciones Bellaterra. Barcelona 2019.

NEGRÍN FAJARDO, Olegario: *Historia de la Educación en Guinea Ecuatorial. El modelo educativo colonial español;* Aula Abierta UNED, Madrid 1993.

NERÍN ABAD, Gustau: "La larga sombra del franquismo tropical. Historiografía colonial, nacionalismo, etnicidad y construcción de la historia propia en Guinea Ecuatorial". *Historia Social,* n.º 105, 2023, pp. 45-63.

NERÍN, Gustau: *La última selva de España;* Ediciones La Catarata. Madrid 2010.

NERÍN, Gustau: «Fronteras múltiples, exclusiones múltiples: los contradictorios usos de la identidad por parte del partido democrático de Guinea Ecuatorial (2004-2010)»; en Congreso Ibérico de Estudios Africanos CIEA7 Nº 41; Lisboa 2010.

NERÍN, Gustau: «Socialismo utópico y tiranía: La isla de Annobon bajo el cabo Restituto Castilla (1931-1932)»; *Afro-Hispanic Review* Volumen 28 Nº 2 (2009).

ORDOÑO MARÍN, Gustavo A.: *La guerra de Ifni. Cuando la Guardia Mora abandonó a Franco*; Editorial Almuzara. Córdoba 2018.

ORTEGA Y GASSET, José: *La rebelión de las masas*; Espasa Libros. Barcelona 1999.

PALACIOS LÓPEZ, Mª Dolores: «*La Oficina de la Guerra Europea: los alemanes del Camerún en el Archivo General de Palacio*»; *Revista de Historia Militar*, Nº 121 Madrid 2017.

PÉREZ ARMIÑO, Luis: «Del bosque fang a la olla caníbal. Alimentación y justificación ideológica de la dominación colonial en la Guinea española»; *Anales del Museo Nacional de Antropología (XIX)*. Madrid 2017.

QUIROGA, Alejandro: *Miguel Primo de Rivera. Dictadura, populismo y nación*; Editorial Crítica. Barcelona 2022.

RAMÍREZ COPEIRO, Jesús: *Objetivo África: crónica de la Guinea española en la II Guerra Mundial*; Autoedición. Huelva 2004.

RIVERO CORREDERA, Juan: *La utopía colonial de Joaquín Costa*; Boletín de la Real Sociedad Geográfica, CXLVII. Madrid 2011; pp. 89-128.

ROCA BAREA, Elvira: *Imperiofobia y Leyenda Negra. Roma, Rusia, Estados Unidos y el Imperio español*. Siruela. Madrid 2016.

RODRÍGUEZ ESTEBAN, José A.: "Geografía y colonialismo en Joaquín Costa"; Anales de la Fundación Joaquín Costa, Nº 27; Zaragoza 2013 (Ejemplar dedicado a: El legado de Joaquín Costa. Segundas Jornadas); pp. 217-226.

RODRÍGUEZ ESTEBAN, José A., y CAMPOS, Alicia: «El cartógrafo Enrique D'Almonte, en la encrucijada del colonialismo español en Asia y África»; *Scripta Nova*, vol. XXII, nº 586, Barcelona 2018.

SAMPEDRO VIZCAYA, Benita: «La economía política de la sanidad colonial en Guinea Ecuatorial»; en ÉNDOXA: Series Filosóficas, n.o 37; Pp. 279-298. UNED, Madrid 2016.

SANTANA PÉREZ, Germán: *Canarios con Salacot: África subsahariana como lugar de emigración (1936-1975)*; Edita Fundación Mapfre, Palma de Gran Canaria, 2008.

SANTANA PÉREZ, Germán: «Canarios en el Ecuador: memorias coloniales y patrimonio en Guinea Ecuatorial»; *Quaderns 37* (2) 2021.

SANT GISBERT, Jordi: «El negocio del cacao: origen y evolución de la élite económica colonial en Fernando Poo (1880-1936)»; en ÁLVAREZ-CHILLIDA, Gonzalo y NERÍN, Gustau (*eds.*): *La colonización de española en el golfo de Guinea: una perspectiva social*; Ayer 109 (1). Pp.137-168. Madrid 2018.

TOGBO, Armel-Valéry: «La Iglesia en la colonización española de Guinea Ecuatorial»; en *Revue Infundibulum Scientific*. N°4 2023; Pp. 96-111.

USERA Y ALARCON, J.: *Observaciones al llamado Opúsculo sobre la Colonización de Fernando Poo publicado por D. Adolfo Guillemar de Aragón*. Imprenta y Librería de Don Eusebio Aguado, Madrid 1852.

VICENTE Y GUERRERO, Guillermo (ed.): *El renacimiento ideal, la pedagogía en acción de Joaquín Costa*; MAINER, José-Carlos: «Joaquín Costa y el nacionalismo español»; pp. 95-108. Institución Fernando el Católico (CSIC). Madrid, 2014.

VILARÓ, Miquel: «Civilizar o hacer negocios: el dilema en torno a las misiones católicas del golfo de Guinea en los debates del I Congreso Español de Geografía Colonial y Mercantil»; *Anales de la Fundación Joaquín Costa,* Nº 27. Huesca 2013.

VILARÓ, Miquel: «La segunda expedición misionera al Golfo de Guinea a cargo del Reverendo Miguel Martínez Sanz, primer prefecto apostólico de Fernando Poo»; *HISPANIA NOVA. Revista de Historia Contemporánea.* Número 10 (2012).

VILARÓ, Miquel: «Río Muni en el contexto de la I Guerra Mundial»; HISPANIA NOVA. Revista de Historia Contemporánea. Número 12 (2014).

IYANGA PENDI, Augusto: *Historia de Guinea Ecuatorial.* Nau Llibres. Valencia 2021.

Archivos y fuentes digitales

AGA: Archivo General de la Administración (Alcalá de Henares, Madrid)

AHN: Archivo Histórico Nacional (Madrid)

AGN: Archivo General de la Nación (Argentina)

AGMG: Archivo General Militar de Guadalajara

PARES: Portal de Archivos Estatales

BNE (Biblioteca Nacional de España):

Biblioteca Digital Hispánica y Hemeroteca Digital

Gazeta, colección histórica BOE. Acceso digital

Biblioteca Virtual de Prensa Histórica

Hemeroteca Municipal Digital de Madrid

Enlaces *webs* consultados y algunos citados

https://www.mecd.gob.es/guineaecuatorial/portada.html

http://www.bioko.net/guineaespanola/laguies.htm

http://raimonland.net/cronicas/

https://efti.es/agenda/ojos-que-no-ven-corazon-que-no-siente

https://www.politicaexterior.com/actualidad/espana-guinea-ecuatorial-otra-politica-posible/

https://sendafricana.com/historias/pioneros-canarios-en-guinea-ecuatorial/

https://www.asociate.es/canarias/las-palmas-de-gran-canaria/asociacion-de-guineanos-de-la-republica-de-guinea-en-las-palmas-de-gran-canaria-agrg/

https://hispanismo.cervantes.es/asociaciones/asociacion-estudiantes-guinea-ecuatorial-asesge

https://www.geografiainfinita.com/2020/07/guinea-ecuatorial-la-colonia-olvidada/

http://archivodeinalbis.blogspot.com/2020/02/guinea-ecuatorial-fue-la-primera.html

https://ahoraeg.com/politica/2023/05/22/guinea-ecuatorial-y-espana-refuerzan-su-cooperacion-cultural/

https://proyectoceiba.files.wordpress.com/2020/06/estatutos.pdf

http://www.asodegue.org/historia.htm

http://bibliotecavirtualmadrid.org/bvmadrid_publicacion/es/catalogo_imagenes/imagen.cmd?path=1027334&posicion=44

https://www.rtve.es/alacarta/videos/archivo-historico/expedicion-guinea-espanola/2917617/

Fernando Poo en el año 1968 (NODO): https://www.youtube.com/watch?v=4tb6sKZVDeM

ARCHIVO 'HERMIC FILMS' (1944-1946):

https://www.youtube.com/watch?v=PNxCanb8Qj0

https://www.rtve.es/alacarta/videos/espanoles-en-el-mundo/guinea-ecuatorial-legado-espanol/5898883/

CANAL UNED: http://portal.uned.es/portal/page?_pageid=93,68419276,93_70912882&_dad=portal&_schema=PORTAL

https://canal.uned.es/video/5a6f3965b1111ff1408b45e6

Entrevistas al exiliado ecuatoguineano Cruz Melchor Eya Nchama, nacido en 1941: https://www.youtube.com/watch?v=7kybEeM2arQ

Proyecto del doctorado Enrique Martino: http://www.opensourceguinea.org/

Foro con el debate interétnico actual en Guinea Ecuatorial: https://embassy-finder.com/es/usa_in_malabo_equatorial-guinea?page=181#comments

Guerra Civil española en Guinea: https://calle19septiembre.blogspot.com/

Fondo MANES (UNED): https://www.centromanes.org/

Este libro se terminó de imprimir en su primera edición, por encargo de la editorial Almuzara, el 26 de febrero de 2024. Tal día del 747 a. C. (miércoles): Nabonasar se convierte en rey de Asiria. El astrónomo griego-egipcio Claudio Ptolomeo (100-170 d. C.) eligió esta fecha (registrada por los egipcios) como comienzo de la era Nabonassar.